엑셀을 활용한
품질경영
Quality Management

개정판 머리말

국제품질경영규격인 'ISO 9000 시리즈'를 제정하여 오늘날 품질경영의 이슈를 제기한 ISO(국제표준화기구)에서는 품질경영(QM)을 "품질방침, 목표 및 책임을 결정하고 품질시스템 내에서 품질계획, 품질관리, 품질보증, 품질개선과 같은 수단에 의해 수행하는 전반적인 경영기능에 관한 모든 활동"이라 정의하였다.

종합적 품질경영(TQM)은 "품질을 중심으로 하는 모든 구성원의 참여와 고객만족을 통한 장기적 성공지향을 기본으로 하며 아울러 조직의 모든 구성원과 사회에 이익을 제공하는 조직의 경영적 접근"이라고 정의할 수 있다.

이들 정의에서 볼 때 품질경영은 일본의 '전사적 품질관리' 개념과 일치하는 것이며, 종합적 품질경영은 종합적 품질관리를 바탕으로 기업문화의 혁신을 통한 구성원의 의식과 태도 등에 중점을 둔 것으로 볼 수 있다.

이상 종합적 품질경영은 최고경영자의 리더십 아래 품질을 최우선 과제로 하고 고객만족을 통한 기업의 장기적인 성공은 물론 기업구성원과 사회 전체의 이익에 기여하기 위해 경영활동 전반에 걸쳐 모든 구성원의 참여와 총체적 수단을 활용하는 전사적이며 종합적인 경영시스템 전략이라 정의할 수 있다.

WTO의 출범, 정보화, 소비자의 다변화 등으로 기업환경의 경쟁은 더욱더 심화되고 있다. 즉, 고객들은 평균 수준의 품질·성능을 받아들이거나 묵인하지 않으므로 오늘날 경영자들이 제품과 서비스 품질을 개선하는 것을 최우선으로 해야 할 직무라고 인식함으로써 품질은 경쟁의 중요한 도구가 되고 있다.

품질이란 제시하고 있거나 또는 의미하고 있는 욕구를 만족시킬 수 있는 제품이나 서비스의 능력에 영향을 미치는 특성 및 특징의 전부를 의미한다고 정의된다. 이러한 정의는 분명히 품질을 고객중심적으로 정의한 것으로서, 제조업자의 제품과 서비스가 고객의 기대사항을 충족하거나 초과하는 경우에 기업들이 품질을 제공하였다고 말할 수 있다. 최고의 품질을 가진 제품이나 서비스를 생산·제공하는 기업들은 불량품을 찾아내는 검사과정을 품질관리라고 인식하지 않고 제품의 생산에 관련된 모든 분야에서 품질을 개선하려고 노력하고 있다. 즉, 전통적인 생산 라인의 품질관리 개념을 떠나서 종합적·전사적으로 품질을 개선하려는 관리 활동을 하고 있다.

종합적 품질경영이란 재화나 서비스를 전달하는 데 관련된 모든 사업과정을 계속 향상·개선함으로써 고객들을 만족스럽게 하는 데 조직이 전체적으로 관여하는 것이다. 여기에서 전사라는 것은 종합적인 개념으로서 종업원, 협력업체(원료공급업자, 중간상 등), 고객 등 모든 구성원과 생산, 마케팅, 기술개발, 디자인, 구매, 물류 등 모든 기능부서가 참여하는 것을 의미한다.

따라서 TQM을 실천하는 조직체들은 모든 구성원들로 하여금 문제가 처음부터 발생하지 않도록 하기 위해 더욱더 잘할 수 있는 방법을 계속 추구하도록 한다. 그러므로 고객을 만족시키거나 기쁘게 하는 것은 그들에게 현재 직무를 잘하는 것뿐만 아니라 작업 과정을 개선하기 위한 방법을 개별적으로 또한 공동으로 추구할 것을 요구한다.

본서는 품질경영을 실천하기 위한 통계 방법을 소개하는 데 목표를 두고 있다. 통계적 품질관리란 품질관리의 한 유형으로서 통계학과 모든 통계 수단을 사용하여 품질특성값을 관리하는 것을 의미한다. 1930년대부터 본격적으로 대두된 통계적 품질관리는 종합적 품질관리(TQC)와 TQM이 소개된 후에도 통계적 품질관리 기법에서 더욱 다양하게 발전하였다.

본서의 초판에서 다뤘던 EXCEL 버전은 EXCEL 2007이었다. EXCEL은 이후에도 버전업을 거듭하여 현시점에는 EXCEL 2016이 되었다. EXCEL 2007 이후에 일부 확률분포함수의 표기방법이 달라져서 부분적인 개정이 불가피했다. EXCEL 2016 개정판에서는 구판의 많은 독자들로부터 얻은 귀중한 의견과 조언을 적극적으로 살릴 수 있도록 배려했다.

본서의 개정판을 기꺼이 허락해 주신 한올출판사의 임순재 사장님과 관계자 여러분의 노고에 감사드린다.

2021년 11월
저자 씀

머리말

품질경영의 목적은 고객이 요구하는 제품 및 서비스의 품질을 확보하고 보증하는 데 있다. 이 목적을 달성하기 위해서 기업에서는 전사적으로 품질경영활동을 실시하고 있다. 전사적인 품질경영활동을 TQM(total quality management)이라고 부르고 있다. TQM을 효과적으로 추진하기 위해서는 품질에 관한 데이터를 수집하고 이를 통계적으로 분석하는 것이 필요하며, 이러한 활동 부분을 통계적 품질관리(statistical quality control ; SQC)라고 한다.

SQC를 실천하려면 데이터를 통계적으로 처리하기 위한 도구가 필요하다. 도구라고 하면 20년쯤 전에는 탁상용 계산기, 그래프 용지 등이 고작이었다. 그러나 현재는 탁상용 계산기가 PC(개인용 컴퓨터)로 바뀌고, 그래프 용지가 PC상에서 가동되는 통계 소프트웨어, 그래프 소프트웨어로 변화했다.

본서는 PC를 사용하여 SQC의 실천방법을 소개한 품질관리의 입문서이다. 본서에서는 통계분석과 그래프 작성이 가능하다고 하는 관점에서 표계산 소프트웨어를 이용하고 있다. 본서는 다음과 같이 크게 3부로 구성되어 있다.

　제1부　통계적 품질관리 기본과정
　제2부　통계적 품질관리 중급과정
　제3부　통계적 품질관리 고급과정

데이터를 통계적으로 처리하지 않으면 안 될 경우는 전문분야나 업종을 불문하고 기업의 연구활동, 학생의 연구논문 등에서 빈번히 조우하게 된다. 데이터의 통계적 처리라고 하는 작업은 그 일을 전문적으로 하고 있지 않은 사람에게 있어서도 극히 고통스러운 작업이며, 보고서를 완성시키는 과정에서 걱정거리가 되는 경우가 많다. 걱정의 최대 원인은 예전이라면 통계계산의 번거로움과 시간의 낭비에 있었다. 그러나 오늘날은 PC의 보급과 양질의 소프트웨어의 등장에 의해서 이와 같은 원인은 제거되고 있다. 걱정의 원인은 오히려 소프트웨어의 조작성이 나쁘거나 사용방법이 어려운 점으로 옮겨졌다.

통계분석을 위한 소프트웨어는 크게 두 가지로 대별할 수 있다. 하나는 통계분석 전용의 '통계 소프트웨어(통계 패키지)'이고, 다른 하나는 계산업무 전반에 이용할 수 있으며 통계분석에도 적합한 '표계산 소프트웨어'이다.

본서에서 사용하고 있는 표계산 소프트웨어는 Excel 2007로서, Excel에는 통계분석에 불가결한 그래프 작성 기능과 통계계산을 위한 풍부한 함수가 갖추어져 있다. 따라서 Excel 2007은 통계분석 전용의 소프트웨어는 아니지만 통계분석에 도움이 되는 표계산 소프트웨어로서 자리매김할 수 있다.

본서에서는 통계분석의 기본적인 수법, 사용빈도가 높은 수법을 다루고 있으며, 특히 다변량 데이터를 통계적으로 분석하기 위한 수법의 일부를 다루고 있다.

소위 다변량분석법은 과거의 기록 데이터와 새로 계획적으로 수집한 데이터의 어느 쪽에도 적용가능한 수법이다. 수치로 표시되는 양적 데이터는 말할 것도 없고, 수치로는 표현하기 어려운 질적 데이터도 코드화를 통해서 처리할 수 있는 유연성이 높은 수법이다. 이와 같은 특색에 덧붙여서 PC의 급속한 보급과 양질의 소프트웨어의 등장에 의해 최근에는 분야를 불문하고 넓은 범위에서 활용되고 있다.

다변량분석을 실천하려면 컴퓨터와 분석을 위한 소프트웨어가 필요하게 된다. 프로그램을 스스로 작성할 수 있는 사람이더라도 다변량분석의 소프트웨어를 자주적으로 개발한다는 것은 상당한 수고가 필요하게 된다. 그러나 다행스럽게도 PC로 작동되는 신뢰성이 높은 통계 패키지(통계 소프트웨어)가 몇 가지 시판되고 있다. 이것들을 이용하면 수집한 데이터를 다변량분석의 수법으로 분석할 수 있게 된다.

이러한 통계 패키지의 이용은 크게 장려할 만하지만 전문성이 높은 소프트웨어이기 때문에, 다변량분석의 초심자가 처음 사용할 소프트웨어로서는 부담스럽다. 그래서 통상의 계산작업에 자주 이용되는 Excel과 같은 표계산 소프트웨어를 활용하는 것을 생각할 수 있다. 표계산 소프트웨어는 사용하기 매우 편리하고 범용성이 높은 일반적인 계산 소프트웨어이지만, 통계분석의 기능은 충실하다.

본서의 방침은 Excel만을 이용해서 데이터의 통계처리를 실시한다고 하는 것이다. 그러나 본서에서는 Excel의 초보적인 조작방법에 대해서 필요한 최소한의 것밖에 설명하고 있지 않다. Excel에 아직 익숙하지 않은 독자는 Excel의 매뉴얼이나 시판되고 있는 입문서를 참고하기 바란다.

끝으로 어려운 여건 하에서도 본서의 출간을 기꺼이 승낙해 주신 한올출판사 임순재 사장님과 관계자 여러분의 노고에 감사의 말씀을 드린다.

2008년 5월
저자 씀

·····CONTENTS

CONTENTS

CONTENTS

CONTENTS

CONTENTS

Part 02
통계적 품질관리 응용과정

CONTENTS

CONTENTS

CONTENTS

PART
01

통계적 품질관리 기본과정

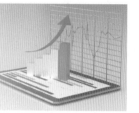

Chapter01
품질관리와 통계적 방법

1. 품질관리의 기초지식

1) 품질관리의 개념

품질(quality)이란 제품 또는 서비스가 사용목적을 충족시키고 있는지 어떤지를 결정하기 위한 평가의 대상이 되는 고유의 성질·성능의 전체를 말한다. 품질을 정의할 때 다음과 같은 사항을 고려해야 한다.

① 제품 또는 서비스가 사용목적을 충족시키고 있는지 어떤지를 판정할 때에 그 제품 또는 서비스가 사회에 미치는 영향에 대해서도 고려할 필요가 있다.
② 품질은 품질특성에 의해서 구성된다. 예를 들면 일반 조명용 형광등의 품질에는 소비전력, 지름, 길이, 형광등 금속부분의 형상·치수·접착강도, 시동특성, 광속유지율(光束維持率), 수명, 광원색(光源色), 외관 등의 품질특성을 포함한다.

어떤 제품 또는 서비스의 품질에 대해서 논하기 위해서는 품질을 구성하고 있는 성질, 성능으로 분해해서 개개의 성질, 성능에 대하여 논하는 것이 일반적이며, 이와 같은 조작의 기술을 품질전개라고 하고 전개된 개개의 성질, 성능을 품질요소라고 부른다. 일상적인 용어로는 품질요소를 단지 품질이라고 부르는 경우도 있다.

예를 들면, 볼펜의 경우 그 하나의 품질요소로서 '잉크의 나옴'을 들 수 있다. 품질의 두 가지 측면을 생각할 수 있는데, 그것은 품질의 객관적 측면과 주관적 측면이다. 즉, 어떤 볼펜의 '잉크의 나옴'에 대해서는 객관적 평가가 가능한데 그것에 대한 주관적 평가는 사람에 따라서 다르게 마련이다. 어떤 사람은 '잉크의 나옴'이 좋으면 만족하고, 나쁘면 불만을 갖는다. 또 어떤 사람은 '잉크의 나옴'이 좋으면 당연하다고 느끼고, 나쁘면 불만을 갖게 된다. 이와 같은 사고방식으로 각 품질요소에 대해서 조사를 실시해 보면, 품질요소에 어떤 경향이 나타난다. 이와 같은 경향에 의해 품질요소를 구분할 수 있을 것이다. 다음과 같이 매력적 품질, 당연품질 등은 그 대표적인 구분이다.

(1) 매력적 품질요소(attractive quality element)

그것이 충족되면 만족을 주지만 불충분하더라도 할 수 없다고 받아들이는 품질요소. 매력적 품질이라고도 부른다.

(2) 일원적 품질요소(one-dimensional quality element)

그것이 충족되면 만족, 불충분하면 불만을 일으키는 품질요소. 일원적 품질이라고도 부른다.

(3) 당연 품질요소(must-be quality element)

그것이 충족되면 당연하다고 받아들이지만 불충족되면 불만을 일으키는 품질요소. 당연품질이라고도 부른다. 위의 세 가지가 주요한 품질요소이지만, 다음의 두 가지도 생길 가능성이 있다.

(4) 무관심 품질요소(indifferent quality element)

충족되거나 불충족되거나 만족도 주지 않고 불만도 일으키지 않는 품질요소. 무관심품질이라고도 부른다.

(5) 역품질요소(reverse quality element)

충족되어 있는데도 불만을 일으킨다든지 불충족되어 있는데도 만족을 주는 품질요소. 역품질이라고도 부른다. 이러한 구분명은, 생산자측은 품질요소에 대해서 충족시키고자 노력할 계획이지만 결과적으로는 사용자로부터 '불만이다'라고 평가되는 품질요소도 있을 수 있다는 이유에서 이름붙여졌다.

▶ 설계품질과 적합품질

어떤 완성된 제품의 품질에 대해서, 설계단계에서 정해져 버리는 부분을 설계품질(design quality)이라 하고, 실시(제조)단계에서 정해져 버리는 부분을 적합품질(conformance quality) 또는 제조품질이라고 한다.

적합(제조)품질은 설계도, 제품시방서, 품질규격 등으로 표시되는 설계로부터의 지시에 대한 적합도를 말한다. 제조불량, 제조의 산포에 대한 상당한 부분은 적합품질의 문제이다(모든 부분이 아닌 것은 설계에 의해서 정해지는 부분도 있기 때문이다).

설계품질은 설계도, 제품시방서, 품질규격 등의 질이다. 바꾸어 말하면 설계의 지시대로 만들어진 제품의 품질이라고도 할 수 있다. 이 중에는 시장조사, 제품기획, 연구·개발, 기본설계, 상세설계, 시작(試作), 시험과 관련되는 요인의 결과가 모두 포함된다. 또 다음에 기술할 '다음 공정은 고객'이라고 하는 사고방식 하에 제조상의 난이도도 설계품질에 포함하는 입장이 일반적이다.

▶ 품질수준

품질수준이란 품질의 양호함의 정도를 말한다. 공정이나 공급되는 다수의 제품에 대해서는 불량률, 단위당 결점수, 평균, 산점도 등으로 나타낸다. 관측치를 관련된 요구수준과 비교함으로써 얻어지는 상대적 품질척도를 품질수준이라고 말하기도 한다.

이러한 정의는 모두 적합도 또는 부적합도의 척도로서 이용되고 있지만, 오늘날 실제의 상황에는 좀더 넓은 의미로 설계품질의 수준에 대해서 쓰이는 경우도 있다. 즉, 어떤 제품의 수치에 대한 정밀도의 공차가 ±0.05mm인 데 비해서, 위의 정의에 따르면 이 공차를 충족시키지 못하는 불량품의 비율을 품질수준이라고 부르게 된다. 그런데 이 공차를 ±0.03mm로 개선한 경우에도 품질수준이 올라갔다고 할 수 있다. 이 경우에는 공차의 수준이 품질수준으로서 취급되고 있다.

▶ 사회적 품질

사회적 품질이란 생산자 및 고객 이외의 제 3자에게 산출물이 주어지는 폐의 정도를 말한다. '사회적 품질을 고려한다'고 하는 것은 '제 3자에 대한 폐의 허용한도 내에서'라고 하는 의미이다.

1960년대 말경부터 문제가 되어 온 자동차 배기가스와 가전제품의 폐기물 등으로 대표되는 제품공해는 종래의 품질에 대한 사고방식에 새로운 개념의 추가를 요구하고 있다. 즉, 종래의 품질은 생산자와 소비자의 관계로 논하여 왔지만, 이러한 종류의 제품공해의 발생은 이제 생산자는 소비자를 만족시키는 것만으로는 불충분하다는 것을 나타내고 있다. 소비자를 만족시킴과 동시에 제 3자(=사회)에게도 폐를 끼치지 않는 제품을 설계·제조·판매하는 것이 필요하다는 것을 시사하고 있다. 건설부문에 있어서 주민운동으로서 문제시되는 일조권 문제도 이러한 범주에 포함해서 생각할 수 있다.

➜ 다음 공정은 고객

전술한 바와 같은 사고방식에서의 품질을 실현하기 위한 조직 내부에서의 행동원리 중 하나로, 각각의 공정이 다음 공정을 고객처럼 생각하고 각자가 담당하고 있는 업무의 성과에 대해서 다음 공정에 보증해 간다고 하는 사고방식이다.

이 사고방식의 실현을 위해서는 각각의 공정이 다음 공정에 보증해야 할 관리항목을 명확히 하고 관리수준을 정하여 그 수준을 달성하기 위한 업무의 절차를 표준화하는 것이 필요하다. 그러나 많은 경우에 이와 같은 활동을 실시해 보아도 좀처럼 다음 공정을 만족시키기란 용이하지 않다. 이와 같은 때 '다음 공정은 고객'이라고 하는 사고방식은 다음과 같은 순서로 일에 임할 것을 주장하고 있는 것이다. 각 공정은 ① 자신의 공정의 나쁜 정도(=다음 공정에 끼치는 폐)를 분명히 하고, ② 그 나쁜 정도의 원인추구를 실시하며, ③ 그 나쁜 정도를 줄이도록 하라고 주장하고 있다.

➜ 협의의 품질과 광의의 품질

협의의 품질이란 제품품질을 말한다. 광의의 품질이란 제품품질에 더해서 판매의 질, 창구업무의 질, 관리의 질, 강의의 질 등 일반적인 업무의 질에 대해서도 제품품질과 마찬가지로 생각하고자 하는 것이다. 광의의 품질이라는 입장에서 TQC(total quality control) 혹은 TQM(total quality management)을 기업체질의 개선으로서 파악하는 사고방식이 있다.

➜ 품질관리

품질관리(quality control ; QC)란 소비자의 요구에 맞는 품질의 제품 또는 서비스를 경제적으로 만들어 내기 위한 수단의 체계를 말한다. 또 근대적인 품질관리는 통계적인 수단을 채택하고 있으므로, 특히 통계적 품질관리(statistical quality control ; SQC)라고 한다.

품질관리를 효과적으로 실시하기 위해서는 시장조사, 연구·개발, 제품기획, 설계, 생산준비, 구매·외주, 제조, 검사, 판매 및 애프터 서비스는 물론 재무, 인사, 교육 등 기업활동의 전 부문에 걸쳐서 경영자를 비롯하여 관리자, 감독자, 작업자 등 기업 전원의 참여와 노력이 필요하다. 이와 같이 해서 실시되는 품질관리를 전사적 품질관리(Company-Wide Quality Control ; CWQC) 또는 종합적 품질관리(Total Quality Control ; TQC)라고 한다.

❯ 품질경영

ISO 9000 시리즈 규격을 제정하여 오늘날 품질경영의 논점을 제기한 ISO(국제표준화기구)의 『품질경영 및 품질보증 용어』에 따르면 품질관리(QC)는 "품질 요구사항들을 충족시키기 위하여 사용되는 운영상의 기법 및 활용"이라고 정의하여 주로 현장유지를 위한 통제의 입장에서 협의의 품질관리를 가리키고 있다. 이에 비해서 품질경영(quality management ; QM)은 "품질방침, 목표 및 책임을 결정하고 품질시스템 내에서 품질계획, 품질관리, 품질보증, 품질개선과 같은 수단에 의해서 이것들을 수행하는 전반적인 경영기능에 관한 제반 활동"이라고 정의하여 광의의 품질관리 입장에서 전술한 TQC 내지 CWQC를 포함하고 있다. 그리고 또 종합적 품질경영(total quality management ; TQM)은 "품질을 중심으로 하는 모든 구성원의 참여와 고객만족을 통한 장기적인 성공지향을 기본으로 하며, 아울러 조직의 모든 구성원과 사회에 이익을 제공하는 조직의 경영적 접근"이라고 정의한다.[1]

❯ PDCA 사이클

품질관리에서는 PDCA 사이클을 돌리면서 관리나 업무를 추진하는 것을 중시하고 있다. 일명 관리 사이클이라고도 부르며 관리의 순서를 다음 그림과 같이 사이클로 나타낸 것을 말한다. 즉, 현상유지를 위한 관리 또는 현상타파를 위한 관리의 어느 경우이더라도 먼저 계획(plan)을 세우고, 그것에 따라서 실시(do)하며, 그 결과를 체크(check)하고, 필요에 따라서 그 행동을 수정하는 조치(action)를 취하는 것이 필요하다는 것을 나타내고 있다. 이 네 개의 기능은 plan, do, check, action 혹은 단지 PDCA라고 불린다.

이들 네 개의 기능을 구체적으로 설명하면 다음과 같다.

① 계획(plan) : 목표 및 그것을 어떻게 해서 달성할 것인가의 방법, 일정을 정한다.

---

1) 이순룡, 「품질경영론」 (법문사, 1995), p. 56.

② 실시(do) : 계획에서 정한 방법이나 일정을 그대로 실행한다.

③ 체크(check) : 실시의 결과를 계획과 비교해서 점검한다.

④ 조치(action) : 차이분석을 실시하여 그 원인을 추구해서 다음의 계획에 반영시킨다.

| 그림 1-1 | PDCA 사이클

> **사실에 의거한 관리**

이론전개에 의해서 사실을 설명하는 방법도 있지만, 품질관리에서는 우선 구체적인 사실을 포착하여 그 정보를 사용해서 대책을 강구해 가는 방법을 중시하고 있다. 다시 말하면 귀납적인 방법이다. 흔히 품질관리에서는 "추상적이 아니라 구체적으로"라든가 "문학적 표현이 아니라 데이터로"라고 하는 말을 자주 쓰고 있다.

그리고 품질관리에서는 자주 3현주의(三現主義)로 문제해결을 꾀하도록 말하고 있다. 3현주의란 구체적으로 다음과 같은 내용을 가리킨다.

① 현장에서

② 현물로

③ 현실에서

①의 현장에서는 문제를 일으킨 현장에 가서 관찰하고 검토하는 것의 중요성을 가리키며, ②의 현물로는 현물을 잘 보면 여러 가지 생각이 떠오른다는 뜻이며, (3)의 현실에서는 관찰한 결과를 데이터로 정리하는 것의 중요성을 의미한다.

2) 품질관리와 문제해결기법

> ✦ **문제해결형 QC 스토리**

문제해결을 위한 방법은 여러 가지가 있지만 QC의 세계에서는 다음과 같은 데이터에 의거한 실증적 문제해결기법이 그 적용범위의 넓이와 확실성 때문에 널리 제창되며, 문제해결형 QC 스토리 혹은 그냥 QC 스토리라고 불리고 있다.

① 테마의 선정
② 현상의 파악
③ 목표의 설정
④ 요인의 해석
⑤ 대책의 입안과 실시
⑥ 효과의 확인
⑦ 표준화
⑧ 반성과 향후의 계획

문제해결형 QC 스토리는 결과로부터 원인을 추구해 가는 해석적 어프로치에 역점을 둔 문제해결의 절차라고 할 수 있다.

> ✦ **과제달성형 QC 스토리**

설정형의 문제나 대책안의 탐구가 문제해결의 열쇠를 쥐고 있는 문제에 대해서는 문제해결형 QC 스토리보다는 과제달성형 QC 스토리가 유효하다. 다음에 보이는 여덟 개의 스텝이 과제달성형 QC 스토리의 구체적인 절차이다.

① 테마의 선정
② 현상의 파악과 목표의 설정
③ 방책의 입안
④ 최적책의 추구
⑤ 최적책의 실시
⑥ 효과의 확인
⑦ 표준화
⑧ 반성과 향후의 계획

과제달성형 QC 스토리는 목표로부터 수단을 추구해 가는 어프로치에 역점을 둔 문제해결의 절차라고 할 수 있다. 이와 같은 어프로치를 해석적 어프로치에 대비해서 설계적 어프로치라고 부르고 있다.

2. 통계적 품질관리

1) 품질관리의 기법

> **데이터의 종류**

일반적으로 실험, 관찰, 조사 등에 의해서 얻어진 관찰결과의 자료를 데이터(data)라고 부르는데, 데이터는 그 형태에 따라 다음의 두 가지로 대별된다.

① 수치 데이터
② 언어 데이터

수치로 나타낼 수 있는 데이터가 수치 데이터이며, 수치에 의한 표현은 불가능하지만 언어로서는 표현이 가능한 데이터가 언어 데이터이다.

그리고 수치 데이터는 수학적 성질에 의해서 다음의 세 가지로 나누어진다.

① 양적 데이터
② 질적 데이터
③ 순위 데이터

그 관찰결과가 어떤 양적 척도에 의해서 수량으로서 표현될 때 얻어진 자료를 양적 데이터, 계량 데이터 등이라고 부른다. 예를 들면 무게, 길이, 시간 등의 계량치로 표현되고 있는 경우이다. 이것에 비해서 예를 들면 어떤 의견에 대해서 찬성 n_1명, 반대 n_2명이라고 하는 식으로 각각의 그룹에 속한 사람수나 횟수, 개수 등으로 표시되는 자료를 질적 데이터, 계수 데이터 등이라고 부른다. 또 데이터의 성질에 따라서 횡단적 데이터, 종단적 데이터, 시계열 데이터, 다변량 데이터 등이 정의된다. 순위 데이터란 대상을 비교함으로써 얻어지는 데이터이다. 예를 들면 복수의 제품에 품질이 좋은 순으로 순위가 매겨져 있다면 1위, 2위, 3위 등의 순위 데이터가 얻어진다. 이와 같은 데이터를 순위 데이터라고 한다. 순위 데이터는 관능검사나 앙케트에서 수집되는 데이터에서 흔히 볼 수 있다.

이런 식의 데이터에 대한 구별은 데이터를 어떤 방법으로 분석하면 좋을지를 결정할 때에 필요하다.

➤ 품질관리를 위한 기본적인 도구

품질관리 분야에서는 데이터 처리를 위한 도구(tool)로서 다음의 세 가지 기법을 활용하도록 추천·장려하고 있다.

① QC 7가지 도구
② 신 QC 7가지 도구
③ 통계적 방법

이들 각각에 대해서 간단히 설명하기로 한다.

➤ QC 7가지 도구

QC 7가지 도구란 다음의 7가지 기법을 가리킨다.

(1) 파레토도

항목별로 층별해서 출현 도수의 크기 순으로 늘어놓음과 동시에 누적합을 표시한 그림을 파레토도(Pareto diagram)라고 한다.

(2) 히스토그램

측정치가 존재하는 범위를 몇 개의 구간으로 나누고 그 구간에 속하는 측정치의 출현 (상대)도수에 비례하는 면적을 갖는 장방형의 막대를 늘어놓은 그림을 히스토그램 (histogram)이라고 한다.

(3) 산점도

두 변수를 가로축과 세로축으로 취하고 측정치를 타점하여 만드는 그림을 산점도(scatter diagram) 혹은 산포도라고 한다. QC 7가지 도구의 하나로서 널리 보급되어 있으며, 주로 두 변수간의 관련을 조사하는 데에 쓰인다.

(4) 관리도

공정이 안정된 상태에 있는지 어떤지를 조사하기 위하여 또는 공정을 안정된 상태로 유지하기 위해서 이용하는 그림을 관리도(control chart)라고 한다.

(5) 그래프

그래프(graph)란 인간의 시각에 호소하여 보다 많은 것을 요약하여 보다 빠르게 전하고자 하는 데 쓰이는 것을 말한다. 즉, 한 무더기의 숫자를 단지 나열하는 것이 아니라 이것을 그래 프로 표현함으로써 보다 효과적인 정보전달을 기대하는 것이다.

(6) 체크시트

체크시트(check sheet)란 불량수, 결점수 등 셀 수 있는 데이터가 분류항목별로 어디에 집중되어 있는가를 알아보기 쉽게 나타낸 그림이나 표를 말한다.

(7) 특성요인도

특정의 결과와 원인계의 관계를 계통적으로 나타낸 그림을 특성요인도(cause and effect diagram, characteristic diagram)라고 한다.

이 중에서 특성요인도를 제외하고 모두 수치 데이터를 다루는 기법이다.

◆ 신 QC 7가지 도구

신 QC 7가지 도구란 다음의 7가지 기법을 가리킨다.

(1) 친화도법

친화도법이란 장래의 문제, 미지·미경험의 문제 등 애매하고 분명하지 않은 문제에 대해서 사실, 의견, 발상을 언어 데이터로 파악하여 그것들의 상호 친화성에 의해서 통합한 그림을 만듦으로써, 해결해야 할 문제의 소재, 형태를 분명히 해 가는 방법을 말한다.

(2) 연관도법

연관도법이란 원인-결과, 목적-수단 등이 서로 얽혀 있는 문제에 대해서 그 관계를 논리적으로 연결해 감으로써 문제를 해명하는 기법을 가리킨다.

(3) 계통도법

계통도법이란 VE(가치공학)의 기능분석에 이용하는 기능계통도의 사고방식, 작성방식을 응용한 기법으로 목적이나 목표, 결과 등을 설정하고 그것에 이르기 위한 수단이나 방책이 되는 사항을 계통적으로 전개해 가는 기법을 말한다.

(4) 매트릭스도법

매트릭스도법이란 행에 속하는 요소와 열에 속하는 요소에 의해 구성된 이원표(二元表)의 교점에 착안해서, ① 이원적 배치 안에서 문제의 소재나 문제의 형태를 탐색한다거나, ② 이원적 관계 안에서 문제해결에 대한 착상을 얻는다거나 하는 기법을 말한다.

(5) 애로우 다이어그램법

애로우 다이어그램법이란 계획을 추진해 가기 위해서 필요한 작업의 관련을 네트워크로 표현한 것으로 PERT/CPM(program evaluation and review technique/critical path method)을 이용하는 일정계획도와 같다.

(6) PDPC법

PDPC법(process decision program chart method)이란 계획을 실시해 가는 과정에서 예기할 수 없는 트러블을 방지하기 위하여 사전에 생각할 수 있는 여러 가지의 결과를 예측하고 프로세스의 진행을 가능한 한 바람직한 방향으로 이끄는 방법을 말한다.

(7) 매트릭스 데이터 해석법

매트릭스 데이터 해석법이란 수치적 데이터의 복잡한 관계를 정리하는 다변량분석법의 하나인 주성분분석을 가리킨다. 서로 상관이 있는 다수의 변량을 서로 무상관한 소수의 종합특성치(주성분이라고 부른다)로 통합하여 데이터를 축약하는 기법이다.

신 QC 7가지 도구는 매트릭스 데이터 해석법을 제외하고 언어 데이터를 다루는 기법이다. 특히 매트릭스 데이터 해석법은 주로 다음과 같은 목적으로 이용되며 앞으로 그 활용도가 기대되는 기법이다.

첫째, 다수의 지표를 통합한 종합적인 지표를 작성한다.

둘째, 관측대상을 몇 개의 그룹으로 나눈다.

셋째, 중회귀분석이나 판별분석을 위한 데이터를 다른 관점에서 음미한다.

2) 통계적 방법

➤ 통계적 품질관리

검사의 기능은 품질관리 기능 가운데 부품이나 제품의 품질을 확인하는 것으로, 이미 완성된 제품의 품질개선이나 불량예방에 영향을 미치지는 못한다. 예방의 원칙에 입각해서 합리성과 경제성을 추구하여 통계적 방법을 품질관리에 처음으로 적용했던 것은 미국의 슈하르트(W. A. Shewhart)이다. 그는 1924년 품질관리에 관리도의 이용을 고안했으며, 그 후 그의 연구실적을 정리하여 1931년 『제조품질의 경제적 관리(The Economic Control of Quality of Manufacturing Product)』라고 하는 저서를 출간했다. 이것은 공정관리에 통계적 방법을 적용시킨 최초의 서적이라고 할 수 있다.

통계적 방법을 데이터 분석에 이용하는 가장 큰 목표는, 데이터의 변동을 의미가 있는 변동과 의미가 없는 변동으로 분해하여 의미가 있는 변동으로부터 어떠한 규칙성을 찾아내는 데에 있다. 통계적 방법은 데이터의 분석뿐만 아니라 데이터를 수집할 때에도 이용된다. 예를 들면 통계이론을 사용해서 오차를 추정함으로써 허용오차의 범위 내에서 결론을 내리려면 어느 정도 표본의 데이터를 수집하면 좋을지를 명확히 할 수 있다.

➤ 품질관리를 위한 통계적 방법

품질관리 분야에서 사용되는 통계적 방법은 데이터를 분석하기 위한 방법과 데이터를 수집하기 위한 방법으로 크게 나눌 수 있다. 여기에서는 그 유형별 종류만 열거하기로 한다.

(1) 데이터를 분석하기 위한 방법
　　① QC 7가지 도구

② 신 QC 7가지 도구

③ 통계적 가설검정

④ 통계적 구간추정

⑤ 상관분석

⑥ 분산분석

⑦ 분할표의 분석

⑧ 회귀분석

⑨ 판별분석

⑩ 수량화이론

⑪ 주성분분석

⑫ 비모수적 검정

⑬ 그 밖의 각종 다변량분석

(2) 데이터를 수집하기 위한 방법

① 샘플링 검사법

② 실험계획법

③ 샘플링 이론

> ◆ **공정품질의 변동원인**

같은 작업자가 동일한 원자재와 기계를 사용하여 생산한 제품이라고 할지라도 이들 제품의 품질특성이 똑같지는 않다. 즉, 품질의 변동 내지 산포가 있게 마련이며, 이 경우 품질특성을 나타내는 데이터는 산포되어 나타난다. 우리들 인간이 행하는 모든 일이나 작업에 있어서는 항상 변동이 따르게 마련이다.

제조공정에서 변동의 원인은 우연원인(공통원인)과 이상원인(특수원인)으로 나눌 수 있다.[2] 이들 원인이 발생하는 위치를 관리도상에 나타내 보면 다음의 <그림 1 - 2>와 같다.

---

[2] 슈하르트(W. A. Shewhart)는 우연원인(chance cause)과 이상원인(assignable cause)으로 구분하였으며, 데밍(W. E. Deming)은 공통원인(common cause)과 특수원인(special cause)으로 나누었다.

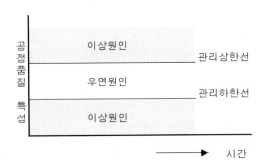

|그림 1-2| 품질변동원인의 관리도상 위치

(1) 우연원인

공정에 있어서 적절한 작업표준을 적절히 사용하고 게다가 재료나 기계에 이상이 없음에도 불구하고 제품의 품질에 산포를 가져오는 원인을 우연원인(chance cause)이라고 한다. 밝혀 내어 제거하는 것이 곤란하며 또 의미가 없는 원인이다. 불가피원인, 피할 수 없는 원인이라고 도 한다.

우연원인뿐이라면 관리도에서 점은 관리한계 내에서 경향을 갖지 않고 산포한다. 이것은 현 재 기술적으로 파악할 수 없지만 과학적으로 무수히 있을 수 있는 원인에 의한 산포이며, 현재 의 작업표준이나 작업상의 지시서로는 용인해야 할 것으로 질책해서는 안 된다.

(2) 이상원인

공정에 무엇인가 이상이 일어나서 제품의 품질 등 결과에 이상치를 가져오는 원인을 이상원 인(abnormal cause)이라고 한다. 밝혀내어 제거하는 것이 가능한 또는 그렇게 할 필요가 있 는 원인이다.

예를 들면 작업표준을 지키지 않았다든지 재료가 바뀌었다든지 기계의 성능이 저하했을 경 우에 발생한다. 간과할 수 없는 원인, 피할 수 있는 원인, 이유가 있는 원인이라고도 한다. 그 발생의 형식에 따라서 다음과 같이 세 가지로 분류할 수 있다.
　① 계통적 이상원인
　② 산발적 이상원인
　③ 만성적 이상원인

이상원인이 있으면 관리도에서 점이 관리한계 밖으로 나간다거나 점의 배열방식에 경향이 나타나므로 즉시 공정을 조사하여 그 이상원인을 제거하도록 노력하지 않으면 안 된다.

　　품질의 변동요인을 제거하기 위해서 사용되는 주요한 통계기법으로는 관리도, 샘플링검사, 공정능력분석, 실험계획법 등을 들 수 있다. 공정상의 변동일 경우에는 일반적으로 관리도가 흔히 사용되는데, 이는 샘플링검사에 비해서 더 효과적이기 때문이다. 품질의 변동에 대한 개략적인 파악이나 데이터 산포의 상태를 관찰하는 방법으로서 히스토그램이 있기는 하나 이것만으로는 품질변동의 시간적 변화를 파악할 수 없다.

　　품질의 시간적 경과에 따르는 변동을 파악함에 있어서 <그림 1 - 3> (a)의 추이 그래프를 이용하면, 시간적 제조공정의 변화를 용이하게 알 수 있다. 그러나 또한 이것만 가지고는 품질의 이상여부를 알 수 없으므로, 이 그래프에 통계적 계산에 의해 설정된 관리한계선이 추가되면 품질의 이상유무를 간단히 판단할 수 있다(<그림 1 - 3> (b) 참조).

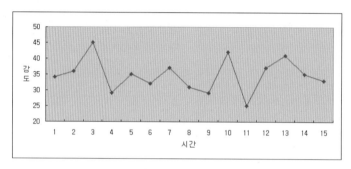

(a) 단순한 추이 그래프

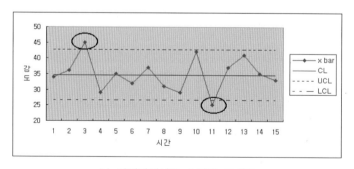

(b) 관리한계선을 추가한 그래프

|그림 1-3| 품질변동 추이 그래프

　　<그림 1 - 3> (b)는 품질변동의 시간에 따른 변화를 나타내는 추이 그래프에 관리상한(UCL)

과 관리하한(LCL)을 그어 놓은 일종의 $\bar{x}$ 관리도이다. 이 그래프에 그려진 한 쌍의 관리한계선은 품질의 산포가 이상원인(피할 수 있는 원인)에 의한 것인지 또는 우연원인(피할 수 없는 원인)에 의한 것인지를 객관적으로 구분할 수 있도록 통계적인 방법으로 설정된다.

제품이 표준화된 제조조건에서 생산되는 경우, 우연원인에 의한 제품 집단의 품질 특성치는 대체로 정규분포에 따른다. 이것을 소위 관리된 산포라고 하며, 관리된 산포만을 나타내는 공정의 상태를 관리상태(controlled state, state of control)라고 한다(<그림 1 - 4> (a) 참조). 관리상태란 기술적·경제적으로 검토해서 바람직한 수준에 있어서의 안정상태를 말한다. 공정이 안정되어 있더라도 바람직하지 않은 상태에 안정되어서는 경제적이지 못하므로 특정의 품질수준에 있어서의 안정성을 달성할 필요가 있다. 또한 완전한 통계적 관리상태보다도 공구의 마모 등 특정의 이유가 있는 요인의 존재도 허용한 관리상태 쪽이 경제적·기술적으로는 바람직한 경우가 있다.

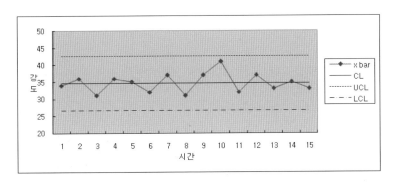

(a) 관리상태

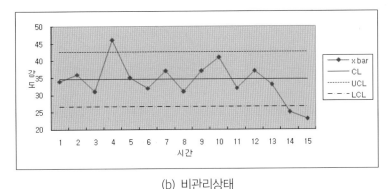

(b) 비관리상태

|그림 1-4| 품질 특성치에 대한 두 가지 관리상태

이에 반하여 제조조건, 가령 제조공정에 이상이 있으면 그 공정에서 생산되는 제품의 품질 특성치는 이상점으로 나타난다. 이러한 분포를 관리되지 않은 산포라고 하며, 이 산포의 결과를 나타내는 공정의 상태를 비관리상태(uncontrolled state)라고 한다(<그림 1 - 4> (b) 참조).

3. 통계량에 의한 데이터의 요약

1) 기본 통계량에 의한 요약

 1-1

다음의 데이터는 S고등학교 3학년 학생 100명의 2020학년도 모의 수능고사 성적이다.

264.7	295.9	344.1	295.5	327.3	321.6	305.3	324.8	313.8	310.6
312.4	326.1	308.0	316.3	319.0	325.1	290.1	319.0	305.6	344.9
297.0	318.3	292.3	308.1	335.6	350.9	316.9	309.4	319.4	320.2
323.1	310.5	271.0	304.3	331.7	361.4	286.2	297.7	314.1	304.0
313.2	302.3	274.5	286.3	311.5	314.2	274.4	319.8	312.7	295.6
309.2	277.4	305.3	314.1	294.0	305.9	331.0	308.8	304.7	316.1
304.2	290.0	311.2	321.8	308.6	300.6	301.1	308.4	294.6	309.7
328.9	304.8	312.7	322.8	299.2	302.0	300.9	334.6	298.7	287.1
323.9	294.3	313.9	310.7	326.4	324.9	313.3	319.9	307.2	317.9
320.0	295.4	314.1	302.2	297.9	280.3	317.5	291.5	322.8	310.2

이 데이터를 이용해서 다음과 같은 기본 통계량(statistic)을 산출함으로써 데이터를 요약하라.
(1) 평균, (2) 중앙값, (3) 범위, (4) 분산, (5) 표준편차, (6) 왜도, (7) 첨도

➡ 데이터 요약의 기본개념

데이터를 도수분포표나 누적도수분포표로 정리하면, 데이터가 어떠한 형태를 갖고 있는가를 개략적이고 용이하게 파악할 수 있다. 그러나 데이터의 여러 가지 특성을 보다 정확하게 숫자로 분석하여 표시해 주는 척도가 곧 기술통계학(descriptive statistics)이다. 가장 기본적인 것으로는 데이터의 집중화 경향(central tendency), 흩어진 정도(dispersion), 첨도(kurtosis) 및 비대칭도(skewness)이다.

| 데이터의 집중화 경향을 나타내는 지표 |

(1) 평균

양적 데이터의 대표값으로 가장 많이 이용되는 것으로서 산술평균이 있다. 이것은 각 데이터의 합계를 데이터의 총개수로 나누어서 얻어진다. 통상 평균(mean)이라고 불리는 것은 바로 이 산술평균을 말한다.

지금 $\{x_1, x_2, \cdots, x_n\}$의 n개 데이터가 주어져 있을 때, 이들 n개 데이터의 평균은 다음과 같다.

$$\overline{x} = \frac{1}{n}(x_1 + x_2 + \cdots + x_n) = \frac{1}{n}\sum_{i=1}^{n} x_i$$

(2) 중앙값

중앙값(median)이란 데이터를 크기 순으로 늘어놓았을 때, 한가운데에 위치하는 데이터의 값으로 50백분위수(percentile)와 같다. 중위수(中位數)라고도 부른다.

| 예 1 | 21, 18, 15, 27, 24 등 5개의 데이터가 있을 때는 오름차순으로 바꾸어 늘어놓으면 15, 18, 21, 24, 27로 되기 때문에 중앙값은 21이다.
| 예 2 | 21, 18, 15, 27, 24, 23 등 6개의 데이터가 있을 때는 오름차순으로 바꾸어 늘어놓으면 15, 18, 21, 23, 24, 27로 되기 때문에 중앙에 위치하는 2개의 값(21과 23)의 평균인 22를 중앙값으로 한다.

(3) 최빈값

빈도가 가장 많은 계급값 혹은 측정치를 말한다. 데이터 집합의 중앙 또는 중심을 나타내기 위해서 이용되는 최빈값(mode)은 질적 데이터 또는 명목척도에 의해서 측정된 데이터에 적용될 수 있다.

| 분포의 산포도를 나타내는 지표 |

(4) 범위

데이터 중의 최대값과 최소값의 차를 범위(range)라고 한다. 즉, n개의 데이터 $\{x_1, x_2, \cdots, x_n\}$을 얻어서 이들을 크기 순으로 배열하여 $x_{(1)} \leq x_{(2)} \leq \cdots \leq x_{(n)}$으로 늘어놓았다고 한다. 이때 범위($R$)는 다음과 같다.

$$R = x_{(n)} - x_{(1)}$$

그리고 제 3사분위수(즉, 75백분위수)와 제 1사분위수(즉, 25백분위수)의 차를 사분위범위 (interquartile range)라고 하는 경우가 있다. 이것은 그 안에 데이터의 중앙 반수가 들어가는 범위이다. 범위는 산포도(散布度, dispersion)를 나타내는 지표의 하나로서 가장 간단히 구할 수 있다. 단, 데이터의 수가 20일 때나 200일 때나 이용하는 데이터는 최대값과 최소값의 두 개뿐이므로 데이터의 수가 많을 때는 정보의 손실이 커져 버린다.

(5) 분산

n개의 데이터 $\{x_1, x_2, \cdots, x_n\}$이 있을 때, 우선 이들 n개 데이터의 평균 $\overline{x}$를 구한다. 다음에 각 데이터와 평균의 편차에 대한 제곱의 합을 계산한다.

$$S = (x_1 - \overline{x})^2 + (x_2 - \overline{x})^2 + \cdots + (x_n - \overline{x})^2$$
$$= \sum_{i=1}^{n} (x_i - \overline{x})^2$$

이렇게 해서 얻어진 값을 편차제곱의 합(sum of squares)이라고 한다. 그런데 수식에서 보는 바와 같이 편차제곱의 합은 합계치이기 때문에, 데이터의 수가 많아지면, 산포도의 크기에 관계없이 커져 간다. 이렇게 되면 데이터의 수가 서로 다른 그룹의 산포도를 비교하는 데에 불편이 따른다. 그래서 편차제곱의 합을 데이터의 수에 따라서 조절한 다음과 같은 지표 V를 생각한다.

$$V = \frac{S}{n-1}$$

이와 같은 V를 분산(variance)이라고 한다. 여기에서 $(n-1)$을 자유도(degree of freedom) 라고 한다.

참고로 모집단의 분산은 다음과 같이 계산한다.

$$\sigma^2 = \frac{\sum_{i=1}^{N}(x_i - \mu)^2}{N}$$

여기에서 μ : 모집단의 평균

N : 모집단의 크기

(6) 표준편차

편차제곱의 합이나 분산의 단위는 공식으로부터도 알 수 있듯이 원래 데이터의 단위를 제곱한 것이 된다. 그래서 단위를 평균의 단위처럼 원래 데이터의 단위와 일치시키기 위해서 분산의 제곱근(square root)을 취한 지표 s를 생각한다.

$$s = \sqrt{V} = \sqrt{\frac{S}{n-1}}$$

이와 같은 지표 s를 표준편차(standard deviation)라고 한다. 참고로 모집단의 표준편차는 다음과 같이 계산한다.

$$\sigma = \sqrt{\frac{\sum_{i=1}^{N}(x_i - \mu)^2}{N}}$$

| 분포의 형태를 나타내는 통계량 |

(7) 왜도

왜도(歪度, skewness)란 평균 주변의 3차 적률(moment)을 표준편차로 규준화한 것으로 평균에 대한 분포의 비대칭 정도를 나타내는 지표이다. 분포가 좌우대칭일 때 왜도는 0이 된다. 왜도가 양수이면 분포의 비대칭 꼬리가 양의 값 쪽으로 치우쳐 있으며, 왜도가 음수이면 분포의 비대칭 꼬리가 음의 값 쪽으로 치우쳐 있다. 왜도는 첨도와 함께 분포가 정규분포로부터 얼마큼 일탈(逸脫)해 있는가를 나타내는 지표로서 이용되는 것이다. 왜도는 다음과 같은 수식에 의해서 구한다.

$$b_1 = \frac{n}{(n-1)(n-2)} \sum_{i=1}^{n} \left(\frac{x_i - \overline{x}}{s} \right)^3$$

여기에서 　　$\overline{x}$: 표본의 평균

　　　　　　s : 표본의 표준편차

이 때　　$b_1 = 0$　좌우 대칭

　　　　　$b_1 > 0$　오른쪽 꼬리 비대칭

　　　　　$b_1 < 0$　왼쪽 꼬리 비대칭

예)

SKEW(3, 4, 5, 2, 3, 4, 5, 6, 4, 7) = 0.359543

(8) 첨도

첨도(尖度, kurtosis)란 왜도와 함께 분포가 정규분포로부터 얼마큼 일탈(逸脫)해 있는가를 나타내는 지표로서 이용되는 것이다. 분포의 뾰족한 정도를 정규분포와 비교하여 나타내는 것으로 양의 첨도는 상대적으로 더 뾰족하고 음의 첨도는 덜 뾰족하다. 첨도는 다음과 같이 정의된다.

$$b_2 = \frac{n(n+1)}{(n-1)(n-2)(n-3)} \sum_{i=1}^{n} \left(\frac{x_i - \overline{x}}{s} \right)^4 - \frac{3(n-1)^2}{(n-2)(n-3)}$$

여기에서　　$\overline{x}$: 표본의 평균

　　　　　　s : 표본의 표준편차

이 때　　　$b_2 = 0$　정규분포형

　　　　　　$b_2 > 0$　상대적으로 더 뾰족

　　　　　　$b_2 < 0$　상대적으로 덜 뾰족

예)

KURT(3, 4, 5, 2, 3, 4, 5, 6, 4, 7) = - 0.1518

❯ Excel에 의한 기본 통계량의 산출

순서 1 ▸ ▸ ▸ 데이터의 입력

셀 B2에서 B101까지 수능점수의 데이터를 입력한다.

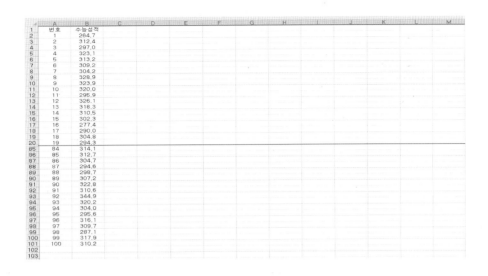

순서 2 ▸ ▸ ▸ 통계함수의 입력

(1) 먼저 [함수 마법사]를 이용해서 구하는 방법을 설명한다.

셀 E3에 마우스 포인터를 놓고, 메뉴의 [함수 마법사] 아이콘을 클릭한다. [함수 마법사] 대화상자가 나타나면,

범주 선택(C) : 통계

함수 선택(N) : AVERAGE

를 선택하고 [확인] 버튼을 클릭한다.

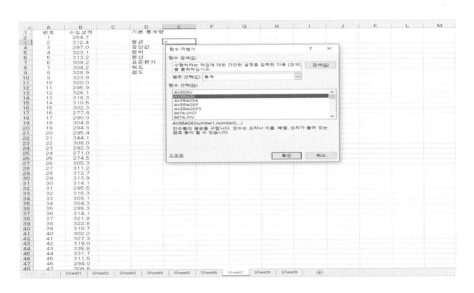

(2) [AVERAGE] 함수 입력상자가 나타나면,

Number1 : B2:B101

을 입력하고 [확인] 버튼을 클릭한다.

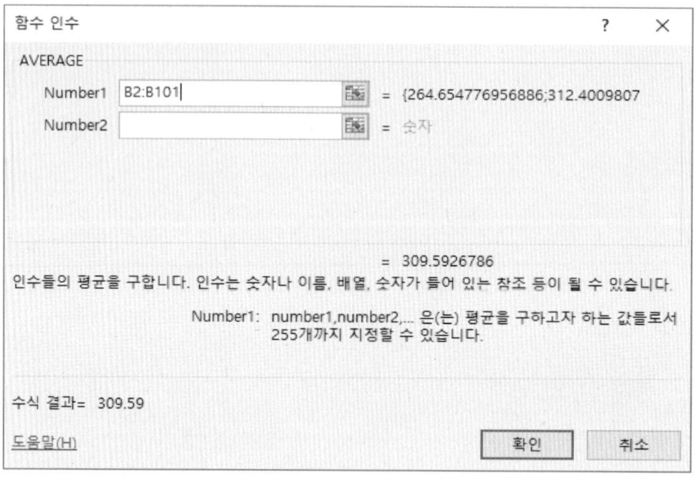

(3) 셀 E3에 데이터의 평균이

함수식 ‘=AVERAGE(B2:B101)’

에 의해서 구해지고 있음을 확인할 수 있다.

	A	B	C	D	E	F	G	H	I	J	K	L	M
1	번호	수능성적		기본 통계량									
2	1	264.7											
3	2	312.4		평균	309.59								
4	3	297.0		중앙값									
5	4	323.1		범위									
6	5	313.2		분산									
7	6	309.2		표준편차									
8	7	304.2		왜도									
9	8	328.9		첨도									
10	9	323.9											
11	10	320.0											
12	11	295.9											
13	12	326.1											

(4) 위와 같은 방법으로 나머지 통계량을 구할 수도 있지만, 간단히 통계함수를 해당 셀에 입력하는 방식으로 구할 수 있다.

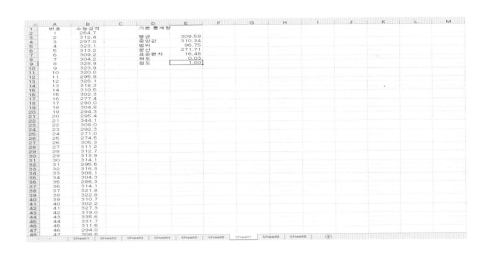

[셀의 입력내용]

E3; = AVERAGE(B2:B101)

E4; = MEDIAN(B2:B101)

E5; = MAX(B2:B101) - MIN(B2:B101)

E6; = VAR.S(B2:B101)

E7; = STDEV.S(B2:B101)

E8; = SKEW(B2:B101)

E9; = KURT(B2:B101)

2) 기술 통계법에 의한 요약

 1-2

다음은 올림픽 경기장에 입장하는 110명의 관객들에 대한 나이를 조사하여 정리한 것이다.

5	26	58	25	47	43	32	45	38	35	25
37	46	34	39	41	45	22	41	32	58	51
26	41	23	34	52	62	40	35	41	42	24
44	35	9	31	49	69	19	27	38	31	48
37	30	11	19	36	38	11	42	37	25	40
34	13	32	38	24	32	49	34	31	39	30
31	22	36	43	34	29	29	34	25	35	33
48	32	37	44	28	30	29	51	27	20	20
44	25	38	35	46	45	37	42	33	40	53
42	25	38	30	27	15	40	23	44	35	40

기술 통계법을 이용하여 위의 데이터를 분석하라.

➤ 기술 통계법에 의한 분석

순서 1 ▸ ▸ ▸ 데이터의 입력

셀 B2에서 B111까지 데이터를 입력한다. A 열에는 일련번호를 입력해 놓는다.

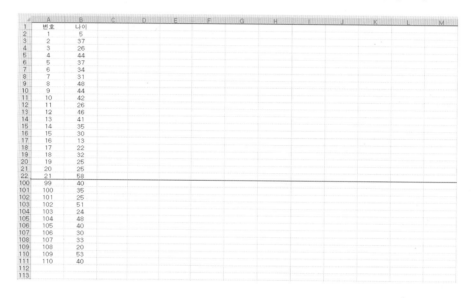

순서 2 ▸ ▸ ▸ 분석 도구의 선택

메뉴에서 [데이터]-[데이터 분석(D)]을 선택한다. [통계 데이터 분석] 대화상자가 나타난다.

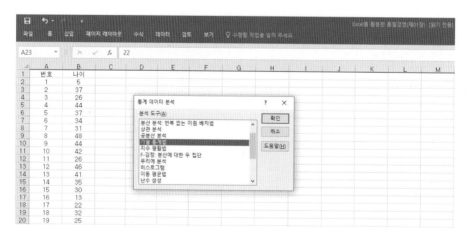

순서 3 ▸▸▸ 기술 통계법의 선택

(1) [기술 통계법]을 선택하고, [확인] 버튼을 클릭한다.

(2) [기술 통계법] 대화상자가 나타난다.

순서 4 ▸▸▸ [기술 통계법] 대화상자에서,

입력 범위(I)	: B1:B111
데이터 방향	: 열(C)
첫째 행 이름표 사용(L)	: 체크
출력 범위(O)	: D1
요약 통계량(S)	: 체크

를 지정하고 [확인] 버튼을 클릭한다.

순서 5 ▸▸▸ 기술 통계량의 출력

여러 가지 기술 통계량이 출력된다.

	A	B	C	D	E
1	번호	나이		나이	
2	1	5			
3	2	37		평균	34.9182
4	3	26		표준 오차	1.05259
5	4	44		중앙값	35
6	5	37		최빈값	34
7	6	34		표준 편차	11.0397
8	7	31		분산	121.874
9	8	48		첨도	0.69783
10	9	44		왜도	0.01875
11	10	42		범위	64
12	11	26		최소값	5
13	12	46		최대값	69
14	13	41		합	3841
15	14	35		관측수	110
16	15	30			

기술 통계량의 출력결과를 보며 앞에서 배운 통계함수와 앞으로 새로 배울 통계함수나 용어를 확인하기로 한다.

순서 6 ▸▸▸ [기술 통계법] 대화상자에서 모든 옵션을 선택한다.

[기술 통계법] 대화상자에서,

입력 범위(I)	: B1:B111
데이터 방향	: 열(C)
첫째 행 이름표 사용(L)	: 체크
출력 범위(O)	: D1
요약 통계량(S)	: 체크
평균에 대한 신뢰수준(N)	: 95%
K번째 큰 값(A)	: 2
K번째 작은 값(M)	: 2

를 지정하고 [확인] 버튼을 클릭한다.

3) 공정능력지수

예제 1-3

안정된 공정에서 생산된 어떤 제품의 품질특성에 대해서 데이터를 수집했더니 다음과 같은 통계량이 얻어졌다.

$$평 \quad 균 = 75$$
$$표준편차 = 1.2$$

이 품질특성에 관한 규격한계는,

$$규격상한 = 80$$
$$규격하한 = 70$$

로 설정되어 있다. 이 경우의 공정능력지수를 계산하라.

> ➔ 공정능력

공정능력(process capability)이란 안정된 공정이 갖는 특정의 성과에 대해 합리적으로 달성가능한 능력의 한계를 말한다. 통상은 품질을 대상으로 하여 공정이 만들어 내는 제품의 품질 특성치의 분포가 정규분포인 경우, 평균$\pm 3\sigma$로 나타내는 수가 많은데 6σ만으로 나타내는 경우도 있다. 또 히스토그램, 그래프, 관리도 등에 의해서 도시하는 경우도 있다.

설계품질에 합치한 제조품질을 얻기 위해서 설비·기계, 원료, 연료, 재료·부품, 작업자 및 작업방법에 대해서 행하여진 조건설정의 결과로서 일정기간 지속이 기대되는 안정상태의 공정에 있어서 경제적 내지 기타 특정 조건의 허용범위 내에서 도달할 수 있는 공정 달성능력의 상한을 말한다. 따라서 공정의 실적과는 다르다.

대상으로 하는 공정의 공정능력은 그 안정상태가 지속되는 기간에 따라 단기공정능력과 장기공정능력으로, 그리고 안정상태에 대한 의미의 광협(廣狹)으로부터 정적공정능력과 동적공정능력으로 분류하는 경우가 있다. 그러므로 목적이나 이용방식에 따라서 구별하여 쓰는 것이 필요하다.

평가척도로서는 통상 공정능력지수가 이용되는데, 여러 가지의 새로운 평가척도가 제안되고 있다.

품질특성에 대해서 허용할 수 있는 한계치를 규정하기 위해서 규격한계가 설정되어 있는 것이 일반적이다. 규격한계에는 규격하한(S_L)과 규격상한(S_U)이 있으며, 하한이나 상한의 한쪽에만 규격한계가 설정되어 있는 경우와 양쪽에 규격한계가 설정되어 있는 경우가 있다. 품질기준을 충족시키고 있는지 어떤지는 제품의 측정치가 규격한계 내에 있는지 어떤지로 판정할 수 있다.

전술한 바와 같이 규격한계 내의 제품을 생산할 수 있는 능력을 공정능력이라고 하며, 공정능력을 평가하기 위한 지표로서 공정능력지수(process capability index)가 있다. 공정이 안정되어 있을 경우에 제품에 관한 측정 데이터는 정규분포에 따르는 것이 일반적이며, 정규분포에 따르는 데이터는 전체의 99.7%가 평균으로부터 ±3σ의 범위 내에 존재한다. 폭의 넓이는 6σ이므로, 이 폭이 규격의 폭(규격하한 S_L과 규격상한 S_U의 차)에 비해서 큰지 작은지를 봄으로써 공정능력을 평가하고자 하는 것이 공정능력지수이다. 공정능력지수는 C_p로 나타내고 다음과 같이 계산된다.

<양측규격이 설정되어 있는 경우>

$$C_p = \frac{S_U - S_L}{6s}$$

<상측규격이 설정되어 있는 경우>

$$C_p = \frac{S_U - \bar{x}}{3s}$$

<하측규격이 설정되어 있는 경우>

$$C_p = \frac{\bar{x} - S_L}{3s}$$

양측규격이 설정되어 있는 경우에는 편의(치우침)를 고려한 공정능력지수 C_{pk}를 C_p와 같이 사용한다. C_{pk}는 다음의 식으로 계산된다.

$$C_{pk} = C_p(1 - k)$$

여기에서,

$$k = \frac{|\text{공정평균} - \text{규격평균}|}{\text{규격공차}/2} = \frac{\left| \dfrac{S_U + S_L}{2} - \overline{x} \right|}{\dfrac{S_U - S_L}{2}}$$

이 때,

$k = 0 \;\to\;$ 그 공정은 규격공차의 중심점에서 운영되고 있음

$k > 0 \;\to\;$ 규격상한선 위로 벗어난 것을 의미

$k < 0 \;\to\;$ 규격하한선 아래로 벗어난 것을 의미

그리고

$k < 1 \;\to\; C_{pk} = C_p(1 - k)$

$k \geq 1 \;\to\; C_{pk} = 0$

▶ 공정능력지수의 평가

C_p의 값은 다음과 같이 평가한다.

$C_p \geq 1.33$: 공정능력이 충분하다

$1 \leq C_p < 1.33$: 공정능력이 있다

$0.67 \leq C_p < 1$: 공정능력이 부족하다

$C_p < 0.67$: 공정능력이 없다

▶ 공정능력지수에 해당되는 불량수

C_p	PPM(백만단위당 불량수)
0.50	133,600
0.75	24,400
1.00	2,700
1.10	966
1.20	318
1.30	96
1.40	26
1.50	6.8
1.60	1.6
1.70	0.34
1.80	0.06
2.00	0.0018

순서 1 ▶ ▶ ▶ 데이터의 입력

셀 B2에서 B5까지 주어진 데이터를 입력한다.

	A	B	C	D	E	F	G	H	I
1									
2	평 균	75							
3	표준편차	1.2							
4	규격상한	80							
5	규격하한	70							
6									
7									
8									
9									

순서 2 ▶ ▶ ▶ 수식 및 통계함수의 입력

B9	▼	f_x	=(B4-B5)/(6*B3)					
	A	B	C	D	E	F	G	H	I
1									
2	평 균	75							
3	표준편차	1.2							
4	규격상한	80							
5	규격하한	70							
6									
7	치우침 k	0							
8									
9	공정능력지수 C_p	1.3889							
10									
11									

[셀의 입력내용]

B7; = ABS((B4＋B5)/2 - B2)/((B4 - B5)/2)

B9; = (B4 - B5)/(6*B3)

공정능력지수 C_p = 1.3889로서 1.33보다 크므로 공정능력이 충분하다고 볼 수 있다.

안정되지 못한 공정에서 생산된 어떤 제품의 품질특성에 대해서 데이터를 수집했더니 다음과 같은 통계량이 얻어졌다.

$$평 \quad 균 = 75$$
$$표준편차 = 7$$

이 품질특성에 관한 규격한계는,

$$규격상한 = 80$$
$$규격하한 = 65$$

로 설정되어 있다.

이 경우의 공정능력지수를 계산하라.

▶ Excel에 의한 공정능력지수의 계산

순서 1 ▸ ▸ ▸ 데이터의 입력

순서 2 ▸ ▸ ▸ 수식 및 통계함수의 입력

	C10		f_x	=((C4-C5)/(6*C3))*(1-C7)				
	A	B	C	D	E	F	G	H	I
1								
2	평 균	75	75					
3	표준편차	1.2	7					
4	규격상한	80	80					
5	규격하한	70	65					
6								
7	치우침 k	0	0.3333					
8								
9	공정능력지수 C_p	1.3889						
10	공정능력지수 C_{pk}		0.2381					
11								

[셀의 입력내용]

$$C7; \quad = ABS((C4+C5)/2 - C2)/((C4 - C5)/2)$$
$$C10; \quad = ((C4 - C5)/(6*C3))*(1 - C7)$$

공정능력지수 C_{pk} = 0.2381로서 0.67보다 작으므로 공정능력이 없다고 볼 수 있다.

Chapter02

그래프에 의한 데이터의 시각화

1. 그래프의 기본사항

1) 그래프의 목적과 종류

> **그래프의 목적**

데이터를 분석함으로써 집중화 경향이나 산포도(散布度) 등을 구하여 분포의 상태를 정확히 파악하기 전에 먼저 데이터를 그래프로 표현함으로써 시각화할 필요가 있다. 데이터의 특성이나 특징을 파악하려면 눈으로 보는 것이 가장 간편하고 확실한 방법이다. 예를 들면 평균의 계산보다도 히스토그램으로 분포의 상태를 보는 쪽이 치우침이 없는 정보를 손에 넣을 수 있고, 상관계수보다도 산점도 쪽에서 보다 많은 정보를 간파할 수 있다.

그래프의 목적은 사람의 시각에 호소하여 보다 많은 것을 요약하여 보다 빠르게 전달하는 데에 있다. 그래프의 용도는 다음의 두 가지로 대별할 수 있다.

(1) 데이터의 분석
(2) 정보의 전달

따라서 데이터를 그래프로 표현하는 것은 데이터의 분석과정에 있어서 가장 기본적이며 또한 가장 중요한 작업이다.

적절한 그래프를 보고서에 이용함으로써 보고를 받는 사람으로 하여금 이해를 도울 수 있다. 데이터의 분석에 사용하는 그래프는 분석자 자신에게 보기 쉽게 작성해야 하며, 보고서에서 사용하는 그래프는 보고를 받는 사람이 보기 쉽도록 작성할 필요가 있다.

▶ 그래프의 종류

그래프는 그 용도에 따라 설명용, 해설용, 관리용, 계산용 등과 같이 분류할 수 있다. 또 그 표현내용에 따라 다음과 같이 나눌 수 있다.

① 계통도표(예 공장조직도)
② 예정도표(예 분임조활동 실시계획표)
③ 기록도표(예 온도기록 차트)
④ 계산도표(예 이항확률지)
⑤ 통계도표(예 막대 그래프, 꺾은선 그래프)

품질관리의 분야에서 자주 사용되는 그래프에는 다음과 같은 것이 있다.

① 막대 그래프
② 꺾은선 그래프
③ 원 그래프
④ 띠 그래프
⑤ 스테레오그램
⑥ 레이더 차트
⑦ 파레토도　　　(QC 7가지 도구)
⑧ 히스토그램　　(QC 7가지 도구)
⑨ 산점도　　　　(QC 7가지 도구)
⑩ 관리도　　　　(QC 7가지 도구)
⑪ 기타

▶ 막대 그래프

막대 그래프는 수량의 대소를 비교하는 데에 적합하다. 막대 그래프는 작성방법이 매우 간단해서 누구나 쉽게 그릴 수 있고 이해하기 또한 용이하지만, 그래프의 균형을 잡기 어렵기 때문에 그래프 전체로서의 균형을 유지하도록 유의해야 한다.

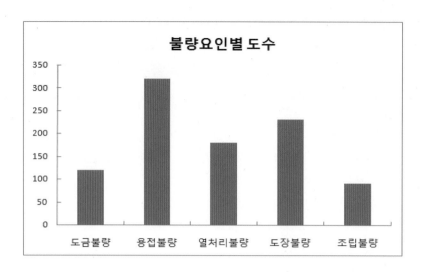

꺾은선 그래프

꺾은선 그래프는 일반적으로 시계열 데이터, 즉 시간의 경과에 따라 변화하는 데이터의 상황을 나타내는 데에 적합하다.

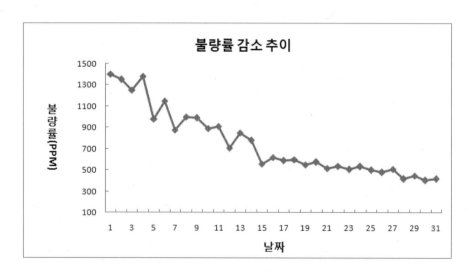

원 그래프

원 그래프는 전체의 구성비율을 파악하는 데에 적합하다. 그래프로부터 대소 대비관계를 알아본다는 점에서는 실제보다 차가 작게 보이기 때문에 막대 그래프에 비해서 어려움이 따른다.

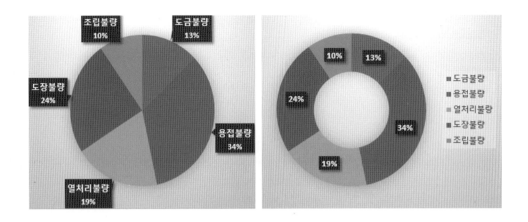

> **띠 그래프**

띠 그래프는 비교대상간의 비율을 평가하는 데에 적합하다.

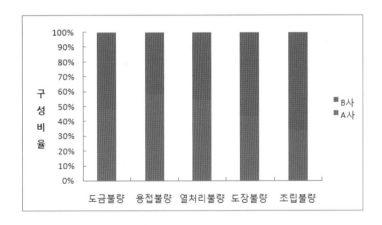

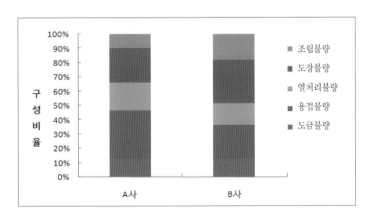

스테레오그램(stereogram, 입체화)은 2차원 항목간의 관계를 파악하는 데에 적합하다.

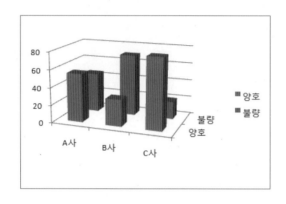

➜ 레이더 차트

분임조활동의 활성화 진단 등과 같이 다특성(多特性)을 동시에 비교하는 데에 적합하다.

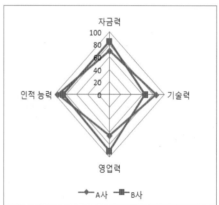

2) Excel의 그래프 작성기능

➜ Excel의 그래프 종류

Excel의 메뉴에서 [삽입]을 클릭하면 다음과 같이 표 및 차트를 선택할 수 있는 화면이 나타난다.

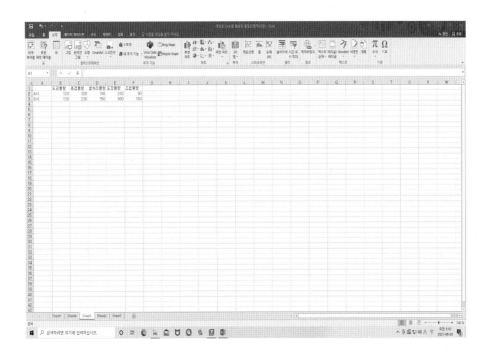

위의 그림과 같이 [모든 차트 보기]를 클릭하면 차트의 종류를 선택할 수 있는 [차트 삽입]
대화상자가 나타난다.

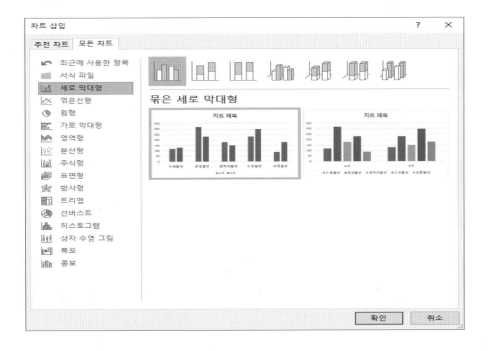

2. 그래프의 실제

1) 단일회답의 그래프화

예제 2-1

어떤 회사의 연구소에서 근무하는 연구원들을 상대로 학력을 묻는 설문의 회답결과를 집계했더니 다음과 같았다. 이 결과를 그래프로 표현하라.

단위 : 인원수

전문대졸	대졸	대학원졸(석사)	대학원졸(박사)
15	40	65	17

> **다항선택시의 그래프**

세 개 이상의 선택지(選擇肢) 중에서 하나를 고르는 다항선택시의 회답에 대한 집계결과는 도수를 막대 그래프로 나타내고, 비율을 띠 그래프로 나타내면 보기에 좋다. 특히 본 예제와 같이 각 선택지 사이에 순서관계가 없을 때는 도수가 많은 순서로 정렬한 다음에 막대 그래프로 표현하면 더 효과적이다.

> **Excel에 의한 해법**

순서 1 ▸ ▸ ▸ 데이터의 입력

	A	B	C	D	E	F	G	H	I
1	전문대졸	대졸	대학원졸(석사)	대학원졸(박사)					
2	15	40	65	17					
3									
4									
5									

순서 2 ▸ ▸ ▸ 데이터의 정렬

(1) 데이터의 범위지정

데이터가 입력되어 있는 셀 A1 : D2 영역을 범위 지정한다.

	A	B	C	D	E	F	G	H	I
1	전문대졸	대졸	대학원졸(석사)	대학원졸(박사)					
2	15	40	65	17					
3									
4									
5									

(2) 메뉴에서 [데이터] - [정렬]을 선택한다.

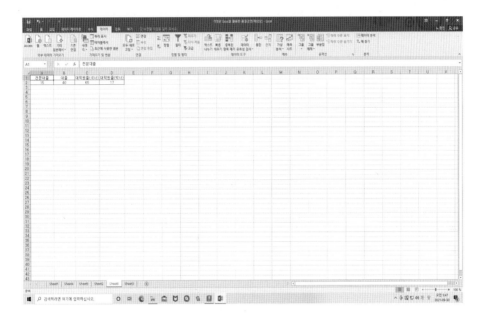

(3) [정렬] 대화상자가 나타나면, [옵션(O)]을 클릭한다. [정렬 옵션] 대화상자가 나타난다.

(4) [방향]에서 [왼쪽에서 오른쪽(L)]을 선택하고 [확인] 버튼을 클릭한다.

(5) [정렬] 대화상자로 되돌아간다. 여기에서 [정렬 기준]을 2행째의 수치로 정렬하기 때문에 [행 2]로 한다. 수치를 크기 순으로 정렬하기 때문에 [내림차순]을 선택하고 [확인] 버튼을 클릭한다.

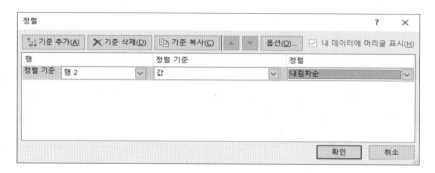

(6) 다음과 같이 데이터가 정렬된다.

	A	B	C	D	E	F	G	H	I
1	대학원졸(석사)	대졸	대학원졸(박사)	전문대졸					
2	65	40	17	15					
3									
4									
5									

순서 3 ▸ ▸ ▸ 막대 그래프의 작성

(1) 셀 A1 : D2 영역을 지정한 다음에 메뉴에서 [삽입]을 클릭한다.

(2) [차트 삽입] 대화상자를 불러내어 세로 막대형 첫 번째를 선택하고 [확인] 버튼을 클릭한다. 다음과 같은 차트가 출력된다.

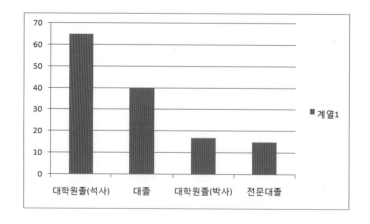

(3) 차트 영역을 클릭하면 다음과 같은 화면이 나타나는데, [차트 레이아웃] 메뉴에서 차트의 제목, 가로축의 제목 등을 입력한다.

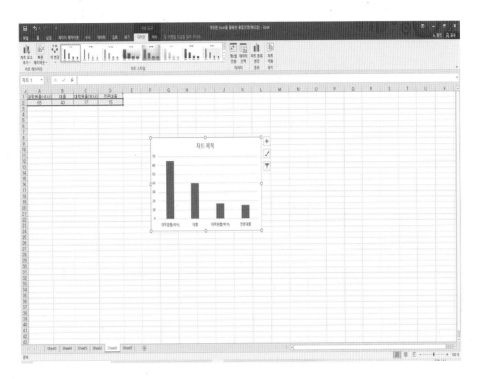

(4) 차트에서 [계열 1]이라고 하는 범례 표시를 없앤다.
(5) 그래프를 수정·완성하면 다음과 같다.

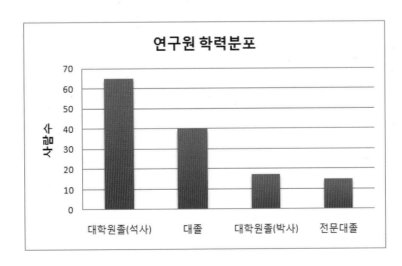

순서 4 ▸ ▸ ▸ 띠 그래프의 작성

(1) 예제의 데이터를 띠 그래프로 표현하려면, 먼저 세로축의 타이틀이 될 문자(구성비율)를 데이터 왼쪽에 입력한다.

(2) 셀 A1 : E2 영역을 지정하고 띠 그래프를 작성한다. 이하 위에서 작성한 막대 그래프의 작성방법과 같은 순서로 진행한다.

	A	B	C	D	E	F	G	H	I
1		대학원졸(석사)	대졸	대학원졸(박사)	전문대졸				
2	구성비율	65	40	17	15				
3									
4									

(3) 차드의 종류로서는 [모든 차트]에서 가로 막내형 세 번째를 선택한다.

(4) [확인] 버튼을 클릭한다.

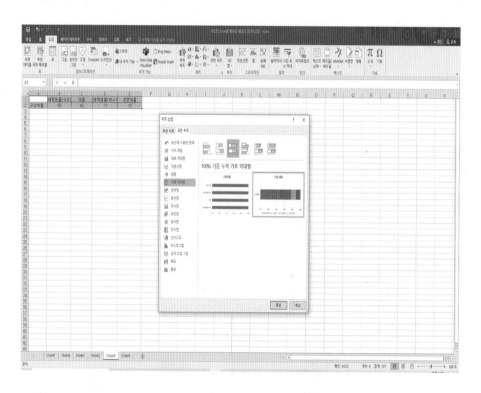

(5) 다음과 같은 띠 그래프가 출력된다.

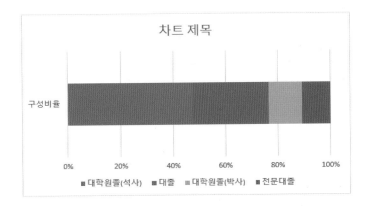

(6) 차트 영역을 클릭하면 다음과 같은 화면이 나타나는데. 차트 요소(+ 마크)를 선택하여
필요한 요소를 체크한다.

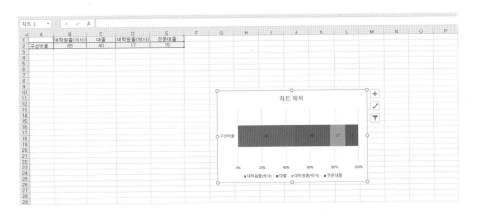

(7) 차트 제목을 입력하여 띠 그래프를 완성한다.

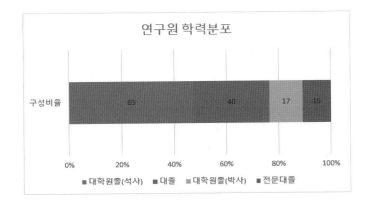

예 제 2-2

어떤 상품에 대한 만족도를 조사했더니 다음과 같은 집계결과를 얻었다. 이 결과를 그래프로 표현하라.

단위 : 인원수

매우 불만	불만	어느쪽도 아님	만족	매우 만족
13	15	17	20	14

> ### 선택지에 순서가 있는 데이터의 그래프

선택지(選擇肢) 사이에 순서관계가 있는 경우에는 [예제 2-1]과 같이 일부러 데이터를 정렬할 필요없이 순서관계를 그대로 살려 선택지의 순으로 막대 그래프 및 띠 그래프를 작성하면 된다.

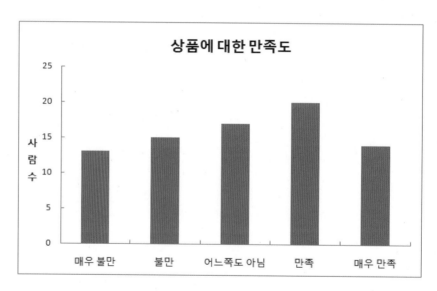

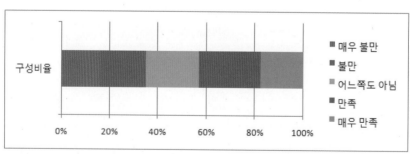

2) 복수회답의 그래프화

예제 2-3

동남아시아 시장에서 S전자의 TV에 대한 구매요인을 조사했더니 다음과 같은 집계결과를 얻었다. 이 결과를 그래프로 표현하라(복수응답 허용).

단위 : 인원수

가격이 싸다	화상이 좋다	A/S가 좋다	디자인이 좋다	회사 이미지
95	45	65	35	28

◆ 복수회답일 경우의 그래프

세 개 이상의 선택지에서 두 개 이상을 고르는 경우 집계결과는 막대 그래프로 표현하되 도수의 크기 순으로 정렬해 놓으면 보기 좋다.

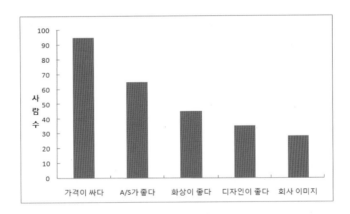

◆ 복수회답일 경우의 비율계산

설문이 복수회답 가능하게 되어 있는 경우에는 어떤 선택지가 선택되었는지 안 되었는지에 대한 비율을 계산해 놓으면 보기에 좋다. 본 예제에서 회답자의 수가 100명이었다면 다음과 같이 정리할 수 있을 것이다.

	가격이 싸다	A/S가 좋다	화상이 좋다	디자인이 좋다	회사 이미지
선택	95	65	45	35	28
비선택	5	35	55	65	72
합계	100	100	100	100	100

이 결과에 대해 선택률과 비선택률을 계산하면 다음과 같은 표를 얻을 수 있다.

	가격이 싸다	A/S가 좋다	화상이 좋다	디자인이 좋다	회사 이미지
선택률	0.95	0.65	0.45	0.35	0.28
비선택률	0.05	0.35	0.55	0.65	0.72

이것을 막대 그래프로 표현하면 다음과 같다.

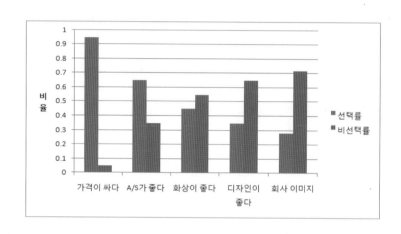

3) 크로스 집계결과의 그래프화

 2-4

어느 회사에서는 회사의 남녀 사원들을 대상으로 최근의 구조조정에 대한 의견조사를 실시하여 집계했다. 그 집계결과가 다음의 데이터표와 같다. 이 결과를 그래프로 표현하라.

단위 : 인원수

	남자	여자
찬 성	125	230
무관심	25	120
반 대	250	50
합 계	400	400

▶ 크로스 집계결과의 그래프

위와 같이 크로스 집계한 분할표(contingency table)의 데이터는 ① 막대 그래프, ② 띠 그래프, ③ 스테레오그램 등을 이용해서 표현하면 유효하다.

> **막대 그래프**

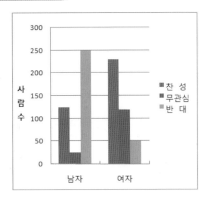

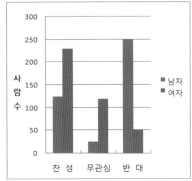

> **띠 그래프**

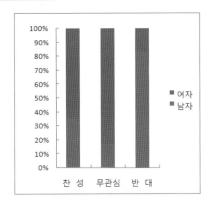

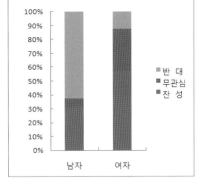

> **스테레오그램**

| Excel에 의한 해법 |

순서 1 ▸ ▸ ▸ 데이터의 입력

	W	X	Y	Z	AA
1		남자	여자		
2	찬 성	125	230		
3	무관심	25	120		
4	반 대	250	50		
5	합 계	400	400		
6					

순서 2 ▸ ▸ ▸ 그래프의 작성

(1) 셀 W1 : Y4 영역을 지정하고 메뉴에서 [삽입]을 클릭한다.

(2) [세로 막대형]을 선택한 다음에 3차원 세로 막대형 네 번째 차트를 선택한다.

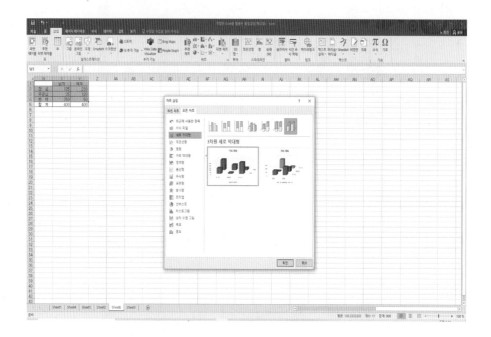

(3) 다음과 같은 3차원 세로 막대형 차트가 출력된다.

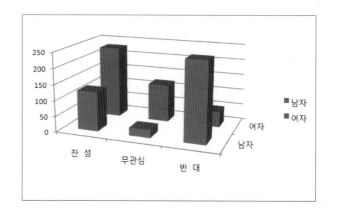

(4) 범례를 의견으로 하는 3차원 세로 막대형 차트를 출력할 수도 있다.

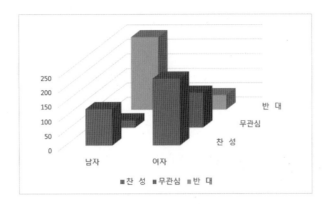

예제 2-5

어느 회사의 부서별 사원들에 대한 학력조사를 실시하여 집계한 결과가 다음과 같다. 이 결과를 그래프로 표현하라.

단위 : 인원수

	인사팀	영업팀	기획팀	R&D팀
고 졸	9	15	5	1
대 졸	25	30	28	20
대학원졸	5	2	12	25

분할표의 그래프화

위와 같은 일반적인 $L \times M$ 분할표를 그래프로 표현하려면, 띠 그래프나 스테레오그램이 유효하다.

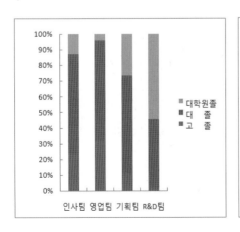

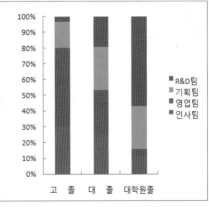

분할표에서 행의 항목인 학력은 순서로서의 의미를 가지고 있다. 이 경우에는 띠 그래프로 표현하는 것이 유효하다. 부서별 학력분포라든지 학력별 부서배치를 일목요연하게 파악할 수 있다.

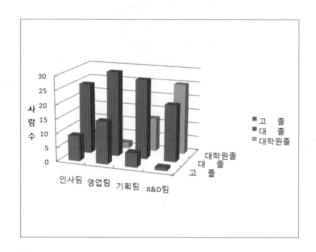

스테레오그램에서 항목의 수가 늘어나면 다른 항목에 가려서 보이지 않는 항목이 생기게 된다. 이때는 그래프를 회전시킨다거나 위치를 변경함으로써 시각적인 효과를 얻을 수 있다.

그래프의 영역을 지정한 다음에 마우스의 오른쪽 버튼을 클릭하고, [3차원 회전(R)]을 선택한다.

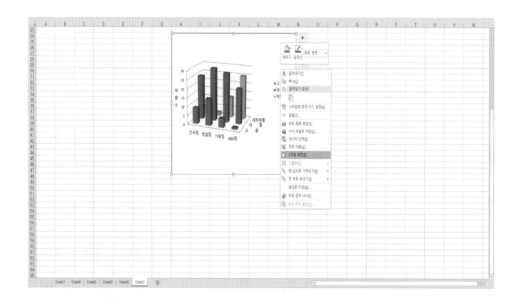

[차트 영역 서식] 대화상자가 나타나면, 여러 가지의 회전각도와 원근감 등을 설정할 수 있는 선택사항이 있다. 우선 [회전]을 X축, Y축 각각 '45'로 변경하고 [닫기] 버튼(오른쪽 ×표)을 클릭한다.

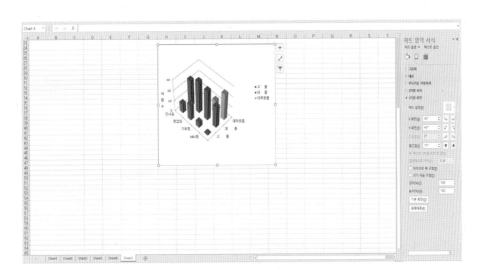

다음과 같은 결과를 얻을 수 있다.

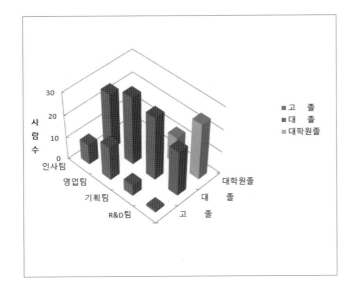

다음에 [기본회전(O)]을 클릭하고 [닫기] 버튼을 클릭한다.

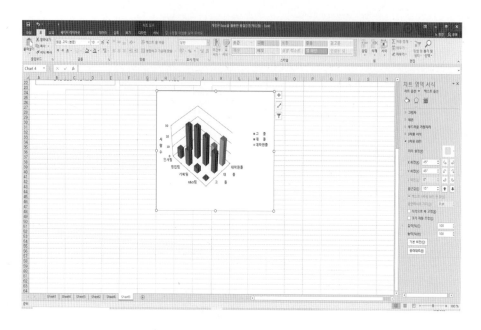

다음과 같이 초기 상태의 스테레오그램으로 돌아가는 것을 알 수 있다.

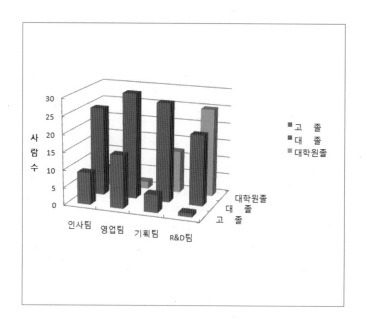

Chapter03
파레토도

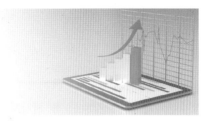

1. 파레토도의 기본사항

> **파레토 곡선**

이탈리아의 경제학자인 파레토(V. Pareto)는 1897년에 소득분포곡선으로 <그림 3-1>과 같은 형태의 소득분포함수

$$y = kx^{-\alpha}$$

를 발표하였다. 여기에서 x는 소득금액이며, y는 x 이상의 소득을 가진 사람에 대한 비율, 즉 x 이상의 소득을 갖는 사람의 누적백분율이다. 그리고 k와 α는 상수이다.

이 식은 소득이 x인 사람의 수는 그보다 낮은 소득의 사람수보다 적다는 것을 의미하고, 소득의 분포는 저소득층에 치우쳐 있다는 것을 보여 주고 있다.

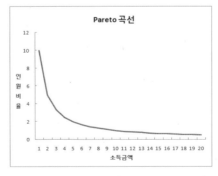

|그림 3-1| 파레토 곡선($k = 10$, $\alpha = 1$)

이와 같은 곡선을 파레토 곡선이라 한다. 파레토 곡선은 상수 k와 α에 의해서 정해진다. 참고로,

$$k = 10, \ \alpha = 5$$
$$k = 10, \ \alpha = 2$$
$$k = 10, \ \alpha = 1$$

인 세 가지 경우의 그래프를 작성하여 비교해 보면 다음과 같다.

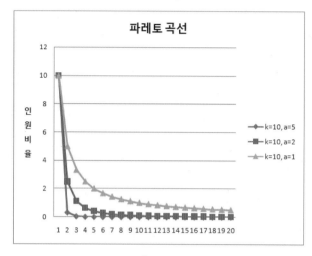

| **그림 3-2** | 파레토 곡선($\alpha = 1$, $\alpha = 2$, $\alpha = 5$)

➤ 파레토도

이탈리아의 경제학자인 파레토와는 달리 미국의 경제학자 로렌츠(M. C. Lorenz)는 1907년에 소득분포의 불균등도(不均等度)를 로렌츠 곡선이라고 불리는 그래프로 표시했다. 로렌츠 곡선은 가로축에 소득액이 높은 순으로 늘어놓은 사람의 누적비율, 세로축에 소득액의 누적비율을 취한 것으로 전체 소득액의 비율은 소수의 고소득자에 의해서 대부분을 차지하게 된다는 것을 발견했다. 이와 같은 파레토의 사상과 로렌츠 곡선의 원리를 미국의 쥬란(J. M. Juran)이 품질관리 분야에 도입하여 응용한 것이 파레토도의 시초라고 할 수 있다.

품질관리에 있어서는 중점적인 문제를 밝혀내어 중요한 문제부터 해결해 간다고 하는 중점 지향의 사고방식이 필요하다. 파레토도는 이러한 사고방식을 실행하기 위해서 도움이 되는 기법이다.

파레토도는 불량품수나 손실금액의 대부분은 많은 항목 중 극히 소수의 항목에 의해서 점유되다고 하는 사고방식이 기본으로 되어 있다. 손실이 사소한 많은 항목보다도 소수의 문제가 되는 항목을 골라 이것을 문제삼는다고 하는 것이다. 이것을 파레토의 원칙이라 부르고 있다. 파레토도는 불량손실금액, 불량품수, 클레임 손실금액, 오류건수 등을 가로축에 취하고 이것을 요인별, 현상별, 공정별, 품종별, 거래처별 등으로 분류하여 크기 순으로 늘어놓은 그림을 말한다.

파레토도로부터 다음과 같은 정보를 얻을 수 있다.

① 불량, 미스 등이 전체에서 어느 정도인가
② 가장 큰 문제는 무엇이고 작은 문제는 무엇인가
③ 어느 항목에 대책을 세워서 개선하면 효과는 어느 정도 예측되는가
④ 개선활동의 전후 파레토도를 비교해서 개선활동의 효과가 어느 정도였는가

파레토도를 작성할 때에는 다음과 같은 점에 주의해야 한다.

① 손실 등을 건수와 금액의 양자에 대해서 만들어 양쪽면에서 검토하면 좋다.
② 분류항목은 현상별만이 아니라 가능한 한 요인별로 만드는 연구를 한다. 하나의 문제에 대해서 분류항목을 바꾸어 몇 개의 파레토도를 만들어 보는 것도 좋다.
③ 데이터를 수집하는 기간은 그 공정의 상황이나 목적에 따라서 다른데, 1~3개월 정도가 적당하다. 너무 기간을 길게 하면 그 사이에 공정이 변화한다거나 무슨 조치가 취해진다거나 해서 의미를 알 수 없게 된다. 또 너무 짧으면 그 때의 일시적인 상황밖에 모른다. 파레토도에는 데이터의 총합과 수집된 기간을 반드시 기입해 놓는다.

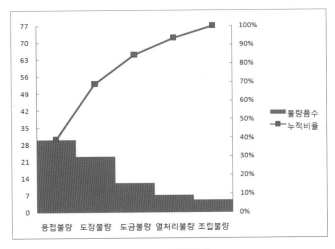

| 그림 3-3 | 파레토도

④ 무슨 조치를 취하면 그 전후로 층별해서 만든다.

⑤ 매월 파레토도를 만들어 지난달과의 비교검토를 계속적으로 실시하면 좋다.

▶ 파레토도의 해석방법

위의 파레토도를 보면 불량내용 중 용접불량이 가장 많고, 전 불량의 39% 정도를 차지하고 있다는 것을 알 수 있다. 또한 두 번째로 많은 것은 도장불량이며, 세 번째는 도금불량이다. 첫 번째에서 세 번째 불량까지를 모두 합치면 전체 불량의 84% 이상 차지하고 있다는 것을 알 수 있다. 따라서 이 제품의 불량을 효율적으로 줄이기 위한 작업방침으로서, 용접작업과 도장작업에만 주목하든지 또는 도금작업까지 주목하여 대책을 강구해 간다고 하는 결론이 얻어진다.

일반적으로,

(1) 전체의 70~80%를 차지하는 항목

(2) 상위 1~3위의 항목

의 양쪽을 주목하면서 중요시할 항목을 좁혀 가면 된다.

2. 파레토도의 실제

1) 파레토도의 작성

예제 3-1

다음의 데이터를 파레토도로 표현하라.

불량내용	도장불량	용접불량	조립불량	도금불량	열처리불량
불량품수	23	30	5	12	7

순서 1 ▸ ▸ ▸ 데이터의 입력

셀 A1 : F2 영역에 데이터를 입력한다.

	A	B	C	D	E	F	G	H	I
1	불량내용	도장불량	용접불량	조립불량	도금불량	열처리불량			
2	불량품수	23	30	5	12	7			
3									
4									

순서 2 ▸ ▸ ▸ 데이터의 정렬

(1) 셀 A1 : F2 영역을 범위 지정한 다음에 메뉴에서 [데이터]-[정렬]을 선택한다.

(2) [정렬] 대화상자가 나타난다.

(3) [옵션(O)] 버튼을 클릭한다.

(4) [정렬 옵션] 대화상자에서 [왼쪽에서 오른쪽(L)]을 선택하고, [확인] 버튼을 클릭한다.

(5) 다시 [정렬] 대화상자로 돌아오면 행의 [정렬 기준]으로 '행 2'를 택하고, [내림차순]을 선택한다. 여기에서 [확인] 버튼을 클릭한다.

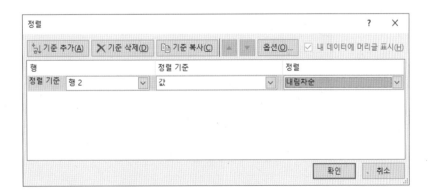

(6) 데이터의 정렬

	A	B	C	D	E	F	G	H	I
1	불량내용	용접불량	도장불량	도금불량	열처리불량	조립불량			
2	불량품수	30	23	12	7	5			
3									
4									

순서 3 ▸ ▸ ▸ 누적비율의 계산

셀 G2에 합계를 구한다. 셀 B3 : F3 영역의 누적비율을 산출한다.

B3	▾	✕ ✓ fx	=SUM($B$2:B2)/$G$2					
	A	B	C	D	E	F	G	H	I
1	불량내용	용접불량	도장불량	도금불량	열처리불량	조립불량	합계		
2	불량품수	30	23	12	7	5	77		
3	누적비율	0.3896	0.6883	0.8442	0.9351	1.0000			
4									
5									

[셀의 입력내용]

G2; =SUM(B2 : F2)

B3; =SUM($B$2 : B2)/$G$2   (B3를 C3에서 F3까지 복사한다)

순서 4 ▸ ▸ ▸ 그래프의 작성

(1) 셀 A1 : F3 영역을 범위 지정한 다음에 메뉴에서 [삽입]을 클릭한다.

(2) 2차원 세로 막대형 첫 번째 유형을 선택하여 클릭하면 다음과 같은 그래프가 출력
   된다.

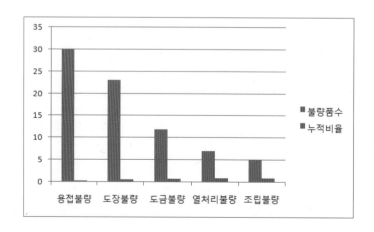

(3) 오른쪽 막대 그래프를 더블클릭한 상태에서 2차원 꺾은선형 그래프를 선택하여 클릭
한다.

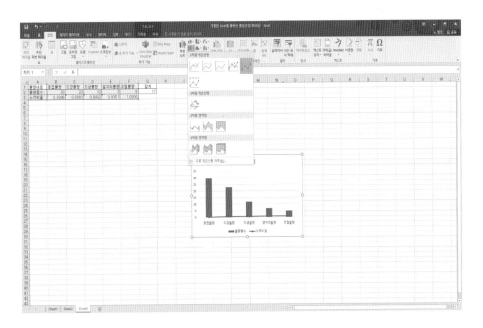

(4) 다음과 같이 두 가지 그래프가 그려지는 것을 알 수 있다.

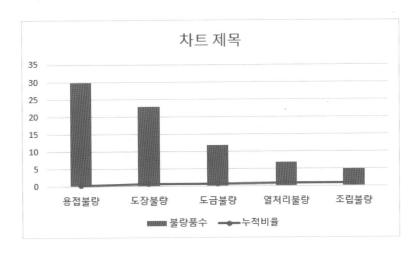

(5) 마우스 포인트를 누적비율 꺾은선 그래프 위에 놓고 오른쪽 버튼을 클릭한다.
(6) [데이터 계열 서식(F)]을 선택하여 클릭한다.

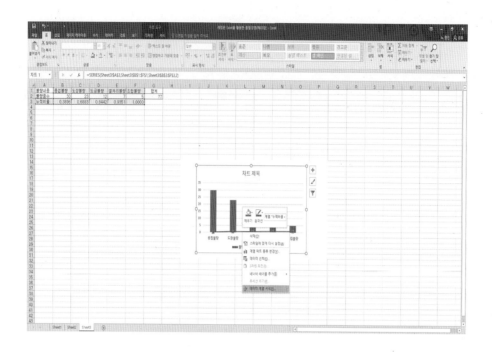

(7) [데이터 계열 서식] 대화상자에서 [보조 축(S)]을 선택하고 [닫기] 버튼을 클릭한다.

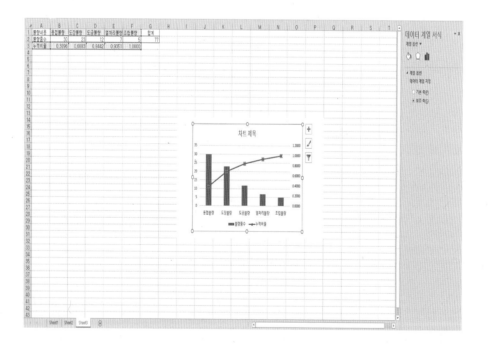

(8) 다음과 같은 이중 축 혼합형 그래프가 출력된다.

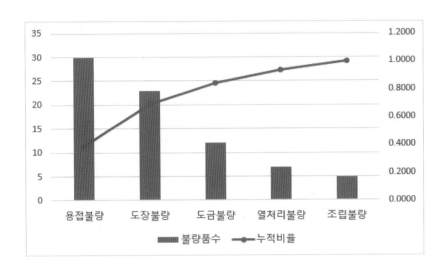

순서 5 ▸ ▸ ▸ 그래프의 수정·완성

(1) 작성된 그래프의 막대 간격을 [차트 레이아웃]을 이용하여 붙인다.

(2) 양쪽 세로축의 눈금 위에서 마우스 오른쪽 버튼을 클릭하여 [축 서식(F)]을 선택하고, 다음과 같이 [축 옵션]의 최대값, 최소값을 입력하여 수정·완성한다.

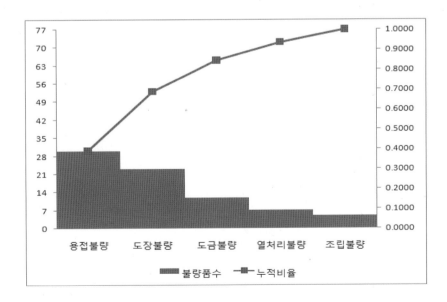

2) 파레토도의 응용

 3-2

[예제 3-1]의 불량을 줄이기 위해서 개선활동을 실시한 후, 상당한 불량저감 효과를 거두었다. 다음은 개선활동 전후의 불량품수에 대한 집계결과이다.

불량내용	용접불량	도장불량	도금불량	열처리불량	조립불량	합계
불량품수	30	23	12	7	5	77
누적비율	0.3896	0.6883	0.8442	0.9351	1.0000	

<개선 전>

불량내용	도장불량	용접불량	열처리불량	도금불량	조립불량	합계
불량품수	14	12	7	6	3	42
누적비율	0.3333	0.6190	0.7857	0.9286	1.0000	

<개선 후>

개선 후의 파레토도를 작성하여 개선 전후의 결과를 비교해 보라.

➤ 개선 전후의 파레토도 비교

(1) 앞에서와 같은 방법으로 개선 후의 파레토도를 작성한다.

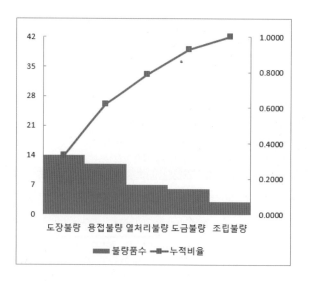

(2) 개선 전후의 파레토도를 비교한다.

개선 후의 파레토도를 개선 전과 비교하기 위해서 왼쪽 세로축의 눈금을 일치시킨다.

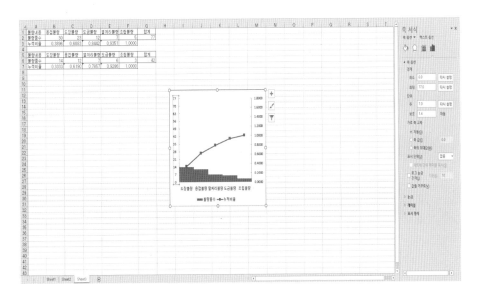

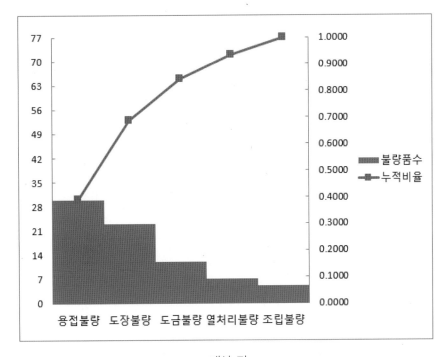

<개선 전>

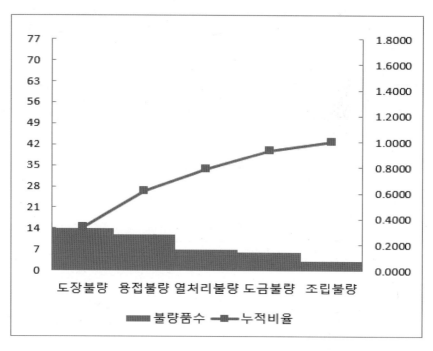

<개선 후>

개선 전 총불량품의 수가 77개에서 개선 후에는 총불량품의 수가 42개로 줄어서 현저한 개선효과를 확인할 수 있다.

예제 3-3

[예제 3-1]에서 각 항목별 불량에 대한 손실금액을 산출한 결과가 다음과 같다.

불량내용	용접불량	도금불량	도장불량	열처리불량	조립불량
손실금액(만원)	12800	3900	3500	2600	1200
누적비율	0.5333	0.6958	0.8417	0.9500	1.0000

불량품수에 대한 파레토도와 손실금액에 대한 파레토도를 작성하여 결과를 비교해 보라.

(1) 앞에서와 같은 방법으로 손실금액에 대한 파레토도를 작성한다.

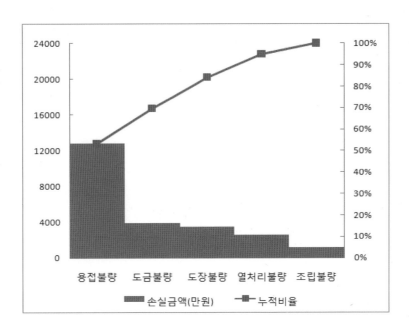

(2) 불량품수에 대한 파레토도와 손실금액에 대한 파레토도의 결과를 비교한다.

불량내용	용접불량	도장불량	도금불량	열처리불량	조립불량	합계
불량품수	30	23	12	7	5	77
누적비율	0.3896	0.6883	0.8442	0.9351	1.0000	

불량내용	용접불량	도금불량	도장불량	열처리불량	조립불량	합계
손실금액(만원)	12800	3900	3500	2600	1200	24000
누적비율	0.5333	0.6958	0.8417	0.9500	1.0000	

불량품수에 대한 파레토도와 손실금액에 대한 파레토도의 결과를 비교해 보면 두 경우에 모두 용접불량, 도장불량, 도금불량의 세 가지 불량이 차지하는 누적비율이 84%를 넘고 있음을 알 수 있다. 용접불량이 전체에서 차지하는 비율은 불량품의 수에 대해서는 약 39%를 차지하지만, 손실금액으로 환산하면 53%를 넘게 차지하고 있다.

그리고 도장불량과 도금불량은 불량품수와 손실금액의 경우에 순위가 바뀌고 있음을 알 수 있다. 그만큼 도금불량의 비중이 높다는 것을 시사하고 있다.

Chapter04

히스토그램

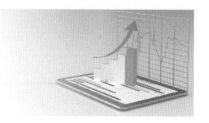

1. 히스토그램의 기본

예제 4-1

다음의 데이터는 S 고등학교 3학년 학생 100명의 2020학년도 모의 수능고사 성적이다 ([예제 1-1]
과 동일).

264.7	295.9	344.1	295.5	327.3	321.6	305.3	324.8	313.8	310.6
312.4	326.1	308.0	316.3	319.0	325.1	290.1	319.0	305.6	344.9
297.0	318.3	292.3	308.1	335.6	350.9	316.9	309.4	319.4	320.2
323.1	310.5	271.0	304.3	331.7	361.4	286.2	297.7	314.1	304.0
313.2	302.3	274.5	286.3	311.5	314.2	274.4	319.8	312.7	295.6
309.2	277.4	305.3	314.1	294.0	305.9	331.0	308.8	304.7	316.1
304.2	290.0	311.2	321.8	308.6	300.6	301.1	308.4	294.6	309.7
328.9	304.8	312.7	322.8	299.2	302.0	300.9	334.6	298.7	287.1
323.9	294.3	313.9	310.7	326.4	324.9	313.3	319.9	307.2	317.9
320.0	295.4	314.1	302.2	297.9	280.3	317.5	291.5	322.8	310.2

이 데이터를 이용해서 도수분포표와 히스토그램을 작성하라.

> **기본발상**

데이터의 분포를 수치로 파악하는 데는 평균, 표준편차, 왜도, 첨도 등의 통계량을 이용하면
된다. 그러나 이들 수치만으로 분포의 형태를 머리 속에 그린다는 것은 어렵기 때문에 그래프

화해서 시각에 호소하는 것도 필요하다. 이때에 도움이 되는 그래프가 바로 히스토그램 (histogram)이라고 불리는 것이다.

➤ 도수분포

측정치 중에 같은 값이 반복해서 나타나는 경우에 각 값의 출현도수를 늘어놓은 것 혹은 측정치가 존재하는 범위를 몇 개의 구간으로 나눈 경우에 각 구간에 속하는 측정치의 출현도수를 늘어놓은 것을 도수분포(frequency distribution)라고 한다.

도수분포는 도수의 값을 늘어놓은 도수표, 막대 그래프, 히스토그램 등으로 나타낸다. 도수표의 각 구간 도수를 값이 작은 쪽부터 순차적으로 합계해서 구한 도수를 누적도수, 누적도수를 꺾은선 그래프로 나타낸 것을 누적도수도라고 한다. 또 누적도수를 도수의 합계에 대한 비율로 표시한 것을 상대누적도수, 그림으로 나타낸 것을 상대누적도수도라고 한다.

➤ 히스토그램

측정치가 존재하는 범위를 몇 개의 구간으로 나누고 각 구간을 저변으로 하여, 그 구간에 속하는 측정치의 출현도수에 비례하는 면적의 막대를 늘어놓은 그래프를 히스토그램이라고 한다.

구간의 폭이 일정하면 막대의 높이는 각 구간에 속하는 값의 출현도수와 비례하기 때문에, 높이에 대해서 상대도수의 눈금을 부여할 수 있다.

표본의 수를 크게 하고 또 그것에 따라서 구간의 폭을 작게 취해 가면 히스토그램은 점점 밀도함수에 근접하게 된다. 히스토그램은 제품의 품질상태가 규격치에 대해서 만족할 만한 것인지 등을 판단할 때에 도움이 된다. 전술한 QC 7가지 도구 중 하나로서 널리 보급되어 있다.

히스토그램을 관찰할 때는,

① 분포의 형태
② 목표치로부터의 산포의 상태
③ 층별조건이 분포에 미치는 영향
④ 이상치의 유무

등에 주의할 필요가 있다.

2. 히스토그램의 작성방법

✦ 히스토그램의 일반적인 작성순서

히스토그램의 작성순서는 다음과 같다.

순서 1 ▸ ▸ ▸ 데이수 n을 센다.

순서 2 ▸ ▸ ▸ 최대값과 최소값을 구한다.

순서 3 ▸ ▸ ▸ 범위 R을 구한다.

  R = 최대값 - 최소값

순서 4 ▸ ▸ ▸ 구간의 수(막대의 수) k를 정한다.

  (k는 $\sqrt{n}$에 가까운 정수를 기준으로 해도 좋다)

순서 5 ▸ ▸ ▸ 구간의 폭 h를 구한다.

  $h = R\ /\ k$

  로서 h를 계산하고 데이터의 측정단위에 대한 정수배로 반올림한다.

순서 6 ▸ ▸ ▸ 최초 구간의 아래측 경계치 a를 구한다.

  (a = 최소값에 가까운 값으로 최소값보다 작고 구분하기 좋은 수치)

  (주) a = 최소값 - (측정단위 / 2)로 하는 방법도 있다.

순서 7 ▸ ▸ ▸ a에 폭 h를 더하여 최초 구간의 위측 경계치 b를 구한다.

  $b = a + h$

  b는 다음 구간의 아래측 경계치이기도 하다. 이하, 폭 h를 순차적으로 더해 나가서 최대값을 포함하는 구간까지 계속한다.

순서 8 ▸ ▸ ▸ 각 구간마다의 도수를 세어서 도수분포표(frequency distribution table)를 작성한다.

순서 9 ▸ ▸ ▸ 도수분포표에 의거해서 도수를 세로축으로 한 막대 그래프를 작성한다(히스토그램에서는 막대와 막대 사이를 붙이는 것이 일반적이다).

➤ Excel에 의한 히스토그램의 작성

순서 1 ▸ ▸ ▸ 데이터의 입력

	A	B	C	D	E	F	G	H	I	J	K	L
1	번호	수능성적										
2	1	264.7										
3	2	312.4										
4	3	297.0										
5	4	323.1										
6	5	313.2										
7	6	309.2										
8	7	304.2										
9	8	328.9										
10	9	323.9										
11	10	320.0										
12	11	295.9										
13	12	326.1										
14	13	318.3										
15	14	310.5										
16	15	302.3										
17	16	277.4										
18	17	290.0										
99	98	287.1										
100	99	317.9										
101	100	310.2										
102												
103												
104												
105												
106												

Sheet1 / Sheet2 / Sheet3 / Sheet4

순서 2 ▸ ▸ ▸ 준비

도수분포표를 작성하기 위해 필요한 사항을 산출한다.

E14 f_x =(E11-E12)/E13

	A	B	C	D	E	F	G	H	I	J	K	L
1	번호	수능성적		기본 통계량								
2	1	264.7										
3	2	312.4		평균	309.59							
4	3	297.0		중앙값	310.34							
5	4	323.1		범위	96.75							
6	5	313.2		분산	271.71							
7	6	309.2		표준편차	16.48							
8	7	304.2		왜도	0.03							
9	8	328.9		첨도	1.00							
10	9	323.9										
11	10	320.0		최대값	361.4							
12	11	295.9		최소값	264.7							
13	12	326.1		구간의 수	10							
14	13	318.3		구간의 폭	9.675							
15	14	310.5		늑	10							
16	15	302.3										
17	16	277.4										
18	17	290.0										
19	18	304.8										
20	19	294.3										
21	20	295.4										
22	21	344.1										
23	22	308.0										
24	23	292.3										
25	24	271.0										
26	25	274.5										

Sheet1 / Sheet2 / Sheet3 / Sheet4

순서 3 ▸ ▸ ▸ 도수분포표의 작성

(1) 구간의 설정

위의 계산결과에서는 구간의 수를 10, 구간의 폭을 10으로 취했으나, 최소값과 최대값이 각각 처음과 마지막의 구간에 포함되도록 고려한 결과 구간의 수는 11개로 되었다. 구간의 각 숫자는 각 구간의 상한치를 나타내고 있다.

(2) 첫 번째 구간의 도수 산출

먼저 첫 번째 구간의 도수를 [함수 마법사]의 통계함수 'FREQUENCY'를 이용해서 구한다.

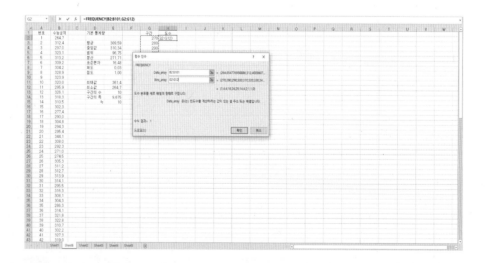

셀 H2에 첫 번째 구간의 도수가 구해진다.

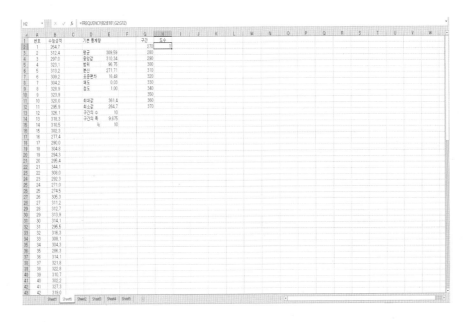

(3) 배열복사에 의한 전 구간의 도수 산출

즉, H2 : H12 범위를 지정한 다음에 마우스 포인트를 수식입력줄 끝에 놓고, Ctrl +
Shift + Enter↵ 키를 동시에 누른다.

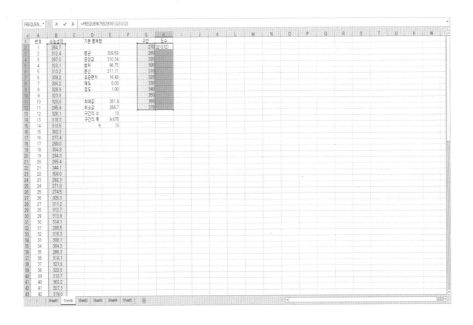

다음과 같은 결과가 출력된다.

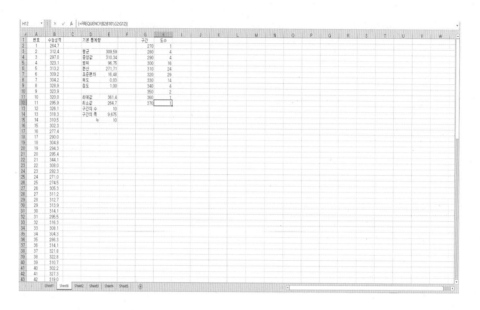

순서 4 ▸ ▸ ▸ 히스토그램의 작성

(1) 셀 G2 : H12 영역을 지정하고, 메뉴에서 [삽입]을 클릭한다. 세로 막대형 첫 번째 유형을 선택하고, [묶음 세로 막대형] 중 두 번째를 선택한 다음 [확인]을 클릭한다.

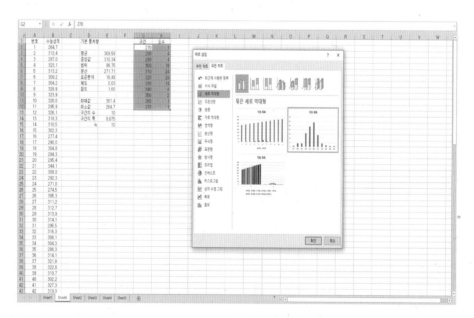

(2) 다음과 같은 세로 막대형 차트가 출력된다.

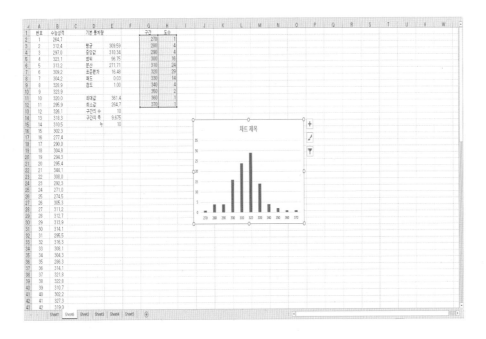

(3) [차트 요소](+ 마크)를 클릭하고 다음과 같은 요소를 선택한다.

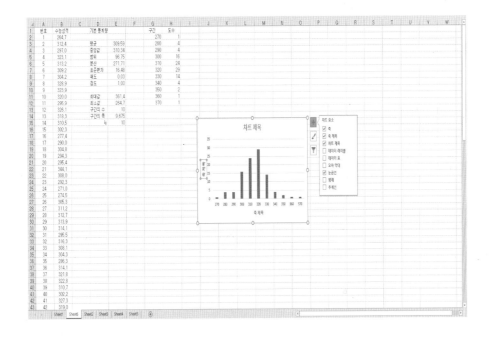

(4) 다음과 같이 축 제목, 차트 제목을 입력한다.

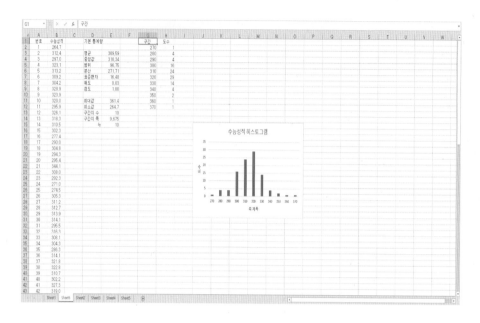

(5) 막대와 막대 사이를 붙이고 축 서식을 수정하여 차트를 완성한다.

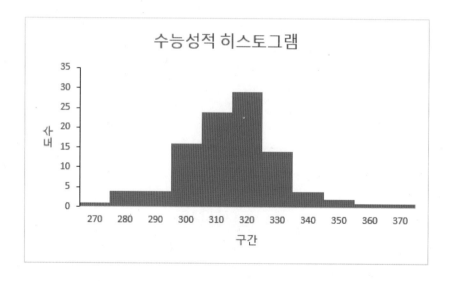

순서 5 ▸ ▸ ▸ 정규성의 확인

예제의 데이터가 정규분포에 따르는지를 확인하기 위해서 다음과 같은 순서로 정규성의 확
인을 실시한다.

(1) 각 구간에 대한 이론적인 정규분포상의 확률값을 구하기 위해서 다음과 같이 입력한다.

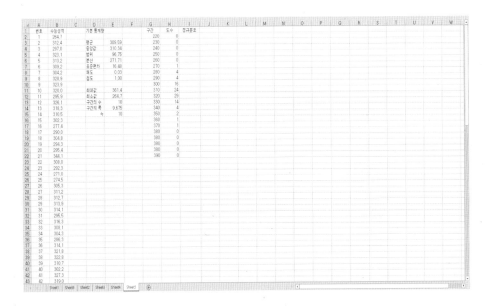

(2) 셀 I2를 지정한 다음에 [함수 마법사] 아이콘을 클릭한다. [함수 마법사] 대화상자에서,

범주 선택(C) : 통계
함수 선택(N) : NORM.DIST

를 선택하고 [확인] 버튼을 클릭한다.

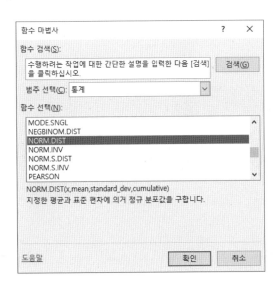

(3) [NORM.DIST] 함수 입력상자에서 다음과 같이 입력하고 [확인] 버튼을 클릭한다.

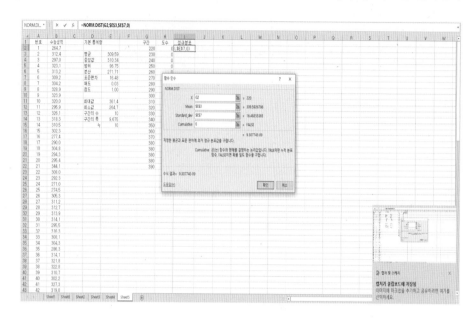

마지막 난 [Cumulative]는 함수의 형태를 결정하는 논리값으로 '0(False)'을 입력하면 확률밀도함수를, '1(True)'을 입력하면 누적분포함수를 구해 준다.

(4) 셀 I2를 I3에서 I22까지 복사한다.

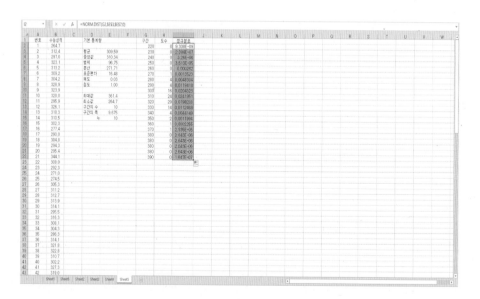

(5) 셀 H1 : I22 영역을 범위 지정한 다음에 [삽입]을 클릭한다. 세로 막대형 첫 번째 유형
    을 선택하여 클릭한다.

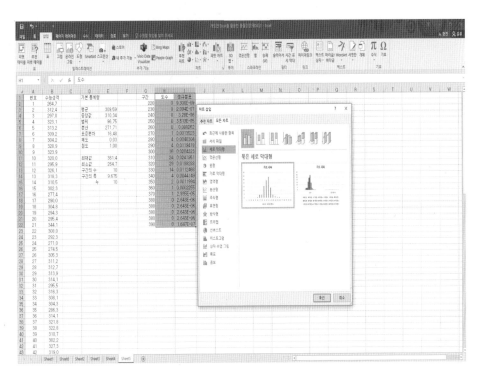

(6) 전술한 이중 축 혼합형 그래프 작성방법과 같은 방법으로 진행한다.

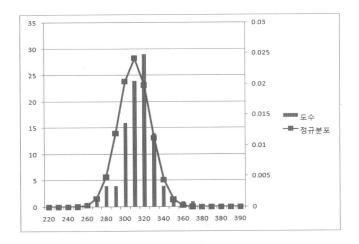

(7) 그래프의 완성

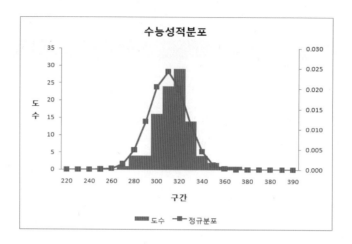

그래프에서 알 수 있듯이 수능성적의 도수분포는 정규분포에서 약간 일탈해 있는 것을 확인할 수 있다(왜도 = 0.034).

▶ 분석 도구를 이용한 히스토그램

순서 1 ▸ ▸ ▸ 데이터의 입력과 구간의 설정

(1) 전술한 방법에 의해서 데이터를 입력하고

(2) 구간의 폭을 정한 다음에 구간을 설정한다.

순서 2 ▸ ▸ ▸ 히스토그램의 선택

[데이터]-[데이터 분석]을 선택하고, [통계 데이터 분석] 대화상자가 나타나면 [히스토그램]을 선택한다.

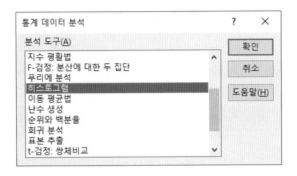

순서 3 ▸ ▸ ▸ [히스토그램] 대화상자에서,

입력 범위(I)	:	B1:B101
계급 구간(B)	:	G1:G12
이름표(L)	:	체크
출력 범위(O)	:	I1
차트 출력(C)	:	체크

를 지정하고 [확인] 버튼을 클릭한다.

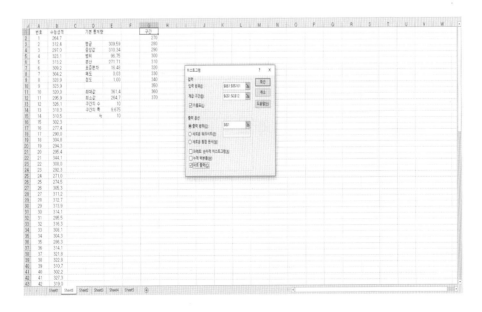

순서 4 ▸▸▸ 도수분포표와 히스토그램의 작성

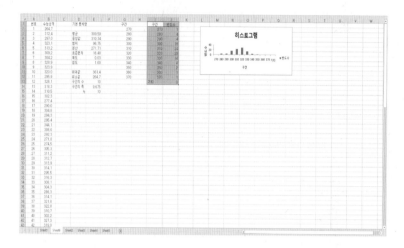

순서 5 ▸▸▸ 히스토그램의 수정·완성

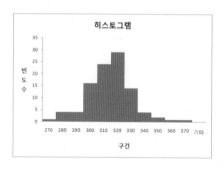

3. 히스토그램의 대용 그래프

1) 도트 플롯

 4-2

다음의 데이터는 경기도 내에 있는 22호의 주택에 대해서 부지면적(단위 : m²)을 측정한 것이다. 이 데이터를 그래프화하라.

No.	부지면적	No.	부지면적
1	312	12	330
2	298	13	305
3	302	14	315
4	300	15	305
5	288	16	290
6	278	17	368
7	320	18	365
8	322	19	340
9	296	20	350
10	350	21	290
11	328	22	365

▶ 도트 플롯

데이터의 수가 적을 때에는 히스토그램에서 구간의 수나 폭을 조금만 바꾸더라도 그래프의 형태가 크게 변하게 된다. 이런 경우에는 히스토그램보다 도트 플롯(dot plot)이 적합하다. 도트 플롯은 데이터를 구간으로 나누지 않고 개개의 데이터를 그대로 수직선(數直線)상에 타점한 그래프를 말한다.

▶ Excel에 의한 도트 플롯의 작성

순서 1 ▸ ▸ ▸ 데이터의 입력

셀 B2 : B23 영역에 데이터를 입력한다.

순서 2 ▸ ▸ ▸ 데이터의 정렬

(1) 마우스 포인터를 셀 A1에 놓고 메뉴에서 [데이터]-[정렬]을 선택한다.

(2) [정렬] 대화상자에서 [옵션(O)] 버튼을 클릭한다. 다음과 같은 상태에서 [확인] 버튼을 클릭한다.

(3) [정렬] 대화상자에서 다음과 같이 선택·입력하고 [확인] 버튼을 클릭한다.

(4) 데이터의 오름차순 정렬

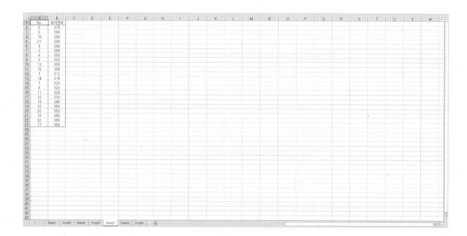

순서 3 ▸ ▸ ▸ 도수의 카운트

셀 C2, C3에 다음과 같이 입력한다.

    C2; 1

    C3; =IF(B3=B2, C2+1, 1)　　　(C3를 C4에서 C23까지 복사한다)

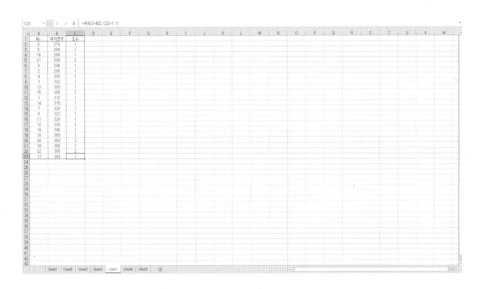

순서 4 ▸ ▸ ▸ 도트 플롯의 작성

(1) 셀 B1 : C23 영역을 지정하고 [삽입]을 클릭한다.

(2) [차트]의 분산형 두 번째 유형을 선택한다.

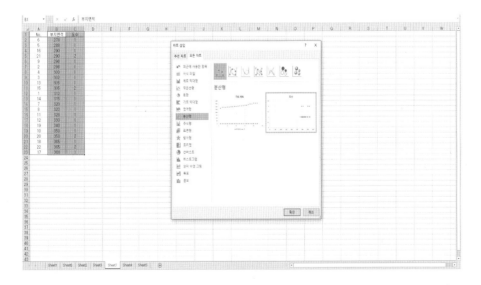

(3) 다음과 같은 그래프를 얻게 된다.

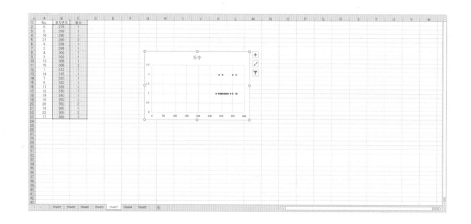

(4) 차트 제목, 축 제목 등을 입력한다.

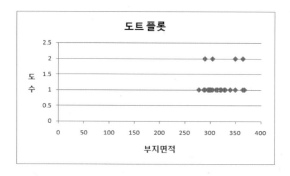

(5) [축 서식] 대화상자에서 다음과 같이 가로축 눈금 조정을 실시한다.

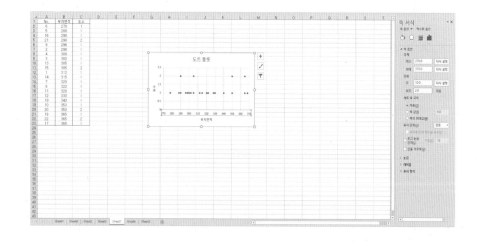

(6) 그래프를 수정·완성한다.

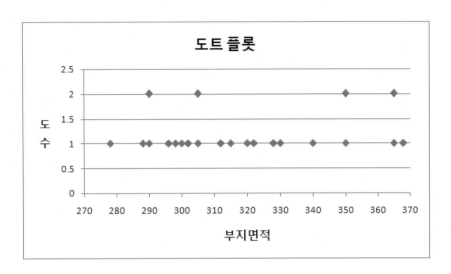

2) 함수 REPT에 의한 대용 그래프

 4-3

다음과 같이 정리된 도수분포표가 있다. 함수 REPT를 이용하여 히스토그램을 대용할 수 있는 그래프를 그려라.

도수분포표

구간		중심값	도수
하한값	상한값		
20.25	22.25	21.25	1
22.25	24.25	23.25	3
24.25	26.25	25.25	10
26.25	28.25	27.25	16
28.25	30.25	29.25	19
30.25	32.25	31.25	25
32.25	34.25	33.25	22
34.25	36.25	35.25	18
36.25	38.25	37.25	11
38.25	40.25	39.25	4
40.25	42.25	41.25	2

함수 REPT(text, number_times)는 텍스트를 지정한 횟수만큼 반복하는 함수이다. Text는 반복하려는 텍스트를 가리킨다.

예)

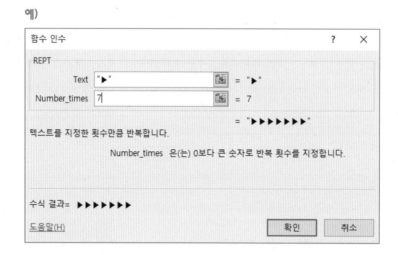

→ Excel에 의한 해법

순서 1 ▸ ▸ ▸ 데이터의 입력

▲	A	B	C	D	E	F	G	H	I	J
1		구간								
2	하한값	상한값	중심값	도수						
3	20.25	22.25	21.25	1						
4	22.25	24.25	23.25	3						
5	24.25	26.25	25.25	10						
6	26.25	28.25	27.25	16						
7	28.25	30.25	29.25	19						
8	30.25	32.25	31.25	25						
9	32.25	34.25	33.25	22						
10	34.25	36.25	35.25	18						
11	36.25	38.25	37.25	11						
12	38.25	40.25	39.25	4						
13	40.25	42.25	41.25	2						
14										
15										

순서 2 ▸ ▸ ▸ 함수 REPT의 선택

(1) 셀 E3를 지정한 다음에 메뉴에서 [함수 마법사] 아이콘을 클릭한다.

(2) [함수 마법사] 대화상자에서,

범주 선택(C) : 모두

함수 선택(N) : REPT

를 선택하고 [확인] 버튼을 클릭한다.

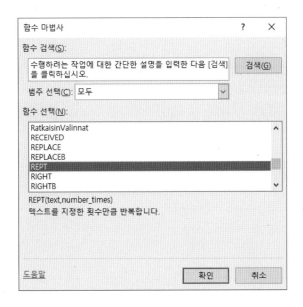

(3) REPT 함수 입력상자에서,

Text   : ▶ (문자표에서 적당한 무늬를 선택한다)

Number_times : D3

를 입력하고 [확인] 버튼을 클릭한다.

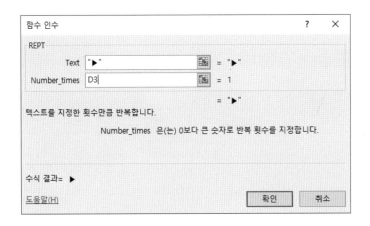

순서 3 ▸ ▸ ▸ 히스토그램의 작성

(1) 셀 E3에 '▶' 무늬가 하나 출력된다.

(2) 셀 E3을 E4에서 E13까지 복사한다.

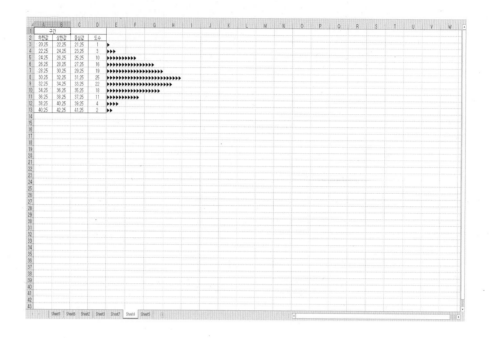

[셀의 입력내용]

E3; =REPT("▶", D3)　　　(셀 E3을 E4에서 E13까지 복사한다)

Chapter05
이산확률분포

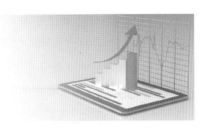

1. 이항분포

> **베르누이 시행**

어떤 주어진 시행에서 두 가지 상호 배반적인 결과만이 나타나는 경우가 있다. 예를 들면 제품의 품질검사를 실시할 때 양품과 불량품으로 구분하는 경우, 두 회사의 콜라를 여러 사람이 시음할 때 어느 쪽 회사의 콜라가 더 맛있는가라고 하는 경우, 사람을 남자와 여자로 나누는 경우 등은 시행의 결과가 두 가지뿐이라고 할 수 있다. 이와 같이 시행의 결과가 두 가지뿐인 실험을 베르누이 시행(Bernoulli trial)이라 하며 다음과 같은 전제조건을 가지고 있다.

① 실험이 n번 동일한 시행으로 구성된다.
② 각 시행은 두 가지 가능한 결과 중 한 가지만 나타난다.
③ 각 결과의 확률은 시행의 횟수에 관계없이 일정하다.
④ 한 시행의 결과는 다른 시행의 결과에 영향을 주지 않는다. 즉, 각 시행은 서로 독립적이다.

베르누이 시행의 예는 수없이 많이 있다. 동전 던지기(앞면 혹은 뒷면), 무작위로 추출되는 동물의 암수 구별, 주사위 던지기(짝수 혹은 홀수) 등이 그것이다.
그러나 엄밀히 말하자면 위의 네 가지 조건이 완전히 성립되는 예는 우연한 게임 이외에는 없을지도 모른다. 가령 페니실린 투여에 의해서 어떤 감기가 치유되는지 어떤지를 알아보기 위하여 20명의 환자를 대상으로 실험할 경우, 이 실험을 같은 조건하에서의 20회 베르누이 시행이라고 간주하기는 곤란하다. 왜냐하면 모든 환자는 각각 서로 다른 유전체질을 가지고 있고 서로 다른 생활환경에 살고 있으며 서로 다른 식생활을 하고 있으므로, 치유될 확률(＝성공확률)이 모든 환자에 대해서 동일하다고 간주할 수 없기 때문이다. 그러나 베르누이 시행의 조건이 근사적으로 성립한다고 가정함으로써 다음에 기술할 이항분포가 성립될 수 있는 것이다.

실험 또는 관찰의 결과로서 성공(S)이냐 실패(F)냐라고 하는 두 가지 경우를 생각할 수 있을 때, $P(S) = p$라고 하면 $P(F) = 1 - p$가 된다. 이 두 가지의 결과에 대해서 S를 1에, F를 0에 대응시키는 확률변수를 베르누이 확률변수라고 부른다. X를 베르누이 확률변수라 하고, 그 확률밀도함수를 $f(x)$라고 하면,

$$f(x) = p^x (1-p)^{n-x}, \; x = 0, 1$$

라고 쓸 수 있다. 즉, n=1의 이항분포이다. 이와 같은 시행을 n회 반복하는 것을 n회의 베르누이 시행이라고 부른다.

베르누이 분포의 기대값과 분산

$E(X) = p$

$V(X) = p(1-p) = pq$

> **이항분포**

베르누이 시행의 전제조건 하에서 p와 $(1 - p)$가 각각 어떤 시행에서의 성공과 실패의 확률이라고 하면, n번의 독립적 시행에서 x번 성공할 확률이 다음과 같이 주어지는 확률분포를 이항분포(binomial distribution) $B(n, p)$라고 한다.

$$P(X = x) = {}_nC_x \, p^x (1-p)^{n-x}$$

여기에서 n : 시행횟수

x : 성공횟수(x = 0, 1, 2, $\cdots$, n)

p : 성공확률($0 < p < 1$)

$(1-p) = q$: 실패확률

이때 $_nC_x$를 이항계수(binomial coefficient)라고 부르며, Excel에서는 조합(combination) 함수 COMBIN( )을 이용하여 구할 수 있다. 즉,

$$_nC_x = \binom{n}{x} = COMBIN(n, x) = \frac{n(n-2)\dots(n-(x-1))}{x(x-1)(x-2)\dots 1}$$

Excel에서의 이항분포 함수는 BINOM.DIST( )이다.

> 이항분포의 기대값과 분산
> $$E(X) = np$$
> $$V(X) = np(1-p) = npq$$

◆ Excel의 이항분포 함수

Excel에 갖추어져 있는 BINOM.DIST( ) 함수를 이용하여 성공확률과 누적성공확률을 구할 수 있다.

$$BINOM.DIST(x, n, p, c)$$

여기에서 x : 성공횟수
n : 시행횟수
p : 매번 시행할 때마다의 성공확률
c : 1 또는 0(True or False)

- 0(False)일 때에는 n회 시행했을 때 x회 성공할 확률
- 1(True)일 때에는 x회 이하 성공할 확률

을 각각 계산한다. 예를 들면,

BINOM.DIST(6, 10, 0.5, False) : 성공확률(p)이 0.5일 때 10번 시행해서 6회 성공할 확률
BINOM.DIST(6, 10, 0.5, True) : 6회 이하 성공할 확률

을 나타낸다.

예제 5-1

불량률이 0.1인 주조공정에서 15개의 제품을 추출했을 때, 다음의 확률을 각각 구하라.

(1) 불량품이 2개일 확률

(2) 불량품이 2개 이하일 확률

(3) 불량품이 10개 이상일 확률

➤ Excel에 의한 해법

순서 1 ▸ ▸ ▸ 기본 데이터의 입력

다음과 같이 주어진 데이터를 입력한다.

	A	B	C	D	E	F	G	H	I	J	K	L
1												
2		불량률	p	0.1								
3		표본수	n	15								
4												
5		불량품의 수	x									
6												
7		P(x=2)										
8		P(x<=2)										
9		P(x>=10)										
10												
11												
12												
13												
14												
15												

순서 2 ▸ ▸ ▸ 불량품이 2개일 확률 $P(X=2)$의 계산

(1) 셀 C7을 지정한 다음에 메뉴에서 [함수 마법사]를 선택한다.

(2) [함수 마법사] 대화상자가 나타나면,

　　　범주 선택(C) ： 통계

　　　함수 선택(N) ： BINOM.DIST

를 선택하고 [확인] 버튼을 클릭한다.

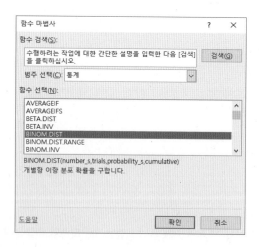

(3) [BINOM.DIST] 대화상자가 나타나면,

> Number_s : 2
>
> Trials : 15
>
> Probability_s : 0.1
>
> Cumulative : FALSE

를 입력하고 [확인] 버튼을 클릭한다.

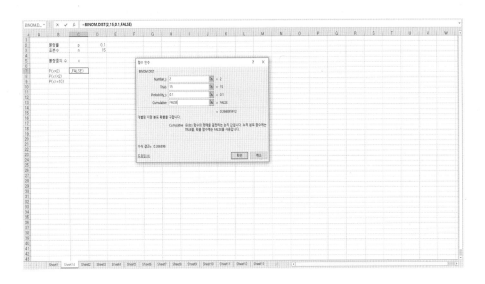

(4) 셀 C7에 이항분포 함수 '=BINOM.DIST(2, 15, 0.1, FALSE)'가 입력된다.

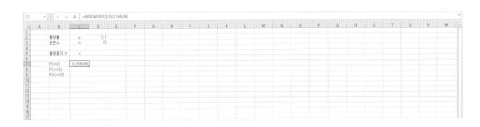

순서 3 ▸ ▸ ▸ 불량품이 2개 이하일 확률 $P(X \leq 2)$의 계산

(1) 셀 C8을 지정하고 위와 같은 방법으로 하여 [BINOM.DIST] 대화상자가 나타나면,

> Number_s : 2
>
> Trials : 15

Probability_s : 0.1

Cumulative : TRUE

를 입력하고 [확인] 버튼을 클릭한다.

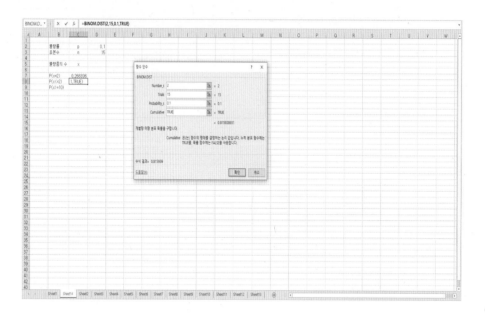

(2) 셀 C8에 이항분포 함수 '=BINOM.DIST(2, 15, 0.1, TRUE)'가 입력된다.

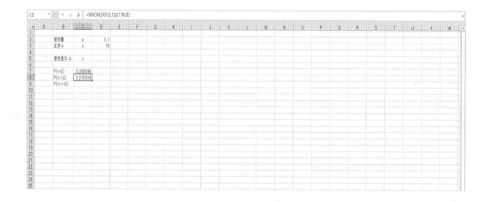

순서 4 ▸ ▸ ▸ 불량품이 10개 이상일 확률 $P(X \geq 10)$의 실행

(1) 셀 C9을 지정한 다음에 다음과 같은 수식을 입력한다.

　　=1 - BINOM.DIST(9, 15, 0.1, TRUE)

(2) 셀 C9에 $P(X \geq 10)$의 계산 결과가 입력된다.

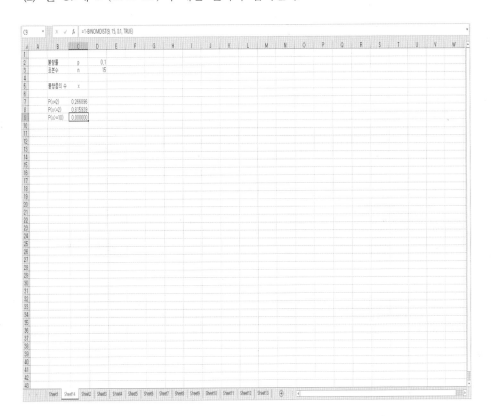

 5-2

이항분포함수에 의한 확률계산은 n이 커진다거나 p의 소수점 이하 자릿수가 늘어나게 되면 매우 복잡해진다. 그러므로 $n = 20$까지에 대해서 몇 가지의 p에 대한 확률을 각각 계산하여 미리 표로 만들어서 사용하게 되는데 이것을 이항분포표라고 한다.

$n = 2$에서 $n = 5$까지 그리고 p =0.10, 0.15, 0.20, 0.25, 0.30, 0.35, 0.40, 0.45, 0.50에 대한 이항분포표를 작성해 보라.

TIPS!

이항분포(二項分布)는 연속된 n번의 독립적 시행에서 각 시행이 확률 p를 가질 때의 이산확률분포이다. 이러한 시행은 베르누이 시행이라고 불리기도 한다. 사실, n=1일 때 이항분포는 베르누이 분포이다.

❯ Excel에 의한 해법

순서 1 ▸ ▸ ▸ 기본 데이터의 입력

다음과 같이 필요한 데이터를 입력한다.

	A	B	C	D	E	F	G	H	I	J	K	L	M	N	O
1								p							
2	n	x	0.10	0.15	0.20	0.25	0.30	0.35	0.40	0.45	0.50				
3	2	0													
4		1													
5		2													
6															
7	3	0													
8		1													
9		2													
10		3													
11															
12	4	0													
13		1													
14		2													
15		3													
16		4													
17															
18	5	0													
19		1													
20		2													
21		3													
22		4													
23		5													
24															
25															
26															
27															
28															
29															
30															

Sheet6 / Sheet7 / Sheet8 / Sheet9 / Sheet10 / Sheet11 / Sheet12 /

순서 2 ▸ ▸ ▸ $n = 2$일 때의 계산

(1) 셀 C3 : K5 영역을 지정하고 메뉴에서 [함수 마법사]를 선택한다.

(2) [함수 마법사] 대화상자가 나타나면,

    범주 선택(C) : 통계

    함수 선택(N) : BINOM.DIST

 를 선택하고 [확인] 버튼을 클릭한다.

(3) [BINOM.DIST] 대화상자가 나타나면,

    Number_s   : B3:B5

    Trials   : 2

    Probability_s : C2:K2

    Cumulative   : 0

를 입력한다.

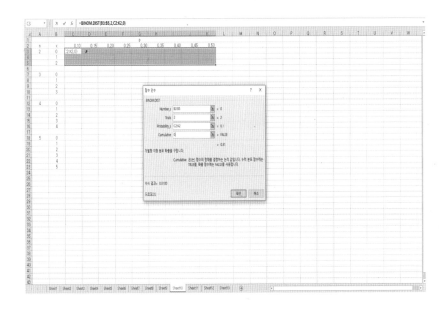

(4) ⎡Ctrl⎤ + ⎡Shift⎤ + ⎡Enter↵⎤ 키를 누른다.

　　 셀 C3 : K5 영역에 배열식 {=BINOM.DIST(B3 : B5, 2, C2 : K2, 0)}이 입력된다.

순서 3 ▸ ▸ ▸ $n = 3$일 때의 계산

(1) 셀 C7 : K10 영역을 지정하고 메뉴에서 [함수 마법사]를 선택한다.

(2) [함수 마법사] 대화상자가 나타나면,

　　　　 범주 선택(C)　 : 　통계

　　　　 함수 선택(N)　 : 　BINOM.DIST

　 를 선택하고 [확인] 버튼을 클릭한다.

(3) [BINOM.DIST] 대화상자가 나타나면,

　　　 Number_s　　 : 　B7:B10

　　　 Trials　　　 : 　3

　　　 Probability_s　 : 　C2:K2

　　　 Cumulative　 : 　0

　 를 입력한다.

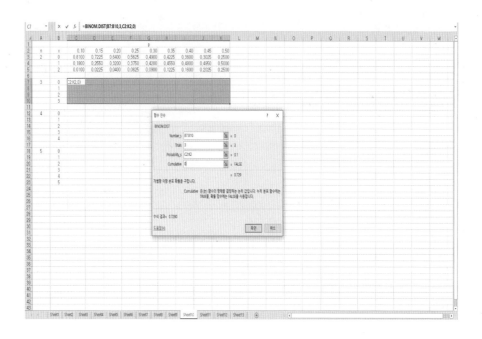

(4) Ctrl + Shift + Enter↵ 키를 누른다.

셀 C7 : K10 영역에 배열식 {= BINOM.DIST(B7 : B10, 3, C2 : K2, 0)}이 입력된다.

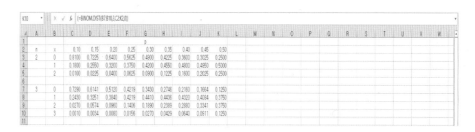

순서 4 ▸ ▸ ▸ $n = 4$일 때의 계산

(1) 셀 C12 : K16 영역을 지정하고 메뉴에서 [함수 마법사]를 선택한다.

(2) [함수 마법사] 대화상자가 나타나면,

      범주 선택(C) : 통계

      함수 선택(N) : BINOM.DIST

를 선택하고 [확인] 버튼을 클릭한다.

(3) [BINOM.DIST] 대화상자가 나타나면,

      Number_s : B12:B16

Trials : 4

Probability_s : C2:K2

Cumulative : 0

를 입력한다.

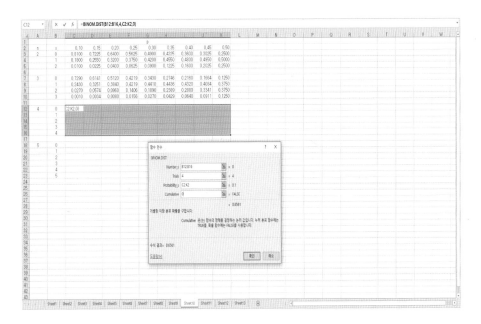

(4) `Ctrl` + `Shift` + `Enter↵` 키를 누른다.

셀 C12 : K16 영역에 배열식 { = BINOM.DIST(B12 : B16, 4, C2 : K2, 0)}이 입력된다.

순서 5 ▸ ▸ ▸ $n = 5$일 때의 계산

(1) 셀 C18 : K23 영역을 지정하고 메뉴에서 [함수 마법사]를 선택한다.
(2) [함수 마법사] 대화상자가 나타나면,

범주 선택(C) : 통계

함수 선택(N) : BINOM.DIST

를 선택하고 [확인] 버튼을 클릭한다.
(3) [BINOM.DIST] 대화상자가 나타나면,

Number_s : B18:B23

Trials : 5

Probability_s : C2:K2

Cumulative : 0

를 입력한다.

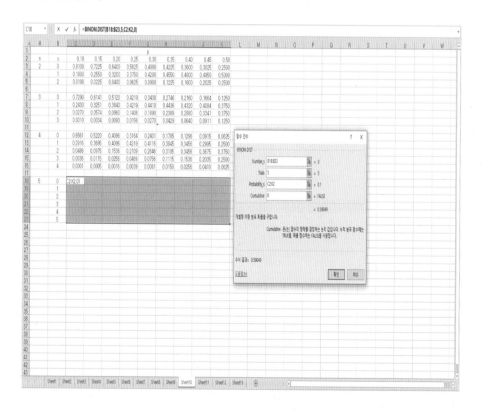

(4) Ctrl + Shift + Enter↲ 키를 누른다.

셀 C18 : K23 영역에 배열식 {=BINOM.DIST(B18 : B23, 5, C2 : K2, 0)}이 입력된다.

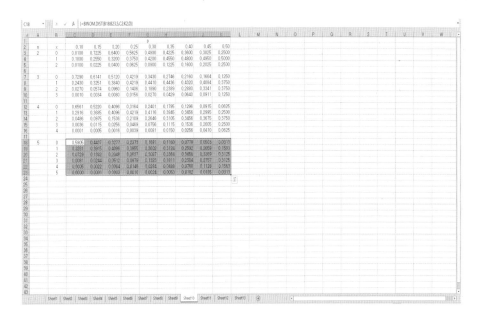

예 제 5-3

위의 이항분포표를 이용하여 동전을 다섯 번 던졌을 때 앞면이 세 번 나올 확률과 세 번 이하 나올 확률을 각각 구하라.

$$n = 5, \ p = 0.5, \ x = 3$$

(1) $P(X = 3) = 0.3125$

(2) $P(X \leq 3) = P(X = 0) + P(X = 1) + P(X = 2) + P(X = 3)$
$$= 0.0313 + 0.1563 + 0.3125 + 0.3125 = 0.8126$$

TIPS!

이항확률함수를 이용하더라도 n이 커지고 p값에 소수점 이하의 숫자가 많아지면 계산이 복잡해진다. 이때에는 이미 계산되어 있는 표를 이용하면 편리하다. 이 표를 이항분포표라고 한다. 이항분포는 n과 p값에 따라 그 모양이 달라지므로 표를 이용할 때는 반드시 n과 p값을 알고 그에 해당되는 확률값을 구해야 한다.

◆ 여러 가지 유형의 이항분포 그래프(성공확률 p : 고정) 작성

순서 1 ▸ ▸ ▸ 기본표의 작성

다음과 같이 기본표를 준비해 놓는다.

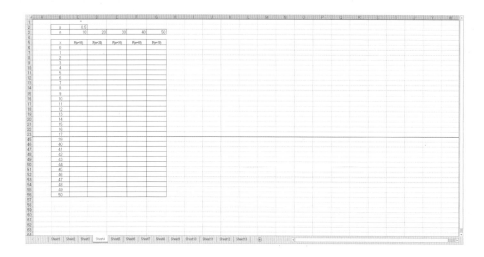

순서 2 ▸ ▸ ▸ 이항분포 함수의 입력

(1) 셀 C6 : G56 영역을 지정하고, 메뉴에서 [함수 마법사] 아이콘을 선택한다.

(2) [함수 마법사] 대화상자가 나타나면,

> 범주 선택(C)   :   통계
> 함수 선택(N)   :   BINOM.DIST

를 선택하고 [확인] 버튼을 클릭한다.

(3) [BINOM.DIST] 함수 입력상자가 나타나면,

> Number_s : B6:B56
>
> Trials : C3:G3
>
> Probability_s : C2
>
> Cumulative : 0

를 지정한다.

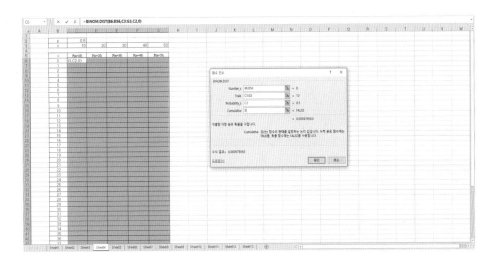

(4) Ctrl + Shift + Enter↵ 키를 누른다.

셀 C6 : G56 영역에 배열식 { = BINOM.DIST(B6 : B56, C3 : G3, C2, 0)}이 입력된다.

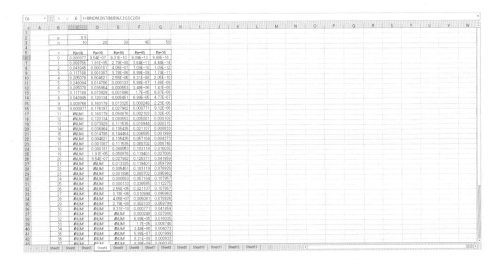

순서 3 ▸ ▸ ▸ 이항분포 그래프의 작성

　(1) 셀 C5 : G56 영역을 지정하고, [삽입]을 클릭한다.

　(2) 차트 영역에서 꺾은선형 네 번째 유형을 선택한다.

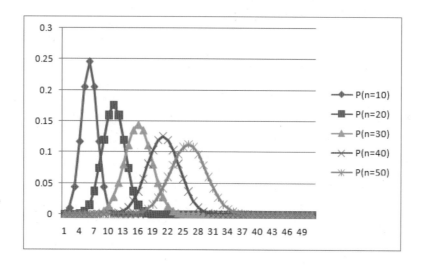

　(3) 차트 제목, 축 제목 등을 입력한다.

　(4) 가로축 눈금을 조정한다.

　(5) 그래프를 적당히 수정하여 완성한다.

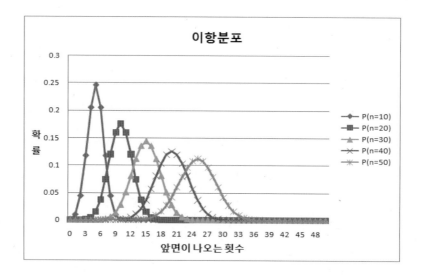

➤ 여러 가지 유형의 이항분포 그래프(시행횟수 n : 고정) 작성

순서 1 ▸ ▸ ▸ 기본표의 작성

다음과 같이 기본표를 준비해 놓는다.

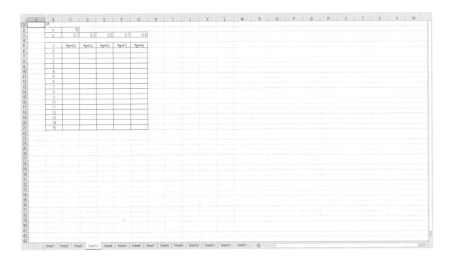

순서 2 ▸ ▸ ▸ 이항분포 함수의 입력

(1) 셀 C6 : G21 영역을 지정하고, 메뉴에서 [함수 마법사] 아이콘을 선택한다.

(2) [함수 마법사] 대화상자가 나타나면,

　　　　범주 선택(C)　　：　통계

　　　　함수 선택(N)　　：　BINOM.DIST

를 선택하고 [확인] 버튼을 클릭한다.

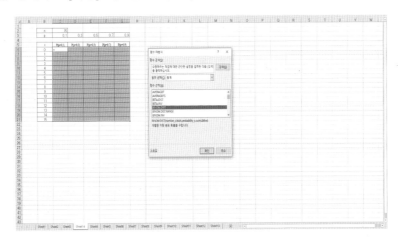

(3) [BINOM.DIST] 함수 입력상자가 나타나면,

      Number_s   :   B6:B21

      Trials   :   C2

      Probability_s   :   C3:G3

      Cumulative   :   0

를 지정한다.

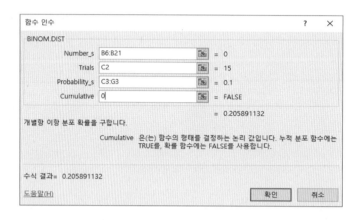

(4) Ctrl + Shift + Enter↵ 키를 누른다.

셀 C6 : G21 영역에 배열식 { = BINOM.DIST(B6 : B21, C2, C3 : G3, 0)}이 입력된다.

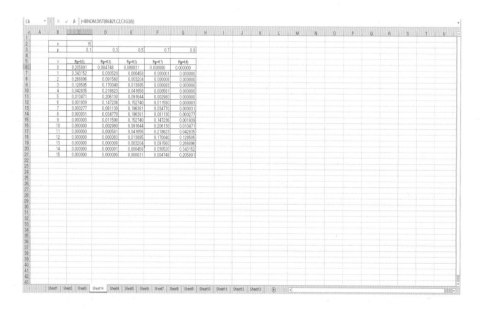

순서 3 ▸ ▸ ▸ 이항분포 그래프의 작성

(1) 셀 C5 : G21 영역을 지정하고, [삽입]을 클릭한다.

(2) 꺾은선형 네 번째 유형을 선택한다.

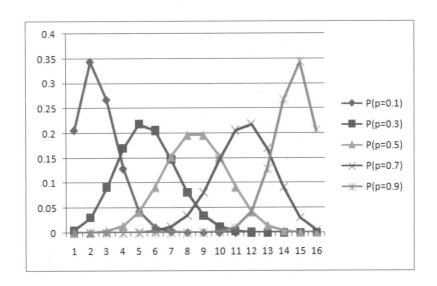

(3) 가로축 눈금을 조정하고 차트 제목, 축 제목 등을 입력한다.

(4) 그래프를 수정·완성한다.

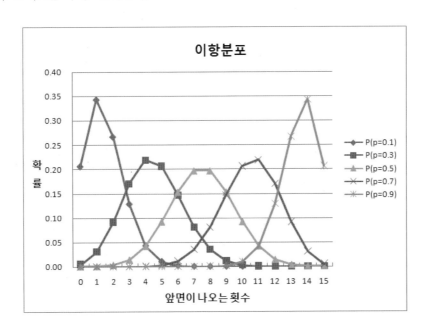

2. 포아송 분포

◆ 포아송 분포

포아송 분포(Poisson distribution)는 단위시간이나 단위공간에서 어떤 사상이 발생할 확률을 구하기 위해 이용된다. 예를 들면 단위시간 내에 찾아오는 고객의 수, 단위면적당 직물의 결함수, 어떤 지역의 하루 교통사고 건수 등은 모두 포아송 분포를 따른다.

이러한 포아송 분포는 다음과 같은 전제조건을 가지고 있다.

① 단위시간이나 단위공간에서 사상이 발생할 확률은 동일하다.
② 두 개 이상의 사상이 극히 작은 공간에서 발생할 확률은 무시할 정도로 작다.
③ 단위시간이나 단위공간 내 사상의 발생은 서로 독립적이다.

위와 같은 조건을 만족시키는 포아송 분포에서 가장 중요한 모수(parameter)는 '단위시간당 평균 발생률 λ(lambda)'로서 단위시간당 평균 발생횟수로 정의한다. 포아송 분포의 확률함수는 다음과 같이 정의된다.

$$P(X;\lambda) = \frac{\lambda^x e^{-\lambda}}{x!}, \ x = 0, \ 1, \ 2, \ 3, \ \cdots$$

여기에서 x : 발생횟수
λ : 평균 발생횟수
e : 2.71828$\cdots$
단, x는 0보다 큰 상수, $0 < \lambda < \infty$

Excel에서의 포아송 분포 함수는 POISSON.DIST(x, λ, c)이다.

<table>
<tr><td colspan="1" align="center">포아송 분포의 기대값, 분산 및 표준편차
$E(X) = \lambda$
$\sigma^2 = V(X) = \lambda$
$\sigma = \sqrt{\lambda}$</td></tr>
</table>

포아송 분포의 확률함수는 이항분포의 확률함수로부터 유도될 수 있다. 이를 위해 X가 모수 (n, p)를 가진 이항확률변수이고, $\lambda = np$라고 하자.

이때,

$$P(X = x) = {}_nC_x p^x (1-p)^{n-x}$$
$$= \frac{n!}{(n-x)!x!} p^x (1-p)^{n-x}$$
$$= \frac{n!}{(n-x)!x!} (\frac{\lambda}{n})^x (1-\frac{\lambda}{n})^{n-x}$$
$$= \frac{n(n-1) \ldots (n-x+1)}{n^x} \frac{\lambda^x}{x!} \frac{(1-\lambda/n)^n}{(1-\lambda/n)^x}$$

여기에서 $n \to \infty$, $p \to 0$일 때 다음과 같다.

$$(1-\frac{\lambda}{n})^n \approx e^{-\lambda}, \quad \frac{n(n-1) \ldots (n-x+1)}{n^x} \approx 1, \quad (1-\frac{\lambda}{n})^x \approx 1$$

포아송 분포를 이항분포로부터 유도하는 과정에서 알 수 있듯이 n이 크고 p가 작으면 포아송 분포와 이항분포는 거의 유사한 확률값을 갖게 된다. 일반적으로 $\lambda = np < 5$이면 포아송 분포와 이항분포는 거의 같은 확률값을 갖는다.

▶ Excel의 포아송 분포 함수

$$\text{POISSON.DIST}(x, \lambda, c)$$

x : 발생횟수

λ : 평균 발생횟수

c : 1 or 0(TRUE or FALSE)

- True일 때에는 x회 이하 발생할 확률
- False일 때에는 x회 발생할 확률

을 계산한다. 예를 들면,

POISSON.DIST(3, 10, TRUE) = 0.0103

POISSON.DIST(3, 10, FALSE) = 0.0076

예 제 5-4

어떤 이발소에 1시간에 평균 3명의 손님이 찾아오고 있다. 1시간에 찾아오는 손님의 수를 x라고 할 때, 다음의 확률을 각각 구하라.

(1) $P(X = 4)$

(2) $P(X \leq 4)$

(3) $P(X \geq 4) = 1 - P(X \leq 3)$

> **Excel에 의한 해법**

순서 1 ▸ ▸ ▸ 기본 데이터의 입력

다음과 같이 주어진 데이터를 입력한다.

	A	B	C	D	E	F	G	H	I	J	K	L
1												
2		λ	3									
3												
4		P(x = 4)										
5		P(x <= 4)										
6		P(x >= 4)										
7												
8												
9												
10												

순서 2 ▸ ▸ ▸ $P(X = 4)$의 계산

(1) 셀 C4를 지정한 다음에 메뉴에서 [함수 마법사]를 선택한다.

(2) [함수 마법사] 대화상자가 나타나면,

범주 선택(C) : 통계

함수 선택(N) : POISSON.DIST

를 선택하고 [확인] 버튼을 클릭한다.

(3) [POISSON.DIST] 대화상자가 나타나면,

  X   : 4
  Mean   : 3
  Cumulative : 0

를 입력하고 [확인] 버튼을 클릭한다.

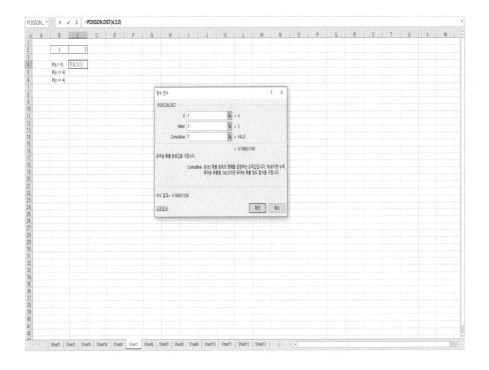

(4) 셀 C4에 포아송 분포 함수 ‘=POISSON.DIST(4, 3, 0)’이 입력된다.

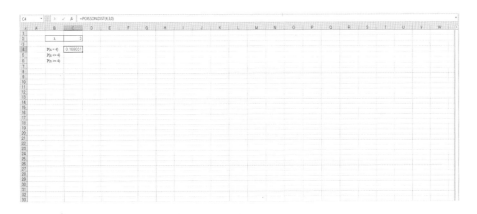

순서 3 ▸ ▸ ▸ $P(X \leq 4)$의 계산

(1) 셀 C5를 지정하고 위와 같은 방법으로 하여 [POISSON.DIST] 대화상자가 나타나면,

X   : 4
Mean   : 3
Cumulative : 1

을 입력하고 [확인] 버튼을 클릭한다.

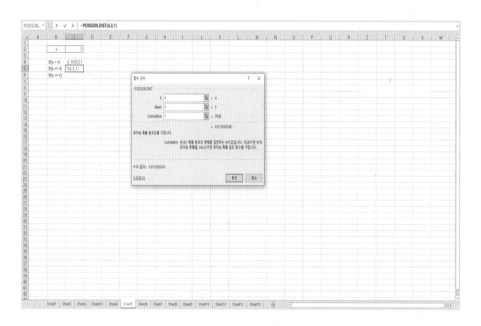

(2) 셀 C5에 포아송 분포 함수 '=POISSON.DIST(4, 3, 1)'이 입력된다.

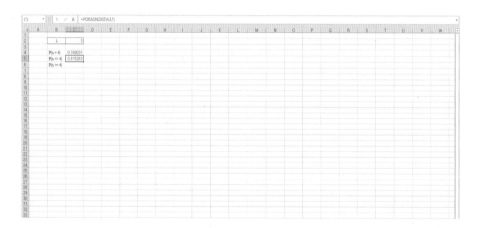

순서 4 ▸ ▸ ▸ $P(X \geq 4)$의 실행

(1) 셀 C6를 지정한 다음에 다음과 같은 수식을 입력한다.

=1-POISSON.DIST(3, 3, 1)

(2) 셀 C6에 $P(X \geq 4)$의 계산 결과가 입력된다.

예제 5-5

포아송 분포함수에 의한 확률계산은 λ값이 커지게 되면 점점 복잡해진다. 그러므로 $\lambda = 20$까지의 확률을 미리 표로 만들어 사용하는데 이것을 포아송 분포표라고 한다.

$\lambda = 0.1, 0.2, \cdots, 0.9, 1.0, 1.5, \cdots, 4.5, 5.0$에 대한 포아송 분포표를 작성해 보라.

▶ **Excel에 의한 해법**

순서 1 ▸ ▸ ▸ 기본 데이터의 입력

다음과 같이 필요한 데이터를 입력한다.

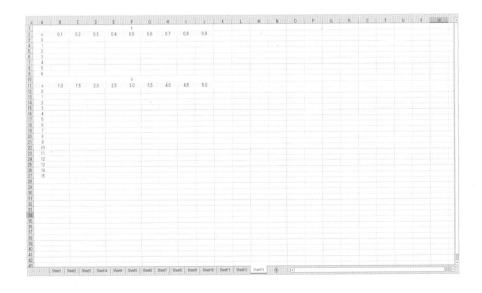

순서 2 ▸▸▸ $\lambda = 0.1, 0.2, \cdots, 0.9$일 때의 계산

(1) 셀 B3 : J9 영역을 지정하고, [함수 마법사] 아이콘을 클릭한다.

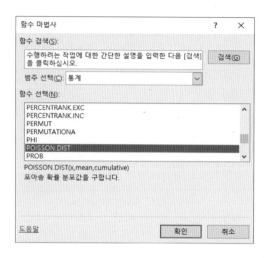

(2) [함수 마법사] 대화상자가 나타나면,

범주 선택(C) : 통계

함수 선택(N) : POISSON.DIST

을 선택하고 [확인] 버튼을 클릭한다.

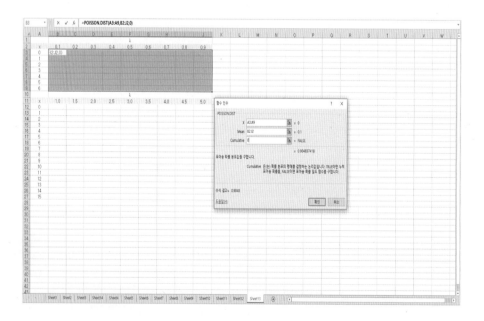

(3) [POISSON.DIST] 대화상자가 나타나면,

> X : A3:A9
> Mean : B2:J2
> Cumulative : 0

를 입력한다.

(4) Ctrl + Shift + Enter⏎ 키를 누른다.

셀 B3 : J9 영역에 배열식 { = POISSON.DIST(A3 : A9, B2 : J2, 0)}이 입력된다.

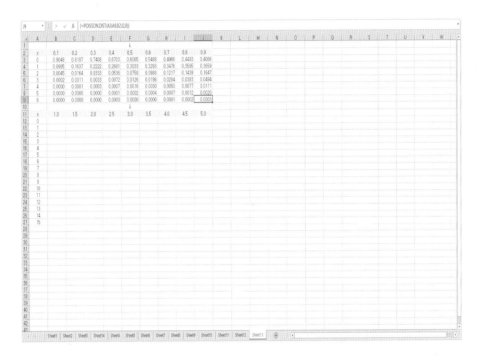

순서 3 ▸▸▸ λ = 1.0, 1.5, ⋯, 5.0일 때의 계산

(1) 셀 B12 : J27 영역을 지정하고, [함수 마법사] 아이콘을 클릭한다.
(2) [함수 마법사] 대화상자가 나타나면,

> 범주 선택(C) : 통계
> 함수 선택(N) : POISSON.DIST

을 선택하고 [확인] 버튼을 클릭한다.

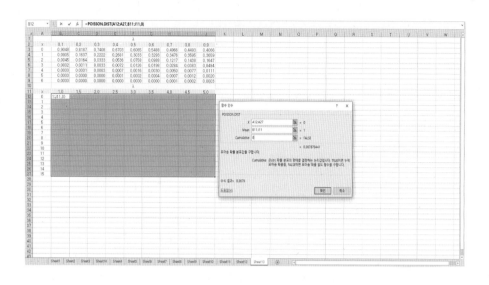

(3) [POISSON.DIST] 대화상자가 나타나면,

　　　X　　　　　　：　A12:A27

　　　Mean　　　　：　B11:J11

　　　Cumulative　：　0

　를 입력한다.

(4) ⌈Ctrl⌉ + ⌈Shift⌉ + ⌈Enter↵⌉ 키를 누른다.

　　셀 B12 : J27 영역에 배열식 { = POISSON.DIST(A12 : A27, B11 : J11, 0)}이 입력된다.

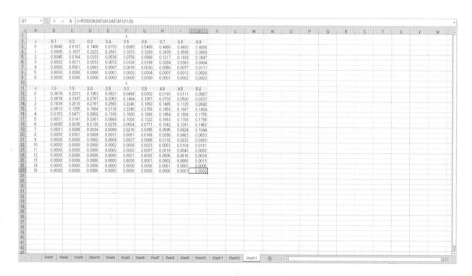

예제 5-6

어느 도시의 하루 교통사고 사망자수는 $\lambda = 1.5$인 포아송 분포에 따른다고 한다. 위의 포아송 분포표를 이용하여 하루 동안에 교통사고로 세 명이 죽을 확률과 다섯 명 이상 죽을 확률을 각각 구하라.

(1) $\lambda = 1.5$와 $x = 3$이 만나는 셀의 값은 0.1255가 된다.

$$P(X = 3) = 0.1255$$

(2) $P(X \geq 5) = P(X = 5) + P(X = 6) + P(X = 7) + P(X = 8) + P(X = 9)$
$$= 0.0141 + 0.0035 + 0.0008 + 0.0001 + 0.0000 = 0.0185$$

▶ 포아송 분포 그래프($\lambda = 0.1$, $\lambda = 0.3$, $\lambda = 0.6$, $\lambda = 0.9$)

위에서 작성한 포아송 분포표를 이용하여 여러 가지 유형의 포아송 분포 그래프를 작성할 수 있다. 그래프의 모양을 통하여 포아송 분포의 특성을 간파할 수 있다. 먼저 $\lambda = 0.1, \lambda = 0.3, \lambda = 0.6, \lambda = 0.9$일 때의 그래프를 작성하기로 한다.

순서 1 ▸ ▸ ▸ 기본표의 작성

앞에서 작성한 포아송 분포표를 준비해 놓는다.

순서 2 ▸ ▸ ▸ 포아송 분포 그래프의 작성

(1) 셀 B3 : B9, D3 : D9, G3 : G9, J3 : J9 영역을 지정하고, 메뉴에서 [삽입]을 선택한다.
(2) 차트 영역에서 꺾은선형 네 번째 유형을 선택한다.

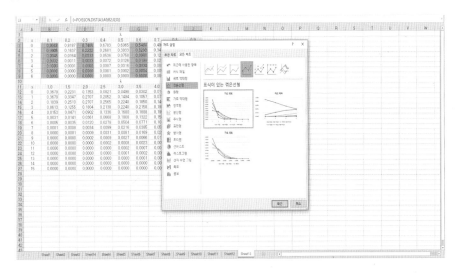

(3) 다음과 같은 그래프가 출력된다.

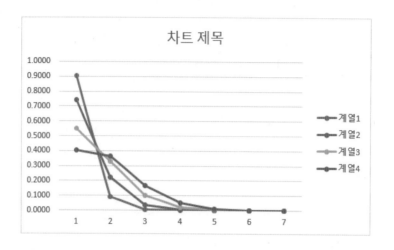

(4) 차트 제목, 축 제목 등을 입력한다.

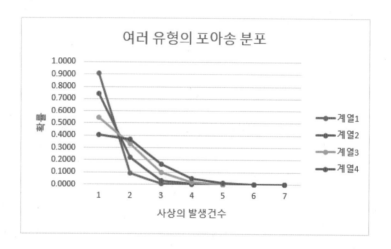

(5) 계열 1~계열 4의 이름을 다음과 같이 변경하여 입력한다.

계열 1 : lambda = 0.1
계열 2 : lambda = 0.3
계열 3 : lambda = 0.6
계열 4 : lambda = 0.9

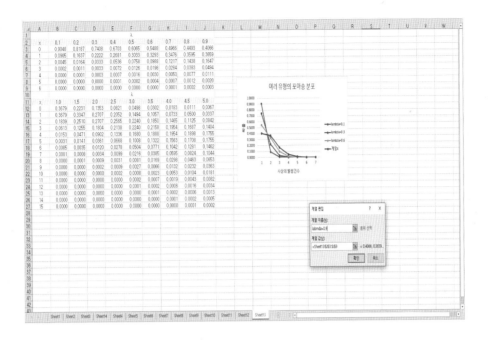

(6) 가로축의 레이블을 변경한다.

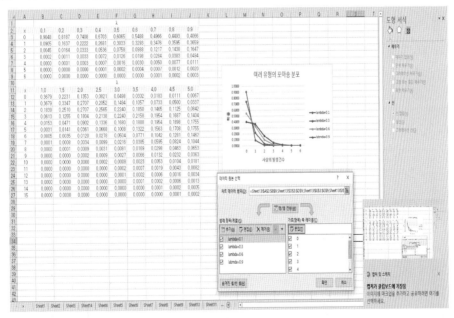

(7) 그래프를 수정·완성한다.

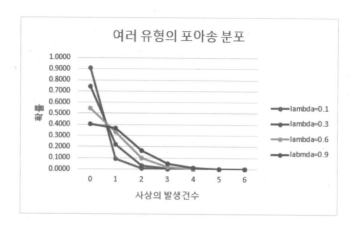

> **포아송 분포 그래프($\lambda=1.0$, $\lambda=2.0$, $\lambda=3.5$, $\lambda=5.0$)**

이번에는 $\lambda = 1.0, \lambda = 2.0, \lambda = 3.5, \lambda = 5.0$일 때의 그래프를 작성하기로 한다.

순서 1 ▸ ▸ ▸ 기본표의 작성

앞에서 작성한 포아송 분포표를 준비해 놓는다.

순서 2 ▸ ▸ ▸ 포아송 분포 그래프의 작성

(1) 셀 B12 : B27, D12 : D27, G12 : G27, J12 : J27 영역을 지정하고, 메뉴에서 [삽입]을 선택한다.

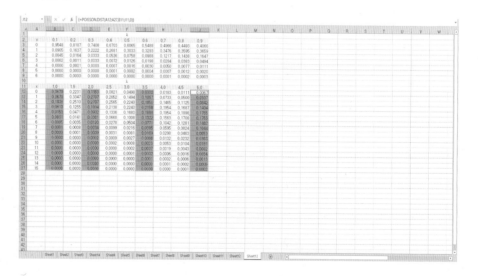

(2) 차트 영역에서 꺾은선형 네 번째 유형을 선택한다.

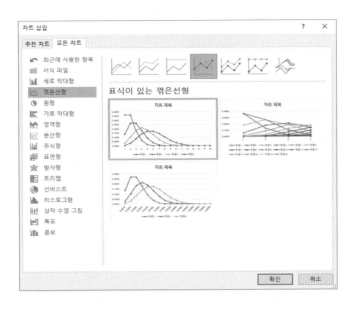

(3) 다음과 같은 그래프가 출력된다.

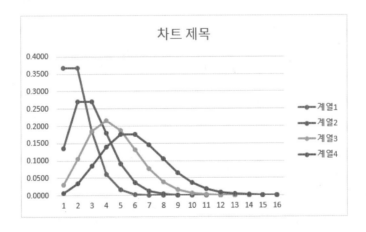

(4) 계열 1~계열 4의 이름을 다음과 같이 변경하여 입력한다.

계열 1 : lambda = 1.0

계열 2 : lambda = 2.0

계열 3 : lambda = 3.5

계열 4 : lambda = 5.0

(5) 차트 제목, 축 제목을 입력하고 가로축의 레이블을 변경한다.

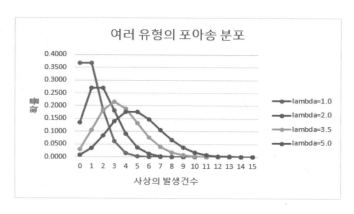

3. 초기하분포

> **초기하분포**

초기하분포(hypergeometric distribution)는 시행이 독립적이지 않다는 것을 제외하고는 이항분포와 유사하다. 즉, 초기하분포는 유한모집단으로부터 비복원추출을 한다는 가정 하에 확률변수가 갖는 분포이며, 이항분포는 복원추출 또는 무한모집단으로부터 표본을 추출한다는 조건 하에 적용되는 확률분포이다.

초기하분포의 확률함수를 유도하기 위해서, 모집단이 유한한 비복원추출을 만족하는 경우 총 N개로 구성된 모집단에 a개의 불량품과 b개의 양품이 있다고 하자. 여기서 표본 n개를 추출할 때, x개의 불량품이 포함되어 있을 확률은

$$P(x\,;\,n,\,a,\,N) = \frac{\binom{a}{x}\binom{b}{n-x}}{\binom{N}{n}}$$

으로 정의된다. 여기에서

분모 $\binom{N}{n}$: 총 N개 중에서 n개를 추출하는 총방법의 수

분자 $\begin{pmatrix} a \\ x \end{pmatrix}$: 불량품 a개에서 x개를 추출하는 방법의 수

$\begin{pmatrix} b \\ n-x \end{pmatrix}$: 표본 중 나머지 $(n-x)$개는 양품 b개에서 추출하는 방법의 수를 나타낸다.

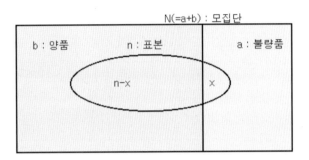

Excel에서의 초기하분포 함수는 HYPGEOM.DIST$(x,\ n,\ a,\ N)$이다.

초기하분포의 기대값, 분산 및 표준편차

$$E(X) = n\frac{a}{N} = np$$

$$\sigma^2 = V(X) = n\frac{a}{N}\frac{b}{N}\frac{N-n}{N-1} = npq\frac{N-n}{N-1}$$

$$\sigma = \sqrt{n\frac{a}{N}\frac{b}{N}\frac{N-n}{N-1}} = \sqrt{npq\frac{N-n}{N-1}} \quad \text{단,}\ p = \frac{a}{N},\ q = \frac{b}{N},\ N = a+b$$

여기에서 모집단이 무한히 크면 초기하분포는 이항분포에 접근하게 된다. 즉,

$$\lim_{N \to \infty} \frac{N-n}{N-1} = 1$$

이 되므로 이항분포의 평균과 분산에 일치한다. 일반적으로 $n \leq (0.05)(a+b)$이면 이항분포를 이용하여 계산한 결과와 거의 유사하다.

예제 5-7

K 백화점의 16대 운송 트럭 중에서 5대가 기준치 이상의 매연을 방출하고 있다. 만약 검사를 위해서 8대의 트럭이 무작위로 추출되었다면 기준치 이상의 매연을 방출하는 트럭이 적어도 3대 이상 포함될 확률은 얼마인가?

| 계산방식 |

$$P(3;8,5,16) = \frac{\left(\begin{array}{c} a \\ x \end{array}\right)\left(\begin{array}{c} b \\ n-x \end{array}\right)}{\left(\begin{array}{c} N \\ n \end{array}\right)} = \frac{\left(\begin{array}{c} 5 \\ 3 \end{array}\right) \cdot \left(\begin{array}{c} 11 \\ 5 \end{array}\right)}{\left(\begin{array}{c} 16 \\ 8 \end{array}\right)} = \frac{4,620}{12,870} = 0.359$$

$$P(4;8,5,16) = \frac{\left(\begin{array}{c} a \\ x \end{array}\right)\left(\begin{array}{c} b \\ n-x \end{array}\right)}{\left(\begin{array}{c} N \\ n \end{array}\right)} = \frac{\left(\begin{array}{c} 5 \\ 4 \end{array}\right) \cdot \left(\begin{array}{c} 11 \\ 4 \end{array}\right)}{\left(\begin{array}{c} 16 \\ 8 \end{array}\right)} = \frac{1,647}{12,870} = 0.128$$

$$P(5;8,5,16) = \frac{\left(\begin{array}{c} a \\ x \end{array}\right)\left(\begin{array}{c} b \\ n-x \end{array}\right)}{\left(\begin{array}{c} N \\ n \end{array}\right)} = \frac{\left(\begin{array}{c} 5 \\ 5 \end{array}\right) \cdot \left(\begin{array}{c} 11 \\ 3 \end{array}\right)}{\left(\begin{array}{c} 16 \\ 8 \end{array}\right)} = \frac{167}{12,870} = 0.013$$

따라서 $P(3) + P(4) + P(5) = 0.359 + 0.128 + 0.013 = 0.500$

◆ Excel에 의한 해법

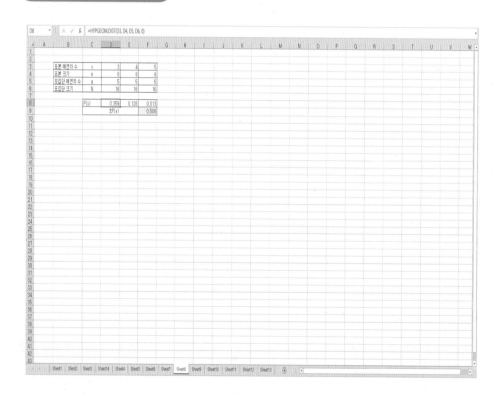

예 제 5-8

A기업에서는 6명의 남자와 4명의 여자로 구성된 10명의 지원자들로부터 신입사원 3명을 선발하고자 한다. x는 고용된 여사원의 수라고 한다.

(1) x의 평균과 표준편차를 구하라.

(2) x에 대한 확률분포를 구하라.

| 계산방식 |

(1) X는 $N = 10$, $n = 3$, $a = 4$인 초기하분포의 확률변수이므로 평균과 표준편차는 다음과 같이 구한다.

$$E(X) = n\frac{a}{N} = 3\frac{4}{10} = 1.2$$

$$\sigma = \sqrt{n\frac{a}{N}\frac{b}{N}\frac{N-n}{N-1}} = \sqrt{3\frac{4}{10}\frac{10-4}{10}\frac{10-3}{10-1}} = 0.748$$

(2) 다음의 확률을 구하면 된다.

$$P(X = 0) = \frac{\binom{a}{x}\binom{b}{n-x}}{\binom{N}{n}} = \frac{\binom{4}{0}\binom{10-4}{3-0}}{\binom{10}{3}} = \frac{1}{6}$$

$$P(X = 1) = \frac{\binom{a}{x}\binom{b}{n-x}}{\binom{N}{n}} = \frac{\binom{4}{1}\binom{10-4}{3-1}}{\binom{10}{3}} = \frac{1}{2}$$

$$P(X = 2) = \frac{\binom{a}{x}\binom{b}{n-x}}{\binom{N}{n}} = \frac{\binom{4}{2}\binom{10-4}{3-2}}{\binom{10}{3}} = \frac{3}{10}$$

$$P(X = 3) = \frac{\binom{a}{x}\binom{b}{n-x}}{\binom{N}{n}} = \frac{\binom{4}{3}\binom{10-4}{3-3}}{\binom{10}{3}} = \frac{1}{30}$$

➤ Excel에 의한 해법

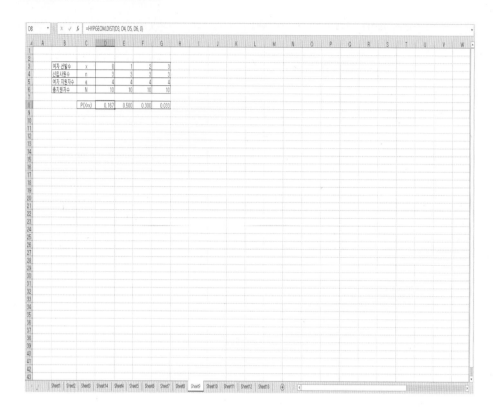

[셀의 입력내용]

D8; =HYPGEOM.DIST(D3, D4, D5, D6)

E8; =HYPGEOM.DIST(E3, E4, E5, E6)

F8; =HYPGEOM.DIST(F3, F4, F5, F6)

G8; =HYPGEOM.DIST(G3, G4, G5, G6)

TIPS!

초기하분포는 표본이 추출된 모집단의 총 항목 수를 알고 있을 때 고정 표본 크기의 사건 수를 모형화 하는 이산형분포이다. 각 표본 항목의 가능한 결과는 두 개(사건 또는 비사건)이다. 표본은 비복원이므로 표본의 모든 항목이 서로 다르다.

순서 1 ▸ ▸ ▸ 그래프의 작성

(1) 셀 D8 : G8 영역을 지정하고, 메뉴에서 [삽입]을 선택한다.

(2) 차트 영역에서 세로 막대형 첫 번째 유형을 선택한다.

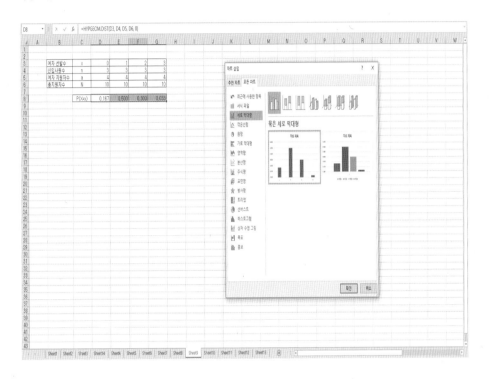

(3) 다음과 같은 그래프가 출력된다.

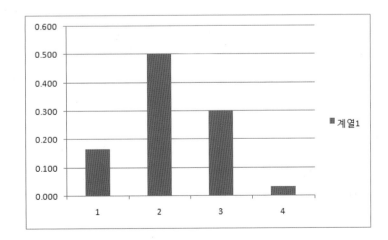

순서 2 ▸ ▸ ▸ 그래프의 수정

그래프를 다음과 같이 수정·완성한다.

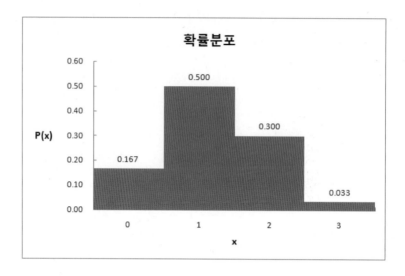

초기하분포는 비교적 작은 모집단에서 비복원으로 추출되는 표본에 사용된다. 예를 들어 초기하분포는 두 비율간의 차이를 검사하는 Fisher의 정확검정과 유한한 크기의 고립된 로트에서 표본을 추출하는 계수형 합격 표본추출에 사용된다. 어떤 공장의 생산 공정의 품질검사에 있어서 n개를 추출하여 품질검사를 시행 한다고 하자. 여기서 만약에 전체 제품의 수가 거의 무한대여서 너무 큰 숫자이거나, n개를 추출하지만 이 추출된 것의 검사가 끝나고, 복원을 하게 되면, 불량률은 매 검사마다 같은 확률을 가지게 된다.

Chapter06
연속확률분포

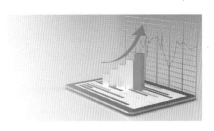

1. 정규분포

> **확률밀도함수**

연속확률변수는 체중, 신장, 성적 등과 같이 어느 일정한 범위 내에서 무수히 많은 값을 가질 수 있다. 따라서 어느 범위 내 하나의 점에 대한 확률을 논의할 수 없다. 그 대신에 어떤 구간에 대한 확률을 면적계산에 의하여 구할 수 있다. 다음의 그림에서와 같이 곡선으로 나타낸 함수식을 확률밀도함수(probability density function)라고 하며 $f(x)$로 표시한다.

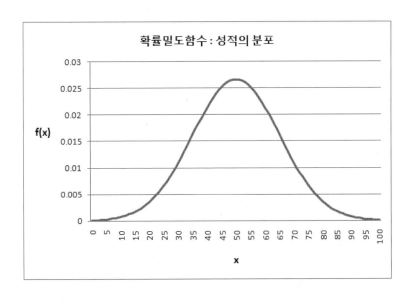

확률밀도함수는 다음과 같은 성질을 갖고 있다.

① 확률밀도함수 아래의 전체 면적의 합은 1이다.

② 연속확률변수가 어떤 특정한 값을 가질 확률은 0이다. 왜냐하면 어떤 특정한 값에 해당하는 면적은 0이기 때문이다. 예를 들어 체중이 72kg이라고 할 때, 그 정확한 값은 72.000101123⋯⋯과 같이 소수점 이하의 자릿수를 무한히 생각할 수 있는데 이 값에 해당하는 사람은 거의 없을 것이다.

③ 연속확률변수가 어느 특정한 값을 가질 확률은 0이기 때문에 다음의 식이 성립한다. 즉, 연속확률변수에 있어서 등호는 별로 의미가 없다.

$$P(a \leq X \leq b) = P(a < X \leq b) = P(a \leq X < b) = P(a < X < b)$$

연속확률변수의 확률은 면적에 의하여 계산되기 때문에 적분하여 구해야 한다. 다시 말하면 확률함수가 $f(x)$인 연속확률분포에서 x가 a에서 b까지의 면적은 다음과 같이 계산된다.

$$P(a \leq X \leq b) = \int_a^b f(x)dx$$

확률함수 $f(x)$가 주어지면 적분에 의해서 확률을 구해야 하지만 함수에 따라서는 계산이 대단히 복잡하기 때문에, 자주 이용되는 분포에 대해서는 미리 확률을 계산하여 표로 만들어 사용하고 있다.

경우에 따라서는 연속확률변수에 대한 누적확률이 필요할 때가 있다. 연속확률변수의 누적확률함수(cumulative probability function)는 $F(x)$로 표시하며 다음과 같이 정의한다.

$$F(x) = P(X \leq x), \ -\infty < x < +\infty$$

즉, 누적확률함수 $F(x)$는 확률변수 X가 x와 같거나 x보다 작은 값을 가질 확률을 말한다. 따라서 $F(x)$는 x값의 왼쪽 전체 면적에 해당된다. $F(x)$ 값은 0과 1 사이에 존재하며 1을 초과할 수 없다. 또한 누적확률함수의 모양은 확률함수가 어떤 모양을 가지느냐에 따라서 달라진다.

> ### ➤ 정규분포

정규분포(normal distribution)는 통계학에 있어서 제일 중요한 분포 중 하나이다. 현실 세계의 많은 무작위 시행은 정규확률변수에 가까운 경우가 많다. 정규분포에 따르지 않는 관찰

결과가 얻어진 경우, 그것은 데이터가 부족하다든지 혹은 데이터의 수집방법이 나쁘기 때문이라고 하는 19세기의 '정규분포신앙'은 사라졌다. 그러나 정규분포가 통계학에서 가장 중요한 분포라는 것은 분명하다. 그것은 다음과 같은 이유 때문이다.

① 정규분포에 따르는 확률현상은 극히 많다.
② 통계이론의 기초가 되고 있는 수많은 특성을 갖고 있다(검정이나 추정의 대부분은 정규모집단 혹은 표본분포가 정규분포를 하는 것을 기초로 하고 있다).
③ 비정규분포의 대부분은 극한상태에 있어서 정규분포에 가까워진다.
④ 표본평균 $\bar{x}$의 분포에 전형적으로 나타나는 것처럼 서로 독립적으로 작용하는 다수의 우연적인 요인이 있고, 각 요인의 전체에 대한 영향이 아주 작을 때 이들 제 요인의 총합은 정규분포를 한다(중심극한정리).
⑤ 변수변환에 의해서 정규분포에 따르게끔 되는 예가 상당히 많다(예를 들면 X의 로그변환 $\log_e X$가 정규분포를 하는 대수정규분포).

정규확률변수는 연속확률변수로서 $-\infty$와 $+\infty$ 사이에 어떠한 값도 가질 수 있다. 그러나 실제로 정규확률변수 X는 제한된 범위 내의 값을 갖게 된다. 정규분포의 확률밀도함수는 다음과 같다.

$$f(x) = \frac{1}{\sigma\sqrt{2\pi}} e^{-\frac{1}{2}\left(\frac{x-\mu}{\sigma}\right)^2}$$

여기에서,

$-\infty < x < +\infty$

μ : 평균

σ : 표준편차

$\pi = 3.14159\cdots$

$e = 2.71828\cdots$

위의 식을 보면 분포의 평균 μ와 분포의 표준편차 σ를 제외하고는 모두 상수이므로 결국 μ와 σ에 의해서 정규분포의 모양이 결정된다는 것을 알 수 있다. 즉, 정규분포의 모수(parameter)는 μ와 σ이다.

$$\boxed{\begin{array}{c} \text{정규분포의 평균, 분산 및 표준편차} \\ E(X) = \mu \\ \sigma^2(X) = V(X) = \sigma^2 \\ \sigma(X) = \sqrt{\sigma^2(X)} = \sigma \end{array}}$$

분산을 나타내는 식에서 $\sigma^2(X)$는 확률변수 X의 분산을 표시하는 기호이며 σ^2은 정규분포의 분산을 나타내는 구체적인 값이다. 평균이 μ이고 분산이 σ^2인 정규분포를 흔히 $N(\mu, \sigma^2)$으로 표기한다.

<그림 6-1>은 평균이 다르고 분산이 같은 정규분포를 나타내고, <그림 6-2>는 평균은 같으나 분산이 다른 정규분포를 나타내고 있다.

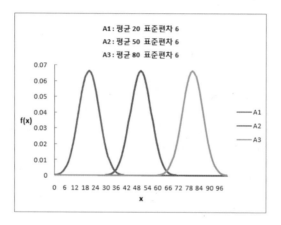

|그림 6-1| 평균이 다르고 분산이 같은 정규분포

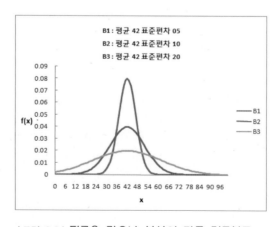

|그림 6-2| 평균은 같으나 분산이 다른 정규분포

$$\text{NORM.DIST}(x,\ \mu,\ \sigma,\ c)$$

μ : 평균

σ : 표준편차

c : 1 or 0(TRUE or FALSE)

- True일 때에는 x 이하 발생할 확률
- False일 때에는 x가 발생할 확률

을 계산한다.

원래 정규분포에서는 이산확률분포에서와 같이 c가 0(FALSE)인 경우는 존재하지 않는다. 즉, 연속확률변수가 어떤 특정한 값을 가질 확률은 0이다. 왜냐하면 어떤 특정한 값에 해당하는 면적은 0이기 때문이다. 그러나 정규분포의 그래프를 그리기 위해서 0(FALSE)을 입력하면 곡선의 위치를 알 수 있다. 예를 들면,

NORM.DIST(67, 60, 6, 0) = 0.03367
NORM.DIST(67, 60, 6, 1) = 0.87833

예제 6-1

2020년도 대학입학 수능고사의 성적은 평균이 390점이고 표준편차가 25점인 정규분포를 따른다고 한다. 수능고사를 본 K고등학교 3학년생 L군을 임의로 선택했을 때 다음의 각각을 구하라.

(1) L군의 성적이 390점 이상일 확률
(2) L군의 성적이 354점에서 430점 사이에 있을 확률
(3) L군의 성적이 430점 이상일 확률
(4) L군의 성적이 360점 이하이거나 430점 이상일 확률
(5) L군의 성적이 상위 3% 이내에 들기 위한 점수
(6) L군의 성적이 상위 5%에서 8% 사이에 있을 점수의 범위

> **Excel에 의한 해법**

[셀의 입력내용]

C9; = 1 - NORM.DIST(390, 390, 25, 1)

C10; = NORM.DIST(430, 390, 25, 1) - NORM.DIST(354, 390, 25, 1)

C11; = 1 - NORM.DIST(430, 390, 25, 1)

C12; = NORM.DIST(360, 390, 25, 1) + 1 - NORM.DIST(430, 390, 25, 1)

C13; = NORM.INV(0.97, 390, 25)

C14; = NORM.INV(0.92, 390, 25)

D14; = NORM.INV(0.95, 390, 25)

위의 결과는 NORM.DIST( ) 함수를 사용하여 각각의 점수 범위에 대한 확률을 구한 것이다. 그리고 상위 3% 이내에 들기 위한 점수는 결국 누적확률이 97%가 되는 점수 x를 구하라는 것과 같다. NORM.INV(p, μ, σ) 함수를 이용한다.

NORM.INV(p, μ, σ)
= NORM.INV(0.97, 390, 25)
= 337.0197

➤ 정규분포표 및 그래프의 작성

NORM.DIST( ) 함수를 이용하여 수능고사 성적에 대한 정규분포표와 그래프를 작성한다.

순서 1 ▸ ▸ ▸ 기본 데이터의 준비

(1) 다음과 같이 주어진 데이터를 입력한다.

(2) 정규분포표를 작성할 준비를 한다.

점수 x는 0에서 500까지 입력한다. 셀 C7, D7에 각각 '정규확률', '누적 정규확률'이
라고 입력한다.

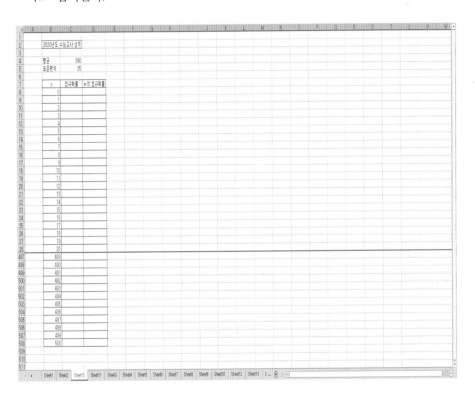

순서 2 ▸ ▸ ▸ 함수의 입력 및 정규확률의 산출

(1) 셀 C8에 함수 '=NORM.DIST($B8, 390, 25, 0)'를 입력한다.

셀 D8에 함수 '=NORM.DIST($B8, 390, 25, 1)'를 입력한다.

(2) 셀 C8 : D8 영역을 셀 C408 : D408 영역까지 복사한다.

(3) 정규확률 및 누적 정규확률의 산출

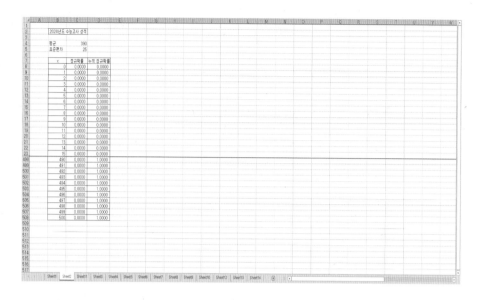

순서 3 ▸ ▸ ▸ 정규분포 그래프의 작성

(1) 셀 C7 : C408 영역을 지정하고 메뉴에서 [삽입]을 클릭한다.

(2) 차트 영역에서 꺾은선형 첫 번째를 선택한다.

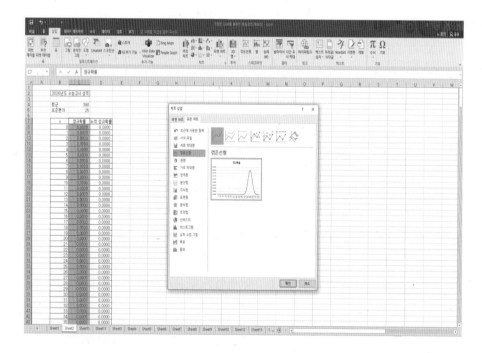

(3) 차트가 출력되면 차트 영역에서 마우스 오른쪽 버튼을 클릭한 후 [데이터 선택(E)]을 클릭한다.

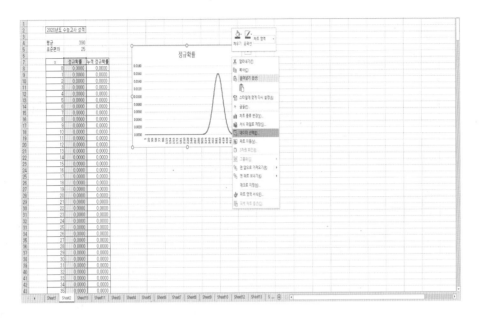

(4) 다음과 같은 [데이터 원본 선택] 대화상자가 나타난다.

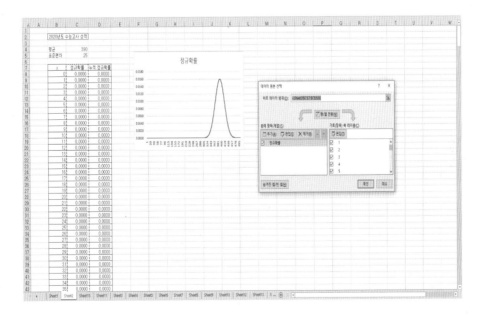

(5) 위의 [데이터 원본 선택] 대화상자에서 '가로(항목) 축 레이블(C)'의 [편집 (T)] 버튼을 클릭한 후, '축 레이블 범위'를 다음과 같이 영역을 지정한 다음 [확인] 버튼을 클릭한다.

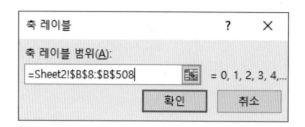

(6) 가로축 눈금을 조정하여 그래프를 완성한다.

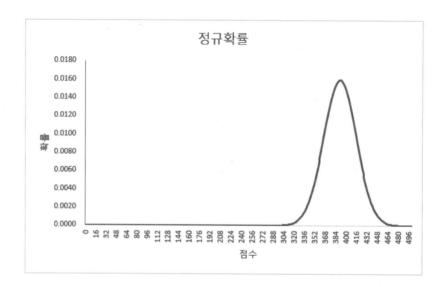

순서 4 ▸ ▸ ▸ 누적 정규분포 그래프의 작성

(1) 정규분포 그래프의 작성방법과 같은 순서로 진행한다.

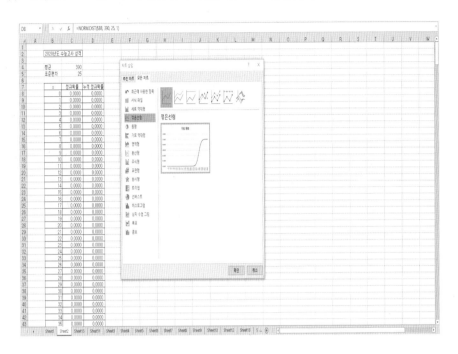

(2) 그래프의 수정·완성

그래프 수정방법에 의해서 차트 제목, 축 제목, 가로축 눈금 등을 적당히 수정하여 그래프를 완성한다.

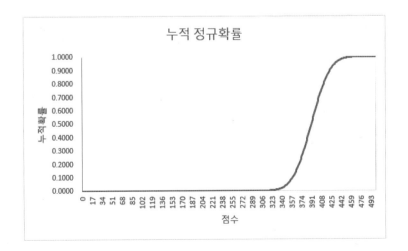

2. 표준 정규분포

▶ 표준화

전술한 바와 같이 정규분포는 평균과 표준편차에 따라서 중심의 위치와 산포의 정도가 달라지기 때문에 두 분포의 특성을 비교한다거나 확률을 계산하는 데에 불편이 따른다. 또한 비교하고자 하는 변수간에 측정단위가 다른 경우에는 비교할 수도 없다. 그래서 두 분포를 평균 0, 분산 1(혹은 표준편차 1)인 정규분포로 변환시킨다.

정규분포 함수

$$f(x) = \frac{1}{\sigma\sqrt{2\pi}} e^{-\frac{1}{2}\left(\frac{x-\mu}{\sigma}\right)^2}, \ (-\infty < x < +\infty)$$

을 평균 0, 분산 1로 변환하면 다음과 같이 된다.

$$f(z) = \frac{1}{\sqrt{2\pi}} e^{-\frac{z^2}{2}}$$

평균과 표준편차가 서로 다른 정규분포를 동일한 평균과 표준편차(평균 0, 표준편차 1)로 변환시키는 과정을 '표준화한다(standardize)'고 말한다. 확률변수 X 대신에 Z를 사용하기 때문에 일반적으로 'Z-분포'라고 부른다.

> 표준 정규분포는 $N(0, 1)$로 표기하고, 확률변수는 Z로 나타낸다. 표준화 변수변환식은 다음과 같다.
>
> $$z = \frac{x-\mu}{\sigma}$$

예제 6-2

S대학교 경영학과 신입생의 수능고사 성적 합격 커트라인은 2019년에 405점이고 2020년에는 417점으로 알려져 있다. 2019년의 전국 평균은 345점이고 표준편차는 30점이었다. 그리고 2020년의 평균은 390점이고 표준편차는 25점이었다. 두 해의 점수는 각각 정규분포에 따른다고 한다. 두 해의 점수를

표준화하여 어느 해의 점수가 더 우수하다고 할 수 있는지 비교해 보라.

- 2019년

  점수 x = 405

  평균 μ = 345

  표준편차 σ = 30

  $$z = \frac{x - \mu}{\sigma} = \frac{405 - 345}{30} = 2.00$$

- 2020년

  점수 x = 417

  평균 μ = 390

  표준편차 σ = 25

  $$z = \frac{x - \mu}{\sigma} = \frac{417 - 390}{25} = 1.08$$

따라서 2020년도 점수가 2019년도 점수보다 겉으로는 높은 것 같지만 실은 2019년도 점수가 상대적으로 2020년도보다 더 우수하다고 할 수 있다.

➤ Excel에 의한 정규분포의 표준화

Excel에서의 표준화 함수는 STANDARDIZE(x, μ, σ)이다.

순서 1 ▸ ▸ ▸ 기본 데이터의 입력

다음과 같이 주어진 데이터를 입력한다.

◢	A	B	C	D	E	F	G	H	I	J
1										
2			2019년	2020년						
3		x	405	417						
4		평균(μ)	345	390						
5		표준편차(σ)	30	25						
6										
7		표준화 변수 z								
8										
9										
10										

순서 2 ▸ ▸ ▸ 표준화 함수의 입력

(1) 셀 C7을 지정한다.

(2) '=STANDARDIZE(C3, C4, C5)' 함수를 입력한다.

C7		▾	:	×	✓	fx	=STANDARDIZE(C3,C4,C5)			
⊿	A	B	C	D	E	F	G	H	I	J
1										
2			2019년	2020년						
3		x	405	417						
4		평균(μ)	345	390						
5		표준편차(σ)	30	25						
6										
7		표준화 변수 z	2.00							
8										
9										
10										

(3) 셀 C7을 셀 D7에 복사한다.

D7		▾	:	×	✓	fx	=STANDARDIZE(D3,D4,D5)			
⊿	A	B	C	D	E	F	G	H	I	J
1										
2			2019년	2020년						
3		x	405	417						
4		평균(μ)	345	390						
5		표준편차(σ)	30	25						
6										
7		표준화 변수 z	2.00	1.08						
8										
9										
10										

◆ 중심극한정리

평균이 λ이고 분산이 σ^2인 같은 분포를 하는 독립적인 n개의 확률변수 $X_1, X_2, \cdots, X_n$의 합을 취해서 $Y = X_1 + X_2 + \cdots + X_n$이라고 하면, 이 합성된 확률변수 Y에 대한 분포의 평균은 $\mu_Y = n\lambda$, 분산은 $\sigma_Y^2 = n\sigma^2$이 된다. 그리고 이것을 표준화한 확률변수

$$Z = \frac{Y - \mu_Y}{\sigma_Y}$$

의 분포는 n이 커짐에 따라서 표준정규분포에 접근하게 되는데, 이것을 중심극한정리(central limit theorem)라고 한다. 보다 엄밀하게 말하면 어떤 조건 하에서

$$\lim_{n \to \infty} P \left\{ \frac{\sum\limits_{i=1}^{n} (X_i - \mu_i)}{\sqrt{\sum\limits_{i=1}^{n} \sigma_i^{\,2}}} \leqq t \right\} = \frac{1}{\sqrt{2\pi}} \int_{-\infty}^{t} e^{-1/2 \cdot z^2} dz$$

이라는 것을 중심극한정리라고 한다. 단, $\{X_1,\ X_2,\ \cdots,\ X_n\}$은 평균 $\{\mu_1,\ \mu_2, \cdots,\ \mu_n\}$, 분산 $\{\sigma_1^{\,2},\ \sigma_2^{\,2},\ \cdots,\ \sigma_n^{\,2}\}$을 각각 갖는 독립적인 확률변수의 열이다.

이 정리에서는 n개 확률변수의 분포에 관해서, 평균과 분산이 유한하고 또한 일정하다는 사실 이외에 그 분포형을 특별히 고정하고 있지 않다는 점이 중요하다. 어떤 변수가 다른 무수한 변동요인에 의해서 영향을 받고 있는 경우, 그 요인의 영향이 상호독립이고 또한 어느 것인가가 특히 크다고 하는 사실이 없으면 이 중심극한정리가 근사적으로 적용되며, 그 변수의 분포로서 정규분포를 생각하는 경우가 많다.

중심극한정리는 비교적 느슨한 조건 하에서 성립하는데, 그래도 상황에 따라서는 충족되지 않는 경우가 있다는 사실에 주의할 필요가 있다. 예를 들면 다수문제항목으로 이루어지는 테스트의 점수에 대한 분포는 개개의 항목득점(1 혹은 0)에 관한 합의 분포인데, 항목간 상관관계의 차이에 의해서 여러 가지의 분포가 만들어진다.

여기에서는 중심극한정리를 시뮬레이션(simulation ; 모의실험)을 통하여 보이는 방법에 대해서 설명한다. 예를 들어 평균 15cm의 소시지를 생산하고 있는 공장에서 소시지의 실제 길이는 14.5cm에서 15.5cm 사이에 균등하게 퍼져 있다. $n = 3, n = 6, n = 15$인 경우의 소시지를 임의로 선택하고 그 길이를 잰 후 평균길이를 기록하였다. 500번 표본을 추출한 후 표본평균의 분포를 그려 보면 평균 길이의 분포는 n이 증가할수록 정규분포에 근사해 가는 경향이 있게 된다.

> **✦ Excel에 의한 해법**

(1) 1행과 2행에 이름을 기록한다(셀 E1에 '표본값'이라고 입력한 다음, 셀 B1 : P1 영역을 범위 지정한 후 [병합하고 가운데 맞춤]을 클릭한다).

(2) 셀 A3에 1을 입력한다. 마우스 포인터로 셀 A3을 선택한 후 메뉴에서 [홈]-[편집]-[채우기]-[계열(S)]를 차례로 선택한다.

(3) [연속 데이터] 대화상자에서 [열(C)], [선형(L)] 난을 체크하고 [추세(T)] 난에 체크가 되어 있으면 없앤다. [단계 값(S)]에는 1, [종료 값(O)]에는 500을 입력하고 [확인] 버

튼을 클릭한다.

(4) 셀 B3에 식 '=14.5+RAND( )'를 입력한다. RAND( ) 함수는 0과 1 사이의 일양분포 값을 생성하므로 이 식의 결과는 14.5와 15.5 사이의 값이 된다. 15cm로 생산되는 소시지의 실제 길이 값을 생성하기 위해서 기능 키 F9을 누르면 '=14.5+RAND( )' 함수 값을 다시 계산해 준다.

(5) 셀 B3를 선택하여 P3까지 복사한다. F9 키를 누르면 임의로 15개의 소시지 길이 값이 재생된다.

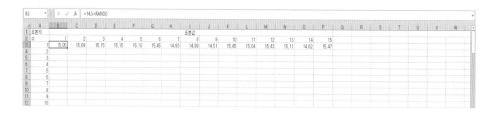

(6) 셀 Q3에 함수 '=AVERAGE(B3 : D3)'를 입력한다.

셀 R3에 함수 '=AVERAGE(B3 : G3)'를 입력한다.

셀 S3에 함수 '=AVERAGE(B3 : P3)'를 입력한다.

$n = 3$, $n = 6$, $n = 15$인 경우의 소시지 길이의 평균을 시뮬레이션으로 생성하려면 F9 키를 누르면 된다.

(7) 셀 B3 : S3 영역을 범위 지정하고 마우스의 오른쪽 버튼을 클릭한 다음, [복사(C)]를 클릭한다. 셀 B4를 선택하고 화면의 오른쪽 끝에 있는 스크롤 바(scroll bar)를 사용하여 셀 S502까지 끌어내린다. [Shift] 키를 누른 상태로 셀 S502를 선택한다. 셀 B4 : S502 범위가 지정되면 마우스의 오른쪽 버튼을 클릭한 다음, [붙여넣기(P)]를 클릭한다. 500개의 표본을 다시 생성하려면 [F9] 키를 누른다.

(8) 셀 B3 : S502 범위를 지정하고(이전 단계와 같은 방법으로 스크롤 바를 사용) [자릿수 줄임]을 통하여 소수점 이하 두 자리까지만 구한다.

표본의수	1	2	3	4	5	6	7	8	9	10	11	12	13	14	15	표본평균 n=3	표본평균 n=6	표본평균 n=15
1	14.76	14.58	15.24	15.13	14.87	14.79	15.13	14.60	15.32	15.03	14.61	14.66	15.05	15.24	14.91	14.86	14.89	14.93
2	15.42	15.00	14.57	15.23	15.20	14.82	14.89	15.36	14.60	15.06	14.52	14.82	15.41	15.33	15.14	15.00	15.04	15.02
3	15.35	14.85	15.06	14.57	14.87	15.02	15.24	15.02	15.01	15.42	15.48	14.77	15.41	15.32	15.30	15.08	14.95	15.11
4	15.49	15.08	14.69	14.59	14.51	14.92	14.52	14.90	14.60	15.39	14.66	15.22	14.59	14.65	15.10	15.09	14.88	14.86
5	15.24	15.06	14.66	15.45	14.71	15.38	15.27	15.33	15.45	15.37	14.99	15.15	15.09	15.02	14.76	14.99	15.08	15.13
6	15.46	15.41	15.46	14.95	14.59	14.78	15.03	15.49	14.96	15.12	15.22	14.81	15.33	15.44	15.11	15.33	15.11	15.11
7	15.02	15.13	15.45	14.56	14.72	15.29	15.22	14.61	15.37	15.17	15.46	14.98	14.72	14.56	14.82	15.20	15.03	15.01
8	14.92	14.53	14.66	15.48	15.24	14.63	15.30	14.82	15.43	15.08	15.15	14.87	15.47	15.46	15.47	14.70	14.91	15.09
9	15.22	15.14	15.45	15.29	14.71	15.21	15.13	15.20	14.96	15.10	14.58	14.51	14.96	15.11	14.98	15.27	15.17	15.04
10	15.22	15.36	15.27	14.67	14.95	14.93	15.40	14.77	14.87	15.06	14.73	14.56	14.68	14.87	15.28	15.28	15.14	14.98
11	14.90	14.80	14.72	14.66	14.90	15.18	15.43	15.30	14.86	15.01	15.46	14.58	14.62	15.37	14.83	14.81	14.86	14.98
12	15.01	15.20	15.48	15.49	14.89	15.15	14.96	14.55	14.70	14.85	14.55	14.84	14.79	15.40	14.68	15.23	15.20	14.97
13	14.87	15.36	15.20	15.44	14.73	15.28	14.66	15.09	14.50	14.80	15.05	14.97	15.37	14.83	15.01	15.14	15.15	15.02
14	14.54	14.75	14.75	14.64	14.98	15.42	15.18	14.70	15.49	14.82	15.48	15.19	15.27	14.73	15.27	14.68	14.85	15.01
15	15.21	15.23	15.10	14.68	15.01	15.29	15.31	14.83	14.61	14.70	15.16	15.25	14.77	15.41	15.40	15.18	15.09	15.05
16	15.35	15.03	14.59	15.47	14.60	15.05	14.82	14.58	14.62	15.16	15.08	15.04	14.72	14.61	14.95	14.99	15.02	14.91
17	15.15	14.71	14.68	14.69	14.96	14.53	14.86	15.10	15.03	15.10	14.61	15.02	15.30	14.92	15.31	14.84	14.79	14.93
18	14.94	15.46	15.03	14.93	14.51	15.19	15.32	15.37	14.80	15.14	15.04	15.43	14.94	15.50	14.60	15.14	15.01	15.08
19	15.42	14.88	15.09	14.82	15.43	14.73	14.87	15.42	15.02	14.87	15.11	15.11	15.14	14.72	14.81	15.13	15.06	15.03
20	15.28	15.43	15.04	14.68	15.24	14.90	15.17	14.80	14.94	15.48	14.72	15.10	14.67	14.60	15.39	15.25	15.09	15.02
488	15.16	14.90	14.96	15.46	15.11	14.53	15.08	15.06	14.74	15.32	14.72	14.72	14.81	14.51	14.82	15.01	15.02	14.93
489	15.45	14.84	15.39	15.38	15.25	15.08	14.76	15.40	14.91	14.74	15.13	14.73	15.21	15.19	15.23	15.19	15.23	14.89
490	14.61	15.05	14.51	14.51	14.58	14.50	15.37	14.82	14.86	15.42	14.54	15.06	15.34	15.31	14.91	14.72	14.63	14.89
491	15.02	14.98	15.02	14.69	15.10	15.95	15.30	14.63	15.18	15.22	14.89	15.35	14.97	14.76	15.26	15.01	15.02	15.02
492	14.70	14.81	15.37	14.86	14.73	15.38	15.17	15.03	15.37	15.13	14.89	14.65	15.32	15.10	14.77	14.96	14.98	15.02
493	14.68	14.79	15.15	14.92	14.90	15.34	15.16	14.59	14.54	15.34	15.21	15.31	14.66	14.67	15.08	14.88	14.96	14.96
494	14.71	14.56	15.23	15.47	15.21	15.16	14.62	15.45	15.28	15.41	14.65	14.56	15.19	15.03	14.84	14.83	15.01	15.00
495	14.85	15.31	14.91	15.50	14.75	15.08	14.79	14.90	15.50	15.43	14.66	15.09	15.21	14.79	14.89	15.02	15.06	15.04
496	14.85	15.21	15.04	14.69	15.17	14.87	15.48	15.14	15.21	15.42	14.85	14.81	15.26	15.07	15.04	15.00	14.97	15.09
497	14.88	15.32	14.85	14.64	14.50	14.87	14.63	14.97	14.70	14.79	14.51	14.55	15.26	14.56	14.51	15.02	14.84	14.77
498	14.83	15.13	15.16	15.14	14.95	15.12	14.99	14.73	14.70	14.63	15.32	14.61	15.22	15.41	14.75	15.04	15.07	14.94
499	15.32	15.34	15.06	15.06	14.67	14.62	15.29	15.39	14.81	14.88	15.09	14.62	15.01	15.18	15.06	15.24	15.01	15.03
500	14.92	14.67	15.17	14.58	14.57	15.13	15.28	14.81	14.82	15.36	14.82	15.09	14.85	14.55	15.22	14.92	14.84	14.92

(9) 셀 U1과 W1에 '계급'과 '도수'라는 이름을 입력한다.

셀 V2, W2, X2에 각각 $n = 3, n = 6, n = 15$를 입력한다.

셀 U3에 14.5를, U4에 14.55를 입력한다. 셀 U3 : U4를 선택하고 U23까지 끌어내려 복사한다. [자릿수 늘림]을 한 번 누른다.

(10) 셀 V3 : V23 범위를 지정한 후 '=FREQUENCY(Q3 : Q502, U3 : U23)'를 입력하고 배열복사한다. 즉, [Enter↵] 키를 누르기 전에 마우스 포인터를 [수식 입력줄]에 옮겨 놓고, [Shift] + [Ctrl] + [Enter↵] 키를 동시에 누른다.

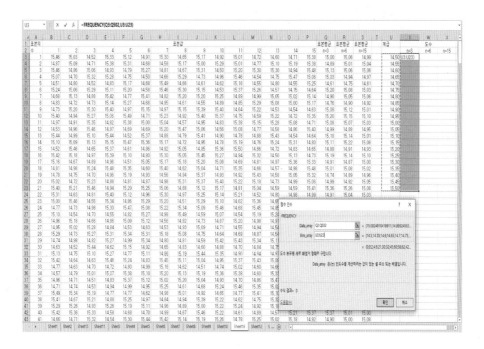

(11) 상대도수가 셀 V3 : V23 영역에 출력된다. 같은 방법으로 $n = 6, n = 15$에 대해서도 상대도수를 W열과 X열에 출력시킨다. 또 다른 500개 표본의 도수분포표를 얻고 싶으면 F9 키를 누르면 된다.

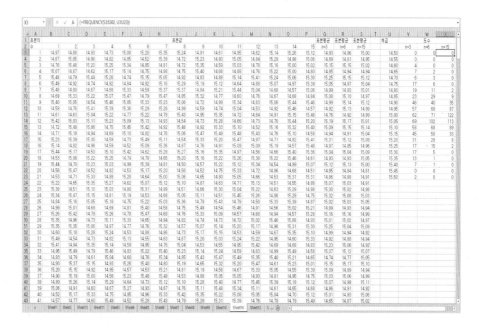

(12) 셀 V2 : X23 영역을 지정하여 꺾은선형 그래프를 작성한다.

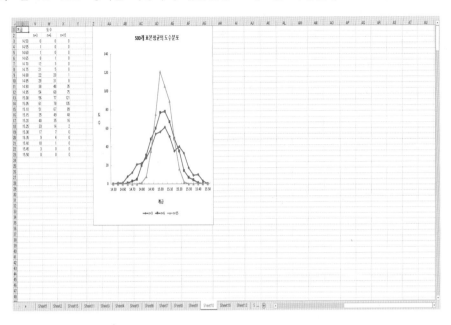

(13) 또 다른 500개 표본평균의 도수분포를 구하고 싶으면 F9 키를 누른다.

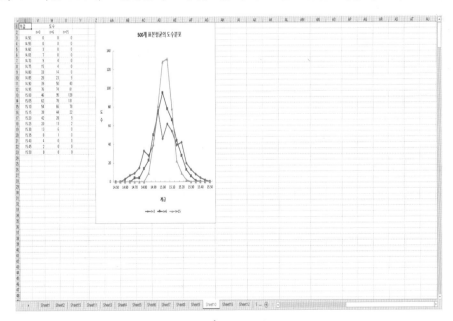

$n = 3$, $n = 6$, $n = 15$로 표본의 크기가 증가해 갈수록 표본평균의 분포는 정규분포에 근사해 가는 경향을 볼 수 있다.

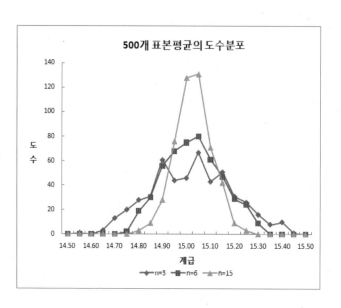

3. 지수분포

> **지수분포**

지수분포(exponential distribution)란 어떤 사건이나 사상이 포아송 분포에 따라 발생할 때, 일정한 시점으로부터 이 사건이나 사상이 발생할 때까지 걸리는 시간의 확률분포를 말한다. 어떤 사건이나 사상이 단위구간에 평균 λ회 발생하는 포아송 분포에 따른다고 한다. 그러면 t구간에서는 평균 λt가 되며 확률변수 X가 t구간에서 발생하는 사건의 수를 나타낸다고 할 때, X는 평균이 λt인 포아송 분포에 따르며 이 때 단위구간에 K회 발생할 확률은,

$$P(X=K) = \frac{(\lambda t)^K}{K!} e^{-\lambda t}, \quad K = 0, 1, 2, 3, \cdots$$

이다. 확률변수 T가 일정한 시점($t=0$)으로부터 처음으로 사건이 발생할 때까지의 시간을 나타낸다면, $t>0$에 대하여 $T \geq t$일 확률은 확률변수 X가 $(0,\ t)$ 구간에서 발생하지 않을 확률과 같기 때문에

$$P(T \geq t) = P(X = 0) = e^{-\lambda t}, \quad t > 0$$

이다. 확률변수 T의 누적분포함수는

$$F(t) = P(T \leq t) = 1 - P(T \geq t) = 1 - e^{-\lambda t}$$

이며, 따라서 T의 확률밀도함수는

$$f(t) = \frac{d}{dt} F(t) = \frac{d}{dt} (1 - e^{-\lambda t}) = \lambda e^{-\lambda t}, \quad t > 0$$

이다.

이와 같은 확률변수 T의 분포를 지수분포라고 한다.

지수분포의 평균, 분산 및 표준편차

$$E(X) = \frac{1}{\lambda}$$

$$V(X) = \frac{1}{\lambda^2}$$

$$\sigma(X) = \frac{1}{\lambda}$$

지수분포에서의 λt는 포아송 분포에서 t 단위구간에 발생하는 사건의 평균 횟수이므로, λ는 t 단위구간의 평균으로부터 단위구간의 평균을 계산하여 구할 수 있다.

> **▶ Excel의 지수분포 함수**

$$\text{EXPON.DIST}(x, \ \lambda, \ c)$$

λ : 평균

c : 1 or 0(TRUE or FALSE)

- True일 때에는 x 이하 발생할 확률
- False일 때에는 x가 발생할 확률

을 계산한다. 예를 들면,

EXPON.DIST(5, 0.5, 0) = 0.041042

EXPON.DIST(5, 0.5, 1) = 0.917915

예제 6-3

어떤 사무실에는 전화가 평균 10분에 5회 걸려 온다고 한다. 이 사무실에서 한 번 전화가 걸려 온 뒤부터 다음 전화가 걸려 올 때까지 걸리는 시간을 분으로 측정하는 확률분포를 생각하기로 한다. 이 사무실에서 한 번 전화가 걸려 온 뒤에 다음 전화가 걸려 올 때까지 걸린 시간이 6분 이내일 확률과 3분 이상일 확률을 각각 구하라.

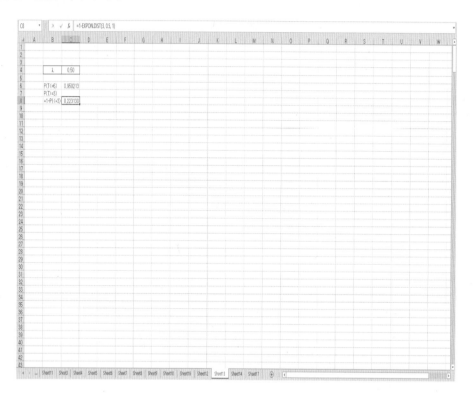

[셀의 입력내용]

    C6; = EXPON.DIST(6, 0.5, 1)

    C8; = 1 - EXPON.DIST(3, 0.5, 1)

예제 6-4

$\lambda = 0.5, 1, 2, 3$인 경우에 대한 지수분포의 그래프를 작성하라.

➤ 지수분포표 및 그래프의 작성

순서 1 ▸ ▸ ▸ 기본표의 작성

다음과 같이 기본표를 작성해 놓는다.

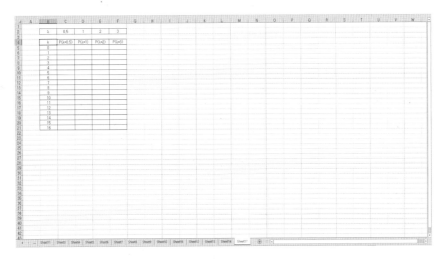

순서 2 ▸ ▸ ▸ 지수분포 함수의 입력

(1) 셀 C5 : F21 영역을 지정하고, 메뉴에서 [함수 마법사] 아이콘을 클릭한다. [함수 마법사] 대화상자가 나타난다.

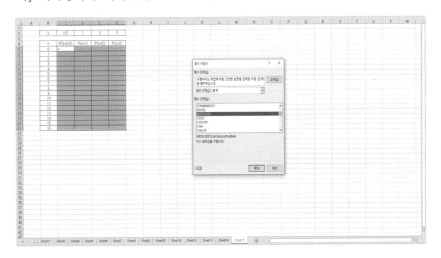

(2) [함수 마법사] 대화상자에서,

범주 선택(C) : 통계

함수 선택(N) : EXPON.DIST

를 선택하고, [확인] 버튼을 클릭한다.

(3) [EXPON.DIST] 함수 입력상자가 나타나면,

X	:	B5:B21
Lambda	:	C2:F2
Cumulative	:	0

를 입력한다.

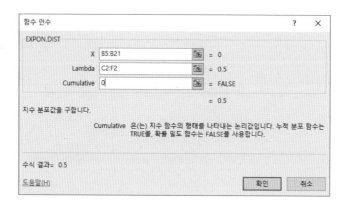

(4) Ctrl + Shift + Enter↵ 키를 누른다.

셀 C5 : F21 영역에 배열식 { = EXPON.DIST(B5 : B21, C2 : F2, 0)}이 입력된다.

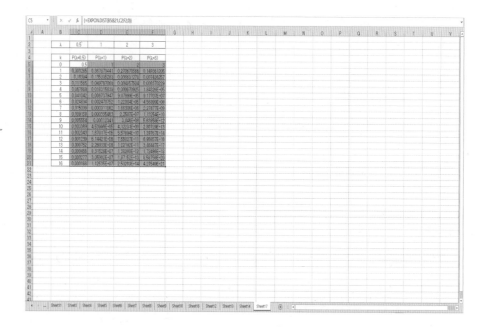

순서 3 ▸ ▸ ▸ 지수분포 그래프의 작성

(1) 셀 C4 : F21 영역을 지정하고, [삽입]을 클릭한다.

(2) 차트 영역에서 꺾은선형 네 번째 유형을 선택한다.

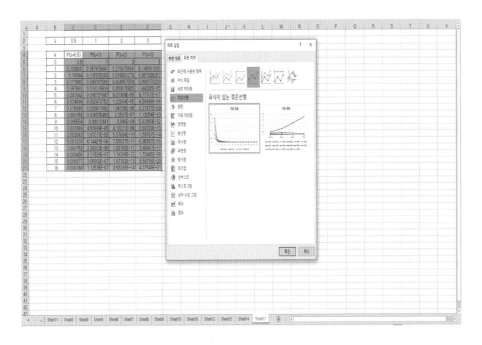

(3) 다음과 같은 그래프가 출력된다.

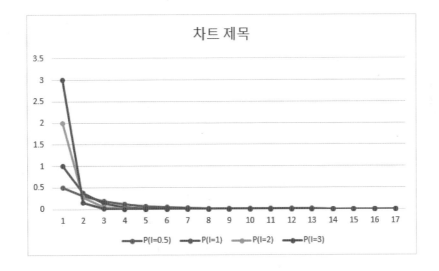

(4) 가로축의 눈금을 조정한다.

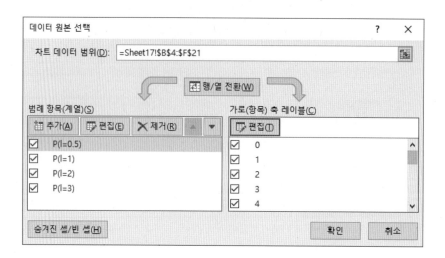

(5) 가로축의 눈금을 조정하여 그래프를 완성한다.

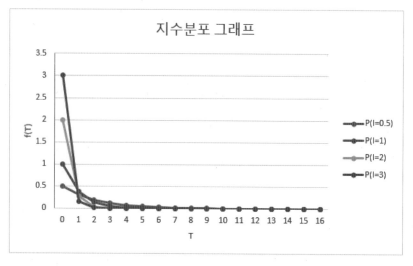

(주) 그림에서 범례의 l = 0.5의 'l'은 'λ'를 나타낸다.

Chapter07
데이터의 수집과 표본추출법

1. 데이터의 종류와 수집방법

➤ 수치 데이터와 언어 데이터

데이터라고 하면 흔히 숫자의 집합을 연상하는 사람이 많다. 그러나 데이터는 수치로 표현되는 것만을 가리키지는 않는다. 예를 들면 어떤 한 사람의 고객이 있다고 하자. 그 사람의 신장이나 체중은 고객에 관한 데이터인데, 이 밖에 혈액형이나 성격도 역시 고객에 관한 데이터이다. 신장이나 체중은 수치로 나타낼 수 있다. 한편 혈액형이나 성격은 수치로 나타낼 수는 없다. 이와 같이 데이터에는 수치로 나타낼 수 있는 수치 데이터와 수치로 나타낼 수 없는 문자 데이터의 두 가지 유형이 있다.

얻어진 데이터가 수치 데이터냐 문자 데이터냐에 따라서 데이터의 처리방법은 달라진다. 수치 데이터라면 평균이나 표준편차 등을 구한다고 하는 통계처리가 가능하지만 문자 데이터의 경우에는 그대로는 통계처리가 불가능하다. 문자 데이터를 수치 데이터화하는 연구가 필요하다.

예를 들면 다음과 같은 조사표의 질문이 있다고 하자.

(질문 1) 귀하의 연령을 답해 주십시오.　　　　　　(　　)세
(질문 2) 귀하의 신장을 답해 주십시오.　　　　　　(　　) cm
(질문 3) 귀하의 성별을 답해 주십시오.　　　　　　(남, 여)
(질문 4) 귀하의 혈액형을 답해 주십시오.　　　　　(　　)형

(질문 5) 이 상품의 불만스러운 점을 기입해 주십시오.

(   )

    (질문 1)이나 (질문 2)에는 수치로 답을 하게 되므로, 이 질문에서 얻어지는 데이터는 수치 데이터이다. 한편 (질문 3)이나 (질문 4)에서는 남, 여의 두 가지 중 하나와 A, B, AB, O의 네 가지 중 어느 하나로 답하게 되므로, 얻어지는 데이터는 수치 데이터가 아니다. 이와 같은 데이터가 문자 데이터이다. (질문 5)에서는 예를 들면 "이 상품은 기능은 충실하지만 값이 너무 비싸다"는 식으로 답이 나오게 되므로, 이 질문에서 얻어지는 데이터도 역시 문자 데이터가 된다.

◆ 범주형 데이터와 언어 데이터

    그런데 (질문 3)이나 (질문 4)와 (질문 5)의 답은 모두 문자 데이터이지만 약간 유형이 다르다. (질문 3)이나 (질문 4)에서는 남, 여의 두 가지 중 하나와 A, B, AB, O의 네 가지 중 어느 하나로 정해진다. 이들 선택지(選擇肢)를 범주(category)라고 부르는 사실로부터 이와 같은 문자 데이터를 범주형 데이터라고 부른다. 한편 (질문 5)의 답은 문장의 형태로 된다. 이와 같은 데이터를 언어 데이터라고 부른다.

    이상의 내용을 정리하면 데이터는 다음과 같이 유형분류가 가능하다.

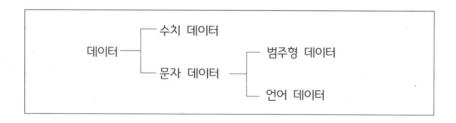

◆ 문자 데이터에서 수치 데이터로

    범주형 데이터는 각각의 범주에 숫자를 할당함으로써 수치 데이터로 변환할 수 있다. 예를 들면 앞의 (질문 3)과 (질문 4)는 다음과 같이 바꿀 수 있다.

(질문 3) 귀하의 성별을 다음 중에서 해당하는 번호로 답해 주십시오.
        1. 남   2. 여

(질문 4) 귀하의 혈액형을 다음 중에서 해당하는 번호로 답해 주십시오.

　　　 1. A형　　　　 2. B형　　　　 3. AB형　　　　 4. O형

　이와 같이 하면 답은 (질문 3)에서는 1이나 2로 얻어지고, (질문 4)에서는 1에서 4의 어느 하나로 얻어지게 되므로 문자 데이터를 수치 데이터로서 다룰 수 있게 된다. 단, 여기에서 얻어지는 수치는 수학적인 성질을 가진 것은 아니다. 연령이나 신장의 수치 데이터와는 다르기 때문에 평균이나 표준편차 등을 구하더라도 전혀 의미가 없다.

　범주에 수치를 할당하는 것을 코드화라고 부른다. 코드화는 설문지를 만드는 단계에서 실시하는 경우와 답이 모아지고 나서부터 실시하는 경우가 있다.

◆ 네 개의 측정척도

　본래는 문자로 표현되는 데이터를 코드화함으로써 수치로 변환한 데이터와 원래부터 수치로 얻어지는 데이터는 분명히 구별해서 데이터 처리를 실시하지 않으면 안 된다. 데이터는 명목척도, 순서척도, 간격척도, 비율척도의 네 가지 측정척도로 나눌 수 있다.

　여기에서는 이들 데이터를 어떻게 해서 구별하면 좋을 것인지를 설명하기로 한다.

(1) 명목척도

　명목척도의 데이터라고 하는 것은 단지 구별하기 위한 것만으로 붙여진 수치의 데이터로 수학적인 성질을 갖지 않은 것이다. 앞의 성별이나 혈액형을 번호로 답하게 했을 때의 데이터가 바로 명목척도의 데이터이다.

　명목척도의 특징은 수치의 할당방식이 임의적이라고 하는 점이다. 성별에서 남자가 2이고 여자가 1이더라도 상관없다. 따라서 명목척도의 데이터에 대해서는 평균이나 표준편차를 구한다 하더라도 의미가 없다. 이와 같은 데이터는 빈도와 비율을 구하는 데 의미가 있다. 예를 들면 2라고 답한 사람이 있는가(이것을 빈도 혹은 도수라고 한다), 그것은 전체의 몇 퍼센트에 해당하는가라고 하는 것 등을 구하는 데 의미가 있다.

(2) 순서척도

　순서척도의 데이터라고 하는 것은 수치에 순서로서의 의미가 있는 데이터이다. 예를 들면 다음과 같은 질문을 상정해 보자.

(질문) 이 호텔의 서비스에 대해서 고객의 생각을 다음의 번호 중에서 답해 주십시오.
　　　 1. 매우 좋다　　 2. 좋다　　 3. 어느 쪽도 아니다　　 4. 나쁘다
　　　 5. 매우 나쁘다

　이 질문에 대해서 얻어지는 데이터는 1에서 5까지의 수치 데이터이지만 이들 수치는 작을수록 평가가 좋다고 하는 순위로서의 의미가 있다. 이와 같은 데이터를 순서척도의 데이터라고 한다. 순서척도의 데이터도 명목척도의 데이터와 마찬가지로 빈도와 비율을 구하는 것이 데이터 처리의 기본이다.

(3) 간격척도

　순서척도의 데이터는 수치에 순서로서의 의미가 있을 뿐, 수치의 크기 그 자체에는 의미가 없다. 따라서 예를 들면 '매우 좋다'와 '좋다'의 차와 '나쁘다'와 '매우 나쁘다'의 차가 반드시 같다고는 할 수 없다. 즉, 수치의 차에는 의미가 없다. 순서로서의 의미뿐만 아니라 차에도 의미가 있는 것이 간격척도의 데이터이다. 무게, 길이, 시간, 온도 등을 나타내는 데이터는 간격척도의 데이터이다.

(4) 비율척도

　간격척도의 데이터 중에서 수치의 비율에도 의미가 있는 데이터를 비율척도의 데이터라고 한다. 예를 들면 A라고 하는 제품의 무게가 50kg이고 B라고 하는 제품의 무게가 25kg이라고 한다. 이 때 "A의 무게는 B의 무게의 두 배이다"라고 할 수 있다. 그러나 오늘의 기온이 섭씨 20도이고 어제의 기온이 섭씨 10도였다고 할 때에 "오늘은 어제보다 두 배의 더위다"라고 말할 수는 없다. 따라서 무게는 비율척도이고, 온도는 간격척도가 된다.

　명목척도나 순서척도의 데이터와 달리 간격척도나 비율척도의 데이터는 평균이나 산포의 크기를 구하는 데 의미가 있다. 명목척도와 순서척도의 데이터를 질적 데이터라고 하며, 간격척도와 비율척도의 데이터를 양적 데이터라고 부른다.

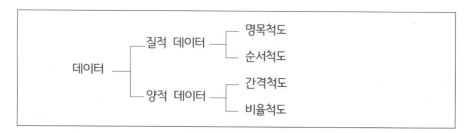

2. 표본추출의 기본개념

표본추출이란 표본조사(sample survey)에 있어서 모집단(조사대상집단)에 대한 추론을 하기 위해서 일부의 표본을 추출하는 것을 말한다. 표본의 추출에는 확률의 원리를 응용한 확률추출(무작위추출이라고도 한다)과 그렇지 않은 비확률추출을 생각할 수 있다. 확률추출에 의해서 뽑힌 표본을 확률표본(또는 무작위표본), 그렇지 않은 표본을 비확률표본이라고 한다.

비확률표본 중에는 간혹 클래스에 등록해 있는 학생들을 표본으로 한다거나 길을 걷고 있는 사람에게 물어 본다고 하는 우연적 기회를 이용한 표본이나 조사목적에 관련한 영역의 전문가 집단에게 질문을 한다고 하는 방법이 취해지는 경우가 있다. 또 국세조사(census)라든가 이전에 실시된 조사의 정보를 이용해서 그 집단과 동일한 연령구성이나 성별, 직업별 구성이 되도록 피조사자를 뽑는 할당법도 유명하다. 그러나 그것들은 모두 확률추출의 원리를 응용한 것이 아니므로 추정에 어느 정도 편의(偏倚)가 있는지 평가할 수 없다. 그리고 또 그 오차의 범위를 확률적으로 평가하는 것이 어렵다. 따라서 근대 표본조사법은 기본적으로 모집단으로부터 확률법칙의 원리를 이용해서 무작위로 추출하는 확률추출이 이용되고 있다. 표본으로부터 모집단에 대한 수치를 추정할 때 따르는 오차를 표본오차(sampling error)라고 부르는데, 확률표본은 확률추출에 의거한 표본오차를 확률적으로 평가할 수 있다는 데에 특징이 있다. 적은 노력(勞力)과 경비로 정밀도 높은 조사가 이루어지도록 여러 가지의 표본추출법이 고안되었다.

그리고 유한모집단으로부터 표본을 추출할 때, 같은 표본이 두 번 추출되는 것을 허용하지 않는 추출법을 비복원추출법이라고 하며, 동일한 표본이 반복추출되는 것을 허용하는 추출법을 복원추출법이라고 한다. 후자 쪽이 수학적으로 다루기가 용이한데, 모집단의 크기가 추출표본수에 비해서 클 때에는 양자의 차이는 사실상 무시할 수 있다.

3. 무작위추출법

모집단을 구성하는 어떤 요소도 동일한 확률로 뽑힐 것이 보증되도록 표본을 모집단에서 추출하는 방법을 무작위추출(random sampling)이라고 한다. 무작위추출이란 주관적인 판단이나 취향이 개입하지 않도록, 이를테면 제비뽑기나 주사위를 이용해서 표본을 뽑는 방법이다. 실제로 무작위추출을 실시하는 경우에는 난수표가 자주 이용된다. 최근에는 컴퓨터의 난수 발생기를 이용하여 난수를 얻을 수 있어 편리하다.

무작위추출을 이용하면 표본오차의 영향을 추정할 수 있다. 모집단의 요소가 모두 같은 확률로 추출되면 주관이 개입될 여지는 없다. 이 때문에 과학적인 연구에는 무작위추출을 이용해야 한다고 하는 의견이 정설이다. 그러나 비표본오차의 영향을 추정하는 것이 곤란하기 때문에 오차를 엄밀하게 평가할 수는 없다. 상정한 모집단에 대해서 원리적으로 무작위추출이 불가능한 경우도 있다. 무작위추출법에도 여러 가지 유형이 있다.

1) 단순무작위추출법(simple random sampling)

확률추출의 원리를 이용한 가장 기본적인 추출방법이다. 조사대상 모집단의 리스트를 준비하고 그것에 일련번호를 매긴다. 난수표(혹은 그것과 동등한 방법)를 이용해서 얻어진 필요한 자릿수의 숫자의 번호에 대응하는 조사대상을 피조사체로 하여 필요한 수만큼의 표본을 추출한다. 단순무작위추출은 모수(모평균이나 모분산 등)의 추정이 간단하고 추정의 정밀도 평가도 용이하지만, 추출된 숫자의 나열이 가지각색이므로 모집단 리스트가 큰 대표본에서는 대상자를 뽑는 데 시간이 걸린다. 또한 층별추출법(stratified sampling) 등에 비해서 추정의 정밀도가 높지 않다.

2) 계통추출법(systematic sampling)

모집단의 크기가 N이고 추출표본수가 n이며 $N = nl$이라 할 때, 일련의 모집단 리스트를 l개의 길이로 구분하여 $1 \leq k \leq l$의 임의값을 무작위로 뽑아서 k, $k+l$, $k+2l$, $\cdots$, $k+(n-1)l$ 등 l개마다 n개의 표본을 추출하는 방법을 계통추출법 혹은 등간격추출법이라고 한다. k를 계통추출의 출발점이라고 한다. 계통추출법은 모집단 리스트가 완비되어 있을 때, 단순무작위추출법에 비하여 추출의 수고가 적게 든다. 더욱이 리스트의 나열이 수입 순이라든가 연령 순이라고 하는 조사변수에 대해서 일종의 층화가 이루어져 있게 되면 추정의 정밀도도 높아지는데, 추출간격이 조사변수의 주기성과 일치(혹은 그 공배수가 일치)하는 경우에는 추정에 편의(偏倚)가 생길 우려가 있다. 그리고 출발점을 무작위로 정하는 대신에 l의 중점을 취하는 방법이라든가 추출간격을 교대로 바꾸어 가는 지그재그 추출법과 같은 변형법도 생각할 수 있다.

3) 집락추출법(cluster sampling)

모집단의 최종 조사단위를 몇 개 모은 것을 집락(cluster)이라 하고, 이것을 표본추출의 단위로 해서 추출하는 방법을 일반적으로 집락추출이라고 한다.

집락을 만드는 방법은 하나의 집락 중에 여러 가지 이질적인 요소가 서로 섞이도록 하고, 집락끼리의 사이는 가능한 한 비슷한 것으로 분할하는 것이 효과적이다. 집락 내의 조사단위를 모두 조사하는 경우와 추출된 집락 중에서 더욱 몇 개의 조사단위를 확률추출해서 표본조사를 실시하는 경우가 있다. 후자는 바로 다단추출법 중 2단추출법에 해당된다. 등간격추출법이나 지역추출법은 전자의 예로 볼 수 있다.

4) 층별추출법(stratified sampling)

층화추출법이라고도 한다. 표본을 추출할 때 모집단 중에서 단순무작위로 추출하는 것이 아니라 미리 모집단을 몇 개의 그룹(이것을 층이라고 한다)으로 나누고, 나누어진 각각의 그룹 중에서 필요한 개수의 표본을 무작위로 추출하는 방법을 층별확률추출법 또는 단지 층별추출법이라고 한다. 층별의 목적은 적은 표본수로 정밀도 높은 모집단 추정을 실시한다고 하는 것이며, 그러기 위해서는 층별화할 때 층간에 비해서 층내는 가능한 한 균질로, 즉 측정치의 분산이 작게 되도록 그룹을 나누는 것이 바람직하다.

5) 다단추출법(multi-stage sampling)

대규모의 표본조사에서는 조사대상을 직접 추출하는 것이 불가능 혹은 비경제적이기 때문에 추출단위를 몇 단계로 나누어서, 처음에 제1차 추출단위(primary sampling unit, PSU)를 어떤 확률로 추출하고, 다음에 추출된 제1차 추출단위 중에서 다시 어떤 확률로 제2차 추출단위(secondary sampling unit, SSU)를 추출한다고 하는 추출작업이 계속된다. 이것을 2단추출법이라고 한다. 제3차 추출단위까지 생각하면 3단추출법이라고 하며, 일반적으로는 다단추출법이라고 한다.

예를 들면, 전국 학교조사에서, 처음에 도(道)를 추출하고 추출된 도 중에서 학교를 추출한다. 그리고 추출된 학교 중에서 어떤 조(組)를 추출하고 추출된 조 중에서 어떤 학생을 추출한다고 하면, 이것은 도를 제1차, 학교를 제2차, 조를 제3차, 학생을 제4차로 하는 4단추출이 된다. 추출의 단계를 늘리면 그 때마다 추정의 정밀도가 떨어지기 때문에, 통상은 미리 모집단을 몇 개의 층으로 나누고 각 층에 대해서 다단추출법을 실시하는 층별다단추출법(層別多段抽出法)이 이용된다.

4. 유의선출법

조사기획자의 주관적인 판단에 따라서 표본을 뽑는 것을 유의선출법(purposive selection)이라고 한다. 유의선출법은 주관에 의거하기 때문에 표본오차의 영향이나 비표본오차의 영향은 추정할 수 없다.[3] 표본추출의 주관성을 배제하기 어려운 방법이다. 그러나 실시가 용이하므로 몇 번 반복하면서 경험적으로 정밀도를 알 필요가 있는 과제, 예를 들면 상품개발 등에서 효과를 발휘하는 경우가 많다. 유의선출에 의한 조사를 계속하여 경험적으로 적은 수고와 비용으로 효율적인 식견이 얻어진다는 것이 확인되면, 무작위추출을 실시할 필요는 없다. 무작위추출은, 그보다 더 나은 것은 없지만, 대단히 수고스러우므로 조사의 간격이 벌어지는 경우도 있다. 만일 수년에 1회 조사하는 정도라면, 유의선출로 연간 몇 번이고 조사하는 편이 조사대상에 대한 식견을 심화시키는 경우도 있다.

예전에 여론조사 등에 자주 이용되었던 방법으로 할당법(quota method)이라고 하는 것이 있다. 이것은 유의선출법의 일종으로 이전에 실시되었던 조사 등의 정보를 이용해서 그 집단과 동일한 연령구성이나 성별·직업별 구성이 되도록 피조사자를 뽑는 방법이다.

▶ 유의선출법의 문제점

유의선출법에 의한 표본의 결정은 모집단의 구조에 관한 조사기획자의 주관적 판단에 따르고 있다. 과거의 국세조사 데이터 등에 의하여 객관적으로 구조를 판단했다고 하더라도, 알

---

3) 豊田秀樹, 「調査法講義」, (朝倉書店, 1998), pp. 37~39.

수 있는 것은 과거의 구조이지 현재의 그것은 아니다. 또한 과거로부터의 변화가 무시할 수 있는 정도였다고 하더라도 기존 데이터로부터 알 수 있는 구조는 앞으로 조사하고자 하는 특성에 관한 것이 아닐 것이다. 그리고 기획자의 주관적 판단도 결코 완전할 수는 없는 것이며, 완전한 판단이 가능하다면 이미 조사의 필요성은 없게 된다. 표본선출시의 판단의 잘못은 조사 결과에 의거한 추정치에 오차를 가져오게 된다. 게다가 주관적인 판단의 잘못을 객관적으로 평가하는 방법은 없다. 그리고 가령 제3자가 객관적으로 잘못을 지적했다고 하더라도 그것은 또 제3자의 주관에 지나지 않는다. 오차를 수반한 통계숫자에서, 게다가 그 오차의 정도에 관해서 아무런 객관적 보증(기획자의 주관에 의한 보증은 무의미)이 없는 것의 이용가치는 극히 한정된다.[4]

5. 표본추출의 실제

 7-1

100명의 산악회 회원에 대한 이름이 등록되어 있는 회원명부가 있다고 한다. 회원명부 안에는 1번에서 100번까지 각 회원에게 번호가 할당되어 있다. 이 100명의 회원 중에서 15명의 대표를 무작위로 추출하라.

| Excel에 의한 해법 |

> **복원추출**

모집단으로부터 표본을 추출할 때, 한번 뽑은 표본도 다음의 추출 대상으로 하는 추출방법을 복원추출(sampling with replacement)이라고 한다. 이 경우에는 같은 표본이 여러 번 추출될 가능성이 있다. 이것에 비해서 일단 뽑은 표본은 다음의 추출 대상에서 제외하는 추출방법을 비복원추출(sampling without replacement)이라고 한다.

---

4) 淺井晃, 「調査の技術」 (日科技連, 1987), pp. 140~141.

순서 1 ▸ ▸ ▸ 준비

다음과 같이 회원의 일련번호를 1에서 100까지 입력한다.

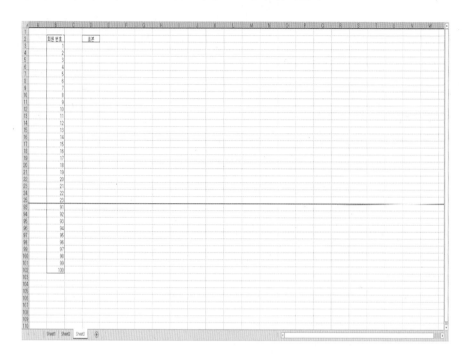

순서 2 ▸ ▸ ▸ 표본추출의 선택

메뉴의 [데이터]-[데이터 분석]을 선택한다.

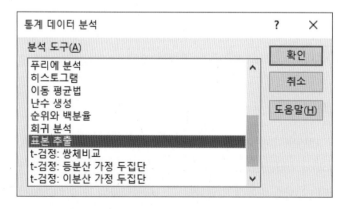

[통계 데이터 분석] 대화상자에서, [분석 도구(A)]로서 [표본추출]을 선택하고 [확인] 버튼
을 클릭한다. [표본추출] 대화상자가 나타난다.

순서 3 ▸ ▸ ▸ 표본추출 방법의 지정

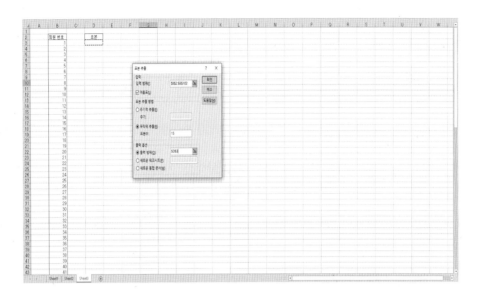

[표본추출] 대화상자에서 위와 같이 지정하고 [확인] 버튼을 클릭한다.

순서 4 ▸ ▸ ▸ 표본의 추출

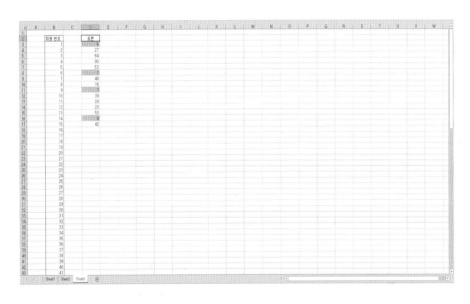

전술한 바와 같이 복원추출에서는 같은 표본이 여러 번 추출될 가능성이 있다. 위의 결과에서도 '6'과 '1'은 각각 두 번 추출되었음을 알 수 있다. 따라서 위의 예제는 비복원추출법에 의해서 표본을 추출해야 함을 알 수 있다.

→ **비복원추출**

100명의 회원 중에서 중복되지 않는 15명의 표본을 뽑으려면 비복원추출을 실시해야 한다. 이것을 Excel에 의해서 실행해 보도록 하자.

순서 1 ▸ ▸ ▸ 준비

　(1) 복원추출의 경우처럼 1에서 100까지 입력한다.

　(2) 셀 C3를 지정하고, 난수 생성 함수 '=RAND( )'를 입력한다. [Enter↵] 키를 누른다.

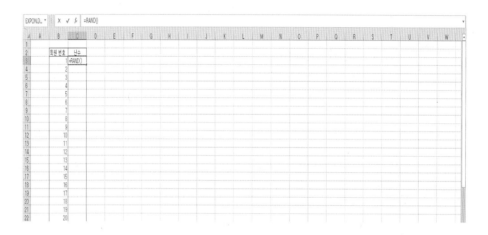

순서 2 ▸ ▸ ▸ 난수의 생성

　(1) 셀 C3에 0과 1 사이의 난수가 생성된다.

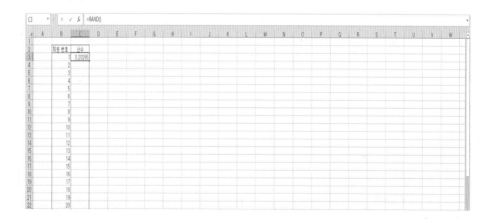

(2) 셀 C3을 C4에서 C102까지 복사한다.

(주) RAND( ) 함수의 값은 F9 키를 누를 때마다 달라지기 때문에 위의 화면과는 다른 데이터가 나온다.

순서 3 ▸▸▸ 난수를 일반 수치로 변경

(1) 셀 C3 : C102 영역을 지정하고 Ctrl + C 키를 클릭하여 클립 보드로 복사한다.

(2) 메뉴에서 [붙여넣기]-[선택하여 붙여넣기(S)]를 선택한다.

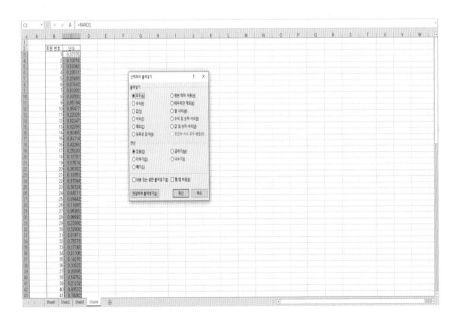

(3) [선택하여 붙여넣기] 대화상자에서 다음과 같이 지정하고 [확인] 버튼을 클릭한다.

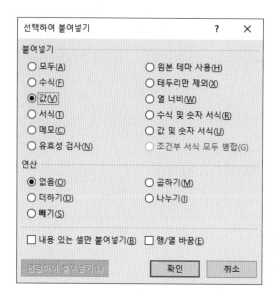

(4) 셀 C3 : C102 영역에 '=RAND( )' 함수는 없어지고 수치만 남는다.

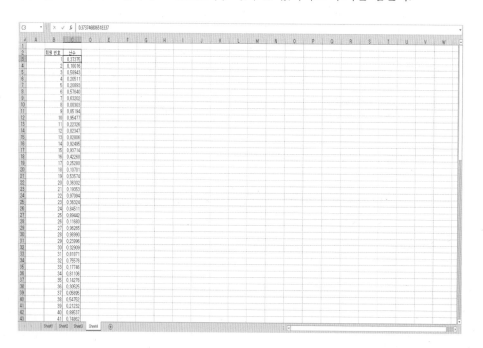

위의 수치 데이터를 크기순으로 나열하고 위로부터 15개를 표본으로 추출하면 된다.

순서 4 ▸ ▸ ▸ 표본의 추출

(1) 셀 C3 : C102 영역의 난수를 크기순으로 정렬하기 위하여, 셀 B2 : C102 영역을 지정
하고 메뉴에서 [데이터]-[정렬]을 선택한다.

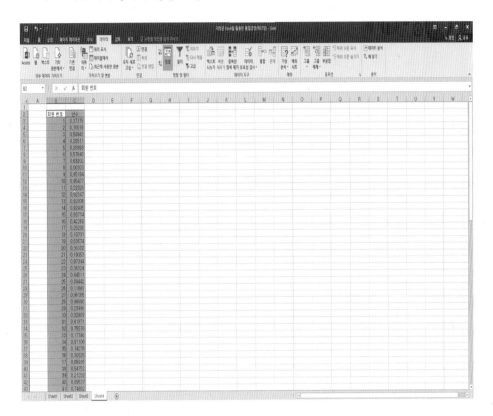

(2) [정렬] 대화상자에서 다음과 같이 지정하고 [확인] 버튼을 클릭한다.

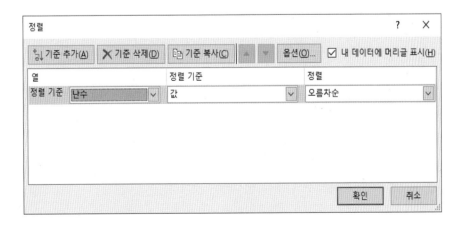

(3) 난수가 크기순으로 정렬된다.

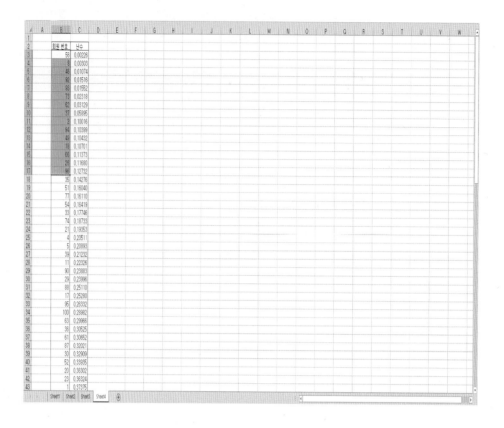

(4) B열에서 위로부터 차례로 15개의 회원 번호를 선택하면 비복원추출은 완료된다. 따라
서 위의 15명을 표본으로 뽑으면 된다.

 TIPS!

난수란 무작위로 만들어진 수열을 가리킨다. 이상적인 난수는 수의 분포가 확률적으로 치우치지 않아야
하고, 다음의 값을 예측할 수 없어야 한다. 난수를 만들 때는 과거 난수표를 이용하기도 했으나, 요즘은
그냥 컴퓨터를 이용해 난수를 계산하기도 한다.

실제로 컴퓨터는 난수를 만들 수 없다. 그 이유는 컴퓨터는 '계산'을 해서 결과를 내놓지만
계산된 숫자는 난수가 아니기 때문이다. 이를 해결하기 위해서 컴퓨터는 CPU 내부에 난수표
를 가지고 있으며 이를 이용해서 난수를 생성하는 것이다.

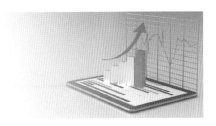

Chapter08

관리도

1) 관리도의 개요

> **관리도**

관리도(control chart)는 그것의 창안자인 슈하르트(W. A. Shewhart)의 이름을 따서 슈하르트도(Shewhart chart)라고도 불리고 있다.

공정이 안정된 상태에 있는지 어떤지를 조사하기 위해서 또는 공정을 안정된 상태로 유지하기 위해서 이용하는 그림이다. 관리도에는 산포의 한계를 나타내기 위해서 한 쌍의 관리한계선을 그어 놓는다. 이것에 공정의 상태나 품질을 나타내는 점을 찍어 갔을 때 점이 두 개의 관리한계선 사이에 있으면 공정은 안정된 상태에 있고, 또 점이 관리한계선 밖으로 나가면 공정에 이상이 있는 것으로 판정한다. 이와 같이 공정이 안정상태에 있는지 어떤지를 그림에 타점하는 것만으로 즉시 판단할 수 있을 뿐만 아니라, 이상이 있다고 판정되면 즉시 그 원인을 탐색하여 이것을 제거함으로써 공정을 안정된 상태로 유지할 수 있다.

이와 같이 중요한 공정에 대해서 장기간에 걸쳐 연속적으로 관리도를 사용하면 관리도가 이상의 발생에 대한 경보장치의 역할을 할 뿐만 아니라, 그 때마다 적절한 조치를 취함으로써 장래에는 같은 원인으로 다시 이상이 일어나는 일이 없어질 것이다.

품질관리에 쓰이는 통계적 기법 중에서는 일찍부터 개발된 기법이며 사용방법도 간단하다.

따라서 현장의 작업자에게도 단시간의 강습으로 이해시킬 수 있으며 이것을 잘 사용하면 그 효과는 대단히 크다.

➔ 관리한계

관리한계(control limit)는 관리도에 그은 한계로 타점한 점의 산포의 원인이 우연원인인지 이상원인인지를 구별하는 것이다(<그림 8-1> 참조).

관리한계는 통상 관리상한(upper control limit, UCL)과 관리하한(lower control limit, LCL)을 나타내는 두 개의 관리한계선으로 이루어진다. 타점한 점이 이 사이에 있으면 점의 산포 원인은 우연원인에 의한 것이며, 점이 밖으로 나가면 이상원인이 있다고 판단한다.

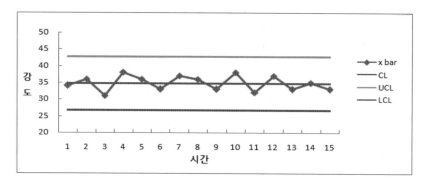

(a) 우연원인에 의한 산포

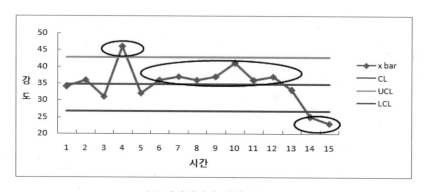

(b) 이상원인에 의한 산포

|그림 8-1| 산포의 원인

공정을 관리하는 경우에 이상원인이 있다는 것을 알면 즉시 그 원인을 탐색하여 조치를 취하지 않으면 안 된다.

관리한계의 폭을 결정하려면 통상은 예비 데이터라고 칭해서 과거의 데이터를 분석하고, 이것으로부터 우연원인에 의한 산포를 추정하여 통계적으로 계산해서 정한다. 이때에 공정의 평균을 중심으로 해서 산포가 표준편차의 3배의 위치가 되도록 정하는 방법이 3시그마(σ)법이라고 하는 방법으로 전세계적으로 널리 쓰이고 있는 방법이다.

이 밖에 확률한계법이라고 칭하여 안정된 상태에서 점이 관리한계를 벗어날 확률, 즉 제1종의 과오를 일정하게(예를 들면 0.05, 0.025, 0.001) 억제하는 관리한계의 결정방식도 있다. 이것은 주로 영국에서 쓰이는 방식이다.

❯ 조치

조치(action) 혹은 처치는 관리도에서 점이 관리한계 밖으로 나가면, 그 원인을 탐색하여 다시 일어나지 않도록 수단을 강구하는 것을 말한다. 관리도가 도움이 되기 위해서는 조치가 확실하게 행해지지 않으면 안 된다.

❯ 안정상태

안정상태(stable state)라고 하는 말은 관리상태(state of control, controlled state)와 동의어로 쓰이고 있다. 관리도에 타점한 점이 거의 전부 관리한계 내에 있는 상태를 말한다. 바꾸어 말하면 공정에는 이상원인은 존재하지 않고, 산포는 모두 우연원인으로부터 일어나고 있는 상태이다.

공정이 관리상태에 있으면 제품 품질의 분포를 미리 추정할 수 있으며, 제품 코스트를 확실히 추정할 수 있는 등의 이점이 있다.

❯ 관리도의 종류

관리도상에 타점되는 데이터의 성질에 따라서 여러 가지 종류의 관리도가 개발되어 있으므로, 이용자는 데이터의 성질에 적합한 관리도를 선택해서 구별하여 쓰지 않으면 안 된다.

관리도는 사용되는 데이터에 따라 계량치 관리도와 계수치 관리도로 크게 나누어지며, 그 용도에 따라 공정해석용 관리도와 공정관리용 관리도로 나눌 수 있다. 계량치 관리도와 계수치 관리도에는 다시 몇 가지의 종류가 있다. 그것을 정리해 보면 다음과 같다.

| 표 8-1 | 관리도의 종류

계량치 관리도	계수치 관리도
$\bar{x} - R$ 관리도	p 관리도
$\bar{x} - \sigma$ 관리도	pn 관리도
$\tilde{x} - R$ 관리도	c 관리도
$x - R_s$ 관리도	u 관리도

❯ $\bar{x} - R$ 관리도

평균과 범위의 관리도로 품질을 계량치로 관리하는 경우에 사용하며, 다량의 정보를 얻을 수 있다. 계량치 관리도 중에서 가장 기본이 되는 것으로 정규분포이론을 적용한다.

❯ $\bar{x} - \sigma$ 관리도

평균과 표준편차의 관리도로 용도는 $\bar{x} - R$ 관리도와 같으며, 품질의 산포를 보다 자세히 나타낼 수 있다. 그러나 표준편차의 계산이 번거롭다. 정규분포이론을 적용한다.

❯ $\tilde{x} - R$ 관리도

중앙값과 범위의 관리도로 용도는 $\bar{x} - R$ 관리도와 같으며, 중앙값 $\tilde{x}$의 계산이 간단하여 사용하기가 용이하다. 역시 정규분포이론을 적용한다.

❯ $x - R_s$ 관리도

원시 데이터의 관리도로 공정의 평균을 개개의 데이터(측정치)에 의해서 관리할 때에 이용하는 관리도이다. 평균이나 중앙값을 산출하려면 적어도 두 개의 데이터가 필요하게 되지만, 한 개의 데이터를 얻는 데 시간이 걸리는 경우에는 평균이나 중앙값의 산출을 기다려 그 값을 타점하려면 판단이나 대응이 늦어 버린다. 이와 같은 때에는 개개의 데이터 그 자체를 타점해서 관리도를 작성한다. 여기에서 R_s는 이동범위로서 다음과 같이 산출한다.

$$R_s = \left| x_{i+1} - x_i \right|, \quad (i = 1, 2, \cdots, k)$$

$x - R_s$ 관리도 역시 정규분포이론을 적용한다.

> **p 관리도**

불량률 관리도로 군의 크기가 다를 때 품질을 불량률로 관리하는 경우에 사용한다. 계수치 관리도 중에서 가장 기본이 되는 것으로 적용되는 확률분포이론은 이항분포이다.

> **pn 관리도**

불량개수 관리도로 군의 크기가 일정할 때 품질을 불량개수로 관리하는 경우에 사용한다. 적용되는 확률분포이론은 역시 이항분포이다.

> **c 관리도**

결점수 관리도로 군의 단위수가 일정할 때 품질을 결점수로 관리하는 경우에 사용한다. 적용되는 확률분포이론은 포아송 분포이다.

> **u 관리도**

단위당 결점수 관리도로 군의 단위수가 다를 때 품질을 결점수로 관리하는 경우에 사용한다. 적용되는 확률분포이론은 c 관리도와 마찬가지로 포아송 분포이다.

> **군(群)**

여러 개의 측정치가 있을 때에 그것들의 측정치를 수집한 배경이 시간이나 환경, 제품의 원료, 제조방법 등에 따라서 차이가 있을 것으로 생각되는 구분으로 분류했을 때에 같은 구분에 속하는 측정치의 집합을 군(群)이라고 한다. 하나의 군에 포함되는 측정치의 수를 군의 크기라고 한다. 관리도에서는, 군내(群內)의 산포는 우연원인만으로 구성되도록 군을 나누는 것이 요망된다.

2) $\bar{x} - R$ 관리도의 작성방법

예 제 8-1

다음은 자동차 부품의 연마공정에서 측정된 내경(단위 : mm)을 나타낸다. 하루를 1군으로 하여 25일분의 데이터를 수집하였다. 군(群)의 크기는 $n = 5$이다. 이 데이터를 $\overline{x} - R$ 관리도로 표현하라.

군번호	x_1	x_2	x_3	x_4	x_5
1	11	10	8	10	12
2	9	10	8	11	9
3	11	6	9	11	12
4	9	13	9	10	11
5	12	8	10	8	7
6	11	11	12	9	12
7	9	10	10	11	9
8	12	13	14	10	12
9	8	12	9	9	11
10	8	10	8	11	10
11	14	8	13	10	11
12	8	12	8	7	9
13	12	11	10	10	12
14	9	11	9	7	8
15	10	8	7	7	8
16	7	11	10	10	12
17	11	6	5	12	9
18	8	12	9	12	11
19	11	9	10	8	10
20	9	12	9	11	11
21	11	10	12	13	9
22	9	10	10	9	8
23	10	6	8	7	12
24	7	10	9	12	11
25	8	12	10	9	8

> **Excel에 의한 해법**

순서 1 ▸ ▸ ▸ 데이터의 입력

셀 B3 : F27 영역에 데이터를 입력한다. 셀 E1에는 군의 크기를 입력해 놓는다.

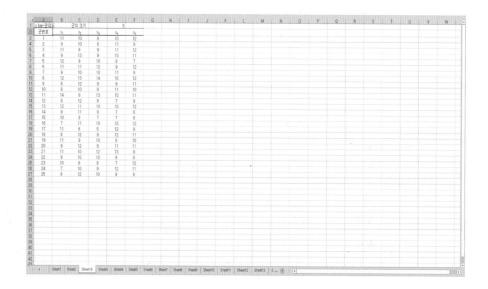

순서 2 ▸ ▸ ▸ 각 군의 평균 및 범위의 계산

(1) 각 군의 평균을 셀 H3 : H27 영역에 산출한다.

(2) 각 군의 범위를 셀 I3 : I27 영역에 산출한다.

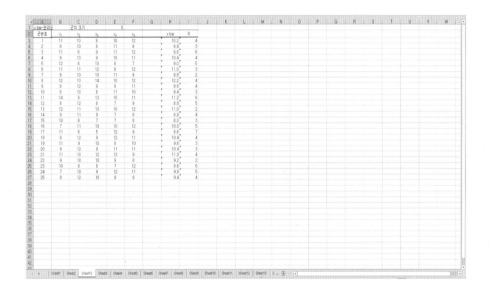

[셀의 입력내용]

    H3;　= AVERAGE(B3 : F3)　　　　　　(H3를 H4에서 H27까지 복사한다)

    I3;　 = MAX(B3 : F3) - MIN(B3 : F3)　　(I3를 I4에서 I27까지 복사한다)

순서 3 ▸ ▸ ▸ 각 중심선의 계산

(1) 각 군의 평균의 평균($\overline{\overline{x}}$)을 셀 J3에 산출한다.

(2) 각 군의 범위의 평균($\overline{R}$)을 셀 M3에 산출한다.

| M3 | | f_x | =AVERAGE(I3:I27) | | | | | | | |

	H	I	J	K	L	M	N	O	P
1				x bar관리도			R관리도		
2	x bar	R	CL	UCL	LCL	CL	UCL	LCL	
3	10.2	4	9.832			4.040			
4	9.4	3							
5	9.8	6							

[셀의 입력내용]

    J3;　 = AVERAGE(H3 : H27)

    M3;　= AVERAGE(I3 : I27)

순서 4 ▸ ▸ ▸ 관리한계의 계산

관리도 계수일람표			
n	A_2	D_3	D_4
2	1.880	—	3.267
3	1.023	—	2.575
4	0.729	—	2.282
5	0.577	—	2.115
6	0.483	—	2.004
7	0.419	0.076	1.924
8	0.373	0.136	1.864
9	0.337	0.184	1.816
10	0.308	0.223	1.777

(1) $\bar{x}$ 관리도의 관리한계는 다음의 공식에 의해서 계산한다.

$$관리상한 : \text{UCL} = \bar{\bar{x}} + A_2\overline{R}$$
$$관리하한 : \text{LCL} = \bar{\bar{x}} - A_2\overline{R}$$

A_2는 군의 크기 n에 의해서 정해지는 상수이며 구체적인 값은 관리도 계수일람표에서 찾을 수 있다.

(2) R관리도의 관리한계는 다음의 공식에 의해서 계산한다.

$$관리상한 : \text{UCL} = D_4\overline{R}$$
$$관리하한 : \text{LCL} = D_3\overline{R}$$

D_4와 D_3는 군의 크기 n에 의해서 정해지는 상수이며 앞의 A_2와 마찬가지로 역시 관리도 계수일람표에서 찾을 수 있다.

따라서 본 예제의 $\bar{x}$ 관리도, R관리도의 관리한계는 각각 다음과 같다.

$\bar{x}$관리도의 관리한계 :

$$관리상한 : \text{UCL} = \bar{\bar{x}} + A_2\overline{R} = 9.832 + 0.577×4.04 = 12.163$$
$$관리하한 : \text{LCL} = \bar{\bar{x}} - A_2\overline{R} = 9.832 - 0.577×4.04 = 7.501$$

R관리도의 관리한계 :

$$관리상한 : \text{UCL} = D_4\overline{R} = 2.115×4.04 = 8.545$$
$$관리하한 : \text{LCL} = D_3\overline{R} = -$$

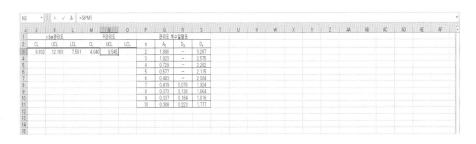

[셀의 입력내용]

    K3;   = J3 + Q6*M3

    L3;   = J3 - Q6*M3

    N3;   = S6*M3

순서 5 ▸ ▸ ▸ 중심선과 관리한계선의 준비

중심선과 관리한계선은 직선이므로 처음부터 끝까지 같은 값이 입력된다.

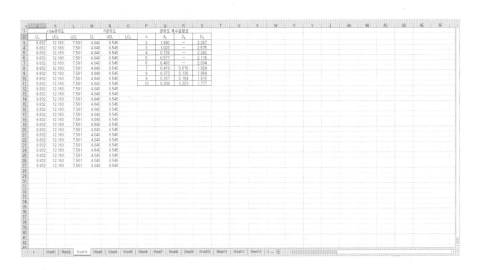

[셀의 입력내용]

    J4;   = J3 (J4를 J5에서 J27까지 복사한다)

    K4;   = K3 (K4를 K5에서 K27까지 복사한다)

    L4;   = L3 (L4를 L5에서 L27까지 복사한다)

    M4;   = M3 (M4를 M5에서 M27까지 복사한다)

    N4;   = N3 (N4를 N5에서 N27까지 복사한다)

순서 6 ▸ ▸ ▸ $\bar{x}$관리도와 R관리도의 작성

(1) 셀 H2 : H27 영역과 셀 J2 : L27 영역을 범위 지정하여 꺾은선형 네 번째 그래프를 선택하여 작성한다.

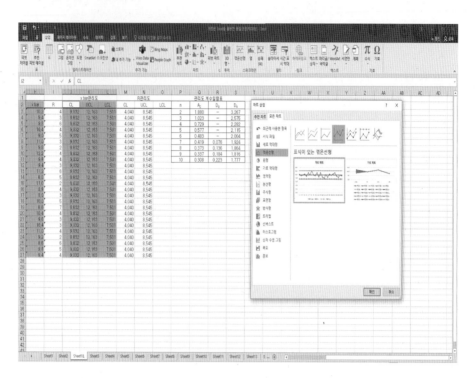

(2) 그래프의 출력

다음과 같은 그래프가 출력된다.

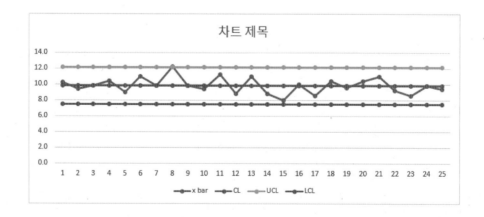

(3) 그래프의 수정

그래프를 다음과 같이 수정하여 $\bar{x}$관리도를 완성한다.

① 중심선, 관리한계선은 실선으로 바꾼다.
② 필요하다면 중심선과 관리한계선의 색상도 바꾼다.
③ 중심선과 관리한계선의 마크는 없앤다.
④ 차트 제목을 입력한다.

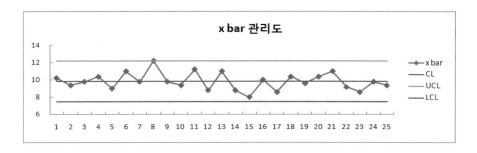

(4) 같은 방법으로 R관리도를 출력한다.

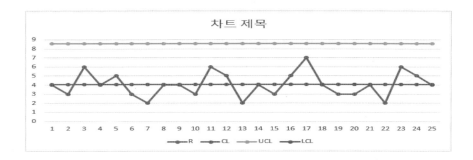

(5) 그래프의 수정하여 R관리도를 완성한다.

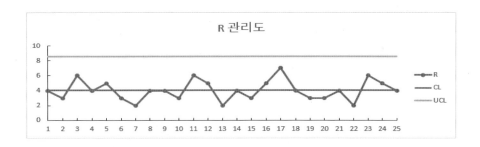

3) $\tilde{x} - R$관리도의 작성방법

 8-2

[예제 8-1]의 데이터를 $\tilde{x} - R$관리도로 표현하라.

➤ Excel에 의한 해법

순서 1 ▸ ▸ ▸ 데이터의 입력

셀 B3 : F27 영역에 데이터를 입력한다. 셀 E1에는 군의 크기를 입력해 놓는다.

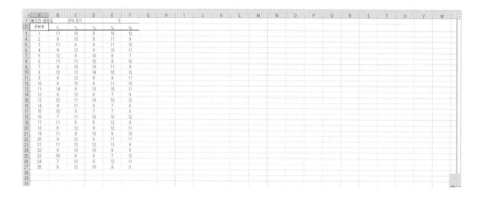

순서 2 ▸ ▸ ▸ 각 군의 중앙값 및 범위의 계산

(1) 각 군의 중앙값을 셀 H3 : H27 영역에 산출한다.

(2) 각 군의 범위를 셀 I3 : I27 영역에 산출한다.

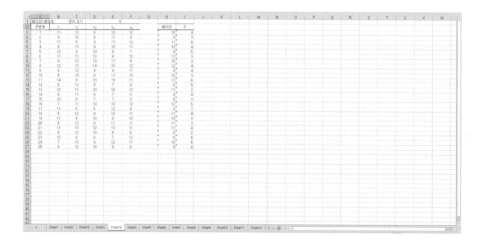

[셀의 입력내용]

H3; = MEDIAN(B3 : F3)   (H3를 H4에서 H27까지 복사한다)

I3; = MAX(B3 : F3) - MIN(B3 : F3)   (I3를 I4에서 I27까지 복사한다)

순서 3 ▸▸▸ 각 중심선의 계산

(1) 각 군의 중앙값의 평균($\bar{\tilde{x}}$)를 셀 J3에 산출한다.

(2) 각 군의 범위의 평균($\overline{R}$)를 셀 M3에 산출한다.

[셀의 입력내용]

J3; = AVERAGE(H3 : H27)

M3; = AVERAGE(I3 : I27)

순서 4 ▸▸▸ 관리한계의 계산

(1) $\tilde{x}$ 관리도의 관리한계는 다음의 공식에 의해서 계산한다.

$$관리상한 : UCL = \bar{\tilde{x}} + m_3 A_2 \overline{R}$$
$$관리하한 : LCL = \bar{\tilde{x}} - m_3 A_2 \overline{R}$$

$m_3 A_2$는 군의 크기에 의해서 정해지는 상수이며 구체적인 값은 관리도 계수일람표에서 찾을 수 있다.

(2) R관리도의 관리한계는 다음의 공식에 의해서 계산한다.

$$관리상한 : UCL = D_4 \overline{R}$$
$$관리하한 : LCL = D_3 \overline{R}$$

D_4와 D_3는 군의 크기 n에 의해서 정해지는 상수이며 앞의 A_2와 마찬가지로 역시 관리도 계수일람표에서 찾을 수 있다.

관리도 계수일람표

n	m_3A_2	D_3	D_4
2	1,880	—	3,267
3	1,187	—	2,575
4	0,796	—	2,282
5	0,691	—	2,115
6	0,549	—	2,004
7	0,509	0,076	1,924
8	0,432	0,136	1,864
9	0,412	0,184	1,816
10	0,363	0,223	1,777

따라서 본 예제의 $\tilde{x}$관리도, R관리도의 관리한계는 각각 다음과 같다.

$\tilde{x}$관리도의 관리한계 :

$$\text{관리상한} : \text{UCL} = \overline{\overline{x}} + m_3A_2\overline{R} \ = \ 9.8 + 0.691 \times 4.04 = 12.5916$$

$$\text{관리하한} : \text{LCL} = \overline{\overline{x}} - m_3A_2\overline{R} \ = \ 9.8 - 0.691 \times 4.04 = 7.0084$$

R관리도의 관리한계 :

$$\text{관리상한} : \text{UCL} = D_4\overline{R} \ = \ 2.115 \times 4.04 = 8.5446$$

$$\text{관리하한} : \text{LCL} = D_3\overline{R} \ = \ -$$

[셀의 입력내용]

    K3; = J3 + Q6*M3

    L3; = J3 - Q6*M3

    N3; = S6*M3

순서 5 ▸ ▸ ▸ 중심선과 관리한계선의 준비

중심선과 관리한계선은 직선이므로 처음부터 끝까지 같은 값이 입력된다.

군번호	x_1	x_2	x_3	x_4	x_5		메디안	R	CL	UCL	LCL	CL	UCL	LCL		n	m_3A_2	D_3	D_4
				5					메디안 관리도			R관리도				관리도 계수일람표			
1	11	10	8	10	12		10	4	9.80	12.5916	7.0084	4.04	8.5446			2	1.890	–	3.267
2	9	10	8	11	9		9	3	9.80	12.5916	7.0084	4.04	8.5446			3	1.187	–	2.575
3	11	6	9	11	12		11	6	9.80	12.5916	7.0084	4.04	8.5446			4	0.796	–	2.282
4	9	13	9	10	11		10	4	9.80	12.5916	7.0084	4.04	8.5446			5	0.691	–	2.115
5	12	8	10	8	7		8	5	9.80	12.5916	7.0084	4.04	8.5446			6	0.549	–	2.004
6	11	11	12	9	12		11	3	9.80	12.5916	7.0084	4.04	8.5446			7	0.509	0.076	1.924
7	9	10	10	11	9		10	2	9.80	12.5916	7.0084	4.04	8.5446			8	0.432	0.136	1.864
8	12	13	14	10	12		12	4	9.80	12.5916	7.0084	4.04	8.5446			9	0.412	0.184	1.816
9	8	8	12	9	11		9	4	9.80	12.5916	7.0084	4.04	8.5446			10	0.363	0.223	1.777
10	8	8	8	11	10		10	3	9.80	12.5916	7.0084	4.04	8.5446						
11	14	8	13	10	11		11	6	9.80	12.5916	7.0084	4.04	8.5446						
12	8	12	8	7	9		8	5	9.80	12.5916	7.0084	4.04	8.5446						
13	12	11	10	10	12		11	2	9.80	12.5916	7.0084	4.04	8.5446						
14	9	7	7	8			8	4	9.80	12.5916	7.0084	4.04	8.5446						
15	10	8	7	7	8		8	3	9.80	12.5916	7.0084	4.04	8.5446						
16	7	11	10	10	12		10	5	9.80	12.5916	7.0084	4.04	8.5446						
17	11	6	5	12	9		9	7	9.80	12.5916	7.0084	4.04	8.5446						
18	9	12	11	11	8		11	3	9.80	12.5916	7.0084	4.04	8.5446						
19	11	9	10	8	10		10	3	9.80	12.5916	7.0084	4.04	8.5446						
20	9	12	9	11	11		11	3	9.80	12.5916	7.0084	4.04	8.5446						
21	11	10	12	13	9		11	4	9.80	12.5916	7.0084	4.04	8.5446						
22	9	10	10	9	8		9	2	9.80	12.5916	7.0084	4.04	8.5446						
23	10	6	8	7	12		8	6	9.80	12.5916	7.0084	4.04	8.5446						
24	7	10	9	12	11		10	5	9.80	12.5916	7.0084	4.04	8.5446						
25	8	12	10	9	8		9	4	9.80	12.5916	7.0084	4.04	8.5446						

[셀의 입력내용]

J4; = J3 (J4를 J5에서 J27까지 복사한다)

K4; = K3 (K4를 K5에서 K27까지 복사한다)

L4; = L3 (L4를 L5에서 L27까지 복사한다)

M4; = M3 (M4를 M5에서 M27까지 복사한다)

N4; = N3 (N4를 N5에서 N27까지 복사한다)

순서 6 ▸ ▸ ▸ $\tilde{x}$ 관리도의 작성

셀 H2 : H27 영역과 셀 J2 : L27 영역을 범위 지정하여 꺾은선형 그래프를 작성한다.

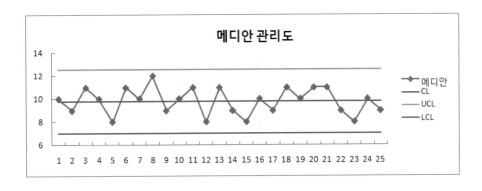

순서 7 ▶ ▶ ▶ R관리도의 작성

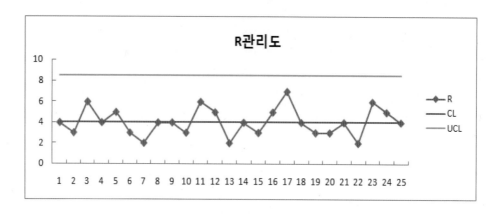

4) $x - R_s$ 관리도의 작성방법

평균이나 중앙값을 산출하려면 적어도 두 개의 데이터가 필요하게 되지만, 한 개의 데이터를 얻는 데 시간이 걸리는 경우에는 평균이나 중앙값의 산출을 기다려 그 값을 타점하려면 판단이나 대응이 늦어 버린다. 또한 비용이 많이 요구되는 파괴시험의 경우에도 많은 표본의 데이터를 구할 수 없다. 이와 같은 때에는 개개의 데이터 그 자체를 타점해서 관리도를 작성한다.

x로 표현되는 개별 품질특성치에 대한 관리도를 작성하려면 공정분산의 추정을 위해 이동범위(moving range) R_s를 사용한다. 이동범위란 두 개의 연속적인 데이터의 차이를 말한다. $x - R_s$ 관리도의 작성방법은 다음과 같다. 개개의 데이터 x_1, x_2, $\cdots$, x_n이 정규분포에 따르는 공정에서 얻어졌다면,

$$\text{UCL} = \mu + 3\sigma$$
$$\text{LCL} = \mu - 3\sigma$$

가 된다. 이때 모평균 μ의 추정치는 $\hat{\mu} = \overline{x} = \sum x_i / n$ 이며, σ의 추정치는 $\hat{\sigma} = \overline{R}/d_2$ 이다. 이것은 정규분포를 이루는 공정으로부터 추출되는 표본의 범위와 이 분포의 공정표준편차 σ 사이에 성립하는 관계 $W = R/\sigma$(상대적 범위라고 부른다)로부터 유도할 수 있다. 정규모집단으로부터 표본을 추출할 때 W의 분포는 표본의 크기 n에 의존한다. W의 기대치는 d_2, 즉 $E(W) = d_2$이다.

$$W = R/\sigma \text{로부터}$$
$$\sigma = R/W$$

이고,

$$E(\sigma) = \hat{\sigma} = E\left(\frac{R}{W}\right) = \frac{E(R)}{E(W)} = \frac{E(R)}{d_2}$$

이다. 그런데 $E(R) = \overline{R} = \sum_{i=1}^{k} R_i / k$이므로 공정표준편차 σ의 추정치 $\hat{\sigma}$는 다음과 같다.

$$\hat{\sigma} = \frac{\overline{R}}{d_2}$$

그런데 x관리도에서는 R을 구할 수 없으므로 R_s를 사용한다.

이동범위의 수는 $n-1$개이므로 이동범위의 평균은 $\overline{R_s} = \sum R_s / (n-1)$이다.

연속적인 두 개의 데이터에 대해서 이동범위(moving range)를 구하기 때문에 다음의 관리도 계수일람표로부터 알 수 있듯이 $d_2 = 1.128$이다. 따라서 x관리도의 중심선과 관리한계선은 다음과 같이 계산한다.

$$\text{CL} = \overline{x}$$
$$\text{UCL} = \overline{x} + 3\left(\frac{\overline{R_s}}{d_2}\right) = \overline{x} + 3\frac{\overline{R_s}}{1.128} = \overline{x} + 2.66\overline{R_s}$$
$$\text{LCL} = \overline{x} - 3\left(\frac{\overline{R_s}}{d_2}\right) = \overline{x} - 3\frac{\overline{R_s}}{1.128} = \overline{x} - 2.66\overline{R_s}$$

R_s관리도는 전술한 R관리도를 그대로 사용할 수 있다. 다만 이동범위를 구하는 데 두 개의 데이터만 이용되므로 관리도 계수일람표에서 $D_4 = 3.27$, $D_3 = 0$이므로 R_s관리도의 중심과 관리한계는 다음과 같다.

$$\text{CL} = \overline{R_s}$$
$$\text{UCL} = D_4\overline{R_s} = 3.27\overline{R_s}$$
$$\text{LCL} = 0$$

관리도 계수일람표(일부)

관리도 계수일람표(일부)

표본의 크기	$\bar{x}$ 관리도			메디안 관리도		R관리도					
	관리한계계수			관리한계계수		중심선계수		관리한계계수			
n	A	A_1	A_2	m_3	$m_3 A_2$	d_2	d_3	D_1	D_2	D_3	D_4
2	2.121	3.760	1.880	1.000	1.880	1.128	0.853	0	3.686	0	3.267
3	1.732	2.394	1.023	1.160	1.187	1.693	0.888	0	4.358	0	2.575
4	1.500	1.880	0.729	1.092	0.796	2.059	0.880	0	4.698	0	2.282
5	1.342	1.596	0.577	1.198	0.691	2.326	0.864	0	4.918	0	2.115
6	1.225	1.410	0.483	1.135	0.549	2.534	0.848	0	5.078	0	2.004
7	1.134	1.277	0.419	1.214	0.509	2.704	0.833	0.205	5.203	0.076	1.924
8	1.061	1.175	0.373	1.160	0.432	2.847	0.820	0.387	5.307	0.136	1.864
9	1.000	1.094	0.337	1.223	0.412	2.970	0.808	0.546	5.394	0.184	1.816
10	0.949	1.028	0.308	1.176	0.363	3.078	0.797	0.687	5.469	0.223	1.777

 8-4

다음의 데이터는 어떤 회사의 제강(製鋼) 공정에서 실시한 화학성분분석에 의한 크롬의 성분 비율(%)을 나타낸다. 이 데이터를 $x - R_s$ 관리도로 표현하라.

No.	성분비율
1	1.01
2	0.98
3	1.04
4	1.07
5	1.02
6	1.03
7	0.98
8	1.01
9	0.97
10	1.01
11	1.04
12	1.02
13	1.05
14	1.00
15	0.96
16	0.99
17	1.03
18	1.00
19	1.06
20	1.02
21	0.98
22	1.00
23	1.04
24	0.96
25	1.01

▶ Excel에 의한 해법

순서 1 ▸ ▸ ▸ 데이터의 입력

셀 B3 : B27 영역에 데이터를 입력한다.

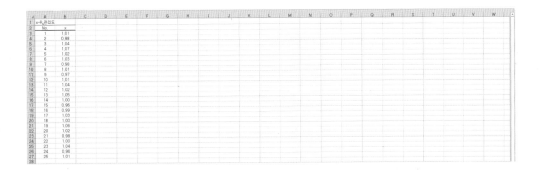

순서 2 ▸ ▸ ▸ 이동범위(R_s)의 계산

R_s의 계산방법은 다음과 같다.

$$R_s = \left| x_{i+1} - x_i \right| \ , \quad (i = 1, 2, \ldots, k)$$

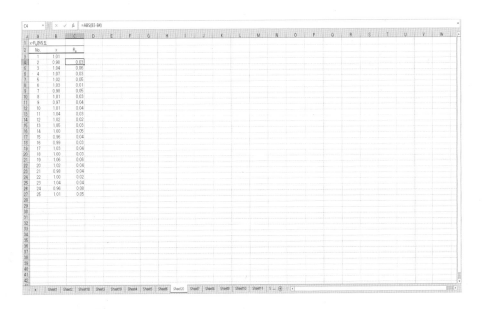

[셀의 입력내용]

　　C4;　=ABS(B3 - B4)　　(C4를 C5에서 C27까지 복사한다)

순서 3 ▸ ▸ ▸ 각 중심선의 계산

(1) 평균($\overline{x}$)를 셀 D3에 산출한다.

(2) 이동범위의 평균($\overline{R_s}$)를 셀 G3에 산출한다.

[셀의 입력내용]

     D3; = AVERAGE(B3 : B27)

     G3; = AVERAGE(C4 : C27)

순서 4 ▸▸▸ 관리한계의 계산

전술한 계산원리에 의하여,

x관리도의 관리한계선은 다음과 같이 계산한다.

$$\mathrm{UCL} = \overline{x} + 3\left(\frac{\overline{R_s}}{d_2}\right) = \overline{x} + 3\frac{\overline{R_s}}{1.128} = \overline{x} + 2.66\overline{R_s}$$

$$= 1.0112 + 2.66 \times 0.0392 = 1.1154$$

$$\mathrm{LCL} = \overline{x} - 3\left(\frac{\overline{R_s}}{d_2}\right) = \overline{x} - 3\frac{\overline{R_s}}{1.128} = \overline{x} - 2.66\overline{R_s}$$

$$= 1.0112 - 2.66 \times 0.0392 = 0.9070$$

R_s관리도의 관리한계는 다음과 같다.

$$\mathrm{UCL} = D_4\overline{R_s} = 3.27\overline{R_s} = 3.27 \times 0.0392 = 0.1281$$

$$\mathrm{LCL} = 0$$

[셀의 입력내용]

     E3; = D3 + 2.66 * G3

$F3; = D3 - 2.66 * G3$

$H3; = 3.27 * G3$

순서 5 ▸ ▸ ▸ 중심선과 관리한계선의 준비

중심선과 관리한계선은 직선이므로 처음부터 끝까지 같은 값이 입력된다.

No.	x	R_s	CL	UCL	LCL	CL	UCL	LCL
				x관리도			R_s관리도	
1	1.01		1.0112	1.1154	0.9070	0.0392	0.1281	
2	0.98	0.03	1.0112	1.1154	0.9070	0.0392	0.1281	
3	1.04	0.06	1.0112	1.1154	0.9070	0.0392	0.1281	
4	1.07	0.03	1.0112	1.1154	0.9070	0.0392	0.1281	
5	1.02	0.05	1.0112	1.1154	0.9070	0.0392	0.1281	
6	1.03	0.01	1.0112	1.1154	0.9070	0.0392	0.1281	
7	0.98	0.05	1.0112	1.1154	0.9070	0.0392	0.1281	
8	1.01	0.03	1.0112	1.1154	0.9070	0.0392	0.1281	
9	0.97	0.04	1.0112	1.1154	0.9070	0.0392	0.1281	
10	1.01	0.04	1.0112	1.1154	0.9070	0.0392	0.1281	
11	1.04	0.03	1.0112	1.1154	0.9070	0.0392	0.1281	
12	1.02	0.02	1.0112	1.1154	0.9070	0.0392	0.1281	
13	1.05	0.03	1.0112	1.1154	0.9070	0.0392	0.1281	
14	1.00	0.05	1.0112	1.1154	0.9070	0.0392	0.1281	
15	0.96	0.04	1.0112	1.1154	0.9070	0.0392	0.1281	
16	0.99	0.03	1.0112	1.1154	0.9070	0.0392	0.1281	
17	1.03	0.04	1.0112	1.1154	0.9070	0.0392	0.1281	
18	1.00	0.03	1.0112	1.1154	0.9070	0.0392	0.1281	
19	1.06	0.06	1.0112	1.1154	0.9070	0.0392	0.1281	
20	1.02	0.04	1.0112	1.1154	0.9070	0.0392	0.1281	
21	0.98	0.04	1.0112	1.1154	0.9070	0.0392	0.1281	
22	1.00	0.02	1.0112	1.1154	0.9070	0.0392	0.1281	
23	1.04	0.04	1.0112	1.1154	0.9070	0.0392	0.1281	
24	0.96	0.08	1.0112	1.1154	0.9070	0.0392	0.1281	
25	1.01	0.05	1.0112	1.1154	0.9070	0.0392	0.1281	

[셀의 입력내용]

$D4; = D3$

$E4; = E3$

$F4; = F3$

$G4; = G3$

$H4; = H3$

D4에서 H4까지를 D5로부터 H27까지 복사한다.

순서 6 ▸ ▸ ▸ x관리도의 작성

셀 B2 : B27 영역과 셀 D2 : F27 영역을 범위 지정하여 꺾은선형 그래프를 작성한다.

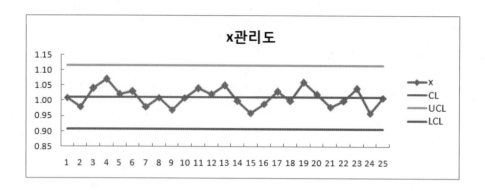

순서 7 ▶▶▶ R_s 관리도의 작성

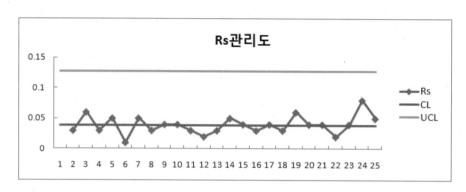

2. 계수치 관리도

1) pn 관리도의 작성방법

 8-4

다음의 데이터는 도장품의 외관불량개수를 기록한 것이다. 매일 150개씩 25일간에 걸쳐서 검사한 것을 일별로 표시했다. 이 데이터를 하루를 1군으로 하는 pn 관리도로 표현하라.

No.	표본의 크기(n)	불량개수(pn)
1	150	14
2	150	12
3	150	13
4	150	15
5	150	12
6	150	13
7	150	10
8	150	13
9	150	14
10	150	11
11	150	15
12	150	11
13	150	13
14	150	12
15	150	11
16	150	14
17	150	13
18	150	17
19	150	12
20	150	12
21	150	15
22	150	13
23	150	10
24	150	13
25	150	14

➤ Excel에 의한 해법

순서 1 ▸ ▸ ▸ 데이터의 입력

셀 B3 : C27 영역에 표본의 크기와 불량개수의 데이터를 입력한다.

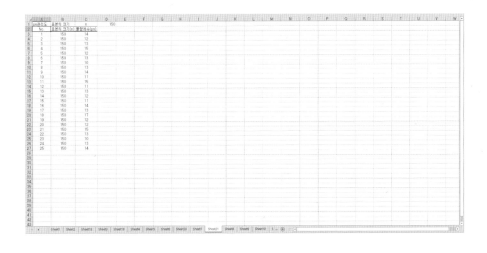

순서 2 ▸ ▸ ▸ 평균불량률의 계산

평균불량률 $\bar{p}$를 셀 G1에 산출한다.

$\overline{p}$는 25일간의 총불량개수를 표본의 총합계로 나누어서 구한다.

$$\overline{p} = \frac{\sum pn}{\sum n} = \frac{\sum pn}{kn} , \quad k : 군의 수$$

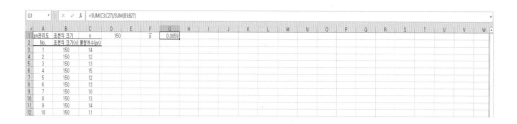

[셀의 입력내용]

G1; = SUM(C3 : C27)/SUM(B3 : B27) 혹은 = SUM(C3 : C27)/(D1*COUNT(C : C))

순서 3 ▸ ▸ ▸ 중심선의 계산

각 군의 불량개수의 평균($\overline{pn}$)을 셀 D3에 산출한다. 이 값이 pn관리도의 중심선이 된다.

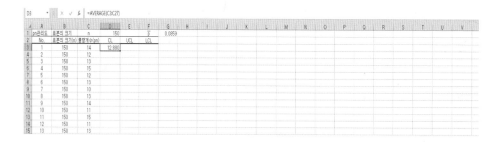

[셀의 입력내용]

D3; = AVERAGE(C3 : C27)

순서 4 ▸ ▸ ▸ 관리한계의 계산

pn관리도의 관리한계선은 다음과 같이 계산한다.

$$UCL = \overline{pn} + 3\sqrt{\overline{pn}(1-\overline{p})}$$
$$LCL = \overline{pn} - 3\sqrt{\overline{pn}(1-\overline{p})}$$

단, LCL의 값이 마이너스일 때에는 공란으로 남겨 둔다.

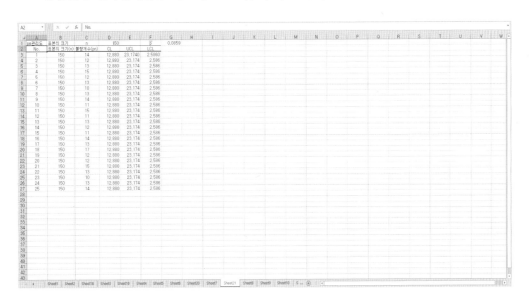

[셀의 입력내용]

E3; = D3 + 3*SQRT(D3*(1 - G1))

F3; = IF(D3 - 3*SQRT(D3*(1 - G1))<0, " ", D3 - 3*SQRT(D3*(1 - G1)))

순서 5 ▸ ▸ ▸ 중심선과 관리한계선의 준비

중심선과 관리한계선은 직선이므로 처음부터 끝까지 같은 값이 입력된다.

[셀의 입력내용]

D4; = D3

E4; = E3

F4; = F3

D4에서 F4까지를 D5로부터 F27까지 복사한다.

순서 6 ▸ ▸ ▸ pn관리도의 작성

셀 C2 : F27 영역을 범위 지정하여 꺾은선형 그래프를 작성한다.

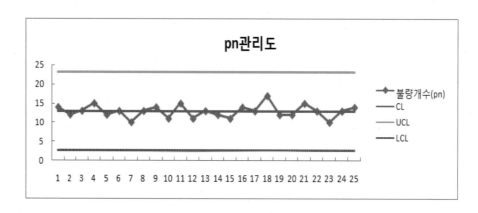

2) p 관리도의 작성방법

p관리도는 공정을 불량률 p에 의해서 관리하는 경우에 이용한다. pn관리도는 표본의 크기 n이 일정한 경우라고 하는 조건이 있지만 p관리도는 표본이 일정하지 않더라도 사용할 수 있다. 관리도 작성방법은 pn관리도와 거의 같은데 관리한계의 계산식이 다르며, 표본의 크기가 다를 때에는 n에 의해서 한계의 폭이 변한다.

pn관리도는 불량품도 표시한다. 그러나 p관리도는 불량품의 비율을 표시하지만 pn관리도는 불량품의 수를 표시한다.

 8-5

다음의 데이터는 자동차 부품회사의 규격 불량개수를 25일간에 걸쳐서 기록한 것이다. 이 데이터를 하루를 1군으로 하는 p관리도로 표현하라.

No.	표본의 크기(n)	불량개수(pn)
1	200	8
2	200	9
3	200	10
4	200	6
5	200	5
6	300	17
7	300	13
8	300	18
9	300	12
10	300	19
11	400	23
12	400	16
13	400	23
14	400	20
15	400	25
16	500	27
17	500	19
18	500	20
19	500	23
20	500	28
21	600	28
22	600	38
23	600	32
24	600	33
25	600	29

➤ Excel에 의한 해법

순서 1 ▸ ▸ ▸ 데이터의 입력

셀 B3 : C27 영역에 데이터를 입력한다.

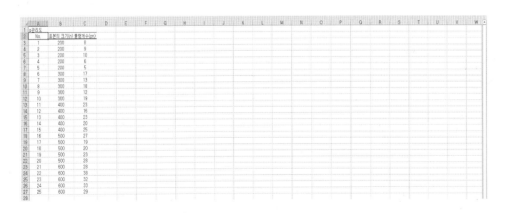

순서 2 ▸ ▸ ▸ 각 군의 불량률 계산

각 군의 불량률을 D열에 산출한다.

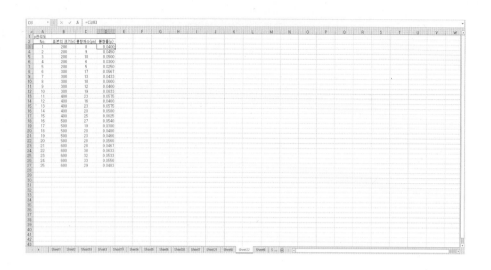

[셀의 입력내용]

    D3; =C3/B3   (D3를 D4에서 D27까지 복사한다)

순서 3 ▸ ▸ ▸ 중심선과 관리한계선의 계산

p관리도의 중심선은 평균불량률 $\bar{p}$를 구하면 된다. $\bar{p}$는 25일간의 총불량개수를 표본의 총합계로 나누어서 구한다. 이 값이 p관리도의 중심선이 된다.

$$\bar{p} = \frac{\sum pn}{\sum n} = \frac{\sum pn}{kn}, \ k : \text{군의 수}$$

p관리도의 관리한계선은 다음과 같이 계산한다.

$$\text{UCL} = \bar{p} + 3\sqrt{\frac{\overline{pn}(1-\bar{p})}{n_i}}$$

$$\text{LCL} = \bar{p} - 3\sqrt{\frac{\overline{pn}(1-\bar{p})}{n_i}}$$

단, LCL의 값이 마이너스일 때에는 공란으로 남겨 둔다.

[셀의 입력내용]

E3; = SUM(C3 : C27)/SUM(B3 : B27)

F3; = E3 + 3*SQRT(E3*(1 - E3)/B3)

G3; = IF(E3 - 3*SQRT(E3*(1 - E3)/B3)<0, " ", E3 - 3*SQRT(E3*(1 - E3)/B3))

순서 4 ▸ ▸ ▸ 중심선과 관리한계선의 준비

중심선은 직선이므로 처음부터 끝까지 같은 값이 입력된다. 관리한계선은 표본의 크기가
다를 때에는 n에 의해서 한계의 폭이 변한다.

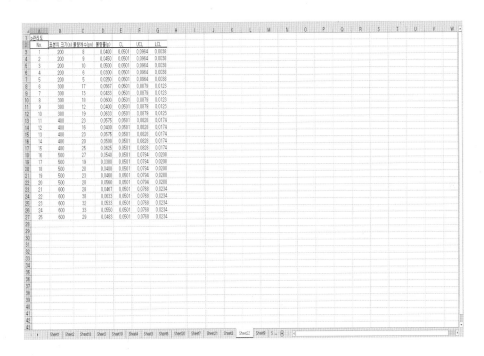

[셀의 입력내용]

E4; = E3 (E4를 E5에서 E27까지 복사한다)

F4;   (F3를 F4에서 F27까지 복사한다)

G4;   (G3를 G4에서 G27까지 복사한다)

순서 5 ▸ ▸ ▸ p관리도의 작성

셀 D2 : G27 영역을 범위 지정하여 꺾은선형 그래프를 작성한다.

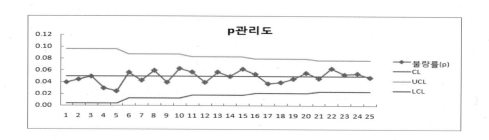

3) *c* 관리도의 작성방법

*c*관리도는 관리할 항목으로서, 예를 들면 어떤 일정한 크기의 유리제품이나 철판에서 검출되는 흠집의 수, 전기제품 한 세트 중의 납땜 불량개소의 수 등과 같이 미리 정한 일정한 단위 중에 나타나는 결점수를 취급하는 경우에 이용된다. 일정 기간 중에 발생한 사고의 건수, 고장의 건수 등을 관리하는 경우에도 응용할 수 있다.

예제 8-6

다음의 데이터는 강판(鋼板) 1m²당 나타나는 흠집의 수를 나타내고 있다. 강판은 모두 24매에 대해서 검사를 실시했다. 이 데이터를 강판 1매를 1군으로 하는 *c*관리도로 표현하라.

No.	1	2	3	4	5	6	7	8	9	10	11	12
흠집의 수	1	3	2	8	1	2	0	2	3	1	6	2
No.	13	14	15	16	17	18	19	20	21	22	23	24
흠집의 수	4	0	2	3	2	1	2	2	0	4	2	1

▶ Excel에 의한 해법

순서 1 ▸ ▸ ▸ 데이터의 입력

셀 B3 : B26 영역에 결점수의 데이터를 입력한다.

순서 2 ▸ ▸ ▸ 중심선과 관리한계선의 계산

c관리도의 중심선은 평균결점수 $\bar{c}$를 구하면 된다. $\bar{c}$는 강판 24매의 총결점수를 군의 수로 나누어서 구한다. 이 값이 c관리도의 중심선이 된다.

$$\bar{c} = \frac{\sum c}{k} \;, \quad k : 군의\ 수$$

c관리도의 관리한계선은 다음과 같이 계산한다.

$$\mathrm{UCL} = \bar{c} + 3\sqrt{\bar{c}}$$
$$\mathrm{LCL} = \bar{c} - 3\sqrt{\bar{c}}$$

단, LCL의 값이 마이너스일 때에는 공란으로 남겨 둔다.

| E3 | ▾ | ✕ ✓ f_x | =IF(C3-3*SQRT(C3)<0," ",C3-3*SQRT(C3)) |

	A	B	C	D	E
1	c관리도				
2	No.	결점수(c)	CL	UCL	LCL
3	1	1	2.25	6.75	
4	2	3			
5	3	2			

[셀의 입력내용]

C3; = AVERAGE(B3 : B26)

D3; = C3 + 3*SQRT(C3)

E3; = IF(C3 - 3*SQRT(C3)<0, " ", C3 - 3*SQRT(C3))

순서 3 ▸ ▸ ▸ 중심선과 관리한계선의 준비

중심선과 관리한계선은 직선이므로 처음부터 끝까지 같은 값이 입력된다.

[셀의 입력내용]

      C4; = C3

      D4; = D3

      E4; = E3

C4를 C5에서 E26까지 복사한다.

순서 4 ▶ ▶ ▶ c관리도의 작성

셀 B2 : D26 영역을 지정하여 꺾은선형 그래프를 작성한다.

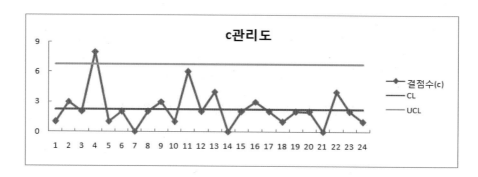

4) u 관리도

u관리도는 관리할 항목으로서, 예를 들면 직물의 흠집, 에나멜선의 핀홀 등과 같은 결점수를 다룰 때 검사할 표본의 면적이나 길이 등이 일정하지 않을 때에 이용된다.

불량개소에 대해서는 표본의 크기가 일정할 때에 pn관리도, 일정하지 않을 때는 p관리도가 적용되는 데 대응해서 결점수에 대해서는 표본의 크기가 일정할 때에 c관리도, 일정하지 않을 때는 u관리도가 적용된다.

예제 8-7

어떤 양탄자 제조공장에서는 15m², 20m², 30m² 등 세 가지 종류의 제품을 만들고 있다. 제조 후에 1매의 양탄자 안에 흠집이 몇 개 있는가 계측하고 있다. 다음의 데이터는 25매의 양탄자에 대해서 흠집의 수를 기록한 것이다. 이 데이터를 양탄자 1매를 1군으로 하는 u관리도로 표현하라.

No.	표본의 크기(n)	결점수(c)
1	15	4
2	15	7
3	15	5
4	15	6
5	15	2
6	15	8
7	15	6
8	15	9
9	15	5
10	15	3
11	20	12
12	20	8
13	20	11
14	20	10
15	20	14
16	20	13
17	20	9
18	20	12
19	20	14
20	20	9
21	30	28
22	30	38
23	30	32
24	30	33
25	30	29

순서 1 ▸ ▸ ▸ 데이터의 입력 및 단위당 결점수의 계산

결점수를 표본의 크기로 나누어 단위당 결점수 u를 구한다.

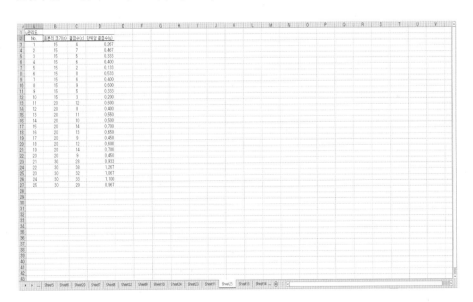

순서 2 ▸ ▸ ▸ 중심선과 관리한계선의 계산

u관리도의 중심선은 평균단위당 결점수 $\bar{u}$를 구하면 된다. $\bar{u}$는 각 군의 총결점수를 표본 크기의 합계로 나누어서 구한다. 이 값이 u관리도의 중심선이 된다.

$$\bar{u} = \frac{\sum c}{\sum n}$$

u관리도의 관리한계선은 다음과 같이 계산한다.

$$\text{UCL} = \bar{u} + 3\sqrt{\frac{\bar{u}}{n_i}}$$

$$\text{LCL} = \bar{u} - 3\sqrt{\frac{\bar{u}}{n_i}}$$

단, LCL의 값이 마이너스일 때에는 공란으로 남겨 둔다.

No.	표본의 크기(n)	결점수(c)	단위당 결점수(u)	CL	UCL	LCL
1	15	4	0.267	0.8540	1.2804	0.0276
2	15	7	0.467			
3	15	5	0.333			
4	15	6	0.400			
5	15	2	0.133			
6	15	8	0.533			
7	15	6	0.400			
8	15	9	0.600			
9	15	5	0.333			
10	15	3	0.200			
11	20	12	0.600			
12	20	8	0.400			
13	20	11	0.550			
14	20	10	0.500			
15	20	14	0.700			

[셀의 입력내용]

    E3;　=SUM(C3 : C27)/SUM(B3 : B27)

    F3;　=E3 + 3*SQRT(E3/B3)

    G3;　=IF(E3 - 3*SQRT(E3/B3)<0, " ", E3 - 3*SQRT(E3/B3))

순서 3 ▸ ▸ ▸ 중심선과 관리한계선의 준비

중심선은 직선이므로 처음부터 끝까지 같은 값이 입력된다. 관리한계선은 표본의 크기가 다를 때에는 n에 의해서 한계의 폭이 변한다.

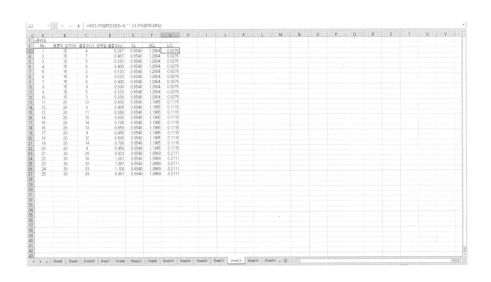

[셀의 입력내용]

　　E4;　＝E3　　　　　　　　(E4를 E5에서 E27까지 복사한다)

　　UCL과 LCL에 대해서는 F3와 G3를 F4에서 G27까지 복사한다.

순서 4 ▸ ▸ ▸ u관리도의 작성

　셀 D2 : G27 영역을 지정하여 꺾은선형 그래프를 작성한다.

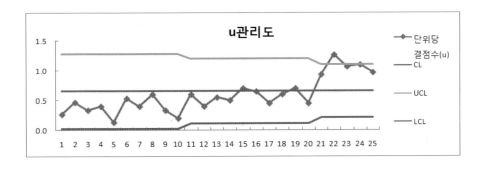

5) 관리도의 해석방법

　관리도에는 중심선과 상하의 관리한계선이 있으며, 관리한계선은 중심선 주변의 산포에 대한 한도를 보는 기준으로서의 역할을 갖고 있다. 그 때문에 만일 점이 관리한계선을 넘어서 찍혔을 때에는 이 점은 관리한계선을 벗어났다(out of control)고 한다. 관리한계선을 벗어난 점이 나왔다고 하는 것은 다음과 같은 두 가지를 생각할 수 있다.

① 우연원인에 의한 변동으로 점이 한계선 밖으로 나갔다.
② 공정에 이상원인이 발생해서 점이 한계선 밖으로 나갔다.

①의 경우는 슈하르트의 관리도(3시그마 관리도)에서는 확률적으로 약 0.27% 정도로 일어날 수 있지만, 관리한계선을 벗어나면 ②의 경우라고 생각하여 이상원인의 추구를 해 나가는 것이 관리도 활용의 기본적인 자세이다.

➤ 안정상태와 관리상태

관리도에 타점된 점의 대부분이 상하의 관리한계선 내에 있고, 점의 배열방식에 규칙성이 없는 상태를 안정상태라고 한다.

공정이 안정상태에 있으면 데이터의 변동원인은 우연원인에 의한 것으로, 간과할 수 없는 원인은 존재하지 않는다고 생각해도 좋다. 공정이 안정상태에 있고 또한 기술적·경제적인 견해로부터 바람직하다고 인정되는 상태를 관리상태라고 한다.

➤ 안정상태의 판정

관리도상의 점이 다음과 같은 상태에 있으면, 공정은 안정상태 혹은 관리상태에 있다고 판단된다.

(1) 점이 관리한계선 내에 있을 것
　　① 연속 25개의 점 전부 관리한계 내에 있는 경우
　　② 연속 35개의 점 중 관리한계 외의 점이 1개 이하인 경우
　　③ 연속 100개의 점 중 관리한계 외의 점이 2개 이하인 경우

(2) 점의 배열방식에 런, 경향, 주기 등의 규칙성이 없을 것

➤ 점의 배열방식의 규칙성

점의 배열방식에 규칙성이 있다고 하는 것은 다음과 같은 상태를 말한다.

(1) 런

점이 중심선의 어느 한 쪽에 연속해서 늘어서 있는 상태를 말하며, 같은 특징을 갖는 연속하는 점의 연결을 런(run)이라고 한다. 런을 구성하는 점의 수를 런의 길이라고 한다. 중심선의 어느 한 쪽에 7점 이상의 런이 나타나 있으면, 이상이 있다고 판단한다. 5~6개의 점이 있는 경우에는 공정에 주의를 기울일 필요가 있다.

(2) 중심선의 한 쪽에 점이 연속해서 나타나 있을 때

중심선의 어느 한 쪽에,

    ① 연속하는 11개의 점 중 10개 이상

    ② 연속하는 14개의 점 중 12개 이상

    ③ 연속하는 17개의 점 중 14개 이상

    ④ 연속하는 20개의 점 중 16개 이상

이 나타나 있으면 규칙성이 있다고 판단한다.

(3) 점이 관리한계선에 접근해서 자주 나타날 때

관리한계선 가까이, 즉 중심선으로부터 관리한계선까지의 거리의 2/3를 넘는 범위에서

    ① 연속하는 3점 중 2점 이상

    ② 연속하는 7점 중 3점 이상

    ③ 연속하는 10점 중 4점 이상

이 나타나 있으면 규칙성이 있다고 판단한다.

이것은 중심으로부터 $\pm 2\sigma$의 밖으로 나갈 확률이 약 5%라는 것을 생각하면 이해할 수 있을 것이다.

(4) 경향

관리도를 전체적으로 보았을 때에 점이 상승(하강)하고 있는 경향이 보일 때 또는 연속하는 7개의 점이 상승 또는 하강하고 있을 때에는 규칙성이 있다고 판단한다.

(5) 주기성(週期性)

점이 어떤 주기로 상하로 변동하고 있는 모습이 보일 때에는 규칙성이 있다고 판단한다. 이러한 주기가 무엇에 의해서 발생하는지 고유기술적으로 추구해 가면 공정해석이라고 하는 점에서 대단히 도움이 된다.

(6) 중심선 가까이 모든 점이 모이는 경우

특히 $\bar{x}-R$관리도에서 군을 잘못 나눈다든지 하면 일어날 수 있는데, 공정관리 중에 급히 발생한 경우에는 이상이라고 판단해서 원인을 찾는 것이 좋다.

월터 앤드류 슈하르트(Walter Andrew Shewhart, 1891 ~ 1967)

1924년 5월, 슈하르트 박사는 통계 관리도(Control Chart)를 통해, 오늘날 공정품질통제(Process Quality Control)로 잘 알려진 품질관리방법을 창안한다. 제조 공정에 있어서 변량(variation)의 축소와 품질에 부적합한 공정의 지속적인 조정의 중요성을 강조한 것이다. 이러한 그의 생각은 1925년에 설립된 벨 연구소에서 계속 연구 발전했으며, 1956년 그가 은퇴할 때까지 계속된다.

산업에서 실제적으로 활용된 그의 품질에 대한 생각은 과학과 통계적 추론에 많은 영향을 끼쳤으며, 그의 통계에 대한 접근법은 동시대의 다른 학자들과 많은 차이가 있었다. 그는 현장 위주의 실제 운영을 중시하는 견해를 가지고 있었으며, 그는 1939년에 출간된 그의 저서 『Statistical Method from the Viewpoint of Quality Control』에서 이렇게 주장한다. "산업현장에서 도출되는 실제적인 품질통제의 경험으로부터 과학과 통계는 무엇을 배워야 할 것인가?"

그의 이론은 1938년, 물리학을 연구한 데밍에게 강한 영향을 끼쳤으며, 그 둘의 만남과 협력은 2차 세계대전 중 미국의 생산성과 관련하여 많은 업적과 기여를 하게 된다.

1947년부터는 인도통계연구소의 초빙으로 인도 여러 지역에 방문하면서 인도 산업계의 사람들에게 통계적 품질관리에 대한 강연을 하였다. 그의 강연은 인도 사람들에게 통계에 대한 흥미와 자극을 불러일으켰다. 그는 현재 통계적 품질관리(Statistical Quality Control)의 아버지로 알려져 있다.

Chapter09
샘플링검사

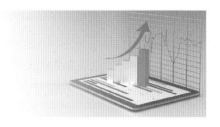

1. 샘플링검사의 계획

1) 샘플링검사의 기초

> **샘플링검사**

　로트(lot)로부터 표본을 추출해서 시험하고 그 결과를 판정기준과 비교해서 그 로트의 합격·불합격을 판정하는 검사를 샘플링검사(sampling inspection)라고 한다. 여기에서 로트란 같은 조건 하에서 생산되거나 또는 생산되었다고 생각되는 제품의 집합을 말한다. 특히 생산 시의 로트를 생산 로트, 검사의 대상이 되는 로트를 검사 로트라고 한다. 검사 로트는 생산 로트와 동일한 경우도 있지만 다를 때도 있다.

　어떤 대상(원료, 부품, 제품 등)을 검사할 경우에 검사가 간단하고 검사비용이 싸면 모든 대상을 검사(전수검사)하는 것이 원칙이지만, 검사가 파괴검사(포탄·폭죽의 발화검사나 전구의 수명검사 등)이거나 검사대상이 액체, 분말, 과립 등으로 전수검사가 불가능한 경우에는 샘플링검사를 실시한다. 또 전수검사가 가능하더라도 검사비용이 검사에서 얻어지는 이익에 비해서 현저히 높다든지 검사항목이나 검사대상이 많은 경우에 검사원의 피로 등으로 인하여 전수검사를 실시하면 오히려 검사의 신뢰성이 떨어질 때는 샘플링검사가 유리하다.

　샘플링검사는 로트의 합격·불합격을 판정하는 것이므로, 대상을 로트로서 처리할 수 있는 경우가 아니면 적용할 수 없다. 또 로트에서 추출한 표본의 특성에 의해서 통계적으로 로트의 합격·불합격을 판정하므로, 표본이 무작위로 추출된다는 것이 전제가 되며 또 로트 중에 어떤 허용한도의 불량품이 혼입되는 것은 피할 수 없다. 합격·불합격의 판정기준은 로트 내의 불량품의 혼입률이 허용한도 이하가 되도록 정하고, 표본의 특성치가 이것을 충족시키면 합격으로 한다. 표본은 당연히 표본오차를 수반하므로 합격이라고 판정된 로트에도 허용한도 이상의 불량품이 혼입되어 있을 수가 있다. 이와 같은 일이 일어날 확률을 소비자위험(consumer's risk)이라고 한다. 역으로 불량품의 혼입률이 허용한도 이하의 로트도 불합격이 되는 수가 있어 이 확률을 생산자위험(producer's risk)이라고 부른다.

➤ 샘플링검사의 종류

샘플링검사에는 사용목적이나 적용조건에 따라서 대단히 많은 종류가 있는데, 우리나라에서는 보통 다음과 같은 형태로 분류된다.

(1) 계수 샘플링검사와 계량 샘플링검사
(2) 규준형·선별형·조정형·연속생산형 등의 샘플링검사 유형
(3) 1회·2회·다회·축차 등의 샘플링 형식

예를 들면, KS A 3102는 계수 규준형 1회 샘플링검사에 속한다.

➤ 계수 샘플링검사와 계량 샘플링검사

육안검사, GO·NO 게이지에 의한 검사 등을 통해서 검사단위를 양품과 불량품으로 구분하는 경우에는 불량개수에 의한 계수 샘플링검사를 이용한다. 물품의 구조가 간단하다거나 불량품이 간단히 선별이나 폐기가 가능한 경우에는 불량개수에 의한 검사를 이용하는 것이 유리하다.

전선이나 강철 따와 같은 연속체의 경우에는 결점수에 의한 계수 샘플링검사가 널리 채택되고 있다. 연속체가 아니더라도 구조가 복잡한 것으로 결점이 발견된 경우에 그 자리에서 수리하는 기기 등의 경우에는 결점수에 의한 검사를 이용하는 것이 유리하다.

계량 샘플링검사는 특성치를 측정하고 측정결과에 연산을 실시할 필요가 있으므로, 검사가 복잡하게 되어 손이 많이 가지만 계수 샘플링검사보다 표본의 크기가 작아도 괜찮은 이점이 있다. 그러므로 파괴검사라든가 검사비용이 고가인 물건에 사용하면 유리한 경우가 많다. 계수 샘플링검사와 계량 샘플링검사의 어느 쪽을 채택할 것인가는 여러 가지 상황과 이해득실을 검토해서 정하는 것이 좋다.

(1) 규준형 샘플링검사

이 유형의 샘플링검사는 원칙적으로 눈 앞에 있는 로트 그 자체의 합격·불합격을 정하는 것을 목적으로 하는 검사로서, 공급자에 대한 보호와 구입자에 대한 보호의 양쪽을 규정하고 양자의 요구를 만족시키도록 설계한 샘플링검사이다.

(2) 선별형 샘플링검사

이 유형의 샘플링검사는 검사 로트에 대해서 미리 정해진 샘플링검사를 실시하여 합격이 된 로트는 그대로 받아들이지만, 불합격이 된 로트는 전수선별을 실시하여 발견된 불량품은 전부 양품과 교환하든지 수정해서 전부 양품으로 한 다음에 받아들인다고 하는 절차로 실시하는 검사이다. 품질보증의 방법으로서는 AOQL(average outgoing quality limit ; 평균출검품질한계)을 보증하는 방법과 LTPD(lot tolerance percent defective ; 로트허용불량률)를 보증하는 방법 등 두 종류가 있다.

(3) 조정형 샘플링검사

로트의 품질에 대해서 사전에 정보가 있는 경우에는 그것을 활용하면 보다 경제적인 검사를 실시할 수 있다. 여기에도 크게 나누면 다음의 두 종류가 있다.
① 검사의 엄격함을 조정하는 것
② 전수검사·무시험검사·샘플링검사를 잘 분간하여 쓰는 것

(4) 연속생산형 샘플링검사

이 검사는 이미 형성된 로트를 대상으로 하는 것이 아니라, 컨베이어 시스템과 같이 물품이 연속해서 흘러가는 상태대로 적용할 수 있도록 설계되었다.

2) 샘플링검사의 이론

➜ **샘플링검사와 OC 곡선**

샘플링검사는 로트에서 표본을 추출하여 그 시험결과를 로트 판정기준과 비교하여 로트의

합격·불합격을 판정하는 검사방식이다.

그런데 로트에서 표본을 많이 뽑을수록 표본 중에 불량품이 섞여 있을 가능성이 커지므로 로트가 합격될 기회는 적어지며, 또한 판정기준을 엄격하게 정할수록 역시 합격될 기회는 적어지게 된다. 이런 경우에 공급자측은 납품기회가 적어질 뿐만 아니라 검사비용도 많이 들게 되므로 불리한 입장에 처한다.

그 반대로 표본을 적게 뽑을수록 표본 중에 불량품이 섞여 나올 가능성은 상대적으로 작아지므로 로트가 합격될 기회는 많아진다. 또한 판정기준을 수월하게 정하면 역시 합격될 기회는 많아진다. 이런 경우에 공급자의 입장에서는 유리하지만 구입자의 입장에서는 나쁜 품질의 로트도 합격될 가능성이 커지므로 불리하다.

이렇게 샘플링검사에서는 표본의 크기와 판정기준이 어떻게 정해지느냐에 따라서 이해가 상반되게 된다. 그러므로 이해가 합지될 수 있는 표본의 크기와 합격판정기준을 합리적으로 정해야 한다. 이것을 정하는 것을 샘플링검사에서는 샘플링검사방식을 설계한다라고 말하며 경제적, 기술적 측면을 고려하여 통계적 방법으로 결정한다. 그런데 표본 중에 뽑혀 나오는 불량품의 개수는 로트의 불량률, 즉 로트 품질의 좋고 나쁨에 달려 있다. 더욱이 표본으로 추출되는 제품은 우연의 법칙을 따르므로 좋은 품질의 로트가 불합격될 수도 있고, 나쁜 품질의 로트도 합격될 수 있는 기회가 얼마든지 있다. 이러한 관계를 설명해 주는 것이 OC 곡선이다.

OC 곡선(operating characteristic curve ; 검사특성곡선)이란 로트가 합격될 확률을 로트의 불량률 또는 평균의 함수로 나타낸 곡선을 말한다. OC 곡선이 어떻게 그려지는가를 알아보기 위하여 다음의 예를 가지고 설명하기로 한다. 여기에서는 계수 규준형 1회 샘플링검사를 생각하기로 한다.

크기 1000개의 로트로부터 10개의 표본을 무작위로 추출하여 검사한 결과, 불량품의 수가 0개이면 그 로트는 합격으로 하고, 1개 이상이면 불합격시키기로 한다. 이 경우의 샘플링검사 방식은 다음과 같다.

로트의 크기(N)	표본의 크기(n)	합격판정개수(c)	불합격판정개수($c+1$)
1000	10	0	1

(1) 로트가 합격될 확률과 OC 곡선

위에서 정한 샘플링검사방식 $n=10, c=0$에 대해서 로트의 불량률이 변함에 따라 로트가 합격될 확률을 구하는 데 다음과 같은 실험으로 그 개념을 알아보자. 둥그런 용기 속에 색깔로 구분된 공이 모두 1000개 들어 있다. 이것을 로트의 크기로 보고, 색깔별 공의 개수는 <표 9-1>과 같다.

| 표 9-1 | 색깔별 공의 개수와 비율(불량률)

공의 색깔	흑색	갈색	청색	적색	황색	녹색	백색	합계
개 수	5	10	20	50	100	200	615	1000
불량률(%)	0.5	1.0	2.0	5.0	10.0	20.0	61.5	100

예를 들어 흑색공을 불량품으로 보고 그 나머지 공을 양품으로 간주하면 로트의 불량률은 0.5%가 된다. 같은 생각으로 각 색깔의 공을 불량품으로 보았을 경우 로트의 불량률은 <표 9-1>과 같다.

이 공들을 잘 섞은 다음에 10개씩 뽑히는 주걱으로 공을 뽑아낸다. 뽑아낸 10개의 공은 표본의 크기에 해당된다. 그런 다음 색깔별 공의 개수를 조사한 후 다시 용기 속에 집어 넣고, 또다시 10개의 공을 뽑아내어 색깔별로 개수를 조사하고 다시 용기 속에 집어 넣는다. 이런 과정을 100회 반복한 결과를 정리한 것이 <표 9-2>라고 하자. 이 과정에서 주의할 사항은 매번 10개씩 공을 뽑기 전에 용기 속의 공을 잘 섞어야 하는데, 이것은 무작위추출(random sampling)이 되도록 하기 위함이다.

| 표 9-2 | 표본추출 후 조사된 색깔별 공의 개수

샘플링 횟수	흑색(5%)	갈색(1%)	청색(2%)	적색(5%)	황색(10%)	녹색(20%)	백색(61.5%)
1						3	7
2		1		1	1	1	6
3					2	3	5
4		1			1	5	3
5						4	6
6					3	2	5
·	·	·	·	·	·	·	·
·	·	·	·	·	·	·	·
·	·	·	·	·	·	·	·
99				1		1	8
100					1	4	5
합계	4	9	20	34	69	89	100

<표 9-2>에 대해서 설명을 하면, 제1회째 샘플링에서 색깔별 공의 개수는 녹색공이 3개, 백색공이 7개 모두 10개가 뽑혔다는 것을 의미한다.

흑색공을 보면 샘플링 100회 중 4회에 걸쳐 뽑혀져 나왔다. 다시 말하면 96회는 흑색공이 전혀 뽑히지 않았다는 뜻이다. 마찬가지로 황색공은 100회 중 69회는 1개 이상 뽑혔고 31회는 황색공이 하나도 뽑히지 않은 것이다. 여기서 합격판정기준인 합격판정개수는 $c = 0$, 즉 전혀 불량품이 뽑히지 않아야만 로트는 합격시키는 것으로 정해져 있으므로, 흑색공의 경우를 보면 불량률 0.5%인 로트는 4회 불합격이 되고 96회는 합격이 됨을 알 수 있다. 마찬가지로 황색공의 경우를 보면, 불량률이 10%인 로트는 69회는 불합격되고 31회는 합격됨을 알 수 있다. 이하 각 색깔별로 같은 식으로 생각한다. 이 실험결과를 정리하면 <표 9-3>과 같다.

|표 9-3| 로트의 불량률과 그 로트가 합격될 확률

로트의 불량률 p (%)	흑색 (0.5)	갈색 (1.0)	청색 (2.0)	적색 (5.0)	황색 (10.0)	녹색 (20.0)	백색 (61.5)
로트가 합격될 확률 $L(p)$(%)	96	91	80	66	31	11	0

이 결과를 이용하여 가로축에 로트의 불량률 p, 세로축에 로트가 합격되는 확률 $L(p)$를 잡고 그래프를 그리면 <그림 9-1>이 된다. 이 그림이 로트의 크기 $N = 1000$, 표본의 크기 $n = 10$, 합격판정개수 $c = 0$인 계수 규준형 1회 샘플링검사의 OC 곡선을 실험적으로 구한 것이다.

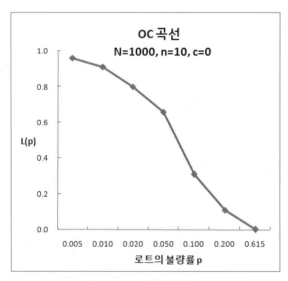

|그림 9-1| OC 곡선

(2) 이론식에 의한 로트가 합격될 확률의 계산

앞의 실험에서 $n = 10$, $c = 0$인 경우의 샘플링검사방식에서 로트가 합격될 확률 $L(p)$를 실험에 의해서 구했으나, 여기에서는 이론식에 의해서 정확한 값을 구해 보기로 한다.

샘플링검사를 받기 위해 제출된 불량률 p인 로트가 샘플링검사방식이 (n, c)일 때 합격될 확률은 일반적으로 다음 식으로 주어진다(계수형인 경우).

$$L(p) = \sum_{x=0}^{c} P(X = x)$$

단, $P(X = x)$는 n개의 표본 중에 x개의 불량품이 포함될 확률로서 적합한 확률분포가 이용되어 계산된다.

> **초기하분포를 이용하는 경우**

로트의 크기 N이 유한할 때, 불량률 p인 로트로부터 크기 n인 표본을 무작위하게 추출할 경우에 표본 중 불량품이 x개 포함될 확률 $P(X = x)$를 정확히 계산하는 데는 초기하분포가 이용된다.

$$L(p) = \sum_{x=0}^{c} \frac{{}_{Np}C_x \cdot {}_{N-Np}C_{n-x}}{{}_{N}C_n}$$

앞의 실험에 대하여 $n = 10, c = 0$일 때 흑색공($p = 0.5\%$)인 경우 $L(p)$를 구해 보면 다음과 같다.

$$L(p) = \sum_{x=0}^{c} \frac{{}_{5}C_x \cdot {}_{995}C_{10-x}}{{}_{1000}C_{10}}$$

$$= \frac{{}_{5}C_0 \cdot {}_{995}C_{10}}{{}_{1000}C_{10}}$$

$$= 0.9509$$

이하 각 색깔별(불량률별)로 위와 같이 계산한 결과는 다음과 같다.

로트의 불량률 p(%)	흑색 (0.5)	갈색 (1.0)	청색 (2.0)	적색 (5.0)	황색 (10.0)	녹색 (20.0)	백색 (61.5)
로트가 합격될 확률 $L(p)$(%)	95.09	90.40	81.63	59.73	34.69	10.62	0.01

실험결과의 $L(p)$와 비교해 보자.

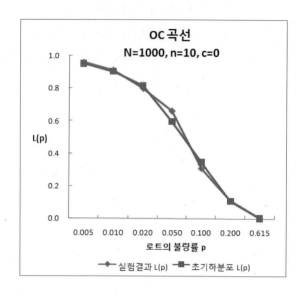

그런데 현실적으로 로트의 크기 N이 상당히 크므로 계산이 곤란해질 경우에 있어서는 이항분포나 포아송 분포에 의한 근사값을 구하여 사용한다. KS A 3102인 계수 규준형 1회 샘플링 검사의 표도 이항분포와 포아송 분포로 계산되어 작성되어 있다.

> ◆ **이항분포를 이용하는 경우**

로트의 크기 N이 표본의 크기 n에 비해서 충분히 클 경우($N/n > 10$)에는 이항분포를 이용할 수 있다.

$$L(p) = \sum_{x=0}^{c} {}_nC_x p^x (1-p)^{n-x}$$

앞의 실험에 대하여 $n = 10$, $c = 0$일 때 흑색공($p = 0.5\%$)인 경우 $L(p)$를 구해 보면 다음과 같다.

$$L(p) = \sum_{x=0}^{c} {}_{10}C_x 0.005^x (1-0.005)^{10-x}$$
$$= {}_{10}C_0 0.005^0 (1-0.005)^{10} = 0.9511$$

이하 각 색깔별(불량률별)로 위와 같이 계산한 결과는 다음과 같다.

로트의 불량률 p (%)	흑색 (0.5)	갈색 (1.0)	청색 (2.0)	적색 (5.0)	황색 (10.0)	녹색 (20.0)	백색 (61.5)
로트가 합격될 확률 $L(p)$(%)	95.11	90.44	81.71	59.87	34.87	10.74	0.01

실험결과의 $L(p)$와 비교해 보자.

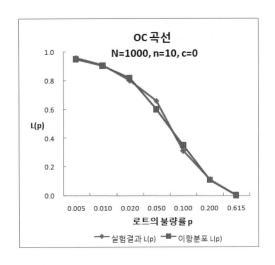

> ➤ **포아송 분포를 이용하는 경우**

로트의 크기 N이 표본의 크기 n에 비해서 충분히 크고($N/n > 10$), 불량률 p가 0.1 이하이거나 불량개수 np가 10 이하의 조건이 만족되면 포아송 분포에 근사시켜 $L(p)$를 구할 수 있다.

$$L(p) = \sum_{x=0}^{c} \frac{e^{-np} \cdot (np)^x}{x!}$$
$$= \sum_{x=0}^{c} \frac{e^{-\lambda} \cdot (\lambda)^x}{x!}$$

앞의 실험예인 $n=10$, $c=0$인 경우에 흑색공($p=0.5\%$)에 대하여 계산하면 다음과 같다. $np = 10 \times 0.005 = 0.05$이므로

$$L(p) = \sum_{x=0}^{c} \frac{e^{-0.05} \cdot (0.05)^x}{x!}$$

$$= \frac{e^{-0.05} \cdot (0.05)^0}{0!}$$

$$= 0.9512$$

이하 각 색깔(불량률)별로 위와 같이 계산한 결과는 다음과 같다.

로트의 불량률 p (%)	흑색 (0.5)	갈색 (1.0)	청색 (2.0)	적색 (5.0)	황색 (10.0)	녹색 (20.0)	백색 (61.5)
로트가 합격될 확률 $L(p)$(%)	95.12	90.48	81.87	60.65	36.79	13.53	0.21

실험결과의 $L(p)$와 비교해 보자.

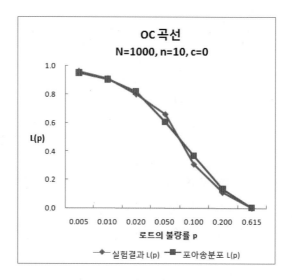

지금까지의 계산은 모두 Excel에 의해서 실행되었는데, 그 결과를 보이면 다음과 같다.

	A	B	C	D	E	F	G	H	I
1	공의 색깔	개수	p	np	실험결과 L(p)	초기하분포 L(p)	이항분포 L(p)	포아송분포 L(p)	
2	흑색	5	0.005	0.05	0.96	0.9509	0.9511	0.9512	
3	갈색	10	0.010	0.10	0.91	0.9040	0.9044	0.9048	
4	청색	20	0.020	0.20	0.80	0.8163	0.8171	0.8187	
5	적색	50	0.050	0.50	0.66	0.5973	0.5987	0.6065	
6	황색	100	0.100	1.00	0.31	0.3469	0.3487	0.3679	
7	녹색	200	0.200	2.00	0.11	0.1062	0.1074	0.1353	
8	백색	615	0.615	6.15	0	0.0001	0.0001	0.0021	
9									

F2; = HYPGEOM.DIST(0, 10, B2, 1000)　　　(F2를 F3에서 F8까지 복사한다)

G2; = BINOM.DIST(0, 10, C2, 0)　　　　　(G2를 G3에서 G8까지 복사한다)

H2; = POISSON.DIST(0, D2, 0)　　　　　(H2를 H3에서 H8까지 복사한다)

이상의 세 가지 확률분포에 의해서 구한 결과와 실험결과의 $L(p)$를 비교해 보자.

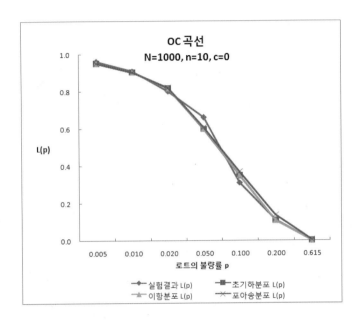

3) OC 곡선과 샘플링검사방식의 설계

앞의 실험에서도 살펴보았듯이 좋은 품질의 로트임에도 불구하고 불합격되는 경우가 있고, 나쁜 품질의 로트인데도 불구하고 합격되는 경우도 있게 된다.

샘플링검사의 경우에는 이 두 종류의 오류를 완전히 제거할 수는 없다. 그러나 공급자의 입장에서 볼 때 불량률이 p_0(가급적 합격시키고 싶은 로트의 불량률의 상한)인 좋은 품질 로트가 샘플링검사에서 불행히도 불합격되는 것을 방지하고 싶을 것이다. 이와 같이 해서 불합격되는 것을 생산자위험이라고 하며, α로 표시하고 KS에서는 약 5% 정도를 인정하고 있다. 반대로 구입자의 입장에서는 불량률이 p_1(가급적 불합격시키고 싶은 로트의 불량률의 하한)인 나쁜 품질의 로트는 샘플링검사에서 합격되는 것을 막고 싶을 것이다. 그러나 불행히도 어느 정도 합격되는 것을 피할 수는 없다. 이런 경우를 소비자위험이라고 하며, β로 표시하고 KS에서는 약 10% 정도를 인정하고 있다. 가설검정에서 제1종 오류와 제2종 오류의 개념과 같다는 것을 상기하기 바란다.

그렇다면 $\alpha = 0.05$, $\beta = 0.10$으로 보고 이에 해당하는 p_0와 p_1의 값을 이론식으로 구해 보기로 한다(여기서 이론식은 이항분포에 따르는 것을 상정한다). 앞의 실험예인 $n = 10$, $c = 0$인 경우 불량률이 p_0인 좋은 품질의 로트가 합격될 확률은 $(1-\alpha)$이므로

$$
\begin{aligned}
L(p) &= \sum_{x=0}^{c} {}_nC_x {p_0}^x (1-p_0)^{n-x} = 1-\alpha \\
&= \sum_{x=0}^{c} {}_{10}C_x {p_0}^x (1-p_0)^{10-x} = 0.95 \\
&= {}_{10}C_0 \, {p_0}^0 (1-p_0)^{10} = (1-p_0)^{10} = 0.95
\end{aligned}
$$

가 되며, 이 때의 p_0를 구하면 0.0051(0.51%) 정도가 된다.

같은 원리로 불량률이 p_1인 나쁜 품질의 로트가 합격될 확률은 β이므로

$$
\begin{aligned}
L(p) &= \sum_{x=0}^{c} {}_nC_x {p_1}^x (1-p_1)^{n-x} = \beta \\
&= {}_{10}C_0 \, {p_1}^0 (1-p_1)^{10} = (1-p_1)^{10} = 0.10
\end{aligned}
$$

에서 p_1을 구하면 약 0.2057(20.57%) 정도가 된다.

이것은 곧 $p_0 = 0.51\%$인 로트라도 $\alpha = 0.05$, 즉 100회의 샘플링검사를 하면 5회 정도는 불합격이 되고, $p_1 = 20.57\%$인 로트라도 100회의 샘플링검사를 하면 10회 정도는 합격이 된다는 것을 의미한다.

이상과 같이 샘플링검사에 있어서 N, n, c 등의 샘플링검사방식이 정해지면 OC 곡선을 그릴 수 있고, 더불어 p_0와 p_1은 α와 β가 정해지면 OC 곡선상에서 또는 직접 이론식에 의해 구할 수 있다. 여기서는 n, c가 정해진 상태이지만, 실제에 있어서는 p_0, p_1, α, β를 공급자와 구입자가 합의해서 정하고 이를 바탕으로 n, c를 구하게 된다. KS A 3102에서는 $\alpha = 0.05$, $\beta = 0.10$으로 잡고 p_0와 p_1을 정하면 샘플링검사방식을 설계할 수 있도록 만들어져 있다.

4) OC 곡선의 성질

OC 곡선을 검사특성곡선이라고 부르는 것은 샘플링검사방식의 성질을 나타내고 있다는 데서 비롯되었다. OC 곡선은 샘플링방식에 따라 여러 가지 모양의 곡선으로 그려지는데 여기서는 로트의 크기 N, 표본의 크기 n, 합격판정개수 c에 따라서 OC 곡선의 모양이 어떻게 달라지는가를 계수 규준형 1회 샘플링검사를 예로 하여 그 성질을 살펴보기로 한다.

(1) N만 변할 경우(n과 c는 일정)

로트의 크기 N이 표본의 크기 n의 10배 이상일 때에는 N이 변해도 OC 곡선은 변하지 않는다. 예를 들면 $n=20$, $c=2$일 때 로트의 불량률 $p(\%)$에 따른 $L(p)$는 <표 9-4>와 같다.

|표 9-4| N의 변화시 $L(p)$의 값($n=20$, $c=2$는 일정)

N	60	100	200	400	600	1000	∞
N/n	3	5	10	20	30	50	∞
$p(\%)=$ 5	0.966	0.947	0.935	0.929	0.928	0.927	0.925
$p(\%)=15$	0.362	0.378	0.394	0.400	0.401	0.402	0.405
$p(\%)=25$	0.053	0.069	0.080	0.086	0.088	0.089	0.091

이 표를 보면 각각의 불량률 $p(\%)$에 대해서 N이 변해도 $L(p)$의 값은 변화의 폭이 극히 작다는 것을 알 수 있다. 다음 그림은 $n=20$, $c=0$으로 일정하고 N이 변화할 경우의 OC 곡선을 나타내고 있다.

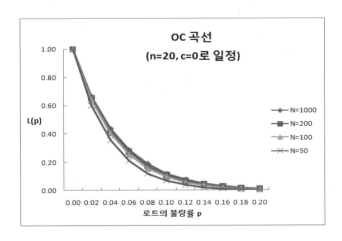

위의 그림에 대한 계산절차는 다음과 같다. 이때 확률계산은 초기하분포 함수를 이용한다.

	A	B	C	D	E	F	G	H	I
1			n=20, c=0 일정						
2	p	N=1000	N=200	N=100	N=50				
3	0.00	1.0000	1.0000	1.0000	1.0000				
4	0.02	0.6650	0.6539	0.6384	0.6000				
5	0.04	0.4385	0.4236	0.4033	0.3551				
6	0.06	0.2866	0.2718	0.2521	0.2071				
7	0.08	0.1856	0.1727	0.1558	0.1190				
8	0.10	0.1190	0.1085	0.0951	0.0673				
9	0.12	0.0756	0.0675	0.0574	0.0374				
10	0.14	0.0475	0.0415	0.0341	0.0204				
11	0.16	0.0295	0.0252	0.0200	0.0109				
12	0.18	0.0181	0.0151	0.0116	0.0057				
13	0.20	0.0110	0.0089	0.0066	0.0029				
14									

[셀의 입력내용]

B3; = HYPGEOM.DIST(0, 20, 1000*A3, 1000) (B3를 B4에서 B13까지 복사한다)

C3; = HYPGEOM.DIST(0, 20, 200*A3, 200)　　(C3를 C4에서 C13까지 복사한다)

D3; = HYPGEOM.DIST(0, 20, 100*A3, 100)　　(D3를 D4에서 D13까지 복사한다)

E3; = HYPGEOM.DIST(0, 20, 50*A3, 50)　　　(E3를 E4에서 E13까지 복사한다)

TIPS!

초기하분포는 표본이 추출된 모집단의 총 항목 수를 알고 있을 때 고정 표본 크기의 사건 수를 모형화하는 이산형 분포다. 각 표본 항목의 가능한 결과는 두 개(사건 또는 비사건)이다. 표본은 비복원이므로 표본의 모든 항목이 서로 다르다. 모집단에서 한 번 선택한 항목은 다시 선택할 수 없다. 따라서 아직 선택하지 않은 항목이 선택될 가능성은 매 시행마다 증가한다. 초기하분포는 비교적 작은 모집단에서 비복원으로 추출되는 표본에 사용된다. 예를 들어 초기하분포는 두 비율 간의 차이를 검사하는 Fisher의 정확검정과 유한한 크기의 고립된 로트에서 표본을 추출하는 계수형 합격 표본 추출에 사용된다.
초기하분포는 세 가지 모수, 즉 모집단 크기, 모집단 내 사건 카운트 및 표본 크기로 정의된다.

(2) n만 변할 경우(N과 c는 일정)

표본의 크기 n을 증가시킬수록 이상적인 OC 곡선으로 접근할 수 있다. 그에 따라서 생산자위험은 증가하고 소비자위험은 감소함을 알 수 있다. 이 경우에 좋은 로트와 나쁜 로트의 판별능력이 증대하게 된다. 혹은 생산자위험과 소비자위험을 일정하게 하면 n이 증가함에 따라 p_0, p_1 값은 감소한다.

$N = 1000$, $c = 1$로 일정하고 $n = 10, 30, 50, 100$으로 변화시켰을 때의 OC 곡선을 나타내면 다음의 그림과 같다.

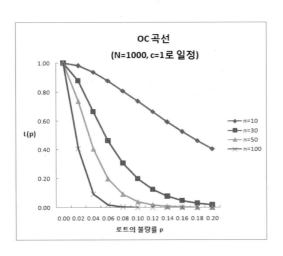

위의 그림에 대한 계산절차는 다음과 같다.

다만, 이때는 $N = 1000$, $c = 1$로 일정하고 $n = 10, 30, 50, 100$으로 변화시켰으므로 일정한 로트의 불량률에 따라 $L(p)$ 값을 구하는 POISSON 분포 함수를 이용한다.

<입력 서식>　　　POISSON.DIST(x, mean, cumulative)

　　　　　　여기에서

　　　　　　x　　　　　 : 사건의 수

　　　　　　mean　　　 : 기대값($= np$)

　　　　　　cumulative : 확률분포의 형태를 결정하는 논리값(0 또는 1)

	A	B	C	D	E	F	G	H	I	J	K	L
16			N=1000, c=1 일정									
17	n	10	30	50	100							
18	p	n=10	n=30	n=50	n=100							
19	0,000	1,0000	1,0000	1,0000	1,0000							
20	0,020	0,8187	0,5488	0,3679	0,1353							
21	0,040	0,6703	0,3012	0,1353	0,0183							
22	0,060	0,5488	0,1653	0,0498	0,0025							
23	0,080	0,4493	0,0907	0,0183	0,0003							
24	0,100	0,3679	0,0498	0,0067	0,0000							
25	0,120	0,3012	0,0273	0,0025	0,0000							
26	0,140	0,2466	0,0150	0,0009	0,0000							
27	0,160	0,2019	0,0082	0,0003	0,0000							
28	0,180	0,1653	0,0045	0,0001	0,0000							
29	0,200	0,1353	0,0025	0,0000	0,0000							
30												
31	p	n=10	n=30	n=50	n=100							
32	0,00	0,0000	0,0000	0,0000	0,0000							
33	0,02	0,1637	0,3293	0,3679	0,2707							
34	0,04	0,2681	0,3614	0,2707	0,0733							
35	0,06	0,3293	0,2975	0,1494	0,0149							
36	0,08	0,3595	0,2177	0,0733	0,0027							
37	0,10	0,3679	0,1494	0,0337	0,0005							
38	0,12	0,3614	0,0984	0,0149	0,0001							
39	0,14	0,3452	0,0630	0,0064	0,0000							
40	0,16	0,3230	0,0395	0,0027	0,0000							
41	0,18	0,2975	0,0244	0,0011	0,0000							
42	0,20	0,2707	0,0149	0,0005	0,0000							
43												

Sheet1 / Sheet2 / Sheet3 / Sheet4 / Sheet5

[셀의 입력내용]

      B19; = POISSON.DIST(0, 10*A19, 0)   (B19를 B20에서 B29까지 복사한다)

      C19; = POISSON.DIST(0, 30*A19, 0)   (C19를 C20에서 C29까지 복사한다)

      D19; = POISSON.DIST(0, 50*A19, 0)   (D19를 D20에서 D29까지 복사한다)

      E19; = POISSON.DIST(0, 100*A19, 0)   (E19를 E20에서 E29까지 복사한다)

      B32; = POISSON.DIST(1, 10*A32, 0)   (B32를 B33에서 B42까지 복사한다)

      C32; = POISSON.DIST(1, 30*A32, 0)   (C32를 C33에서 C42까지 복사한다)

      D32; = POISSON.DIST(1, 50*A32, 0)   (D32를 D33에서 D42까지 복사한다)

      E32; = POISSON.DIST(1, 100*A32, 0)   (E32를 E33에서 E42까지 복사한다)

	A	B	C	D	E	F	G	H	I
44			N=1000, c=1 일정						
45	p	n=10	n=30	n=50	n=100				
46	0.00	1.0000	1.0000	1.0000	1.0000				
47	0.02	0.9825	0.8781	0.7358	0.4060				
48	0.04	0.9384	0.6626	0.4060	0.0916				
49	0.06	0.8781	0.4628	0.1991	0.0174				
50	0.08	0.8088	0.3084	0.0916	0.0030				
51	0.10	0.7358	0.1991	0.0404	0.0005				
52	0.12	0.6626	0.1257	0.0174	0.0001				
53	0.14	0.5918	0.0780	0.0073	0.0000				
54	0.16	0.5249	0.0477	0.0030	0.0000				
55	0.18	0.4628	0.0289	0.0012	0.0000				
56	0.20	0.4060	0.0174	0.0005	0.0000				
57									
58									

[셀의 입력내용]

      B46; = B19 + B32   (B46를 B47에서 B56까지 복사한다)

      C46; = C19 + C32   (C46를 C47에서 C56까지 복사한다)

      D46; = D19 + D32   (D46를 D47에서 D56까지 복사한다)

      E46; = E19 + E32   (E46를 E47에서 E56까지 복사한다)

(3) c만 변할 경우(N과 n은 일정)

합격판정개수 c가 커질수록 OC 곡선은 오른쪽으로 이동한다. 즉, 나쁜 품질의 로트가 합격될 가능성이 높아진다. α, β를 일정하게 해 놓으면 c값이 증가함에 따라 p_0, p_1 값도 증가한다. p_0 또는 p_1을 정했을 때 c값을 크게 하면 n의 값도 증가시켜야 한다.

$N = 1000$, $n = 20$으로 일정하게 하고 $c = 0, 1, 2, 3$일 때의 OC 곡선을 보이면 다음 그림과 같다.

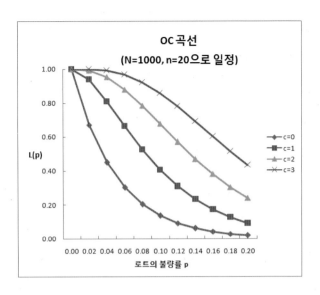

위의 그림에 대한 계산절차는 다음과 같다.

다만 이때는 $N = 1000$, $n = 20$으로 일정하고 $c = 0, 1, 2, 3$으로 변화시켰으므로 일정한 로트의 불량률에 따라 $L(p)$ 값을 구하는 POISSON 분포 함수를 이용한다.

	A	B	C	D	E	F	G	H	I	J	K	L
1			N=1000, n=20 일정									
2	p	x=0	x=1	x=2	x=3							
3	0.00	1.0000	0.0000	0.0000	0.0000							
4	0.02	0.6703	0.2681	0.0536	0.0072							
5	0.04	0.4493	0.3595	0.1438	0.0383							
6	0.06	0.3012	0.3614	0.2169	0.0867							
7	0.08	0.2019	0.3230	0.2584	0.1378							
8	0.10	0.1353	0.2707	0.2707	0.1804							
9	0.12	0.0907	0.2177	0.2613	0.2090							
10	0.14	0.0608	0.1703	0.2384	0.2225							
11	0.16	0.0408	0.1304	0.2087	0.2226							
12	0.18	0.0273	0.0984	0.1771	0.2125							
13	0.20	0.0183	0.0733	0.1465	0.1954							
14												
15	p	c=0	c=1	c=2	c=3							
16	0.00	1.0000	1.0000	1.0000	1.0000							
17	0.02	0.6703	0.9384	0.9921	0.9992							
18	0.04	0.4493	0.8088	0.9526	0.9909							
19	0.06	0.3012	0.6626	0.8795	0.9662							
20	0.08	0.2019	0.5249	0.7834	0.9212							
21	0.10	0.1353	0.4060	0.6767	0.8571							
22	0.12	0.0907	0.3084	0.5697	0.7787							
23	0.14	0.0608	0.2311	0.4695	0.6919							
24	0.16	0.0408	0.1712	0.3799	0.6025							
25	0.18	0.0273	0.1257	0.3027	0.5152							
26	0.20	0.0183	0.0916	0.2381	0.4335							
27												
28												

Sheet1 Sheet2 Sheet3 Sheet4 Sheet5

[셀의 입력내용]

    B3; = POISSON.DIST(0, 20*A3, 0)   (B3를 B4에서 B13까지 복사한다)

| C3; | = POISSON.DIST(1, 20*A3, 0) | (C3를 C4에서 C13까지 복사한다) |

C3; = POISSON.DIST(1, 20*A3, 0)   (C3를 C4에서 C13까지 복사한다)

D3; = POISSON.DIST(2, 20*A3, 0)   (D3를 D4에서 D13까지 복사한다)

E3; = POISSON.DIST(3, 20*A3, 0)   (E3를 E4에서 E13까지 복사한다)

B16; = POISSON.DIST(0, 20*A16, 0)   (B16을 B17에서 B26까지 복사한다)

C16; = B3 + C3   (C16을 C17에서 C26까지 복사한다)

D16; = B3 + C3 + D3   (D16을 D17에서 D26까지 복사한다)

E16; = B3 + C3 + D3 + E3   (E16을 E17에서 E26까지 복사한다)

(4) 퍼센트 샘플링검사의 OC 곡선

표본의 크기 n과 합격판정개수 c를 로트의 크기 N에 비례해서 샘플링할 경우로 이에 대한 OC 곡선은 다음의 그림과 같다. 이 경우에 $N = 200, n = 20, c = 1$인 샘플링검사는 $N = 2000, n = 200, c = 10$인 샘플링검사에 비해서 로트의 불량률이 낮은 쪽에서는 $L(p)$의 값이 낮지만, 로트의 불량률이 높은 쪽에서는 $L(p)$의 값이 커지므로 좋은 로트가 불합격되거나 나쁜 로트가 합격될 확률이 높다.

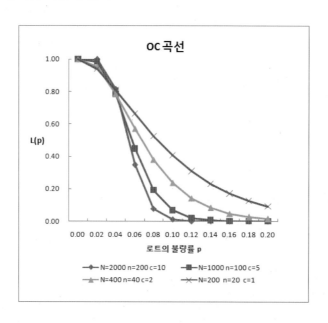

이와 같은 비례 샘플링방식은 로트의 크기가 변하면 품질보증의 정도가 전혀 달라지므로 좋은 검사방식이라고 할 수 없다. 퍼센트 샘플링검사를 비례 샘플링검사라고 한다.

위의 그림에 대한 계산절차는 다음과 같다. 이때는 N, n, c가 모두 비례적으로 변화하고 있기 때문에 일정한 로트의 불량률에 따라 $L(p)$ 값을 구하는 POISSON 분포 함수를 이용한다.

	A	B	C	D	E	F	G	H	I	J	K	L	M
1		N=2000											
2		n=200											
3		c=10											
4	p	x=0	x=1	x=2	x=3	x=4	x=5	x=6	x=7	x=8	x=9	x=10	
5	0.00	1.0000	0.0000	0.0000	0.0000	0.0000	0.0000	0.0000	0.0000	0.0000	0.0000	0.0000	
6	0.02	0.0183	0.0733	0.1465	0.1954	0.1954	0.1563	0.1042	0.0595	0.0298	0.0132	0.0053	
7	0.04	0.0003	0.0027	0.0107	0.0286	0.0573	0.0916	0.1221	0.1396	0.1396	0.1241	0.0993	
8	0.06	0.0000	0.0001	0.0004	0.0018	0.0053	0.0127	0.0255	0.0437	0.0655	0.0874	0.1048	
9	0.08	0.0000	0.0000	0.0000	0.0001	0.0003	0.0010	0.0026	0.0060	0.0120	0.0213	0.0341	
10	0.10	0.0000	0.0000	0.0000	0.0000	0.0000	0.0001	0.0002	0.0005	0.0013	0.0029	0.0058	
11	0.12	0.0000	0.0000	0.0000	0.0000	0.0000	0.0000	0.0000	0.0000	0.0001	0.0003	0.0007	
12	0.14	0.0000	0.0000	0.0000	0.0000	0.0000	0.0000	0.0000	0.0000	0.0000	0.0000	0.0001	
13	0.16	0.0000	0.0000	0.0000	0.0000	0.0000	0.0000	0.0000	0.0000	0.0000	0.0000	0.0000	
14	0.18	0.0000	0.0000	0.0000	0.0000	0.0000	0.0000	0.0000	0.0000	0.0000	0.0000	0.0000	
15	0.20	0.0000	0.0000	0.0000	0.0000	0.0000	0.0000	0.0000	0.0000	0.0000	0.0000	0.0000	
16													

[셀의 입력내용]

B5; = POISSON.DIST(0, 200*$A5, 0)　　(B5를 B6에서 B15까지 복사한다)

C5; = POISSON.DIST(1, 200*$A5, 0)　　(C5를 C6에서 C15까지 복사한다)

D5; = POISSON.DIST(2, 200*$A5, 0)　　(D5를 D6에서 D15까지 복사한다)

E5; = POISSON.DIST(3, 200*$A5, 0)　　(E5를 E6에서 E15까지 복사한다)

F5; = POISSON.DIST(4, 200*$A5, 0)　　(F5를 F6에서 F15까지 복사한다)

G5; = POISSON.DIST(5, 200*$A5, 0)　　(G5를 G6에서 G15까지 복사한다)

H5; = POISSON.DIST(6, 200*$A5, 0)　　(H5를 H6에서 H15까지 복사한다)

I5; = POISSON.DIST(7, 200*$A5, 0)　　(I5를 I6에서 I15까지 복사한다)

J5; = POISSON.DIST(8, 200*$A5, 0)　　(J5를 J6에서 J15까지 복사한다)

K5; = POISSON.DIST(9, 200*$A5, 0)　　(K5를 K6에서 K15까지 복사한다)

L5; = POISSON.DIST(10, 200*$A5, 0)　　(L5를 L6에서 L15까지 복사한다)

	A	B	C	D	E	F	G	H	I
17		N=1000							
18		n=100							
19		c=5							
20	p	x=0	x=1	x=2	x=3	x=4	x=5	c=5	
21	0.00	1.0000	0.0000	0.0000	0.0000	0.0000	0.0000	1.0000	
22	0.02	0.1353	0.2707	0.2707	0.1804	0.0902	0.0361	0.9834	
23	0.04	0.0183	0.0733	0.1465	0.1954	0.1954	0.1563	0.7851	
24	0.06	0.0025	0.0149	0.0446	0.0892	0.1339	0.1606	0.4457	
25	0.08	0.0003	0.0027	0.0107	0.0286	0.0573	0.0916	0.1912	
26	0.10	0.0000	0.0005	0.0023	0.0076	0.0189	0.0378	0.0671	
27	0.12	0.0000	0.0001	0.0004	0.0018	0.0053	0.0127	0.0203	
28	0.14	0.0000	0.0000	0.0001	0.0004	0.0013	0.0037	0.0055	
29	0.16	0.0000	0.0000	0.0000	0.0001	0.0003	0.0010	0.0014	
30	0.18	0.0000	0.0000	0.0000	0.0000	0.0001	0.0002	0.0003	
31	0.20	0.0000	0.0000	0.0000	0.0000	0.0000	0.0001	0.0001	
32									

[셀의 입력내용]

B21; = POISSON.DIST(0, 100*$A5, 0)　　(B21를 B22에서 B31까지 복사한다)

C21; = POISSON.DIST(1, 100*$A5, 0)　　(C21를 C22에서 C31까지 복사한다)

D21; = POISSON.DIST(2, 100*$A5, 0)　　(D21를 D22에서 D31까지 복사한다)

E21; = POISSON.DIST(3, 100*$A5, 0)　　(E21를 E22에서 E31까지 복사한다)

F21; = POISSON.DIST(4, 100*$A5, 0)　　(F21를 F22에서 F31까지 복사한다)

G21; = POISSON.DIST(5, 100*$A5, 0)　　(G21를 G22에서 G31까지 복사한다)

H21; = SUM(B21 : G21)　　(H21를 H22에서 H31까지 복사한다)

	A	B	C	D	E	F
33		N=400				
34		n=40				
35		c= 2				
36	p	x=0	x=1	x=2	c=2	
37	0.00	1.0000	0.0000	0.0000	1.0000	
38	0.02	0.4493	0.3595	0.1438	0.9526	
39	0.04	0.2019	0.3230	0.2584	0.7834	
40	0.06	0.0907	0.2177	0.2613	0.5697	
41	0.08	0.0408	0.1304	0.2087	0.3799	
42	0.10	0.0183	0.0733	0.1465	0.2381	
43	0.12	0.0082	0.0395	0.0948	0.1425	
44	0.14	0.0037	0.0207	0.0580	0.0824	
45	0.16	0.0017	0.0106	0.0340	0.0463	
46	0.18	0.0007	0.0054	0.0194	0.0255	
47	0.20	0.0003	0.0027	0.0107	0.0138	
48						

	A	B	C	D	E
49		N=200			
50		n=20			
51		c=1			
52	p	x=0	x=1	c=1	
53	0.00	1.0000	0.0000	1.0000	
54	0.02	0.6703	0.2681	0.9384	
55	0.04	0.4493	0.3595	0.8088	
56	0.06	0.3012	0.3614	0.6626	
57	0.08	0.2019	0.3230	0.5249	
58	0.10	0.1353	0.2707	0.4060	
59	0.12	0.0907	0.2177	0.3084	
60	0.14	0.0608	0.1703	0.2311	
61	0.16	0.0408	0.1304	0.1712	
62	0.18	0.0273	0.0984	0.1257	
63	0.20	0.0183	0.0733	0.0916	
64					

[셀의 입력내용]

B37; = POISSON.DIST(0, 40*$A5, 0)　　(B37를 B38에서 B47까지 복사한다)

C37; = POISSON.DIST(1, 40*$A5, 0)　　(C37를 C38에서 C47까지 복사한다)

D37; = POISSON.DIST(2, 40*$A5, 0)　　(D37를 D38에서 D47까지 복사한다)

E37; = SUM(B37 : D37)　　(E37를 E38에서 E47까지 복사한다)

B53; = POISSON.DIST(0, 20*$A5, 0)　　(B53를 B54에서 B63까지 복사한다)

C53; = POISSON.DIST(1, 20*$A5, 0)　　(C53를 C54에서 C63까지 복사한다)

D53; = SUM(B53 : C53)　　(D53를 D54에서 D63까지 복사한다)

	N	O	P	Q	R	S
1	OC 곡선					
2	N=2000	N=1000	N=400	N=200		
3	n=200	n=100	n=40	n=20		
4	c=10	c=5	c=2	c=1		
5	1.0000	1.0000	1.0000	1.0000		
6	0.9972	0.9834	0.9526	0.9384		
7	0.8159	0.7851	0.7834	0.8088		
8	0.3472	0.4457	0.5697	0.6626		
9	0.0774	0.1912	0.3799	0.5249		
10	0.0108	0.0671	0.2381	0.4060		
11	0.0011	0.0203	0.1425	0.3084		
12	0.0001	0.0055	0.0824	0.2311		
13	0.0000	0.0014	0.0463	0.1712		
14	0.0000	0.0003	0.0255	0.1257		
15	0.0000	0.0001	0.0138	0.0916		
16						
17						

[셀의 입력내용]

N5; = SUM(B5 : L5)   (N5를 N6에서 N15까지 복사한다)

O5; = SUM(B21 : G21)   (O5를 O6에서 O15까지 복사한다)

P5; = SUM(B37 : D37)   (P5를 P6에서 P15까지 복사한다)

Q5; = SUM(B53 : C53)   (Q5를 Q6에서 Q15까지 복사한다)

5) 샘플링검사방식과 이해관계자의 보호

◆ 합격품질수준과 불합격품질수준

전수검사에서는 어떤 품질수준을 경계로 하여 그 이상의 로트는 전부 합격시키고, 그 미만은 전부 불합격시키는 이상적인 OC 곡선을 생각할 수 있다. 단, 이때 전수검사상의 오류가 없어야 한다.

그러나 샘플링검사에서는 전술한 바와 같이 좋은 품질의 로트임에도 불구하고 불합격되는 경우가 있고, 나쁜 품질의 로트인데도 불구하고 합격되는 경우도 있게 마련이다. 샘플링검사의 경우에는 이 두 종류의 오류를 완전히 제거할 수 없다. OC 곡선상에서 볼 때 구입자에게 바람직한 품질수준은 p_0(혹은 AQL) 이상이지만 구입자가 허용할 수 있는 최소한의 품질수준은 p_1(혹은 RQL)이다.

AQL(acceptable quality level)은 흔히 합격품질수준이라고 부르는데, 합격판정 샘플링검사에서 공정평균의 품질수준으로 구입자가 만족할 수 있는 최대한의 불량률을 말한다. 이때 로트의 합격확률은 높게 마련인데 보통은 95% 정도가 된다.

그리고 RQL(rejectable quality level)은 흔히 로트허용불량률(lot tolerance percent defective : LTPD) 또는 불합격품질수준이라고 부르는데, 구입자의 입장에서 불합격시키고 싶은 불량률의 하한을 말한다. 이 경우에 로트의 합격확률이 보통 10% 정도로 낮은데 이 확률을 소비자위험 β로 표시한다.

AQL 이상을 가리켜서 공급자의 입장에서 로트를 가급적 합격시키고 싶은 합격영역이라 하고, RQL 혹은 LTPD 이하를 가리켜서 구입자의 입장에서 가급적 로트를 불합격시키고 싶은 불합격영역이라고 한다. 또한 AQL과 LTPD의 사이를 합격과 불합격을 확실히 분간할 수 없는 부정영역이라고 한다.

> **평균출검품질**

샘플링검사의 대표적인 형태라고 할 수 있는 계수 선별형 샘플링방식에 따르면 일정한 품질수준을 유지할 수 있는데, 그 이유는 계수 선별형 샘플링방식에서 표본 중의 불량품수가 합격판정개수를 넘을 경우에 로트의 잔량에 대해서는 전수선별을 하기 때문이다.

전수선별된 로트는 불량품이 제거되므로 이 과정을 거치지 않고 합격된 로트의 것이 포함되었다고 하더라도 이들의 평균불량률은 검사 전의 불량률에 비해서 낮아지게 마련이다. 검사 후의 평균불량률을 가리켜서 평균출검품질(average outgoing quality ; AOQ)이라고 부른다.

AOQ는 다음과 같은 계산방식으로 구한다.

$$\text{AOQ} = \frac{\text{평균불량품수}}{\text{로트의크기}} = \frac{L(p) \times p(N-n)}{N}$$
$$\fallingdotseq L(p) \times p$$

여기에서
$L(p)$: 로트가 합격되는 확률
p : (검사 전) 로트의 불량률
N : 로트의 크기
n : 표본의 크기

AOQ는 검사 전 로트의 불량률인 p값과 무관하게 일정한 값을 넘지 않는데, 이 값을 평균출검품질한계(average outgoing quality limit ; AOQL)라고 한다.

로트의 크기 $N = 1000$에서 표본 $n = 80$을 추출하여 합격판정개수 $c = 1$을 기준으로 하는 샘플링 검사에서, AOQ와 AOQL을 각각 구하라.

> **Excel에 의한 해법**

	A	B	C	D	E	F	G	H
1	N	1000						
2	n	78						
3	p	np	x=0	x=1	L(p)	AOQ	AOQL	
4	0,000	0,00	1,0000	0,0000	1,0000	0,0000		
5	0,005	0,39	0,6771	0,2641	0,9411	0,0047		
6	0,010	0,78	0,4584	0,3576	0,8160	0,0082		
7	0,015	1,17	0,3104	0,3631	0,6735	0,0101		
8	0,020	1,56	0,2101	0,3278	0,5379	0,0108	*	
9	0,025	1,95	0,1423	0,2774	0,4197	0,0105		
10	0,030	2,34	0,0963	0,2254	0,3217	0,0097		
11	0,035	2,73	0,0652	0,1780	0,2433	0,0085		
12	0,040	3,12	0,0442	0,1378	0,1819	0,0073		
13	0,045	3,51	0,0299	0,1049	0,1348	0,0061		
14	0,050	3,90	0,0202	0,0789	0,0992	0,0050		
15								

[셀의 입력내용]

B4; $= \$B\$2*A4$	(B4를 B5에서 B14까지 복사한다)
C4; $=$ POISSON.DIST(0, B4, 0)	(C4를 C5에서 C14까지 복사한다)
D4; $=$ POISSON.DIST(1, B4, 0)	(D4를 D5에서 D14까지 복사한다)
E4; $= C4 + D4$	(E4를 E5에서 E14까지 복사한다)
F4; $= A4*E4$	(F4를 F5에서 F14까지 복사한다)
G4; $=$ IF(F4<MAX(\$F\$4 : \$F\$14), " ", "*")	(G4를 G5에서 G14까지 복사한다)

위의 분석결과를 이해하기 쉽게 그래프로 나타내면 다음과 같은 AOQ 곡선이 되고, 이 곡선의 최대값이 AOQL이 된다. 즉, 구입자가 생산자로부터 공급받을지도 모를 가장 나쁜 평균출검품질(AOQ)은 0.0108(1.08%)을 넘지 않을 것이다. 평균품질 보증의 경우에는 구입자 측에서 AOQL의 값을 미리 지정하여 AOQ가 이 값을 넘지 않도록 하면 된다.

예를 들어 구입자의 입장에서 검사 후에 받아들이는 로트의 평균품질이 불량률 1.08%를 넘지 않을 것을 원한다고 하면, AOQL = 1.08%로 되는 샘플링검사방식을 사용하여 검사를 실시하면 될 것이다.

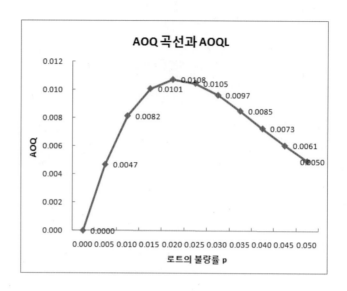

6) 샘플링검사의 절차

샘플링검사의 절차를 간단히 요약하면 다음과 같다.[5]

(1) 검사단위를 정한다.

(2) 검사항목을 정한다.

(3) 검사단위의 품질기준과 측정방법을 결정한다.

(4) 검사특성의 비중을 정한다.

    ① 치명결점(致命缺點)

    ② 중결점(重缺點)

    ③ 경결점(輕缺點)

    ④ 미결점(微缺點)

(5) 검사의 유형을 정한다.

(6) 검사의 조건을 제시하고 샘플링검사의 요소를 선정한다.

(7) 검사의 로트 범위를 구분하고 그 크기를 정한다.

    ① 로트의 형성

    ② 로트의 크기

---

5) 이순룡, 전게서, pp. 315~321.

③ 정지 로트와 이동 로트

(8) 샘플링방식을 정한다.

(9) 표본을 추출한다.

(10) 데이터를 측정한다.

(11) 데이터의 측정결과를 품질기준 및 합격판정기준과 비교한다.

(12) 합격·불합격 판정을 한다.

(13) 로트에 대해 조치한다.

　　① 합격 로트의 조치

　　② 불합격 로트의 조치

(14) 검사의 기록과 관리에 주의한다.

　　① 효과적이고 정확한 정보를 신속히 얻을 수 있는 기록양식을 확립한다.

　　② 검사원이 올바르게 기록하도록 훈련과 검토를 실시한다.

　　③ 검사의 결과를 필요로 하는 부문에 보고한다.

　　④ 필요할 때 언제나 이용 가능하도록 정리·보관한다.

(15) 검사의 결과를 활용한다.

　　① 검사의 조정

　　② 공정에 대한 조치

　　③ 품질표준에 대한 개선

　　④ 공급자의 선정

2. 각종 샘플링검사

1) 계수 규준형 샘플링검사

> **계수 규준형 샘플링검사의 개요**

규준형 샘플링검사는 원칙적으로 눈앞의 로트에 대한 합격·불합격을 정하는 것으로서, 공급자에 대한 보호와 구입자에 대한 보호를 규정해서 공급자의 요구와 구입자의 요구 양쪽을 만족하도록 구성되어 있는 점을 특징으로 한다.

따라서 규준형의 샘플링검사에서는 검사에 제출된 로트에 관한 사전의 정보는 필요로 하지 않는다. 즉, 로트가 제조된 공정의 평균품질이라든지 또는 그 공정이 안정상태에 있었는지 어떤지에 관한 정보는 샘플링방식을 선정할 때에는 필요 없다.

또 적용상, 특히 거래가 일정기간은 계속된다고 하는 조건도 필요하지 않으므로, 1회뿐인 거래에도 적용할 수 있다. 더욱이 이 유형의 샘플링검사는 불합격이 된 로트를 전수선별하는 것도 요구하고 있지 않으므로 파괴검사 등에도 적용이 가능하다.

그러나 이러한 장점이 있는 반면에 다음과 같은 단점도 가지고 있다. 사전의 정보를 이용하지 않고 표본의 시험결과만으로 판단하고자 하기 때문에, 다른 유형의 샘플링검사에 비해서 로드로부터 추출하는 표본의 크기가 커지는 경향이 많으며 이것은 곧 검사비용의 증가와 연결된다. 선별형처럼 검사 후의 품질이 좋아진다고 하는 것도 아니고, 조정형과 같이 품질향상의 자극을 주는 것도 아니다. 따라서 규준형의 샘플링검사는 사전정보를 이용할 수 없는 현물거래 또는 그것에 준하는 경우에 적용하는 것이 바람직하다.

규준형 샘플링검사의 기초적인 개념은 다음과 같다. 먼저 공급자에 대한 보호로서는 품질이 좋은 로트는 샘플링검사에서 가능한 한 합격시키고 싶다.

그와 같은 좋은 로트의 한계로서 불량률 p_0의 로트를 생각하여, 불량률 p_0의 로트가 샘플링검사에서 불합격이 될 확률(생산자위험) α를 일정한 작은 값으로 억제한다(보통은 $\alpha = 0.05$). 또 구입자에 대한 보호로서는, 품질이 나쁜 로트는 샘플링검사에서 가능한 한 불합격으로 하고 싶다. 그와 같은 나쁜 로트의 한계로서 불량률 p_1의 로트를 생각하여, 불량률 p_1의 로트가 샘플링검사에서 합격이 될 확률(소비자위험) β를 일정한 값으로 억제한다(보통은 $\beta = 0.10$). 이렇게 함으로써 좋은 로트는 대부분 합격이 되도록 하고, 또 나쁜 로트는 거의 불합격이 되도록 해 놓는다.

이와 같이 규준형 샘플링검사는 로트의 품질보증에 대해서는 직접적으로 OC 곡선만을 단서로 해서 검사에 제출된 하나하나의 로트가 좋은 로트인지 나쁜 로트인지를 통계적 검정의 입장에서 보증하고자 하는 것으로서, 샘플링검사 중에서는 가장 기초적인 것이다.

그러나 다른 유형의 샘플링검사를 채택할 경우에도 샘플링검사의 기본적인 성질을 이해하기 위해서 우선 규준형 샘플링검사를 충분히 이해해 둘 필요가 있다. 계수 규준형 샘플링검사의 KS로서는 KS A 3102(계수 규준형 1회) 및 KS A 3107(계수 규준형 축차)이 있다.

규준형 샘플링검사에서는 품질지표로서 p_0, α ; p_1, β를 정하면 샘플링방식(표본의 크기와 로트 판정기준의 편성)이 구해진다. 실제로는 $\alpha = 0.05$, $\beta = 0.10$이라고 하는 식으로 거의 고정되어 있으므로, 품질지표로서는 p_0, p_1의 두 가지 값을 정하는 것만으로 충분하다.

실제로는 p_0, p_1의 값을 어떻게 정하느냐가 규준형 샘플링검사를 적용해 나가는 데 있어서 가장 중요한 점이다. 그런데 이들 값은 공식과 같은 것으로부터 기계적으로 구할 수는 없다. 일반적으로는 품질에 대한 요구, 물품의 가격, 검사에 요하는 비용, 검사에 소비할 수 있는 공수와 시간, 불량품에 의한 영향의 정도, 제조공정의 실력 혹은 납기 등의 여러 가지 조건을 참고로 해서 공급자와 구입자가 협의하여 정해야 한다.

p_0, p_1의 값을 구체적으로 정하면, 그 다음 순서는 샘플링검사표로부터 샘플링방식을 기계적으로 구하면 된다. 단, p_0, p_1의 값을 정할 때에는 이 양자의 비 p_1/p_0도 고려할 필요가 있다. 물론 $p_1/p_0 > 1$이 아니면 샘플링검사는 설계할 수 없지만 p_1/p_0의 값이 1에 가까우면 표본의 크기 n이 대단히 커져 버려서 실용적이지 못하게 된다. 상식적으로는 p_1/p_0의 값은 4~10 정도가 되도록 택하는 것이 바람직하고, 로트의 크기가 현저하게 큰 경우 이외에는 p_1/p_0의 값을 그 이하로 해서는 안 된다.

▶ 계수 규준형 1회 샘플링검사

로트의 불량률을 보증하는 것으로 로트의 품질을 불량률로 나타내고, 불량률 p_0의 로트가 불합격이 될 확률을 $\alpha = 0.05$로, 불량률 p_1의 로트가 합격될 확률을 $\beta = 0.10$으로 한 규준형 샘플링검사로서, 로트로부터 단 1회만 추출한 표본 중의 불량품 개수에 의해서 로트의 합격·불합격을 판정하는 것이다.

검사단위를 양품과 불량품으로 구분할 수 있으면 충분하고, 그 다음은 일반 샘플링검사의 요건을 충족시키면 된다. 단, 이 샘플링검사를 적용하는 것이 유리한 경우는 전술한 바와 같이 현물거래 또는 그것에 준하는 경우이다.

검사의 순서는 다음과 같다.

① 검사단위에 대해서 양품과 불량품으로 나누기 위한 기준을 명확히 정한다.

② 가능한 한 합격시키고 싶은 로트의 불량률 상한 p_0 및 되도록 불합격으로 하고 싶은 로트의 불량률 하한 p_1의 값을 지정한다($p_0 < p_1$으로 한다).

③ 동일 조건에서 생산된 것으로 검사 로트를 형성한다.

④ 샘플링검사표에서 샘플링검사방식(표본의 크기 n과 합격판정개수 c)을 구한다.

⑤ 로트 중에서 ④에서 구한 크기의 표본이 가능한 한 로트를 대표하도록 추출한다.

⑥ ①의 품질판정기준에 따라서 표본을 시험하고, 표본 중의 불량품수 x를 조사한다.

⑦ $x \leq c$라면 로트 합격, $x > c$라면 로트 불합격으로 판정한다.

⑧ 사전결정에 의거해서 로트를 조치한다.

> **계수 규준형 축차 샘플링검사**

로트의 불량률을 보증하는 것으로 로트의 품질을 불량률로 나타내고, 불량률 p_0의 로트가 불합격이 될 확률을 $\alpha = 0.05$로 하며 불량률 p_1의 로트가 합격될 확률을 $\beta = 0.10$으로 한 규준형 샘플링검사이다. 로트로부터 표본을 1개씩 축차적(逐次的)으로 추출해서 시험하고, 표본 중 불량품 개수의 누계를 그 때마다 로트 판정기준과 비교해서 합격, 불합격, 검사속행의 어느 쪽인지 판정을 실시하는 검사이다.

2) 계수 선별형 샘플링검사

> **선별형 샘플링검사의 개요**

선별형 샘플링검사는 로트에서 추출한 표본의 검사결과로부터 합격이라고 판정된 로트는 그대로 받아들이고 불합격이라고 판정된 로트는 전수선별해서 불량품은 전부 양품과 교환하든지 수정해서 모두 양품으로 만든 다음에 받아들이는 검사방식이다. 이 검사는 본래 공정간 검사나 최종검사 등에 사용하는 데 적합한 것으로 규준형 샘플링검사와 달리 어느 정도 로트의 계속을 가정하고 있다. 품질보증의 방식으로서는 다음의 두 종류가 있다.

① 로트마다의 품질(불량률)을 보증하는 방법

② 다수 로트의 평균품질(평균출검품질)을 보증하는 방법

전자에 대해서는 품질지표로서 LTPD(로트허용불량률), 후자에 대해서는 AOQL(평균출검품질한계)을 사용하는데, 어느 경우에도 그 조건을 충족시키는 샘플링방식은 다수 있으므로 공정평균불량률에 있어서 평균검사량이 최소가 되도록 하는 샘플링방식이 보여지고 있다. 또한 평균검사량이란 합격 로트의 표본 크기와 불합격 로트의 표본 크기의 장기간 평균이다.

➤ 선별형 샘플링검사와 품질보증

(1) 로트 품질보증

샘플링검사의 대상이 되는 개개 로트의 불량률을 보증하고자 하는 방식으로서 품질지표로 서는 LTPD(기호는 p_1 또는 p_t)를 이용한다. 즉, LTPD의 로트가 합격될 확률 β를 0.10으로 억제하여, LTPD보다 나쁜 로트는 100회에 10회 이하밖에 합격되지 못하도록 하고자 하는 방 식이다.

(2) 평균품질보증

개개의 로트가 아니라 다수 로트의 평균불량률의 한계를 보증하고자 하는 방식이다. 선별형 샘플링검사에서는 불합격 로트는 전수선별되어서 불량률은 0이 되기 때문에, 합격 로트와 불 합격이 되어서 전수선별된 로트와의 검사 후 불량률을 다수의 로트에 대해서 평균한 것(평균 출검품질, AOQ)은 검사 전의 불량률보다 좋아진다. 검사 전의 불량률 p가 일정할 때, 즉 어떤 일정한 불량률의 로트가 잇따라 검사에 제출되었을 때 AOQ는 전술한 바와 같이 근사적으로 다음의 식으로 표현된다.

$$\text{AOQ} = \frac{평균불량품수}{로트의크기} = \frac{L(p) \times p(N-n)}{N}$$

$$\fallingdotseq L(p) \times p$$

여기에서　$L(p)$: 로트가 합격되는 확률

　　　　　　p 　: (검사 전) 로트의 불량률

이 식에서 보는 바와 같이 AOQ와 불량률 p는 함수관계에 있다. 로트의 불량률이 낮으면 검사 후의 불량률도 당연히 낮게 마련이다. 따라서 AOQ도 낮게 된다. 그러나 또한 로트의 불량률이 높게 되면 로트의 불합격률이 높아지게 되므로 대부분의 로트는 전수검사를 받게 되어 결과적으로 AOQ가 낮아진다. 반면에 불량률이 낮지도 높지도 않은 경우에는 상당수의 로트가 샘플링검사에서 합격되고, 따라서 합격된 로트에 포함된 불량품으로 인해 AOQ가 높 아진다.

> **TIPS!**
>
> 인류에 기여할 수 있는 정직한 기술 개발은 회사의 양심이다. 즉 품질은 양심을 지키는 것에서 시작한다. 어떤 사고도 예방할 수 있는 개발 검증시스템을 확실히 갖추어야 한다. 개발 제품이 대량 생산 시에도 불 량은 없고 양품만 나오도록 전체 직원이 양심적으로 자기 일을 확실히 관리하고 양산 제품 품질보증시스 템을 확실히 실행해야 한다.

개개 로트의 불량률 또는 수많은 로트의 평균불량률을 보증하는 선별형 샘플링검사로서 LTPD 및 AOQ가 다음과 같은 값에 대한 1회 샘플링방식을 보이고 있다.

LTPD(%)	1	2	3	5	7	10
AOQL(%)	0.5	0.7	1	2	3	5

3) 계수 조정형 샘플링검사

→ 조정형 샘플링검사의 개요

조정형 샘플링검사란 과거의 검사성적에 의거해서 검사방법을 조정하고자 하는 것이다. 규준형 샘플링검사에서는 과거의 검사성적은 이용하지 않고, 또 선별형 샘플링검사에서도 과거의 검사성적은 공정평균불량률이라고 하는 형태로 평균검사량을 최소로 하기 위해서만 이용하는 데 비해서, 조정형 샘플링검사에 있어서는 과거의 검사성적을 충분히 활용함으로써 합리적인 검사를 실시할 수 있다. 조정형 샘플링검사의 대표적인 것으로는 다음의 두 가지 종류가 있다.

① 검사의 엄격도를 조정하여 보통검사, 까다로운 검사 및 수월한 검사를 적절하게 사용하는 것
② 전수검사, 무시험검사 또는 샘플링검사를 적절하게 사용하는 것

→ 계수 조정형 샘플링검사

과거의 검사이력에 의거해서 보통검사, 까다로운 검사 및 수월한 검사를 적절하게 사용하는 계수 조정형 샘플링검사로서 로트의 품질이 불량률 또는 100단위당의 결점수로 표현되는 경우에 사용할 수 있다. 샘플링 형식으로는 1회, 2회 및 다회가 있다.

KS A 3109는 미국 군용규격 MIL-STD-105D를 기초로 해서 그 장점은 살리고 단점은 수정해서 제정되었고, 그 후 다회 샘플링검사의 내용이 추가되었다. 이 샘플링검사방식의 최대 목표는 품질향상의 자극을 주는 데 있다.

→ 전수검사, 무시험검사, 샘플링검사의 적절한 사용

품질지표로서 임계불량률 p_b를 사용하고, 공정평균불량률 $\bar{p}$와 p_b의 비교를 통해서 검사방

법을 바꾸고자 하는 것이다.

① $\bar{p}$가 p_b보다 확실히 나쁘면 로트를 불합격으로 해서 처음부터 전수검사를 한다.
② $\bar{p}$가 p_b보다 확실히 좋으면 로트를 무시험으로 합격이라고 판정해서 조치한다.
③ $\bar{p}$가 p_b보다 좋다고도 나쁘다고도 단언할 수 없을 때만 샘플링검사를 한다.

이 유형의 검사는 공정간 검사, 최종검사 및 구입검사에서 적용된다. 이 샘플링검사는 조정형으로서 사용되고 있는 예는 적지만, 검사항목마다 전수검사, 무시험검사, 샘플링검사를 선택하는 데는 유용하다.

> ### 계수 조정형 1회 샘플링검사

품질정보를 충분히 활용해서 전수검사, 무시험검사, 샘플링검사를 적절하게 분간하여 쓰는 것으로, 샘플링검사를 사용할 경우도 품질정보에 의거해서 샘플링방식을 조정하도록 한다.

KS A 3109가 공급자를 선택할 수 있는 경우를 설계전제로 하고 있는 데 비해서, KS A 3111에서는 공급자를 특정으로 선택할 수 없는 경우를 설계전제로 하고 있다.

품질지표로서는 임계불량률 p_b를 사용하는데, 로트의 품질이 임계불량률 p_b보다 훨씬 좋으면 무시험으로 로트를 합격시키고 반대로 p_b보다 훨씬 나쁘면 처음부터 전수검사를 하는 등의 방법에 의해 경제성이 높은 검사를 실시할 것을 목표로 하고 있다.

세 종류의 주샘플링표가 주어져 있는데, 샘플링방식은 주샘플링표에서 읽은 수치로부터 계산에 의해서 구할 필요가 있다.

4) 계수 연속생산형 샘플링검사

> ### 연속생산형 샘플링검사의 개요

연속생산형 샘플링검사란 벨트 컨베이어에서의 생산품과 같이 물품이 연속해서 흐르는 경우에, 로트를 형성하기 전에 또는 로트를 형성하면서 검사하여 검사 후의 평균품질을 지정된 AOQL 이하로 거두고자 하는 것이다.

연속생산형 샘플링검사의 대표적인 것은 먼저 처음에 각개 검사로 시작해서 품질이 좋으면 일부검사로 이행하고, 또 품질이 나빠지면 각개 검사로 되돌아간다고 하는 방식이다. 이러한 방식의 샘플링검사에는 닷지(H. F. Dodge)의 CSP-1 및 그 개량형인 CSP-2와 CSP-3가 있다.

KS A 3106은 닷지의 CSP-1을 기초로 해서 설계된 것이다. 또 일부에서 추출하는 물품의 비율을 품질의 좋은 정도에 따라서 단계적으로 바꾸는 방식도 있다. 예를 들면 MIL-STD-1235B 다수준 연속생산형 샘플링검사 등이다.

연속생산형 샘플링검사에는 이밖에 일부검사로부터 시작해서 각개 검사로 넘어가는 방식도 있다. 어쨌든 연속생산형 샘플링검사에는 각개 검사가 포함되어 있으므로, 선별형과 마찬가지로 비파괴검사 항목에만 적용할 수 있다. 연속생산형 샘플링검사는 원래 벨트 컨베이어 생산품 등의 검사를 전제로 해서 설계되어 있는데, 그 외에도 품질이 불충분한 로트의 부분 선별용에 이용되는 경우가 있다.

➜ 계수 연속생산형 샘플링검사

불량개수인 경우의 연속생산형 샘플링검사로서, 품질개선지수 b를 이용해서 샘플링방식을 구하고 공정평균불량률 $\bar{p}$를 검사 후에는 AOQL 이하까지 개선하고자 하는 것이다.

검사는 각개 검사로부터 시작하여 각개 검사에서 연속 i개의 양품이 나오면 일부검사로 넘어간다. 일부검사에서 크기 $1/f$의 단락으로부터 1개씩 표본을 추출해서 검사한다. 표본이 양품이라면 일부검사를 계속하고 불량품이라면 각개 검사로 되돌아간다. 이하 이것을 계속 반복한다.

5) 계량 규준형 샘플링검사

➜ 계량 규준형 1회 샘플링검사(로트의 표준편차 σ를 알고 있는 경우)(KS A 3103)

계량 규준형 샘플링검사도 규준형의 일종이며 그 특징, 목표, 적용범위 등은 전술한 계수 규준형 샘플링검사의 경우와 거의 같다고 할 수 있다. 다만 정규분포의 가정 등 다른 점도 있으므로 주의를 요한다. 계량 규준형 1회 샘플링검사는 로트의 표준편차 σ를 알고 있는 경우의 계량 샘플링검사에서, 로트의 평균을 보증하는 경우와 로트의 불량률을 보증하는 경우 두 가지로 나누어져 있다.

주샘플링표로서는 평균 보증의 표, 불량률 보증의 표 외에 보조표나 그림도 주어져 있다. 계량 규준형 1회 샘플링검사의 절차를 불량률 보증의 경우만을 설명하면 다음과 같다.

① 품질판정기준법을 정한다. S_U, S_L의 한쪽 또는 양쪽을 규정한다.
② p_0, p_1을 지정한다.

③ 로트를 형성한다.

④ 로트의 표준편차 σ를 지정한다.

⑤ 표본의 크기와 합격판정개수를 구한다.

⑥ 표본을 추출한다.

⑦ 표본의 특성치 x를 측정하고 평균 $\bar{x}$를 계산한다.

⑧ 합격·불합격의 판정을 내린다.

⑨ 로트를 조치한다.

➤ 계량 규준형 1회 샘플링검사(로트의 표준편차 σ를 모르는 경우)(KS A 3104)

로트의 표준편차 σ를 모르는 경우의 계량 샘플링검사에서는 불량률 보증의 경우밖에 없다. 로트의 표준편차 σ를 모르는 경우에는 표본의 표준편차 $s(=\sigma/\sqrt{n})$로 대용한다. 이 때문에 p_0, p_1을 같은 값으로 했을 때에는 KS A 3103의 경우보다 표본의 크기가 상당히 커진다고 하는 것은 어쩔 수 없다. 같은 p_0, p_1에 대해서는 σ를 모르는 경우는 σ를 알고 있는 경우보다도 표본의 크기가 $(1+k^2/2)$배가 된다. 여기에서 k는 합격판정개수이며, 같은 p_0, p_1에 대해서는 σ를 알고 있든 σ를 모르든 대개 같은 값이 된다.

샘플링검사가 필요한 경우

• 파괴검사의 경우(재료의 인장강도 시험, 전구나 진공관의 수명시험)
• 연속체나 대량품
• 다수 다량의 것으로 어느 정도 불량품이 섞여도 괜찮을 경우
• 검사항목이 많은 경우
• 검사비용을 적게 하는 편이 이익이 되는 경우
• 생산자에게 품질향상의 자극을 주고 싶을 경우

샘플링검사가 유리한 점

• 1개 로트의 크기가 커서 전수검사 비용의 부담이 있는 경우
• 일부 제품에 대해서 검사 결과가 합격인 경우 그 결과가 전체 로트를 대표할 수 있음
• 합격 로트 중에도 어느 정도까지는 불량품이 섞여 들어가는 것을 허용

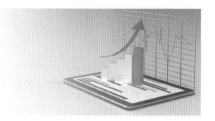

Chapter10

관능평가

1. 관능평가의 기본사항

1) 관능평가의 개념

(1) 관능평가

인간의 감각을 이용해서 품질특성을 검사하고 판정기준과 비교하여 판정을 내리는 평가를 관능평가(sensory evaluation)라고 한다. 단, 여기에서 말하는 평가는 시험을 의미하는 경우도 있다.

관능평가는 품질정보를 감각에 대한 자극으로서 인간이 받아들여 이것을 평가한다. 관능평가에는 두 가지의 형식이 있는데, 각각 다른 역할을 하고 있다. 그 하나는 분석형 관능평가로 품질특성 그 자체를 관능에 의해서 측정하는 것인데, 말하자면 인간이 측정기의 대용으로 쓰이는 평가이다. 이것은 다음과 같은 경우에 적용한다.

① 이화학적(理化學的)인 수단으로 측정 가능하더라도 그 조작이 복잡하다거나 시간이 너무 걸리기 때문에 인간의 감각으로 대용하는 편이 실제적인 경우
② 이화학적 측정보다도 인간이 더 예민한 경우
③ 인간의 감각으로 감지할 수 있지만, 원인으로 되어 있는 화학물질이나 물리상태가 불분명한 경우(식품의 풍미저하나 조직불량 등)
④ 문제로 하고 있는 특성을 측정할 적당한 이화학적인 수단이 없는 경우(직물의 촉감)

다른 하나의 형식은 기호형 관능평가로 식품의 맛, 디자인의 아름다움 등 인간의 감각상태 그 자체를 측정의 대상으로 하는 관능평가이다. 이것은 제품의 기호에 대한 소비자의 수용도를 보는 경우가 많다.

(2) 관능품질 특성

관능평가에 의해 측정되는 품질특성을 말한다. 관능품질 특성(sensory quality)에는 이화학적 대응이 가능한 것(종이의 순백도), 대응하기 어려운 것(직물의 촉감)이나 대응할 수 없는 것(사람의 취향) 등이 있다. 관능품질 특성은 일반적으로 수치, 언어, 그림이나 사진 및 견본 등으로 표현한다.

(3) 관능평가원

흔히 패널(panel)이라고 부르는데, 이는 관능평가원의 집단을 일컫는다. 소비자의 대표로서 뽑힌 패널을 소비자 패널이라고 한다. 소비자 패널의 대용으로서 사내의 일반 사람들을 쓰는 경우도 있다. 전문적인 지식이나 능력을 가지고 훈련을 받은 패널을 전문 패널이라고 한다.

전문 패널은 차이의 검출, 특성평가를 위한 구성원이 있으며 정기적으로 교육·훈련을 받고 식별능력, 판단기준의 안정성, 타당성을 대조하여 확인한다. 기호조사 패널은 대상으로 하는 상품의 소비자라고 상정되는 구성원이 바람직하다.

(4) 패널조사

패널조사(panel survey)란 일정기간에 걸쳐서 소비자에게 위탁하여 일정한 질문항목에 대하여 정기적으로 회답을 받는 시장조사의 방법을 말한다.

소비실태는 월 단위로 하고 연 단위로 정기적으로 조사해서 소비동향을 시계열적으로 분석하는 경우에 이용된다. 이 방법은 표본추출이나 표본의 탈락보충 등 표본관리에 어려움이 있지만, 마케팅 문제의 여러 가지 분석에 이용할 수 있기 때문에 귀중한 자료원이 된다.

2) 감각의 성질

관능평가는 감각의 성질을 충분히 고려해서 실시되지 않으면 안 된다. 감각의 정량적 연구는 많이 실시되고 있지만 이 중에서 관능평가에 필요한 기본적인 사항을 열거하면 다음과 같다.

(1) 자극역(stimulus threshold)

설탕물은 달게 느껴지지만 이것을 물로 희석해 가면 이윽고 단맛이 검출되지 않게 된다. 이 한계는 혀의 양쪽 끝에서 2.7~7.6(g/물 1리터)이다. 이와 같이 자극이 어떤 한계 이하가 되면 지각이 생기지 않게 된다. 이와 같은 한계치를 자극역 혹은 역치(閾値)라고 한다.

(2) 변별역(differential threshold)

식별할 수 없는 최소 자극의 차이를 말하는 것으로, 아래로 쟀을 때의 변별역(하변별역 ΔS_l)과 위로 쟀을 때의 변별역(상변별역 ΔS_u)이 있는데 양자의 평균 $(\Delta S_u + \Delta S_l)/2 = \Delta S$ 를 변별역(辨別閾)이라고 하는 경우가 많다. 또 표준자극과 변화자극의 물리적 차이가 50%의 비율로 발견되는 값을 jnd(just noticeable difference)라고 한다.

최초의 표준자극량을 R이라 하고, jnd를 ΔR이라고 할 때 다음의 식이 성립한다.

$$C = \frac{\Delta R}{R}$$

이것을 웨버(E. H. Weber)의 법칙이라 하고, C를 웨버의 비(比)라고 한다.

(3) 등가자극(equivalent stimulus)

주관적으로 등가라고 느껴지는 자극의 값, 예를 들면 설탕의 일정 농도를 표준자극으로 하고, 이것과 같은 단맛이라고 느껴지는 사카린의 농도를 등가자극이라고 한다.

(4) 순응효과(adaption effect)

어떤 감각이라도 일정 강도의 자극을 계속해서 제시하면 감각강도는 점차 감소하여 결국은 전혀 느끼지 못하게 된다. 자극을 정지하면 감각은 회복된다. 감각이 소실되기까지의 시간(순응시간)은 감각양상, 자극강도, 자극적용부위 등에서 다른데, 압각(壓覺)에서 5~16초, 후각에서 63~206초, 미각에서는 20~120초(식염), 75~325초(단맛, 신맛, 쓴맛)이다. 청각도 어떤 소리를 오래 듣고 있으면 저하되는 현상이 있다. 회복시간은 압각에서 5~13초, 후각에서 400초 이상이다.

시각의 경우는 어두운 곳에서 급히 밝은 곳으로 나오면 눈부셔서 사물이 보이기 어렵게 된다거나, 밝은 곳에서 어두운 곳으로 가면 그 직후는 아무것도 보이지 않지만 점차 보이게 되는 현상이 있다. 전자를 명순응(明順應), 후자를 암순응(暗順應)이라고 한다. 명순응은 1분 이내로 끝나지만, 암순응은 안정된 상태에 도달하는 데에 30분 정도가 필요하다.

검사할 때 순응효과를 막기 위해서는 적당한 휴식을 취해 감각을 회복시킬 필요가 있다.

(5) 잔존효과(residual effect)

어떤 맛을 본 뒤 자극을 제거해서 입을 가시더라도 무엇인가 맛이 느껴진다. 이와 같이 자극이 완전히 제거되지 않고 느껴지는 현상을 잔존효과라고 한다. 이것을 제거하기 위해서는 충분한 시간 간격이 필요하다.

(6) 대비효과(contrast effect)

혀의 한 쪽에 연한 식염용액을 묻혀 두면, 다른 쪽에 단맛이 자극역 이하인 극히 연한 설탕물을 묻혀도 단맛을 느끼는 경우가 있다. 이와 같이 두 개의 자극을 동시 또는 연속해서 주게 되면 반대의 성질을 강화하는 현상을 대비효과라고 한다. 이 효과는 무게, 소리, 색, 미각 등에서 볼 수 있다.

이 효과를 막으려면 색을 검사할 경우에는 시료 주위에 대비효과를 일으키는 색을 놓지 않는다든가, 맛을 검사할 경우에는 시료를 맛볼 때마다 물로 입을 가시는 등의 배려가 필요하다.

(7) 순서효과(order effect)

두 개의 시료를 검사할 때, 앞에 제시된 자극을 과대평가하는 경우가 있다. 예를 들면 식품에서는 처음에 먹은 쪽을 맛있다고 하는 사람이 많다. 이와 같이 앞의 자극을 과대평가하는 경향을 정(正)의 순서효과라 하고 그 반대를 부(負)의 순서효과라고 한다.

순서효과를 막기 위해서는 시료를 맛보았다면 물로 입을 가신다거나 두 개의 시료를 맛보기전에 입에 익히기 위한 시료를 맛보도록 한다. 순서효과를 막을 수 없을 경우는 두 개의 시료 A, B를 검사할 때 $A \rightarrow B$의 순서로 검사하는 조(組)의 수와 $B \rightarrow A$의 순서로 검사하는 조의 수를 같게 하도록 계획하여 순서효과를 없앤다.

(8) 위치효과(position effect)

두 개의 시료를 좌우에 늘어놓고 눈으로 비교하면 어떤 검사원은 오른쪽을 좋다고 하고, 어떤 검사원은 왼쪽을 좋다고 하는 버릇이 나온다. 3점 시험법으로 시료를 직선적으로 늘어놓으면 맨가운데에 놓인 시료가 홀수 시료로서 뽑히는 경향이 있다. 5점 시험법에서는 양쪽 끝의 시료가 짝수 시료로서 뽑히는 경향이 있다. 이러한 현상을 위치효과라고 한다.

위치효과를 막기 위해서는 다음과 같이 한다.

① 두 개의 시료를 비교할 때 좌우를 바꿔 놓고 판정한다. 세 개 이상의 시료를 검사할 때는 직선으로 늘어놓지 말고 원형으로 배치한다.

② 검사원마다, 반복할 때마다 시료의 배치를 무작위하게 한다.

③ 시료의 배치를 균형있게 한다. 예를 들면 3점 시험법이면 6조의 같은 수 패널을 만들어 AAB, ABA, BAA, BBA, BAB, ABB의 여섯 가지의 순서로 각 조에 할당한다.

(9) 기호효과(code bias)

시료의 품질보다도 앙케트 용지의 기호(No.1, No.2, 갑, 을, 병, A, B, C 등)에 의해 판정되는 경우가 있다. 이것을 기호효과라고 한다.

기호효과를 막기 위해서는 다음과 같이 한다.

① 갑, 을, 병 등 기호효과가 나오기 쉬운 기호는 피한다. 두 자릿수 또는 세 자릿수의 패널에 의미를 알 수 없는 숫자로 하는 것도 좋다.

② 패널에는 기호가 보이지 않도록 한다. 또는 판정이 끝난 다음에 기호를 보고 결과를 기입하도록 한다.

③ 패널마다 시료에 붙이는 기호를 확률화한다.

(10) 중심화 경향(central tendency)

1~5점의 점수로 검사하면 훈련되어 있지 않은 검사원에게는 1 또는 5의 채점이 적고 2~4에 판정이 집중되는 경향이 있다. 이것을 중심화 경향이라고 한다.

(11) 기대효과(expectation effect)

검사원이 시료에 대해서 어떠한 선입관을 가지고 있으면 판단에 영향을 미친다. 상품의 상표를 알리면 판단은 품질이 아니라 상표로 행해져 버린다. 이것을 기대효과라고 한다. 이것을 막기 위해서는 검사 전에 선입관을 갖게 할 수 있는 정보는 일체 알려서는 안 된다. 또 시료의 내용에 대한 정보를 숨겨서 검사한다.

(12) 피로(fatigue)

검사를 계속하게 되면 정신적·신체적 피로가 쌓여 검사에 대한 주의가 감퇴하고 의욕이 소실되어 검사성적을 저하시킨다. 피로란 과로로 인하여 정신이나 몸이 지쳐서 고단한 상태를 말한다. 이것을 막기 위해서는 한 사람의 검사원이 검사하는 시료수를 제한한다, 의욕을 북돋운다, 검사의 환경조건을 개선 또는 개변한다, 휴식을 취한다, 등을 생각할 수 있다.

2. 관능평가의 의의

세상에는 많은 상품(제품이나 서비스)이 넘치고 있다. 그리하여 소비자는 자신의 자유의사로 선택·구입한 상품을 사용한다거나 이용함으로써 풍족하고 쾌적한 생활을 영위하고자 한다. 따라서 시장에서 성공할 상품을 만들어내기 위하여, 사용하는 인간의 감각에 비추어 본 수용 방식이나 인간의 입장에서의 사용 기분 혹은 느낌을 포착하는 것은 마케팅 활동의 일환으로서 중요하다.

특히 최근에는 사회 전체가 '인간중시·생활중시'의 움직임에 있어, '감성 가치'라든가 '감성의 시대'나 '감성 사회', '감성 산업'이라고 하는 말이 하나의 키워드로서 많이 이용되어지고 있다. 다시 말하면, 상품에 대해서 소비자가 느끼는 인간의 오감(五感) 등의 '감각', 인간의 정서나 감정, 기분이나 마음, 호감도, 선호, 쾌적성, 사용의 편의성, 생활의 풍족함 등의 '느낌'을 문제로 하는 경우가 많아지고 있다.

'감성'이란 무엇인가라고 하는 것은 철학적이고 어렵지만, 이러한 인간의 '감각'과 '느낌'을 합쳐서 '감성'이라고 하면, 기업은 상품개발에 있어서 '감성'을 중시하고 '감성에 호소하는 상품'을 제공할 필요가 생긴다. '감성'을 중시한다거나 '감성에 호소하는 상품'이라고 하면, 무엇인가 떠오르는 뉘앙스를 인식하는 사람도 있는 것 같다. 그러나 위와 같이 생각하면, '감성에 호소하는 상품'이란 '매력 있는 상품', '가치 있는 상품'을 말하며 '팔리는 상품'과 같은 의미이다. 따라서 이것은 상품을 개발하는 데 있어서 본질적이고 또한 근본적인 과제라고 하는 사실을 알 수 있다.

이 책에서 다룰 '관능평가'는 인간이 가지고 있는 오감(혹은 오관)을 활용한 검사·평가 기술로 인간의 애매한 '감성'을 정량화하는 데 있어서 대단히 유효한 수법이다. 다시 말하면, 인간이 느끼는 '감각'이나 '느낌'을 정량화하는 데 있어서도 대단히 유효하다고 할 수 있다. 식품의 맛이나 술의 시음 등을 대상으로 오래 전부터 연구되어 왔던 관능평가·관능검사는 종래에는 식품업계나 화장품업계를 중심으로 신제품개발이나 시장조사(고객 요구의 파악), 품질관리 등에 널리 활용되어 왔다. 그러나 최근에는 자동차, 건설, 전기기기, 서비스 등 활용되는 업계도 다양화되고 있다. 이것은 풍족하고 쾌적한 생활을 연출하는 '가치 있는 상품'이나 '매력 있는 상품'을 제공할 필요상, '관능평가'라고 하는 기술이 산업계에서 새삼스럽게 재평가되어 온 결과이기도 하다.[6]

요즈음에 '관능평가'는 '감성에 호소하는 상품 만들기'인 '감성공학'의 요소 기술 내지는 기간 기술로서 정착하고, 감성에 호소하는 상품을 제공하기 위한 비즈니스 도구로서 개발·생산·판매에 이르는 전부문의 비즈니스 프로세스에 편입되고 있다. 즉, 과학(science) 내지는 공학(engineering)을 지향한 신상품의 개발·경영을 위해서, '관능평가'는 계량심리학, 심리물리학 내지는 인간행동학의 관점에서 적용되는 과학적 내지는 공학적인 방법론으로서 자리매김되고 있다고 해도 좋을 것이다.

3. 관능평가의 의미

'관능평가'는 종래 '관능검사'로 불렸다. 이것은 이해하기 어려운 이야기이지만, JIS(일본공업규격)에서 규정하고 있다.

1) 관능이란 무엇인가

'관능'이라고 하는 말은 엉뚱한 오해의 근원이 되어 있으므로, 그 의미를 명확히 이해해 두는 것이 중요하다.

관능평가 혹은 관능검사에 있어서의 '관능'이라고 하는 말은 성인 지정 영화나 포르노 소설 혹은 스포츠 신문이나 만화 주간지 등으로부터 연상되는 내용과는 다르다. '관능'이라고 하는 말의 의미를 사전에서 인용하면, 예를 들어

① 생물의 감각 기관의 작용
② 육체적인 감각
③ 일반적으로 감각(感覺), 감관(感官). 특히 성적(性的) 감각

---

6) 노형진, SPSS를 활용한 주성분분석과 요인분석, 한올출판사, 2014, pp.111~136.

으로 나와 있다. 관능평가에서 말하는 '관능'은 물론 ①, ②, ③의 통상의 의미이며 ③의 '특히'의 의미를 일부러 강조하는 것은 해당되지 않는다. 그리고 영어에서는 'sensory'가 대응하는데, 이것에는 호색적인 의미는 전혀 포함되어 있지 않다('sensual'이 그것에 해당된다).

더구나 인간의 감각으로서, 세간에서 흔히 '오감(五感)'이라고 일컬어지는데, 생리학적으로는 오감(시각, 청각, 미각, 후각, 촉각을 포함하는 피부 감각)에 더해서 체성(體性)감각(심부(深部)감각, 평형감각, 내장감각)이 있으므로 '팔감(八感)'이 옳다.

2) JIS에 의한 관능평가의 정의

(1) JIS 제정과 개정의 경위

'관능검사'가 JIS(일본공업규격)에 제정되기에 이르기까지는 우여곡절이 있었다.

관능검사에서는 측정기기에 의한 검사와 달리 개인차도 있고, 검사원의 신체 상태나 주위의 영향을 받기 쉬우므로 측정의 결과도 자동 계기를 읽듯이 객관적인 수치가 나오지 않기 때문에, 다루기 어렵고 곤란한 문제로 생각되고 있었다.

그러나 외관검사를 비롯하여 악기나 음향기기의 음질, 수도관이나 석유난로의 악취, 텔레비전이나 사진의 영상 화질, 섬유제품의 감촉이나 눈으로 본 느낌 등의 문제가 구체적으로 일어나고 있어, JIS 안에도 관능검사의 규정을 포함시키고 싶다고 하는 요망이 고조되어 왔다.

이 때문에 1969년에 JIS 원본 작성이 개시되고, 1979년에 JIS Z 9080 『관능검사통칙』이 제정되었다. 원안 작성 이래, 제정까지 오랜 세월이 걸린 것은, 관능검사가 새로운 분야이며, 포함시켜야 할 내용이나 표현에 논의가 있었기 때문이다.

그 후, 1990년에 JIS Z 8144 『관능검사용어』도 제정되었다.

2004년에 JIS를 ISO(국제규격)에 정합(整合)시키기 위해서 두 가지 모두 개정되어, JIS Z 8144 : 2004 『관능평가분석-용어』및 JIS Z 9080 : 2004 『관능평가분석-방법』이 되었다. 이 규격의 개정에 즈음하여, 표제가 그때까지의 '관능검사'에서 '관능평가분석'으로 변경되었다.[7]

(2) JIS에 의한 정의

위와 같은 사정을 거쳐서 2004년에 개정된 JIS Z 8144 : 2004 『관능평가분석-용어』에서는 <표 10-1>과 같이 정의되고 있다. 단적으로 말하면, 관능평가(JIS Z 8144 1014)는 '관능평가분

---

7) JIS Z 8144 : 2004 관능평가분석 - 용어 해설

석에 의거한 검사'로 되어 있다. 그렇다면 관능평가분석(동 1013)이란 무엇인가 하면 '관능특성을 인간의 감각기관에 의해서 조사하는 것의 총칭'으로 되어 있다. 더욱이 관능특성(동 1014)이란 '인간의 감각기관이 감지할 수 있는 속성'이라고 되어 있다.

결국, 각 용어의 정의를 한데 연결하면, '관능평가란 인간의 감각기관이 감지할 수 있는 속성인 관능특성을 인간의 감각기관에 의해서 조사하는 관능평가분석에 의거한 평가'라고 할 수 있다.

| 표 10-1 | JIS Z 8144 : 2004 『관능평가분석-용어』에 의한 관능평가의 정의

번호	용어	정의	대응영어(참고)
1012	관능특성	사람의 감각기관이 감지할 수 있는 속성	sensory characteristics
1013	관능평가분석	관능특성을 사람의 감각기관에 의해서 조사하는 것의 총칭	sensory analysis
1014	관능평가	관능평가분석에 의거한 평가	sensory evaluation
1015	관능시험	관능평가분석에 의거한 검사·시험	sensory test

(출전) JIS Z 8144 : 2004 『官能評價分析-用語』로부터 발췌

이것은 일견하면 설명이 되어 있는 것 같은데, 실은 별로 설명이 되어 있지 않은 것은 아닌가 하는 의견도 있다.

그리고 JIS Z 8144 : 2004에는 다음과 같은 해설이 가해져 있다.

관능특성(동 1012) : 감각적 특성 또는 심리적 특성이라고 하는 말의 유의어(類義語)로서도 쓰인다.

관능평가분석(동 1013) : 종래는 '관능시험'이라고 번역하던 말이다. 그러나 ISO 5492 (Sensory analysis-Vocabulary)는 이 말(sensory analysis)을 단순히 '시험(test)'으로서 다루고 있지는 않고, 사람의 감각기관을 이용한 측정·실험·데이터 분석·결과의 해석이라고 하는 일련의 시스템 전체로서 다루고 있다. 그 때문에 시스템적인 측면을 포함해서 '관능평가분석'이라고 부르기로 했다.

관능평가(동 1014), 관능시험(1015) : (ISO 5492에 있어서의) sensory inspection은 공장에 있어서의 품질에 대한 양부(良否) 판정, 제품규격의 검사에 있어서의 합부(合否)의 판정에 상당하는 것으로, 인간의 감각을 측정기의 센서로서 제품의 품질을 측정하는 행위이다. 종래부터 사용되고 있는 '관능평가'라고 하는 용어에 가장 적절한 영어이다. 일본에서는 대장성양조시험소(大藏省釀造試驗所)에서 예전부터 있는 술의 시음심사를 관능검사라고 칭하고 있었던 데 유래한다. 또 sensory evaluation은 제품을 개량한다거나 많은 시료(시험·검사의 대상이 되는

것)로부터 최량의 것을 선택한다고 하는 것처럼 평가할 대상영역이 확대되고 있다. 단지 출하검사나 규격의 합격여부라고 하기보다도 넓은 평가분야에서 이용되는 용어이다. 더욱이 sensory analysis는 평가업무만이 아니라 시스템 전체를 나타내고, 연구적인 장면에서도 이용된다.

(3) 맺음말

이와 같이 한 나라의 공업규격인 JIS에 규정되어 있다는 것은 의미가 깊다. 그러나 너무나 지나치게 '감각'에 한정되어 있다고 하는 비판도 예전부터 있다.

전술한 바와 같이 최근에는 '감각'에 더해서 '느낌'에까지 관능평가는 확대되고 있으므로, JIS의 정의를 확장해서 '인간의 감성, 즉 감각이나 느낌에 의한 평가기술'이라고 정의해야 할 것으로 본다. 이런 의미에서 앞으로는 '관능평가' 대신에 '감성평가'라고 적극적으로 부를 것을 제안하는 사람도 있다.[8]

그것에 의하면 '관능이라고 하는 말이 오해 받기 쉽다'라고 하는 이전부터의 논의에도 종지부가 찍혀질 것이다. 게다가 '감성'은 '감성공학'으로서 널리 일반화되어 되어 있다. '감성평가'라고 하는 말도 서서히 쓰이기 시작하고 있지만, 여기에서는 문제제기에 그치고 '관능평가'라고 하는 말을 이용한다.

4. 관능평가의 특징

관능평가의 특징을 이해하기 위해서 이화학적(理化學的) 검사와 비교하기로 한다. 더 나아가 관능평가의 특질이나 자리매김을 검토한다.

1) 관능평가와 이화학적 검사의 비교

관능평가는 품질정보를 감각에 대한 자극으로서 인간이 받아들여서 그것을 그대로 평가하

---

8) 長澤伸也 編著, 川榮聰史 著, Excelでできる統計的官能評價法, 日科技連, 2008.

든가, 또는 주어진 표준시료와 비교함으로써 실시하는 것이다. 여기에서 표준시료(標準試料)란 상대평가를 실시하기 위해서 검사시료와 동시에 제시되는 미리 준비된 시료를 말한다. 시료를 단독으로 제시해서 절대평가를 구하는 것이 어려운 경우, 표준시료를 동시에 제시해서 이것과 비교함으로써 상대평가를 실시하면 평가가 안정적이다.

이 때문에 관능평가는 이화학적인 검사에 비해서 대체로 <표 10-2>와 같은 특징이 있다. 이와 같이 관능평가에서는 인간이 평가함에 의한 애매함과 수치화의 곤란함, 피로와 순응이나 훈련효과 등 이화학적 검사에는 없는 특유의 특징이 있다. 특히 개인차에 의한 판단의 차이는 실시상에서나 결과의 활용상에서도 주의를 요한다.

|표 10-2| 이화학적 검사와 관능평가의 비교

	이화학적 검사	관능평가
측정수단	이화학적 기기	인간
측정과정	물리적, 화학적	생리적, 심리적
출력	수치	언어
기기차·개인차	작다	크다
교정	용이	곤란
감도	한도가 있다	양호한 경우 있음
재현성	높다	낮다
피로와 순응	작다	크다
훈련효과	작다	크다
환경의 영향	작다	크다
실시의 용이함	기기가 필요	간편·신속
측정영역	좁다(嗜好 불가)	넓다(嗜好도 가능)
종합판단	곤란	용이

(출전) JIS Z 9080 : 1979 『官能檢査通則-解說』을 일부 수정

2) 관능평가의 특질

이상의 사항을 염두에 두고 관능평가의 특질을 정리하면 다음과 같이 될 것이다.

(1) 관능평가는 경계영역이다

이화학적 검사에서는 이화학적 기기(계측기)의 사용방법을 알면, 그 다음은 통계적 검정·

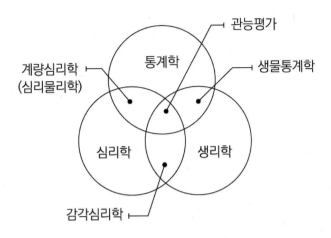

|그림 10-1| 관능평가(관능검사)의 자리매김

추정, 분산분석 혹은 회귀분석 등의 통계학을 구사해서 데이터 분석을 실시하게 된다. 이에 비해서 관능평가에서는 인간이 계측기이다. 따라서 관능평가는 <그림 10-1>에서 보는 바와 같이 심리학, 생리학 및 통계학의 경계영역이라고 할 수 있다. 요컨대 관능평가(관능검사)를 활용하기 위해서는, 데이터 분석을 위한 통계학뿐만 아니라 감각과 관련된 생리학이나 인간에 관련된 심리학도 균형 있게 이해할 필요가 있다.

(2) 관능평가의 데이터는 순위척도나 명목척도가 중심이 된다

관능평가(관능검사)에서는 출력으로서 얻어지는 데이터는 기본적으로 언어이므로, 그 성질이 좋지 않다. 이 때문에 후술할 척도의 분류로 말하자면, 기기에 의한 측정치와 같은 비율척도(비례척도)나 간격척도(등간척도)가 아니라 순위척도(순서척도) 혹은 명목척도(분류척도)가 중심이 된다.

(3) 관능평가 특유의 수법이 많다

관능평가(관능검사)에서는 피로나 순응이 보이는 과정에서, 계량척도로 헤아릴 수 있는 명백한 것과 달리 암묵적인 것이다. 훈련효과 등도 있기 때문에 실험방법 및 분석방법에 궁리를 요한다. 이와 같은 사실로부터 후술할 통계적 관능평가법에서 개설하듯이 관능평가(관능검사) 특유의 여러 가지 수법이 제안되고 활용되고 있다.

5. 관능평가에 있어서의 데이터의 성질

척도의 분류와 기본적인 성질을 해설하는 과정에서, 관능평가(관능검사)에 있어서의 데이터는 명목척도나 순위척도가 중심이 된다는 사실을 언급한다. 또한 본래는 명목척도 또는 순위척도인 격매김 분류 데이터를 간격척도로 '간주하는' 것의 장점·단점을 생각한다.

1) 척도의 분류

척도란 '감각의 질·강도, 기호(마음에 든다고 느끼는 것) 및 수용성(받아들여지는 성질)을 측정하기 위해서 준비된 언어 또는 수치의 집합으로, 분류 또는 순서매김이 가능한 것'을 말한다(JIS Z 8144 2044). 심리학자 스티븐스(S. S. Stevens)에 의한 척도의 분류는 관능평가에 있어서 중요한 사고방식이다.

스티븐스는 <표 10-3>에 보이는 바와 같이 척도를 네 가지 유형으로 분류했다.

명목척도(분류척도)는 등가성(等價性)만이 보증되고 있다. 예를 들면, 프로 야구 요미우리 거인군단에 이적하면서 단 등번호 33의 인물과 이승엽은 등가라고 하는 것이 보증되고 있다. 등번호 33의 인물이 이승엽 이외에 몇 명이 있다거나 이승엽이 다른 등번호도 단다거나 다른 구단의 등번호 33이기도 한다거나 하는 일은 없다. 그리하여 평균치나 표준편차를 구한다거나 하는 계량적 처리는 의미를 갖지 못한다. 예를 들면, 등번호 33인 이승엽과 등번호 1번인 선수가 홈런을 쳤을 경우, 평균해서 등번호 17의 인물이 홈런을 쳤다고 하지는 않는다. 또한 수치의 대소도 아무런 의미가 없다.

순위척도(순서척도)는 대소관계가 보증되고 있다. 예를 들면, 냄새의 상쾌함에서 1위, 2위, 3위, …가 있는 경우, 2위는 1위에는 미치지 못하지만 3위보다는 위라고 하는 것을 나타낸다. 그러나 1위와 2위의 차는 2위와 3위의 차와 같은가는 보증되지 않는다. 따라서 1위라고 대답한 사람과 3위라고 대답한 사람이 같은 수만큼 있더라도 평균치를 구해서 2위가 되는지 어떤지도 보증되지 않는다. 순위를 다루는 통계적 처리는 적용할 수 있다.

|표 10-3| | 심리학자 스티브스가 시도한 척도의 분류

척도	성질	전형적인 예
명목척도 (분류척도)	등가성이 보증되어 있다 계량적 처리는 의미를 갖지 않는다	스포츠 선수의 등번호 제품의 로트 번호
순위척도 (순서척도)	대소관계가 보증되어 있다 순위를 다루는 통계적 처리를 적용할 수 있다	냄새의 상쾌함 셔츠의 더러움 상태
간격척도 (등간척도)	거리의 등가성이 보증되어 있다 통상의 통계적 처리를 적용할 수 있다	온도(섭씨, 화씨) 표준학력 테스트의 득점
비율척도 (비례척도)	비율의 등가성이 보증되어 있다 통상의 통계적 처리를 적용할 수 있다	절대온도 길이, 질량

(출전) JIS Z 9080 : 1979 『官能檢査通則-解說』을 일부 수정

간격척도(등간척도)는 거리의 등가성이 보증되고 있다. 예를 들면, 온도(섭씨)가 여름에는 30°C, 봄·가을에는 20°C, 겨울에는 10°C인 경우, 30°C와 20°C의 온도차 10°C와, 20°C와 10°C의 온도차 10°C는 같다. 그러나 여름은 30°C로 겨울의 10°C보다 3배 덥다든가, 봄·가을은 겨울의 2배 더위라고 말하지는 않는다. 4계절의 평균기온은 20°C라고 하듯이 통상의 통계적 처리를 적용할 수 있다.

비율척도(비례척도)는 비율의 등가성이 보증되고 있다. 예를 들면, 일반 한우 어미소의 무게가 600kg, 송아지의 무게가 200kg인 경우, 어미소는 송아지의 3배 무겁다고 할 수 있다. 또한 평균 무게는 400kg이라고 하듯이 통상의 통계적 처리를 적용할 수 있다.

이것들은 명목척도(분류척도), 순위척도(순서척도), 간격척도(등간척도), 비율척도(비례척도)의 순으로 고위가 되며, 고위(高位)의 척도는 그것보다 저위(低位)의 척도가 갖는 성질을 모두 겸비하고 있다. 따라서 그 척도를 사용해서 측정한 데이터에 대해서는 그 척도보다도 저위의 척도를 사용해서 측정한 데이터에 대해서 적용할 수 있는 통계량은 모두 적용할 수 있게 된다. 여기에서 통계량이란 평균치나 표준편차 등과 같이 표본의 데이터로부터 연산의 결과 구해지는 값을 말한다.

이 네 가지 척도의 기본적 성질을 이해해 두는 것은, 관능평가의 기준을 만들어 측정치를 취급하기 위해서 우선 필요한 것이다.

2) 관능평가에 있어서의 데이터

관능평가에서는 출력으로서 얻어지는 데이터는 기기에 의한 측정치와 같은 비율척도나 간

격척도가 아니라, 순위척도 혹은 명목척도가 중심이 된다.

예를 들면, 등급 등을 상·중·하로 격을 매겨 분류한 데이터는 순위척도이다. 또 설문지(앙케트 용지)를 이용해서 <그림 10-2> (a)와 같은 반대어를 양쪽 끝에 둔 SD법(Semantic Differential Scale Method)이나 <그림 10-2> (b)와 같은 평정척도법의 형식으로 질문하는 경우가 많은데, '상당히 어둡다'는 '대단히 어둡다'만큼은 아니지만 '비교적 어둡다'보다는 강하다고 하는 범주(category)에 격이 매겨져서 순위 매겨지는 것을 나타내므로, 본래는 격매김 분류된 명목척도 또는 순위척도이다.

그러나 이것을 점수화해서 간격척도로 '간주'할 수 있다고 하고 분석하는 일이 많다. 이와 같이 간격척도로 '간주'한다고 하는 것은 '상당히 어둡다'와 '대단히 어둡다'의 차는 '비교적 어둡다'와 '상당히 어둡다'의 차와 같다고 하는 것이다. 혹은 '대단히 어둡다'라고 대답한 사람과 '비교적 어둡다'라고 대답한 사람이 같은 수만큼 있다면, 평균치를 취하면 '상당히 어둡다'가 된다고 하는 것이다.

(a) SD법에 의한 경우(7점 척도의 예)

(b) 평정척도법의 경우(5점 척도의 예)

|그림 10-2| 자주 이용되는 질문 형식(순서 범주형 척도법)

그리고 설문지에 대해서 보충 설명하면, 사전에 준비한 질문을 실시함으로써 데이터를 수집하는 방법을 질문법이라고 한다. 특히 종이에 기입하는 형식을 전문적 명칭으로는 질문지조사 혹은 질문지법이라고 한다. 그리하여 이 기입하는 종이를 설문지 혹은 질문표, 조사표라고 한다. 일반적으로 앙케트 용지라고 부르는 경우도 많은데, 전문적인 명칭은 아니다.

또 SD법은 의미미분법(意味微分法), 의미측정법이라고도 한다. 오스굿(C. E. Osgood)에 의해서 언어의 의미를 측정하는 목적으로 고안된 것인데, 현재는 이미지의 측정, 태도의 측정

등에도 널리 사용되며 주성분분석 등에서도 이용되는 등, 관능평가의 수법으로서 정착해 가고 있다.

3) '간주한다'고 하는 것

척도의 분류와 '간주한다'고 하는 것에 대해서 생각해 보기로 한다. 왜 '간주한다'고 하는 조작을 더했는가 하면, 그것은 그렇게 함으로써 생기는 이익을 기대하기 때문이다. <표 10-3>에 보인 바와 같이 척도는 명목척도(분류척도), 순위척도(순서척도), 간격척도(등간척도), 비율척도(비례척도)의 순으로 고위가 되며, 그 척도에 의해서 얻어진 데이터에 대해서 적용할 수 있는 통계량의 종류가 많아진다. 바꾸어 말하면, 데이터로부터 이끌어낼 수 있는 정보의 양이 많아진다. 따라서 이 관점에 서는 한, 상·중·하와 같은 격매김 분류 데이터를 간격척도 혹은 비율척도로 간주하는 취급방식이 마음에 든다고 하는 셈이 된다.

그러나 상·중·하의 척도가 원리적으로 간격척도라고 하는 보증은 전혀 어디에도 없다. 그래서 이 점을 강조해서 이론적인 엄밀성을 요구하는 입장에 있는 사람은, 격매김 분류 데이터를 명목척도 또는 순위척도로서 다루어야 한다는 것을 주장하게 된다. 요컨대 '간주'함으로써 생긴다고 기대되는 이익과 그렇게 함으로써 범할지도 모를 잘못의 양쪽을 저울에 달아서, 격매김 분류 데이터를 다루게 된다.

실제의 관능평가에서는 격매김 분류 데이터를 근사적으로 간격척도로 간주해서 각 범주에 수치를 부여하여, 채점법의 결과와 마찬가지로 다루는 경우가 많다. 이것은 그와 같이 다루더라도 대부분의 경우에 지장을 초래하는 일이 없다고 하는 경험에 의거해서 허용되는 것이다. 그러나 이 경우에도 패널이 그 척도의 성질이나 사용법에 숙련되어 있는지 어떤지, 그 척도를 간격척도로서 간주해도 좋을 정도로 범주의 정의가 훌륭하게 만들어져 있는지, 시료의 성질이 간격척도로서의 평정을 실시하기 쉬운 것인지, 등에 대해서 배려가 필요하다.

물론 저위의 척도, 즉 명목척도나 순위척도로 간주해서 독립성의 검정이나 대응분석 등을 적용하는 것도 일반적으로 행해지고 있다.

그리고 패널이란 관능시험에 참가하는 피험자나 피조사자 등 평가자 전체의 집단을 가리킨다. 개개인은 패널리스트 또는 패널 멤버라고 한다.

1) 관능평가 데이터의 표현방법

(1) 관능평가 데이터의 성질

관능평가는 인간의 판단에 의한 것으로 물리실험이나 화학실험에서의 측정치와 비교해서 재현성이 나쁘고 오차가 생기기 쉽다. 또 데이터에는 개인차나 순서효과 이외에 인간의 판단이 기 때문에 복잡한 요인이 영향을 미친다. 관능평가는 이와 같은 데이터로부터 품질의 차이를 검출하기 위한 수법을 제공하고 있는데, 대부분의 수법은 많은 평가원의 판단이 필요하다. 또 개개의 평가원에 대해서도 평가를 위해서 상당한 육체적·정신적 부담을 강요하게 된다.

(2) 견본에 의한 표현

관능평가에서는 품질을 문장으로 나타내는 것이 어려우므로, 견본이 자주 쓰인다. 판정은 시료와 견본을 비교해서 행한다. 견본의 사용에 의해서 평가원 판정의 편의(치우침)나 산포를 개선할 수 있다.

견본에는 다음과 같은 것이 있다.

① 실물견본

실제의 물품으로 품질을 나타낸 견본을 말한다. 이를 실물견본이라고 한다.

② 모조견본

제품이 변질되기 쉬운 경우 다른 안전한 물질로 모조한 견본을 만든다. 이것을 모조견본이 라고 한다.

③ 절취견본

제품의 흠을 나타내 보이는 데, 제품이 대형인 경우는 그 일부를 절취해서 절취견본(切取見本)으로 한다. 직물이나 종이의 견본도 절취견본으로 하는 경우가 많다.

④ 표준견본

품질의 표준을 나타내 보이는 견본을 표준견본이라고 한다.

⑤ 한도견본

제품에는 어느 정도의 산포가 있으며, 표준견본만으로는 품질의 관리가 불가능하다. 산포의 허용한계를 정하지 않으면 안 된다. 허용되는 품질의 한도를 나타내 보이는 견본을 한도견본이라고 한다.

⑥ 단계견본

품질의 변동을 조사하기 위해서 품질이 변동할 수 있는 범위에 걸쳐서 단계적으로 견본을 만든다. 이것을 단계견본이라고 한다. 단계의 단차(段差)는 변별역(辨別閾)보다 약간 큰 정도로 한다.

2) 관능평가를 위한 수법

관능평가를 위한 수법에도 여러 가지가 개발되어 사용되고 있다. 그 대표적인 것을 열거하면 다음과 같다.

(1) 1점 시험법(single stimuli)

시료를 한 개씩 제시하여 그것이 A인지 아닌지 또는 A인지 B인지를 판단시킨다.

(2) 2점 식별시험법(paired difference test)

시료 A, B를 주고 두 개의 시료가 같은지 틀린지 혹은 어느 쪽이 좋은지를 판단시킨다. A, B를 주는 순서는 $A \rightarrow B$의 순서로 주는 조의 수와 $B \rightarrow A$의 순서로 주는 조의 수가 같게 되도록 한다.

(3) 3점 식별시험법(triangle test)

시료 A, B를 (ABB) 또는 (AAB)의 조(組)로 해서 주고 다 차지 않은 시료를 알아맞히게 한다.

(4) 1:2 식별시험법(duo-trio test)

처음에 표준품 S를 주어서 기억시키고, 다음에 S와 시료 X를 같이 주고 어느 쪽이 S인지를 알아맞히게 한다.

(5) 배우법(matching test)

A, B, C, $\cdots$, N의 시료의 조를 2조로 만든다. 각각의 조에서 1개씩 꺼내서 동종의 시료의 쌍을 만든다.

(6) 순위법(ranking test)

시료 A, B, C, $\cdots$, N을 기호의 순서 혹은 자극강도의 순서로 늘어놓게 한다.

(7) 채점법(scoring test)

시료의 자극강도 혹은 기호의 정도를 채점시킨다.

(8) 격매김법(grading method)

시료를 1급, 2급, 3급 등으로 격을 매기게 한다.

(9) 일대비교법(paired comparison)

시료 A, B, C, $\cdots$, N을 모두 두 개씩의 짝을 만들어 어느 쪽이 좋은지 혹은 어느 쪽이 어느 정도 좋은지를 비교판정시킨다. 판정시키는 방법과 그 데이터의 처리방법에 따라서 여러 가지의 일대비교법이 있다.

(10) 일대비교법(일치성의 계수)

시료 A, B, C, $\cdots$, N의 모든 두 개씩의 짝에 대해서 어느 쪽을 좋아하는지의 판단을 n명의 패널에게 시켜서 판단이 일치된 비율을 전체에 대해서 평균한 것을 일치성의 계수라고 한다.

(11) 일대비교법(일의성의 계수 η)

한 사람의 패널에게 시료 A, B, C, $\cdots$, N의 모든 두 개씩의 짝에 대하여 어느 쪽을 좋아하는지 판단시켜서 <그림 10-3>과 같이 좋아하는 방향에 화살표를 붙인다. 이 그림에서 ABC에 대하여 $B \rightarrow A \rightarrow C$의 순으로 좋아하지만, ABD에 대해서는 화살표가 한 바퀴 돌아서 좋아하는 순서가 모순되고 있다. 이것을 일순 삼각형(circular triangle)이라 하고, 이 삼각형의 개수가 많을 때는 시료간의 식별이 어렵다고 판정한다.

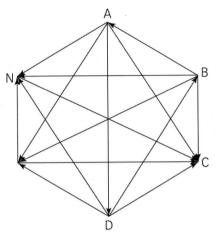

| 그림 10-3 | 일대비교법

(12) 일대비교법(Thurstone-Mosteller의 방법)

시료 O_1, O_2, $\cdots$, O_t의 모든 두 개씩의 짝에 대해서 어느 쪽을 좋아하는지를 n명의 패널에게 판정시킨다. 한 사람의 패널이 O_i와 O_j를 비교했을 때 O_i가 마음에 든다고 느끼는 정도 x_i, O_j가 마음에 든다고 느끼는 정도 x_j가 계량치(計量値)로 각각 정규분포 $N(\mu_i,\ \sigma^2)$, $N(\mu_j,\ \sigma^2)$에 따르며 상관계수는 ρ라고 하고, 이 가정으로부터 $\mu_i - \mu_j$의 추정치를 구한다.

(13) 일대비교법(Bradley-Terry의 방법)

Thurstone-Mosteller의 방법과 마찬가지로 판정을 행한다. O_i와 O_j의 비교에서 O_i를 O_j보다 좋아한다고 판정할 확률이

$$\frac{\Pi_i}{\Pi_i + \Pi_j}$$

로 나타낼 수 있는 것으로 가정하고 $\Pi_1, \Pi_2, \cdots, \Pi_t$를 구한다.

(14) 일대비교법(Scheffe의 방법)

시료 O_1, O_2, $\cdots$, O_t의 모든 두 개씩의 짝을 편성하여 O_i와 O_j를 i, j의 순으로 제시했을 때 O_i가 O_j에 비해서 어느 정도 마음에 드는지를 다음의 평점으로 나타낸다.

O_i가 O_j보다도 대단히 마음에 들었다	3
O_i가 O_j보다도 중간 정도로 마음에 들었다	2
O_i가 O_j보다도 약간 마음에 들었다	1
O_i와 O_j는 전혀 차이를 느끼지 못했다	0
O_i가 O_j보다도 약간 마음에 들지 않았다	-1
O_i가 O_j보다도 중간 정도로 마음에 들지 않았다	-2
O_i가 O_j보다도 대단히 마음에 들지 않았다	-3

O_1, O_2, $\cdots$, O_t로부터 두 개씩 순서를 붙여서 짝을 지으므로, $_tP_2 = t(t-1)$가지의 짝이 만들어진다. 각 짝에 대해서 r회 실험을 반복한다. 이와 같이 해서 얻어진 데이터는 다음의 식으로 나타낼 수 있는 것으로 한다.

$$x_{ijk} = (\alpha_i - \alpha_j) + \gamma_{ij} + \delta_{ij} + \varepsilon_{ijk}$$

여기에서 α_i는 시료 O_i의 평균적인 기호(嗜好)의 정도를, γ_{ij}는 O_i와 O_j의 편성의 영향을, δ_{ij}는 O_i를 먼저 O_j를 나중에 검사한 영향을 나타낸다. ϵ_{ijk}는 오차이다. 이 식을

$$\sum_{i=1}^{t} \alpha_i = 0, \ \sum_{j=1}^{t} \gamma_{ij} = 0, \ \gamma_{ij} = -\gamma_{ji}, \ \delta_{ij} = \delta_{ji}$$

로 해서 풀어 α_1, α_2, $\cdots$, α_t를 구한다.

이 방법에서는 한 사람의 패널에서 일대비교를 하므로 $t(t-1)r$명의 패널이 필요하다. Scheffé의 방법은 널리 사용되고 있는데, 패널의 사람수를 줄이고 싶은 경우, 순서효과를 무시할 수 있는 경우 등에는 여러 가지의 변형이 사용된다.

(15) 프로파일법(profile method)

용어 또는 기호에 의해서 대상의 이화학적(理化學的) 성질을 정성적으로 기술하고, 경우에 따라서는 그 강도를 척도상에 표현한다. 전체적인 차이를 검출할 뿐만 아니라 어느 점에서 어떻게 다른지를 알기 위한 것이다. 훈련된 4~5명의 패널에 의해서 실시된다.

1) 관능특성 데이터의 분석

인간의 오감을 근원으로 하는 관능특성 데이터는 측정기기 등 물리적으로 측정할 수 있는 데이터와 달리 데이터의 재현성이 나쁘고, 동일 조건하에서 반복의 데이터를 취하면, 그 산포가 현저히 커지게 되는 경우가 많다. 또한 가령 어떤 조건하에서 오차가 적은 측정치가 얻어졌다고 하더라도, 조건을 여러 가지 바꾸어 측정해 보면 결과가 다른 경우가 있으며, 간단한 규칙성을 발견하는 일조차 어려운 경우도 많다. 그러나 이것을 간단한 규칙성을 갖는 구조가 되기까지 제 조건을 통제하는 것은 대단히 곤란하다. 또한 그렇게 함으로써 오히려 관능특성의 본질을 왜곡하는 일조차 있다.

요컨대 물리적으로 측정된 데이터를 '투명 유리'를 통해서 보는 영상이라고 하면, 관능특성 데이터는 '불투명 유리'를 통해서 보는 데이터라고 비유할 수 있다. 또한 이것을 한마디로 말하면, 관능특성 데이터는 SN비(신호 대 잡음 비)가 나쁘고, 게다가 복잡한 구조를 갖는 데이터라고 할 수 있다.

그러나 이와 같이 다루기 어려운 관능특성 데이터의 분석수단으로서, 여기에서 소개할 통계적 관능평가 수법이 잡음과 신호를 분리하여 영상을 확실하게 하는 도구로서, 또한 복잡한 구조를 본질을 왜곡하지 않고 명확히 하기 위한 도구로서 크게 도움이 될 것이다.

2) 통계적 관능평가법의 개요

여기에서는 특히 관능특성의 평가 및 그 데이터 분석에 유효한 수법으로, 다변량분석도 포함한 것을 통계적 관능평가법이라고 총칭하여 소개하기로 한다. 통계적 관능평가법 이외에도 통계분석에서 일반적으로 알려져 있는 검정, 분산분석, 상관분석, 회귀분석 등의 수법을 데이터의 수집방식, 분류방식 등에 따라서는 사용할 수 있는 경우도 물론 있다.

통계적 관능평가법의 개요를 소개하면 <표 10-4>와 같다. 또한 대표적인 통계적 관능평가법을 열거하면 <표 10-5>에 보이는 바와 같다.

| 표 10-4 | 통계적 관능평가법의 개요

방 법	목 적	수 법
분류한다	특성의 차이 식별, 호감도의 비교	분류 데이터의 분석법(식별법·기호법)
격을 매긴다	특성 또는 호감도의 격매김	격매김 분류 데이터의 분석법 (격매김법)
순위를 매긴다	특성 또는 호감도의 서열매김	순위법
쌍으로 하여 비교한다	특성 또는 호감도의 척도화	일대비교법
순서 범주형 척도 또는 평점을 매긴다	특성의 측정, 호감도의 평가	순서 범주형 척도법 또는 채점법

(출전) 天坂格郎·長澤伸也共著, 『官能評價の基礎と應用-自動車における感性のエンジニアリングのために-』, 日本規格協會, 2000, p.56, 圖2.1.1을 일부수정

| 표 10-5 | 대표적인 통계적 관능평가법

수법	명칭	방법	분석방법
분류 데이터의 분석법 (식별법·기호법)	2점 식별법	A, B 2개의 시료를 주고, 어떤 특성에 대해서 어느 쪽이 보다 큰지 판단하게 한다.	이항검정($H_0 : p = 1/2$) (단측검정)
	2점 기호법	A, B 2개의 시료를 주고, 어느 쪽이 좋은지를 답하게 한다.	이항검정($H_0 : p = 1/2$) (양측검정)
	3점 식별법	A, B 2개의 시료를 비교할 때 (A, A, B)를 1조로서 주고, B를 지적시킨다.	이항검정($H_0 : p = 1/3$) (단측검정)
	3점 기호법	(A, A, B)를 1조로서 주고, B를 지적시킨 후, 어느 쪽이 좋은지를 답하게 한다.	삼항검정($H_0 : p = 1/6$) (양측검정)
	1대2점 식별법	먼저 A를 주고, 다음에 (A, B)를 1조로서 주고, 어느 쪽이 A인지를 지적시킨다.	이항검정($H_0 : p = 1/2$) (단측검정)
	배우법	시료의 조를 2조 주고, 각 조로부터 1개씩 끄집어내어 동종의 시료 쌍을 만들게 한다.	클레이머의 방법
격매김 분류 데이터의 분석법(격매김법)		상·중·하, 우·량·가, 합격·불합격 등의 계급에 시료를 격매김한다.	분할표에 의한 χ^2검정 코크란의 Q검정 불량률의 검정 피셔의 평점법 누적법

순위법		여러 개의 시료에 대해서, 어떤 특성의 크기에 따라 순위를 매기게 한다.	순위상관계수 (스피어만, 켄달) 켄달의 일치성계수 W 윌콕슨의 순위합검정 크러스컬의 H검정
일대비교법	기본적 방법	여러 개의 시료를 비교할 때, 2개씩 조로 해서 비교하여 우열을 매긴다.	일의성의 계수 ζ 일치도의 계수 u 서스톤의 일대비교법 브래드레이의 일대비교법
	Scheffe의 방법	여러 개의 시료를 비교할 때, 2개씩 조로 해서 비교하여 차의 평점을 판단시킨다.	Scheffe의 일대비교법
순서 범주형 척도법	SD법·평정척도법	순서로 늘어선 언어를 부여해 놓고, 시료가 어느 분류에 속하는지를 답하게 하여, 수치를 부여한다.	t검정·F검정, 분산분석 상관·회귀분석 다변량분석
채점법		시료를 주고, 어떤 특성의 크기, 품질의 양부나 호감도의 정도 등을 채점시킨다.	t검정·F검정, 분산분석 상관·회귀분석 다변량분석

(출전) 天坂格郎·長澤伸也共著, 『官能評價の基礎と應用−自動車における感性のエンジニアリングのために−』, 日本規格協會, 2000, pp.56~57, 圖2.1.2를 일부수정

3) 통계적 관능평가의 실제

통계적 관능평가법을 이해했다고 하더라도 관능평가를 실제로 실시하고자 하면, 여러 가지 문제가 생긴다. 그래서 그 중에서도 특히 중요하다고 생각되는 시험의 실시에 대해서, JIS Z 9080 : 2004 『官能評價分析-方法』에 의거하여 기술한다. 평가자의 선발 및 훈련, 시험실 등에 대해서는 전문서적을 참고하기 바란다.

시험의 실시는 시험 전에 평가자에 대해서 실시하는 간결한 설명에 의존한다. 질문표의 설계에서는 평가자로부터 얻어지는 결과뿐만 아니라 데이터 처리의 방법까지 고려하는 것이 좋다.

시료의 제시방법 및 제시순서는 시험의 중요한 요소이다. 시험결과의 편의(bias)가 최소가 되도록 시료는, 예를 들면, 3자리의 난수를 이용해서 코드화한다. 시험마다 시료의 코드를 변

경하는 것은 중요하다. 평가의 순번도 결과에 영향을 미치는 일이 있으므로, 일반적으로 순번을 고정한다. 대규모의 시험에서는 순번은 랜덤화한다.

▶ 관능평가시 주의사항
　- 실험을 통한 주관적 식품평가의 경우 -

① 관능평가는 물리적 환경의 영향을 받으므로 실내의 온도와 습도를 쾌적하게 조절해 준다.
② 환기시설을 설치하여 냄새가 빨리 제거되도록 배려한다.
③ 관능 검사장의 모든 위치에서 조명의 종류는 일정해야 한다.
④ 가능하면 패널이 개별 부스(booth)에서 관능검사를 실시하도록 해야 한다.
⑤ 한번 맛을 본 후에는 반드시 물로 입을 헹구어 준다.
⑥ 시료는 같은 종류의 용기에 담아야 하고, 검사물의 양이나 크기도 동일해야 한다.
⑦ 시료에 붙이는 기호나 번호는 0에서 9까지의 숫자를 무작위로 배열한 수표
　예) 22368 , 48360 , 22527 , 97265

엑셀을 활용한
품질경영

PART

02

통계적 품질관리 응용과정

Chapter11
실험의 계획과 실시

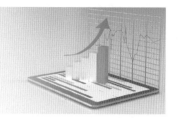

1. 실험계획법

1) 실험의 추진방법

> **실험계획법이란**

제품의 특성치와 그 제조조건과의 관계를 조사하기 위해서 생산현장 또는 연구실 내에 있어서 반드시 실험이 행해진다. 좀 더 일반적으로는 인과관계를 객관적으로 파악하기 위한 수단으로서 그리고 또 이론·가설을 검증하기 위한 수단으로서 실험이 행해진다.

이와 같은 실험을 행하는 경우, 실험에 문제 삼는 요인이 많아 어떠한 형태로 실험하는 것이 좋을까? 실험 데이터에는 반드시 실험오차가 포함되어 있는데, 이것을 어떻게 처리하면 좋을까? 이러한 문제가 발생한다. 이들 요구에 응하기 위한 수단으로서 개발된 것이 실험계획법이라고 하는 학문이다. 이것은

① 주어진 실험 목적에 대해서 어떠한 실험을 하는 것이 가장 효과적인가. 즉 어떻게 실험하면 실험 횟수가 적고 올바른 정보가 많이 얻어지는가
② 오차가 포함되어 있는 실험 데이터로부터 올바른 결론을 이끌어내려면 데이터를 어떻게 분석하면 좋을까

라고 하는 것을 취급하는 학문이다.

지금 고장이 나서 움직이지 않게 된 다섯 대의 자동차(A, B, C, D, E)가 있다고 하자. 다섯 대는 모두 같은 차종이다. 고장의 원인은 각각의 자동차에 설치되어 있는 부품에 있다고 생각되었기 때문에 부품의 상태(양호한가 불량한가)를 조사해 보았다. 설치되어 있는 부품은 네 종류가 있으며 각각을 부품 1, 부품 2, 부품 3, 부품 4라고 한다. 조사의 결과는 다음의 표와 같다.

<조사결과표>

자동차	결과	부품 1	부품 2	부품 3	부품 4
A	고장	양호	양호	불량	양호
B	고장	양호	양호	불량	양호
C	고장	양호	양호	불량	양호
D	고장	양호	양호	불량	양호
E	고장	양호	양호	불량	양호

이 조사결과를 보고 어느 부품이 고장의 원인이 되어 있는지 발견할 수 있을까? 통상 이와 같은 표를 보면 부품 3이 고장의 원인이라고 판단해 버린다. 그러나 이것은 엄밀히 말하면 잘 못된 판단이다. 부품 3은 고장의 원인일 가능성이 극히 높다 라고 할 뿐이지, 원인이라고 하는 단정은 불가능한 것이다. 왜냐하면 고장이 나 있지 않은 자동차도 부품 3이 불량일지도 모르기 때문이다. 고장인지 어떤지를 단정하려면 부품 3을 양호한 상태로 되돌려 보고서, 고장이 고쳐지는지 어떤지에 대한 실험이 필요하게 되는 것이다.

실험이란 어떤 결과에 주목했을 때, 그 원인으로 생각되는 것을 인공적으로 변화시켜서 결과가 어떻게 변화하는가를 관찰·측정하는 것이다. 그리하여 인과관계의 확인에는 실험이 불가결한 것이다.

그리고 현재 일어나고 있는 상태의 그대로를 인공적인 손을 가하지 않고 관찰·측정하는 것이 조사이다.

실험의 PDCA

품질관리의 분야에서는 좋은 결과를 얻기 위한 기본적인 업무의 추진방법이 제창되고 있다. 그것은 PDCA라고 불리는 네 개의 스텝에 따른 업무의 추진방법을 말하는 것으로 구체적으로는 다음과 같은 스텝을 의미한다.

(스텝 1) P = Plan   = 계획
(스텝 2) D = Do   = 실시
(스텝 3) C = Check   = 확인
(스텝 4) A = Action   = 조치

실험을 추진하는 과정에서도 이와 같은 사고방식을 그대로 적용할 수 있다. 실험도 다음과 같이 네 개의 스텝에 따라서 추진해 가면 된다.

Ⅰ. 실험의 계획 입안   (P)
Ⅱ. 실험의 실시   (D)
Ⅲ. 실험 데이터의 분석   (C)
Ⅳ. 분석결과의 활용   (A)

> **계획단계에서의 유의점**

실험의 계획단계에서는 다음과 같은 열 가지 포인트를 명확히 해 둘 필요가 있다.

① 실험의 목적
② 측정할 항목
③ 실험의 조건
④ 고정시킬 항목
⑤ 실험의 순서
⑥ 실험의 규모
⑦ 개체의 선정
⑧ 실시의 방법
⑨ 분석의 방법
⑩ 활용의 예정

> **실험목적의 명확화**

실험의 목적은 크게 다음의 세 가지로 나눌 수 있다.

① 측정치의 변동에 영향을 주는 요인은 무엇인가   (요인의 탐색)

② 어느 조건이 가장 바람직한 결과를 출현시킬까   (조건의 탐색)

③ 요인과 측정치에는 어떠한 관계가 있는가   (관계의 탐색)

위의 어느 목적으로 실험을 실시하느냐에 따라서 데이터의 분석방법이나 실험의 규모는 바뀌게 된다.

➤ 실험계획법의 필요성

합리적인 실험을 계획하고 그 실험에 의해서 얻어진 데이터를 정밀도 높게 분석하려면 실험계획법의 지식이 필요하다.

실험계획법은 다음의 두 가지 지식을 제공하는 학문이다.

① 실험 데이터의 수집방법(효율적인 실험을 계획하기 위한 방법론)

② 실험 데이터의 분석방법(데이터를 분석하기 위한 방법론)

데이터의 수집과 데이터의 분석은 서로 관계가 있으므로 독립적으로 생각할 것은 아니다. 어떠한 실험을 실시했는가에 따라서 분석방법은 저절로 정해진다. 따라서 어떠한 정보를 끄집어내고 싶은가를 먼저 정하고, 그를 위해서는 어떠한 분석을 할 것인가, 더 나아가서는 어떠한 실험을 할 것인가 하고 역으로 생각할 필요가 있다. 실험을 실시하여 데이터가 모아지고 나서 분석방법을 생각하는 것은 잘못된 추진방법이다.

실험 데이터를 분석하기 위한 대표적인 수법은 분산분석이다. 분산분석을 이해하고 활용하려면 통계분석에 관한 기초적인 지식이 필요하다.

2) 실험계획법의 용어

실험계획법의 분야에서 자주 이용되는 용어를 해설하기로 한다.

➤ 특성치

실험의 목적이 되는 결과를 나타내는 측정항목

인자

측정치에 영향을 미치는 산포의 원인은 여러 가지로 생각되지만, 그 중에서 실험목적에 따라 중요하다고 생각되는 것을 문제 삼아 실험을 계획한다. 이때에 문제 삼은 산포의 원인을 인자라고 한다.

수준

인자를 양적 또는 질적으로 바꾸는 경우의 그 단계를 말한다. 예를 들면 온도를 인자로 취했을 경우에는 100°C, 200°C, 300°C라고 하는 값이 그 수준이며 또 촉매의 종류를 인자로 취한 경우에는 각 종류가 그 수준이 된다.

주효과

하나의 인자 수준에 대한 평균적인 효과

교호작용

하나의 인자 수준에 대한 효과가 다른 인자의 수준에 의해서 변하는 정도를 나타내는 양을 말한다. 예를 들면 다음의 그래프는 빵을 굽는 온도(낮다, 중간, 높다)와 시간(짧다, 중간, 길다) 사이의 교호작용을 나타내고 있다. 이와 같이 온도와 시간의 편성 효과(빵 맛 ; 평균등급)의 양을 교호작용이라고 한다.

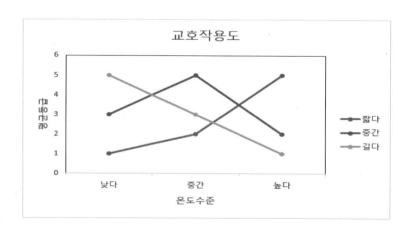

주효과와 교호작용의 총칭

두 개 이상의 요인효과가 혼합해서 분리될 수 없는 것을 말한다. 예를 들면 다음과 같은 표의 경우가 그렇다.

재료	기계	품질
A	1호기	불량
A	1호기	불량
B	2호기	양호
B	2호기	양호

재료로 A를 사용했을 때에는 품질은 불량, B를 사용했을 때에는 품질은 양호로 되어 있다. 이러한 사실로부터 품질이 불량이 되는 원인은 재료이다라고 판단하고 싶겠지만, 재료가 A일 때에는 기계는 1호기를 사용하고 있으며 재료가 B일 때에는 2호기를 사용하고 있다. 따라서 재료가 원인인지, 기계가 원인인지 판단할 수 없다. 이와 같은 상태를 재료와 기계가 교락(confound)하고 있다고 한다.

측정치 전체의 분산을 몇 개의 요인효과에 대응하는 분산과 그 나머지의 오차분산으로 나누어서 검정을 실시하는 것을 말한다. 이것은 보통 분산분석표라고 하는 표를 작성해서 실시한다.

3) 인자의 종류

인자의 수준을 수량으로 지정할 수 있는 인자를 양적 인자라고 부르며, 수량으로 지정할 수 없는 인자를 질적 인자라고 부른다. 예를 들면 온도와 같은 인자는 제1수준은 10°C, 제2수준은 20°C라고 하듯이 수량으로 지정할 수 있으므로 양적 인자이다. 이것에 비해서 재료의 종류라고 하는 인자는 제1수준은 재료 A, 제2수준은 재료 B라고 하는 것처럼 정성적으로 지정하게 되어 수량으로는 지정할 수 없으므로 질적 인자이다.

➔ 인자의 분류(2)

인자는 실험에서 문제 삼은 목적에 따라서 다음과 같이 분류할 수 있다.

(1) 제어인자

몇 개의 수준을 설정하고 그 중에서 최적의 수준을 선택할 목적으로 문제 삼는 인자.

(2) 표시인자

수준에 재현성이 있고 그 수준을 설정할 수는 없지만 최적수준을 선택하는 것은 무의미해서 다른 제어인자와의 교호작용을 조사하는 것이 실험의 목적인 인자를 일컫는다. 물건의 사용조건이나 시험조건 등은 일반적으로 표시인자로 되는 경우가 많다.

(3) 블록인자

실험의 정밀도를 좋게 할 목적으로 실험의 장을 층별하기 위해서 문제 삼는 인자. 수준에 재현성이 없고, 따라서 제어인자와의 교호작용도 의미가 없다. 예를 들면 날짜, 지역, 로트, 사람 등이 이것에 해당된다.

(4) 변동인자(오차인자)

현장에서는 재현성이 없고 소음(noise)처럼 작용하는 인자. 이 인자를 문제 삼음으로써 특성치의 안정성 등을 평가할 수 있다.

➔ 인자의 분류(3)

제어인자나 표시인자와 같이 수준을 기술적으로 설정할 수 있는 인자를 모수인자(母數因子)라고 부른다. 한편 실험을 실시할 때만 지정할 수 있고, 통상의 경우에는 수준을 기술적으로 지정할 수 없어 재현성이 없는 인자를 변량인자(變量因子)라고 한다. 인자의 수준을 다수 수준의 집단으로부터 무작위로 선택했다고 가정할 경우에는, 그 인자는 변량인자이다.

2. 실험의 실시

1) 실험의 원칙

> **Fisher의 3원칙**

실험결과로부터 올바른 결론을 도출하기 위해서는 오차를 정밀도 높게 어림잡는 것이 중요하다. 이를 위해서 실험계획법의 창시자인 피셔(R.A. Fisher)는 다음의 세 가지 원칙에 의거해서 실험을 실시할 것을 제창하고 있다.

    <원칙 1>   반복   (replication)
    <원칙 2>   무작위화 (randomization)
    <원칙 3>   국소관리 (local control)

> **반복의 원칙**

실험은 동일한 조건에 대해서 2회 이상 반복할 필요가 있다. 한 개의 데이터에서는 오차의 크기를 평가할 수 없기 때문이다. 예를 들면 두 종류(A, B)의 골프공이 있다고 하자. A, B 어느 쪽의 공이 같은 충격을 주었을 때에 더 멀리 날아가는지 실험을 1회씩 실시하고 날아간 거리를 측정했다. 그 결과가 다음과 같이 되었다고 하자.

$$A\text{의 날아간 거리} = 70\text{m}$$
$$B\text{의 날아간 거리} = 80\text{m}$$

B의 골프공으로 다시 한 번 실험을 실시했을 때에 날아간 거리가 완전히 80m가 될 가능성은 적을 것이다. 왜냐하면 실험에는 측정의 오차도 포함한 여러 가지의 오차가 따르기 때문이다. 따라서 이와 같은 실험에서는 10m의 차가 A와 B의 차이에 의해서 생긴 것인지, 우연의

산포(오차)에 의해서 생긴 것인지를 구별할 수 없는 것이다. 오차의 크기를 평가하려면 같은 조건에서의 실험 데이터가 두 개 이상 필요하다.

▶ 무작위화의 원칙

지금 인자로서 온도를 문제 삼는 실험을 실시한다고 하자. 수준의 수는 3수준이며, 제1수준 은 40˚C, 제2수준은 50˚C, 제3수준은 60˚C로 하고 각 수준에서 4회씩 반복한다. 이때, 다음 과 같은 순번으로 실험을 실시해서는 안 된다.

40℃	50℃	60℃
1번	5번	9번
2번	6번	10번
3번	7번	11번
4번	8번	12번

이와 같은 순서로 실험을 실시한 경우, 가령 40˚C일 때의 네 개의 데이터가 바람직한 결과 가 되었을 때에 온도가 40˚C이기 때문에 좋은 결과가 되었는지, 처음에 실시했기 때문에 좋은 결과가 되었는지 구별할 수 없게 된다. 즉, 순서의 효과(시간의 효과)와 온도의 효과가 교락해 버리는 것이다.

이러한 현상을 막기 위해서 실험은 랜덤한 순서로 실시하는 것을 원칙으로 한다. 랜덤한 순서로 실시하면 순서의 영향은 각 실험에 랜덤하게 나타나므로, 오차로서 처리할 수 있게 된다.

실험을 수행하기 위해서 이용하는 재료, 장치, 환경조건 등을 실험의 장(場)이라고 한다. 이 실험의 장 전체를 관리상태에 놓고, 그 중에서 완전히 랜덤한 순서로 실시하는 실험을 완전무 작위화법(completely randomized design)이라고 한다. 실험순서의 랜덤화를 실시하려면, 각 조건에서 실시하는 실험의 순서가 시간적 또는 공간적으로 같은 확률로 배열되도록 한다. 이를 위해서는 난수가 필요한데, 난수의 구체적인 사용방법은 제12장에서 소개한다.

한편 사람이나 동물 등을 사용하는 실험의 경우에는 할당의 무작위화가 필요하다. 예를 들 면 어떤 두 개의 강의방법(한쪽을 방법 1, 다른 한쪽을 방법 2라고 한다)을 생각하여, 방법 1과 방법 2 중 어느 쪽 강의방법의 교육효과가 높은지를 실험하고 싶다고 하자. 강의를 받는 학생 이 100명 있는 경우, 처음에 이 100명을 50명씩 랜덤하게 두 그룹으로 나눌 필요가 있다. 그 리고 양분된 한쪽 그룹의 학생 50명에게는 방법 1로 강의하고, 다른 한쪽 그룹의 학생 50명에게는 방법 2로 강의한다고 하는 실험을 실시할 필요가 있다. 이것은 학생 각자가 원래 갖고 있는 능력의 차이와 강의방법의 차이가 교락하는 것을 막기 위함이다.

100명을 랜덤하게 두 그룹으로 나눈 행위를 다른 관점에서 보면, 방법 1의 강의를 받는 그룹과 방법 2의 강의를 받는 그룹으로 100명을 랜덤하게 할당하는 셈이 된다. 이것이 할당의 무작위화이다.

이상과 같이 무작위화에는 실험순서의 무작위화와 할당의 무작위화가 있다.

> ### 국소관리의 원칙

실험의 장 전체를 관리상태에 놓는 것이 불가능하다거나 무작위화가 불가능한 경우에는 실험의 장을 몇 개로 분할해서 국소적으로 실험의 장을 관리하는 방법이 취해진다. 이것이 국소관리(局所管理)이다. 실험의 장을 그 내부에서는 비교적 균일한 실험단위로 구성되도록, 시간적 또는 공간적으로 분할한 것을 블록(block)이라 하고 이렇게 해서 만들어진 블록마다 랜덤한 순서로 실험을 실시하는 것이다. 이와 같은 실험방법을 앞의 완전무작위화법에 비해서 난괴법이라고 부른다.

완전무작위화법과 난괴법을 비교해 보면 다음과 같다.

<완전무작위화법의 실험순서 예>

A_1	A_2	A_3
1번	6번	4번
5번	3번	10번
11번	7번	9번
8번	12번	2번

<난괴법의 실험순서 예>

	A_1	A_2	A_3
블록1→	3번	2번	1번
블록2→	1번	3번	2번
블록3→	2번	1번	3번
블록4→	1번	3번	2번

2) 실험의 형식

> **요인실험**

예로서 인쇄물의 광택도를 향상시키는 실험을 문제 삼기로 하자. 특성치는 광택도, 인자는 인쇄 시의 잉크 양(인자 A)과 인쇄지의 두께(인자 B)로 한다. 인자 A는 2수준(A_1, A_2), 인자 B도 2수준(B_1, B_2)으로 한다. 광택도가 가장 좋게 되는 것은 어떠한 조건인가를 찾는 것이 이 실험의 목적이다.

먼저 A_1과 A_2에서는 어느 쪽이 광택도가 좋아지는지를 찾아내기 위해서, 인자 B를 B_1에 고정해서 A_1과 A_2의 비교를 실시한다. 그 결과로서 A_2가 좋았다고 한다. 다음에 이번에는 인자 A를 좋았던 쪽인 A_2에 고정해서 B_1과 B_2의 비교를 실시한다. 그 결과로서 B_2가 좋았다고 한다. 그래서 결론으로서 A_2B_2의 조건이 가장 광택도가 좋아진다고 하는 실험의 진행방법이 있다. 이와 같은 실험은 인자를 하나씩 문제 삼으므로, 단일인자실험(single factor experiment, one at a time experiment)이라고 부르고 있다.

이 실험방법은 두 인자 사이에 교호작용이 있을 때에는 잘못된 결론을 이끌어낼 가능성이 있다. 왜냐하면 다음의 표를 보면 알 수 있듯이 A_1B_2의 조건에서 실험을 실시하고 있지 않기 때문이다.

	B_1	B_2
A_1	×	
A_2	○	●

단일인자실험에 대해서 두 개 이상의 인자를 문제 삼아 그들 수준의 모든 편성에 대하여 행하는 실험을 요인실험(factorial experiment)이라 부르고 있다. 요인실험을 실시하려면 모든 요인효과를 평가할 수 있으므로 올바른 결론을 이끌어낼 수 있다.

> **일원배치**

하나의 인자 A에 대해서 a수준 A_1, A_2, $\cdots$, A_a를 골라 각 수준마다 n_1, n_2, $\cdots$, n_a회, 합계 $N(=n_1+n_2+\cdots+n_a)$의 실험을 완전히 랜덤한 순서로 실시하는 실험을 일원배치 실험이라고 한다.

일원배치 실험의 데이터표는 다음과 같은 형식이 된다.

| 표 11-1 | 일원배치의 데이터표

A_1	A_2	A_3	$\cdots$	A_a
x_{11}	x_{21}	x_{31}	$\cdots$	x_{a1}
x_{12}	x_{22}	x_{32}	$\cdots$	x_{a2}
$\cdots$	$\cdots$	$\cdots$	$\cdots$	$\cdots$

(주)표 중의 x_{ij}는 데이터(측정치)를 나타내는 것으로 한다.

> **이원배치**

두 개의 인자 A와 B에 대해서 각각 인자 A는 a수준 A_1, A_2, $\cdots$, A_a, 인자 B는 b수준 B_1, B_2, $\cdots$, B_b를 선택하여 각 수준의 편성 전부에 대해서 완전히 랜덤한 순서로 실시하는 실험을 이원배치 실험이라고 한다. 이원배치에는 동일한 편성에서 2회 이상 실험을 반복하는 경우와 1회밖에 실험을 실시하지 않는 경우가 있다. 반복하는 경우를 반복이 있는 이원배치, 반복하지 않는 경우를 반복이 없는 이원배치라고 한다.

| 표 11-2 | 반복이 없는 이원배치의 데이터표

	B_1	B_2	B_3	$\cdots$	B_b
A_1	x_{11}	x_{12}	x_{13}	$\cdots$	x_{1b}
A_2	x_{21}	x_{22}	x_{23}	$\cdots$	x_{2b}
$\cdots$	$\cdots$	$\cdots$	$\cdots$	$\cdots$	$\cdots$
A_a	x_{a1}	x_{a2}	x_{a3}	$\cdots$	x_{ab}

| 표 11-3 | 반복이 있는 이원배치의 데이터표(반복의 수 2)

	B_1	B_2	B_3	$\cdots$	B_b
A_1	x_{111}	x_{121}	x_{131}	$\cdots$	x_{1b1}
	x_{112}	x_{122}	x_{132}	$\cdots$	x_{1b2}
A_2	x_{211}	x_{221}	x_{231}	$\cdots$	x_{2b1}
	x_{212}	x_{222}	x_{232}	$\cdots$	x_{2b2}
$\cdots$	$\cdots$	$\cdots$	$\cdots$	$\cdots$	$\cdots$
$\cdots$	$\cdots$	$\cdots$	$\cdots$	$\cdots$	$\cdots$
A_a	x_{a11}	x_{a21}	x_{a31}	$\cdots$	x_{ab1}
	x_{a12}	x_{a22}	x_{a32}	$\cdots$	x_{ab2}

(주) 반복을 완전무작위화법에 의한 경우

<표 11-3>의 데이터표는 반복을 완전무작위화법으로 행하는 경우이다. 실험계획에서 문제삼은 한 벌의 처리를 2회 이상 실시하는 것을 난괴법에 의한 반복이라고 한다. 난괴법에 의한 반복과 완전무작위화법에 의한 반복의 차이를 이원배치의 경우를 예로 들어 설명한다. 지금 인자 A를 4수준, 인자 B를 3수준, 반복수를 2로 하는 이원배치 실험을 생각한다. 총실험횟수 N은 $4 \times 3 \times 2 = 24$회가 되며, 이 24회의 실험을 랜덤한 순서로 실시하는 것이 완전무작위화법에 의한 반복이 있는 이원배치의 원칙이다.

이것에 비해서 난괴법에 의한 반복실험이라고 하는 것은 반복이 없는 이원배치(<표 11-2> 참조)를 2회 반복하는 실험이다. 즉, 24회의 실험을 랜덤한 순서로 실시하는 것이 아니다. 먼저 편성의 실험을 한 벌 실시한다. 이때의 실험횟수는 $4 \times 3 = 12$회이며, 이것은 랜덤한 순서로 실시한다. 이 실험이 종료된 다음에 다시 한 벌의 실험을 실시하는 것이다. 이때의 실험순서는 처음의 12회와 같게 하는 것이 아니라 새로 무작위한 순서로 실시한다. 완전무작위화법에 의한 반복이 있는 이원배치와 난괴법의 반복실험에 의한 이원배치는 데이터의 분석방법이 다르다.

|표 11-4| 난괴법의 반복에 의한 이원배치 실험의 데이터표

(반복 1)

	B_1	B_2	B_3	$\cdots$	B_b
A_1	x_{111}	x_{121}	x_{131}	$\cdots$	x_{1b1}
A_2	x_{211}	x_{221}	x_{231}	$\cdots$	x_{2b1}
A_3	x_{311}	x_{321}	x_{331}	$\cdots$	x_{3b1}
$\cdots$	$\cdots$	$\cdots$	$\cdots$	$\cdots$	$\cdots$
A_a	x_{a11}	x_{a21}	x_{a31}	$\cdots$	x_{ab1}

(반복 2)

	B_1	B_2	B_3	$\cdots$	B_b
A_1	x_{112}	x_{122}	x_{132}	$\cdots$	x_{1b2}
A_2	x_{212}	x_{222}	x_{232}	$\cdots$	x_{2b2}
A_3	x_{312}	x_{322}	x_{332}	$\cdots$	x_{3b2}
$\cdots$	$\cdots$	$\cdots$	$\cdots$	$\cdots$	$\cdots$
A_a	x_{a12}	x_{a22}	x_{a32}	$\cdots$	x_{ab2}

3개 이상의 인자 수준 모든 편성에 대해서 완전히 랜덤한 순서로 실시하는 실험을 다원배치 실험이라고 한다. 다음은 3원배치 실험의 데이터표이다.

| 표 11-5 | 3원배치 실험의 데이터표

		C_1	C_2	C_3
A_1	B_1	x_{111}	x_{112}	x_{113}
	B_2	x_{121}	x_{122}	x_{123}
A_2	B_1	x_{211}	x_{212}	x_{213}
	B_2	x_{221}	x_{222}	x_{223}
A_3	B_1	x_{311}	x_{312}	x_{313}
	B_2	x_{321}	x_{322}	x_{323}
A_4	B_1	x_{411}	x_{412}	x_{413}
	B_2	x_{421}	x_{422}	x_{423}

이것은 인자 A가 4수준, B가 2수준, C가 3수준이며 반복이 없는 3원배치 실험의 데이터표이다.

난괴법

실험의 장을 몇 개의 블록으로 나누어, 블록 내를 관리상태에 놓고 각 블록 내에서 실험순서를 랜덤하게 실시하는 실험을 난괴법(randomized block design)이라고 한다.

| 표 11-6 | 난괴법

블록 인자 B				
B_1	B_2	B_3	B_4	B_5
A_1	A_2	A_5	A_2	A_4
A_2	A_4	A_4	A_1	A_2
A_3	A_3	A_3	A_4	A_5
A_4	A_5	A_1	A_5	A_3
A_5	A_1	A_2	A_3	A_1

날짜, 지역, 로트, 사람 등을 블록으로 하는 경우가 많다. 앞의 난괴법에 의한 반복실험도 반복을 블록으로 하는 난괴법이라고 생각할 수 있다.

> 분할법

실험 전체를 랜덤한 순서로 실시하는 것이 불가능한 경우나 비경제적인 경우에는 실험순서의 랜덤화를 몇 단계로 나누어서 실시하게 된다. 이와 같은 실험방법을 분할법(split-plot design)이라고 하며, 이와 같은 실험을 분할 실험이라고 한다.

인자를 두 개 문제 삼은 경우의 분할법에 대한 예를 소개한다. 지금 인자 A와 B가 있고, 실험순서의 랜덤화가 곤란한 인자가 A라고 한다. 이와 같은 때에는 A의 수준을 할당한 실험단위를 분할해서 B의 수준을 랜덤하게 할당한다. 그리고 A의 어느 수준에서 실험을 실시할 것인가를 랜덤하게 정하고, 다음에 B의 어느 수준에서 실험을 실시할 것인가를 랜덤하게 정한다. 이와 같은 실험방법이 분할법이다.

분할법에서는 처음에 랜덤화한 인자 A를 1차 인자, 다음에 랜덤화한 인자 B를 2차 인자라고 부른다. 분할법은 실험오차가 1차 오차, 2차 오차라고 하는 식으로 분할되어 구해지는 것이 데이터 분석상의 특징이다.

| 표 11-7 | 분할법

반복 1

A_1	B_1	B_3	B_4	B_2
A_3	B_4	B_1	B_3	B_2
A_2	B_3	B_2	B_1	B_4

반복 2

A_2	B_1	B_2	B_3	B_4
A_1	B_3	B_2	B_4	B_1
A_3	B_2	B_4	B_3	B_1

> 라틴 방격

n개의 다른 숫자(문자)를 n행 n열의 사각형으로 늘어놓고 각 행 각 열에 어느 숫자도 꼭

1회씩 나타나도록 한 할당을 라틴 방격(Latin squares)이라고 한다. 예를 들면 3개의 인자를 문제 삼는 실험을 생각한다. 각 인자는 모두 4수준이라 하고 인자간의 교호작용은 존재하지 않는 것으로 하면, 4×4의 라틴 방격을 이용해서 다음과 같이 실험을 실시하면 된다.

| 표 11-8 | 라틴 방격

	B_1	B_2	B_3	B_4
C_1	A_4	A_1	A_2	A_3
C_2	A_1	A_2	A_3	A_4
C_3	A_2	A_3	A_4	A_1
C_4	A_3	A_4	A_1	A_2

라틴 방격이란 p종류의 기호를 각 p개씩 p행 p열의 정방형(正方形)으로 배열하고, 어느 행이나 어느 열에도 같은 기호가 1개씩 포함되도록 한 것이다.

이 실험에는 다음과 같은 성질이 있다.
- B_1에서 실시하는 실험에는 A의 수준 A_1, A_2, A_3, A_4가 모두 1회씩 들어 있다.
- B_1에서 실시하는 실험에는 C의 수준 C_1, C_2, C_3, C_4가 모두 1회씩 들어 있다.
- B_2, B_3, B_4에서 실시하는 실험에 대해서도 마찬가지이다.
- A와 C에 대해서도 같은 성질을 가지고 있다.

이들 성질로부터 A, B, C의 주효과를 구할 수 있다. 이 실험의 횟수는 16회인데, 통상의 3원배치 실험을 실시하면 $4 \times 4 \times 4 = 64$회의 실험이 필요하게 된다. 이와 같이 교호작용이 존재하지 않는다고 하는 가정하에서 요인실험보다도 적은 횟수로 실험을 실시하는 방법을 일부실시법(fractional factorial design)이라고 한다.

불필요한 교호작용이나 고차의 교호작용을 구하지 않고, 각 인자의 조합 중에서 일부만을 선택하여 실험을 실시하는 방법으로, 일부실시법에서는 불필요한 교호작용을 중요한 요인들과 교락시켜 주는 것이 보통이며, 실험횟수를 가능한 한 적게 하고자 할 때 사용된다. 일부실시법의 종류는 직교배열표에 의한 실험계획법과 라틴방격법이 있다.

임의의 두 인자에 대해서 그 수준의 모든 편성이 같은 횟수씩 나타나는 실험의 할당을 위한 표를 직교배열표(orthogonal array)라고 한다. 자주 사용되는 직교배열표에는 2수준계와 3수준계가 있다. 직교배열표를 사용하면 일부실시법의 실험을 용이하게 계획할 수 있다. 다음은 직교배열표의 예를 나타내고 있다.

| 표 11-9 | $L_{16}\left(2^{15}\right)$ 직교표

1	2	3	4	5	6	7	8	9	10	11	12	13	14	15
1	1	1	1	1	1	1	1	1	1	1	1	1	1	1
1	1	1	1	1	1	1	2	2	2	2	2	2	2	2
1	1	1	2	2	2	2	1	1	1	1	2	2	2	2
1	1	1	2	2	2	2	2	2	2	2	1	1	1	1
1	2	2	1	1	2	2	1	1	2	2	1	1	2	2
1	2	2	1	1	2	2	2	2	1	1	2	2	1	1
1	2	2	2	2	1	1	1	1	2	2	2	2	1	1
1	2	2	2	2	1	1	2	2	1	1	1	1	2	2
2	1	2	1	2	1	2	1	2	1	2	1	2	1	2
2	1	2	1	2	1	2	2	1	2	1	2	1	2	1
2	1	2	2	1	2	1	1	2	1	2	2	1	2	1
2	1	2	2	1	2	1	2	1	2	1	1	2	1	2
2	2	1	1	2	2	1	1	2	2	1	1	2	2	1
2	2	1	1	2	2	1	2	1	1	2	2	1	1	2
2	2	1	2	1	1	2	1	2	2	1	2	1	1	2
2	2	1	2	1	1	2	2	1	1	2	1	2	2	1
a	b	ab	c	ac	bc	abc	d	ad	bd	abd	cd	acd	bcd	$abcd$

> **TIPS!**
>
> 실험계획법(實驗計劃法, design of experiments, DOE)은 효율적인 실험방법을 설계하고 결과를 제대로 분석하는 것을 목적으로 하는 통계학의 응용 분야이다. 로널드 피셔(Ronald Aylmer Fisher)가 1920년대에 농업 실험에서 영감을 얻어 발전시켰다. 이후 의학, 공학, 실험 심리학과 사회학에 널리 적용되었다. 또한 마케팅 등에서 컨조인트 분석도 사용된다.
> 실험계획법은 존재하는 변수로부터 정보를 수집하는 실험방법을 계획하는 것이다. 실험이 관리가 가능한 것이든 불가능한 것이든 상관없이 실험자는 실험대상에 대한 실험과정이나 개입이 실험 결과에 어떻게 영향을 미치는지에 대해 이해하고 있어야 한다. 실험계획법은 자연과학과 사회과학에서 폭넓게 연구되는 기본적 원칙을 제공한다.

Chapter12

일원배치 실험

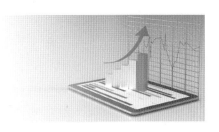

1. 일원배치 실험의 계획과 해석

1) 실험순서의 랜덤화

 12-1

어떤 제품의 인장강도를 높이기 위한 조건으로서 경화제의 종류를 인자로서 문제삼아 실험을 실시하기로 했다. 실험에 쓰이는 경화제는 전부해서 네 종류 있으며, 각 경화제를 각각 A_1, A_2, A_3, A_4로 하는 4수준의 일원배치 실험을 생각했다. 각 수준에서 반복을 5회씩 합계 20회의 실험을 계획하고 있다. 이 20회의 실험순서를 결정하라.

A_1	A_2	A_3	A_4
1	6	11	16
2	7	12	17
3	8	13	18
4	9	14	19
5	10	15	20

(주) 표 중의 숫자는 실험의 번호를 나타낸다.

TIPS!

실험계획 기본원리
1) 랜덤화의 원리 　　　2) 반복의 원리 　　　3) 블록화의 원리
4) 교락의 원리 　　　5) 직교화의 원리

➤ 일원배치 실험

일원배치 실험은 어떤 측정치에 영향을 미치는 원인 중에서 하나의 인자 A만을 문제 삼아 a개의 수준 A_1, A_2, $\cdots$, A_a를 선택해서 각각 n_1, n_2, $\cdots$, n_a회 합계 $N = \sum n_i$회의 실험을 완전히 랜덤한 순서로 실시하는 실험이다.

실험을 랜덤한 순서로 실시함으로써 인자 A 이외의 원인에 의해서 생기는 측정치의 산포가 실험오차로서 평등하게 들어가, 인자 A가 일으키고 있는 산포와 실험오차를 분리할 수 있다. 이와 같은 실험이 실시되었을 때, n_i를 각 수준에 있어서의 실험의 반복수라고 한다. $n_1 = n_2 = \cdots = n_a = n$일 때 반복수가 같은 일원배치라고 한다.

➤ Excel에 의한 실험순서의 결정

순서 1 ▸ ▸ ▸ 실험번호와 난수의 입력

셀 A2에서 A21까지 실험번호(1에서 20까지의 일련번호)를 입력한다.

셀 B2에서 B21까지 수준을 입력한다.

셀 C2에서 C21까지 난수를 생성하는 함수 RAND( )를 입력한다.

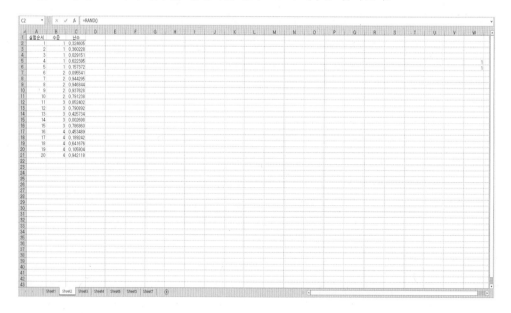

[셀의 입력내용]

C2;＝RAND( ) (C2에서 C21까지 모두 ＝RAND( )라고 입력한다.)

순서 2 ▸ ▸ ▸ 데이터의 정렬

  (1) B1에서 C21까지 범위 지정한다.

  (2) 메뉴에서 [데이터]-[정렬]을 선택한다.

  (3) 정렬 대화상자에서 [정렬 기준]으로서 [난수]를 선택한다.

     정렬방법으로서는 초기지정 상태 그대로 [오름차순]을 선택한다.

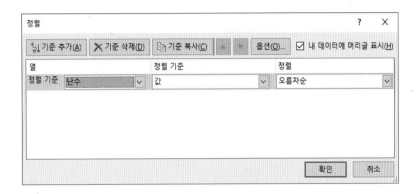

  (4) (확인) 버튼을 클릭한다.

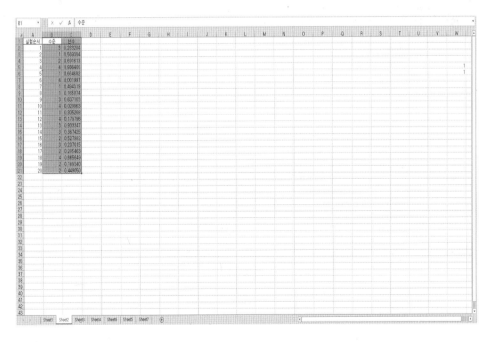

   정렬을 실시하면 난수가 재발생되어 처음의 난수와는 값이 다르지만 그것은 무시해도 상관 없다.

실험순서가 1인 경우의 수준은 3으로 되어 있다. 따라서 처음에 A_3에서 실험을 실시한다. 이어서 A_1, A_2, A_4, A_1 등 순차적으로 실시해 간다.

2) 분산분석의 이론

 12-2

어떤 제품의 인장강도를 높이기 위한 조건으로서 경화제의 종류를 인자로서 문제 삼아 실험을 실시하기로 했다. 실험에 쓰이는 경화제는 전부해서 네 종류 있으며, 각 경화제를 각각 A_1, A_2, A_3, A_4로 하는 4수준의 일원배치 실험을 실시했다. 각 수준에서의 반복을 5회씩 합계 20회의 실험을 랜덤한 순서로 실시했다. 실험에 의해서 얻어진 데이터(인장강도)가 다음의 데이터표이다. 인자에 의한 변동과 오차에 의한 변동을 구하라.

A_1	A_2	A_3	A_4
40	42	46	41
41	43	42	40
36	39	44	42
37	38	45	37
39	39	46	40

여기에서는 분산분석의 기초가 되는 이론을 해설하기로 한다.

먼저 Excel에 수준과 데이터를 입력해 놓는다. 수준을 A열에, 데이터를 B열에 입력한다.

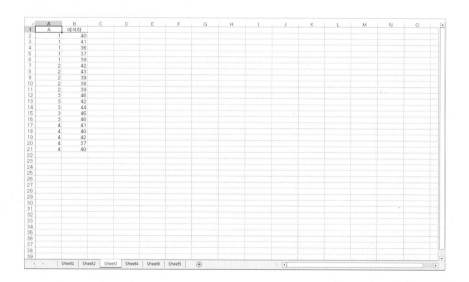

지금 $N = 20$개의 데이터 전체에 대한 편차제곱의 합(이하 제곱합이라 부르기로 한다) S_T를 구한다. 각 데이터를 x_{ij}로 하고 전체의 평균을 $\overline{\overline{x}}$로 하면,

$$S_T = \sum_i^a \sum_j^n (x_{ij} - \overline{\overline{x}})^2$$

여기에서 i : 수준을 나타내는 첨자(본 예제에서는 $i = 1, 2, 3, 4$)

j : 각 수준 내의 실험의 반복을 나타내는 첨자
(본 예제에서는 $j = 1, 2, 3, 4, 5$)

a : 수준수(본 예제에서는 $a = 4$)

n : 반복수(본 예제에서는 $n = 5$)

이다.

여기에서 Excel을 사용하여 제곱합 S_T를 산출해 본다. 셀 H1에 제곱합을 산출하는 함수 DEVSQ를 입력한다.

	H1		▼	:	✕	✓	f_x	=DEVSQ(B2:B21)								
	A	B	C	D	E	F	G	H	I	J	K	L	M	N	O	
1	A	데이터					제곱합 S_T	162.55								
2	1	40														
3	1	41														
4	1	36														
5	1	37														
6	1	39														
7	2	42														
8	2	43														
9	2	39														
10	2	38														
11	2	39														
12	3	46														
13	3	42														
14	3	44														
15	3	45														

[셀의 입력내용]

H1; =DEVSQ(B2 : B2l)

제곱합 $S_T = 162.55$가 얻어진다.

여기에서 데이터를 각 수준에 있어서의 평균과 각 수준 내의 반복에 의한 산포(실험오차)로 분해해서, 데이터의 구조를 다음과 같이 상정한다.

실험 데이터(x_{ij}) = 각 수준에 있어서의 평균(μ_i) + 실험오차(ε_{ij})

이와 같이 데이터를 문제 삼은 인자의 효과와 실험오차로 분해해서 식으로 나타낸 것을 데이터의 구조모형 또는 구조식이라고 한다.

각 수준의 모평균 μ_i는 각 수준의 데이터로부터 다음과 같이 추정할 수 있다.

$$\hat{\mu_i} = \overline{x_{i.}} = \frac{\displaystyle\sum_{j}^{n_i} x_{ij}}{n_i}$$

μ_i의 추정량을 $\hat{\mu_i}$로 나타내는데, $\hat{\mu_i}$는 바로 수준 i의 평균이다.

Excel을 사용해서 C열에 각 수준의 평균을 산출해 본다.

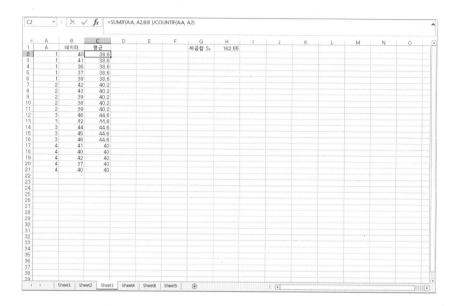

[셀의 입력내용]

    C2; ＝SUMIF(A：A, A2, B：B)/COUNTIF(A：A, A2)(C2를 C3에서 C21까지 복사한다)

    (주) SUMIF(A：A, A2, B：B) : A열의 데이터 중에서 A2와 일치하는 것에 대해서
                              B열의 데이터에 대한 합계를 산출
     COUNTIF(A：A, A2) : A열의 데이터 중에서 A2와 일치하는 데이터의 수를 집계

여기에서 개개의 데이터 x_{ij}와 전체의 평균 $\overline{\overline{x}}$의 편차 $x_{ij} - \overline{\overline{x}}$를 각 수준의 평균 $\overline{x_i}$를 중개로 해서 다음과 같이 분해한다.

$$x_{ij} - \overline{\overline{x}} = (x_{ij} - \overline{x_{i.}}) + (\overline{x_{i.}} - \overline{\overline{x}}) \quad \cdots\cdots\cdots\cdots\cdots\cdots\cdots\cdots\cdots\cdots\cdots\cdots \quad \text{식(12.1)}$$

우변의 제1항은 수준 내의 실험오차, 제2항은 각 수준의 평균과 전체 평균의 차를 나타내고 있다.

여기에서 앞의 데이터에 대한 구조모형을 다음과 같이 바꾸어 써본다.

$$x_{ij} = \mu_i + \varepsilon_{ij}$$

$$= \mu + (\mu_i - \mu) + \varepsilon_{ij}$$

$$= \mu + \alpha_i + \varepsilon_{ij}$$

μ는 전체의 평균으로 μ_1, μ_2, $\cdots$, μ_a 의 평균이라고 하는 사실로부터 일반평균이라고 부른다. 그리고 α_i는 μ_i와 μ의 편차라고 하는 사실로부터, A_i수준의 효과 또는 A의 주효과라고 부르고 있다. 이상으로부터 식 (12.1)의 우변에서 제2항 $(\overline{x_{i.}} - \overline{\overline{x}})$ 는 주효과 α_i의 추정치가 되고, 제1항 $(x_{ij} - \overline{x_{i.}})$는 실험오차 ε_{ij}의 추정치가 된다.

Excel을 사용해서 D열에 실험오차, E열에 주효과의 각 추정치를 산출해 본다.

	A	데이터	평균	오차	주효과		제곱합 S_T	162.55
2	1	40	38.6	1.4	-2.25			
3	1	41	38.6	2.4	-2.25			
4	1	36	38.6	-2.6	-2.25			
5	1	37	38.6	-1.6	-2.25			
6	1	39	38.6	0.4	-2.25			
7	2	42	40.2	1.8	-0.65			
8	2	43	40.2	2.8	-0.65			
9	2	39	40.2	-1.2	-0.65			
10	2	38	40.2	-2.2	-0.65			
11	2	39	40.2	-1.2	-0.65			
12	3	46	44.6	1.4	3.75			
13	3	42	44.6	-2.6	3.75			
14	3	44	44.6	-0.6	3.75			
15	3	45	44.6	0.4	3.75			
16	3	46	44.6	1.4	3.75			
17	4	41	40	1	-0.85			
18	4	40	40	0	-0.85			
19	4	42	40	2	-0.85			
20	4	37	40	-3	-0.85			
21	4	40	40	0	-0.85			

[셀의 입력내용]

    D2; $=$ B2$-$C2   (D2를 D3에서 D21까지 복사한다)

    E2; $=$ C2$-$AVERAGE(B：B)   (E2를 E3에서 E21까지 복사한다)

그런데 식 (12.1)을 데이터 전체의 제곱합 S_T를 구하는 식에 대입해서 정리하면 다음과 같은 식이 얻어진다.

$$S_T = \sum_i^a \sum_j^n (x_{ij} - \overline{\overline{x}})^2 = \sum_i^a \sum_j^n \left\{ (x_{ij} - \overline{x_{i.}}) + (\overline{x_{i.}} - \overline{\overline{x}}) \right\}^2$$

$$= \sum_i^a \sum_j^n (x_{ij} - \overline{x_{i.}})^2 + n \sum_i^a (\overline{x_{i.}} - \overline{\overline{x}})^2$$

우변의 제1항은 각 수준 내의 제곱합의 합계로 오차 제곱합, 제2항은 수준 간의 제곱합의 합계로 급간(級間) 제곱합 또는 인자 A의 제곱합이라고 부르며, 각각 S_e, S_A로 나타낸다. 그리고 S_T는 전체의 제곱합이므로 총제곱합이라고 한다.

일원배치 실험의 분산분석은 전체의 산포 S_T를, 수준의 차이가 일으키는 산포 S_A와 A 이외의 원인(실험오차)이 일으키는 산포 S_e의 두 가지 제곱합으로 분해하는 것이 기본이 된다.

Excel을 사용해서 D열(실험오차)의 제곱합과 E열(주효과)의 제곱합을 셀 H2와 H3에 산출해 본다.

	A	B	C	D	E	F	G	H	I	J	K	L	M	N	O
	A	데이터	평균	오차	주효과		제곱합 S_T	162.55							
2	1	40	38.6	1.4	-2.25		S_e	61.20							
3	1	41	38.6	2.4	-2.25		S_A	101.35							
4	1	36	38.6	-2.6	-2.25										
5	1	37	38.6	-1.6	-2.25										
6	1	39	38.6	0.4	-2.25										
7	2	42	40.2	1.8	-0.65										
8	2	43	40.2	2.8	-0.65										
9	2	39	40.2	-1.2	-0.65										
10	2	38	40.2	-2.2	-0.65										
11	2	39	40.2	-1.2	-0.65										
12	3	46	44.6	1.4	3.75										
13	3	42	44.6	-2.6	3.75										
14	3	44	44.6	-0.6	3.75										
15	3	45	44.6	0.4	3.75										
16	3	46	44.6	1.4	3.75										
17	4	41	40	1	-0.85										
18	4	40	40	0	-0.85										
19	4	42	40	2	-0.85										
20	4	37	40	-3	-0.85										
21	4	40	40	0	-0.85										

[셀의 입력내용]

     H2;=DEVSQ(D : D)

     H3;=DEVSQ(E : E)

$$S_e = 61.20 \ , \ S_A = 101.35$$

따라서

$$S_T = S_e + S_A$$

가 성립한다는 것을 확인할 수 있다.

이것은 결국 전체의 제곱합(162.55)을 인자 A의 제곱합(101.35)과 오차의 제곱합(61.20)으로 분해한 셈이 된다.

2. 데이터 분석의 실제

1) 질적 인자의 경우

 12-3

(예제 12-2와 동일)

어떤 제품의 인장강도를 높이기 위한 조건으로서 경화제의 종류를 인자로서 문제 삼아 실험을 실시하기로 했다. 실험에 쓰이는 경화제는 전부해서 네 종류 있으며, 각 경화제를 각각 A_1, A_2, A_3, A_4로 하는 4수준의 일원배치 실험을 실시했다. 각 수준에서의 반복을 5회씩 합계 20회의 실험을 랜덤한 순서로 실시했다. 실험에 의해서 얻어진 데이터(인장강도)가 다음의 데이터표이다. 데이터를 분석하라.

A_1	A_2	A_3	A_4
40	42	46	41
41	43	42	40
36	39	44	42
37	38	45	37
39	39	46	40

> ▶ **데이터의 그래프화**

인자가 경화제의 종류라고 하는 질적 인자의 경우에는 먼저 다음과 같은 그래프(도트 플롯)를 작성한다.

이 그래프로부터 다음과 같은 것을 간파할 수 있다.

- 이상치는 없고 각 수준의 산포는 비슷하다.
- 각 수준의 모평균에는 차가 있을 것 같다.
- A_3의 평균이 가장 높다.

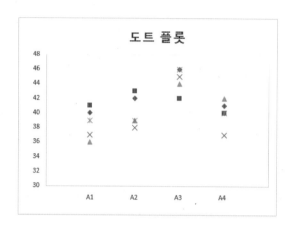

➤ 등분산성의 확인

분산분석에서는 각 수준의 분산은 같다고 하는 것을 가정하고 있다. 그래서 이 가정이 성립하고 있다고 생각해도 좋은지 어떤지를 확인할 필요가 있다. 통상은 앞에서와 같은 그래프의 관찰과 데이터의 배경에 있는 기술적 이론적인 지식으로 판단하면 되지만, 가정에 의해서도 확인할 수 있으므로 그 방법을 소개한다.

지금 수준의 수를 a, 각 수준의 모분산을 σ_i^2이라고 했을 때에, 다음과 같은 가설의 검정을 실시하는 것을 생각한다.

$$\text{귀무가설 } H_0 : \sigma_1^2 = \sigma_2^2 = \cdots = \sigma_a^2$$

$$\text{대립가설 } H_1 : H_0\text{가 아니다.}$$

각 수준의 모분산이 같은지 다른지의 검정에는 Cochran의 검정, Hartley의 검정, Bartlett의 검정 등이 있다. 여기에서는 Excel에서 실행하기 쉬운 Bartlett의 검정을 실시하기로 한다.

➤ **Bartlett의 검정**

각 수준의 데이터 수를 n_i, 자유도를 ϕ_i라 한다.

$$\phi_T = \sum \phi_i, \qquad V = \frac{\sum \phi_i V_i}{\phi_T}$$

검정통계량 B는

$$B = \frac{1}{W}\left(\phi_T \ln V - \sum \phi_i \ln V_i\right)$$

여기에서

$$W = 1 + \frac{1}{3(a-1)}\left(\sum \frac{1}{\phi_i} - \frac{1}{\phi_T}\right)$$

B는 자유도 $a-1$의 χ^2분포에 따른다.

> ### ➤ Excel에 의한 Bartlett의 검정

순서 1 ▸ ▸ ▸ 데이터의 입력

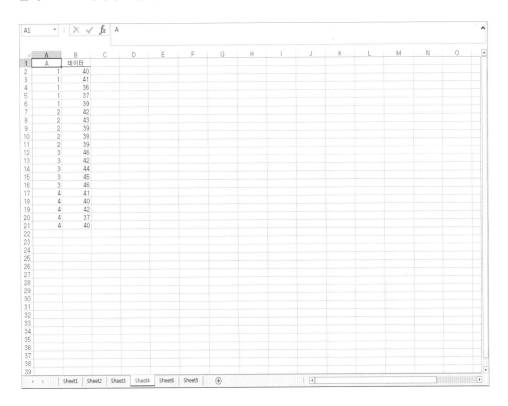

순서 2 ▶▶▶ 준비

	P	Q	R	S	T	U	V	W	X	Y	Z	AA	AB
1	등분산성의 검정		(Bartlett의 검정)										
2	수준의 수	4											
3	인자명	A	A	A	A								
4	수준	1	2	3	4								
5													
6													
7													
8													
9													
10													
11													

셀 Q2에 수준의 수를 입력한다.

셀 Q3에서 T3까지는 원래의 데이터표의 인자명으로서 입력한 'A'라고 하는 문자를 입력하고, 셀 Q4에서 T4까지는 수준을 입력한다. 이것은 각 수준의 분산을 데이터베이스 함수를 사용해서 구하기 위하여 필요한 설정이다.

순서 3 ▶▶▶ 계산식의 입력

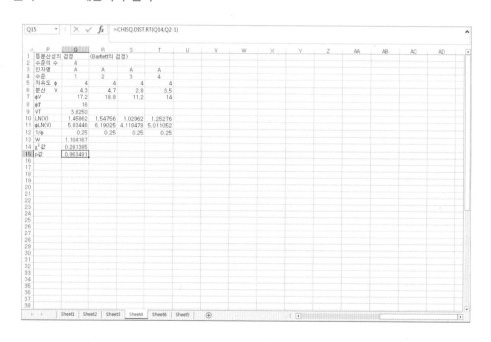

[셀의 입력내용]

Q5; = DCOUNT($A$1 : $B$21, $A$1, Q3 : Q4) − 1(Q5를 R5에서 T5까지 복사한다)

Q6; = DVAR($A$1 : $B$21, $B$1, Q3 : Q4)　　　(Q6를 R6에서 T6까지 복사한다)

Q7; = Q5*Q6　　　　　　　　　　　　　　　(Q7을 R7에서 T7까지 복사한다)

Q8; = SUM(Q5 : T5)

Q9;＝SUM(Q7 : T7)/Q8

Q10;＝LN(Q6) (Q10을 R10에서 T10까지 복사한다)

Q11 : ＝Q5*Q10 (Q11을 R11에서 T11까지 복사한다)

Q12;＝1/Q5 (Q12를 R12에서 T12까지 복사한다)

Q13;＝1＋(SUM(Q12 : T12)−1/Q8)/(3*(Q2−1))

Q14;＝(Q8*LN(Q9)−SUM(Q11 : T11))/Q13

Q15;＝CHISQ.DIST.RT(Q14,Q2−1)

[결과의 해석방법]

p값 ＝ 0.963491＞0.05이므로 귀무가설 H_0는 기각되지 않는다.

즉, 각 수준의 분산에 차이가 있다고는 할 수 없다.

> 분산분석

지금 수준의 수를 a, 각 수준의 모평균을 μ_i라고 했을 때에 다음의 가설검정을 실시하는 것이 분산분석이다.

$$귀무가설 \ H_0 : \mu_1 = \mu_2 = \cdots = \mu_a$$

$$대립가설 \ H_1 : H_0가 \ 아니다.$$

본 예제의 데이터에 분산분석을 적용하면 다음과 같은 분산분석표가 얻어진다.

<분산분석표>

변동의 요인	제곱합	자유도	제곱 평균	F 비	P-값	F 기각치
처리	101.35	3	33.783	8.832	0.001	3.239
잔차	61.2	16	3.825			
계	162.55	19				

[결과의 해석방법]

p값 ＝ 0.001＜0.05이므로 귀무가설 H_0는 기각된다.

(F값 ＝ 8.832＞3.239이므로 귀무가설 H_0는 기각된다.)

즉, 각 수준의 모평균에 차이가 있다고 할 수 있다.

(주) 귀무가설 H_0가 기각되는 것을 분산분석에서는"인자 A는 유의하다"라고 표현한다.

순서 1 ▸ ▸ ▸ 데이터의 입력

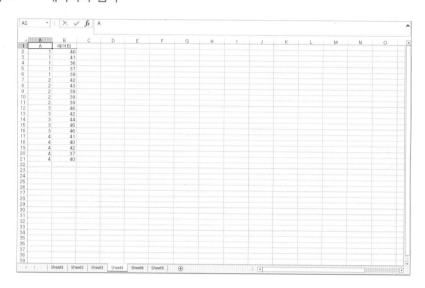

순서 2 ▸ ▸ ▸ 각 수준의 평균, 오차, 주효과의 산출

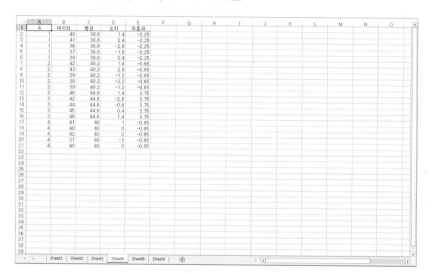

[셀의 입력내용]

C2；＝SUMIF(A：A, A2 B：B)/COUNTIF(A：A, A2)　(C2를 C3에서 C21까지 복사한다)

D2；＝B2－C2　　　　　　　　　　　　　　(D2를 D3에서 D21까지 복사한다)

E2；＝C2－AVERAGE(B：B)　　　　　　　　(E2를 E3에서 E21까지 복사한다)

순서 3 ▸ ▸ ▸ 분산분석표의 작성

⊿	G	H	I	J	K	L	M	N	O
1	수준수	4							
2									
3	분산분석표								
4	변동의 요인	제곱합	자유도	제곱 평균	F 비	P-값	F 기각치		
5	처리	101.35	3	33.783	8.832	0.001	3.239		
6	잔차	61.2	16	3.825					
7	계	162.55	19						
8									
9									

[셀의 입력내용]

  H1; 4 (수준수)

  H5; = DEVSQ(E : E)

  H6; = H7 − H5

  H7; = DEVSQ(B : B)

  I5; = H1 − 1

  I6; = I7 − I5

  I7; = COUNT(B : B) − 1

  J5; = H5/I5

  J6; = H6/I6

  K5; = J5/J6

  L5; = F.DIST.RT(K5, I5, I6)

  M5; = F.INV.RT(0.05, I5, I6)

▸ 모평균의 추정

분산분석에서는 수준 간에 차가 있는지 어떤지를 검정하고 있을 뿐이므로, 각 수준의 모평균 값이나 수준 간 모평균의 차가 어느 정도인지를 알려면 추정을 실시할 필요가 있다.

각 수준의 모평균에 대한 추정은 다음의 식으로 산출할 수 있다.

$$점추정 : \hat{\mu}_i = \overline{x_{i.}}$$

$$신뢰수준(1 - \alpha)의\ 구간추정 : \overline{x_{i.}} \pm t(\phi_e, \alpha)\sqrt{\frac{V_e}{n_i}}$$

	G	H	I	J	K	L	M	N	O
10	모평균의 구간추정			신뢰수준	0.95				
11	수준	데이터 수	점추정	폭	신뢰하한	신뢰상한			
12	1	5	38.6	1.8542	36.7458	40.4542			
13	2	5	40.2	1.8542	38.3458	42.0542			
14	3	5	44.6	1.8542	42.7458	46.4542			
15	4	5	40.0	1.8542	38.1458	41.8542			
16									
17									
18									

[셀의 입력내용]

    K10; 0.95 (신뢰수준)

    G12에서 G15까지 수준 번호를 입력한다.

    H12;＝COUNTIF(A : A, G12)   (H12를 H13에서 H15까지 복사한다)

    I12;＝SUMIF(A : A, G12, B : B)/H12   (I12를 I13에서 I15까지 복사한다)

    J12;＝T.INV.2T(1-$K$10,$I$6)*SQRT($J$6/H12)

                                     (J12를 J13에서 J15까지 복사한다)

    K12;＝I12－J12   (K12를 K13에서 K15까지 복사한다)

    L12;＝I12＋J12   (L12를 L13에서 L15까지 복사한다)

[결과의 해석방법]

    각 수준의 모평균에 대한 구간추정(신뢰수준 95%)은 다음과 같다.

$$A_1 : 36.75 \leq \mu_1 \leq 40.45$$

$$A_2 : 38.35 \leq \mu_2 \leq 42.05$$

$$A_3 : 42.75 \leq \mu_3 \leq 46.45$$

$$A_4 : 38.15 \leq \mu_4 \leq 41.85$$

[추정결과의 그래프 표현]

    구간추정의 결과는 다음과 같은 그래프로 표현하면 좋다.

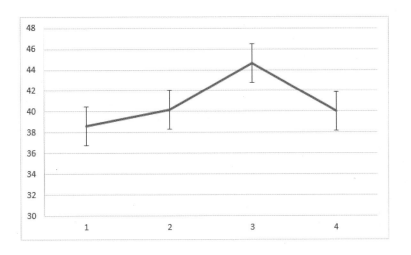

이 그래프의 작성순서는 다음과 같다.

(1) 셀 I12에서 I15을 데이터 범위로 해서 꺾은선 그래프를 작성한다.

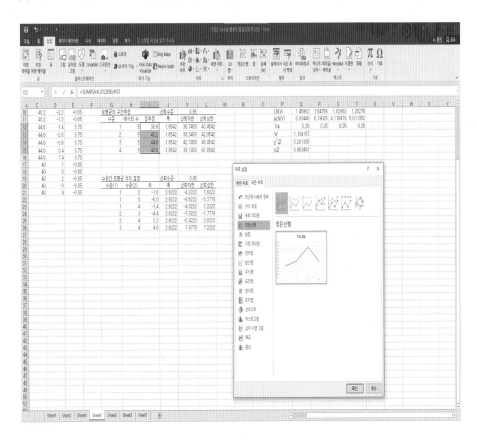

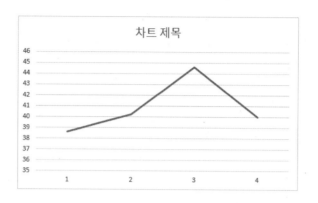

(2) 작성한 꺾은선 그래프의 선을 더블클릭하고 [차트 요소 추가]를 클릭한다.

(3) [오차 막대]-[기타 오차 막대 옵션(M)]을 클릭한다.

(4) [오차 막대 서식] 대화상자가 나타나면 [사용자 지정(C)]에 체크하고 [값 지정(V)]을 클릭한다.

(5) [오차 막대 사용자 지정] 대화상자에서 '양의 오류 값(P)', '음의 오류 값(N)' 난에 각각 J12 셀을 지정하여 입력한다.

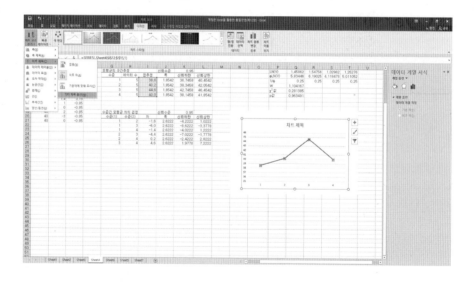

(6) 다음에 [확인] 버튼을 클릭한다.

(7) [오차 막대 서식] 대화상자에서 [닫기](×표)를 클릭한다.

(8) 세로축 눈금을 최소값 30, 최대값 48로 고정하여 지정한다.

(9) 그래프가 완성된다.

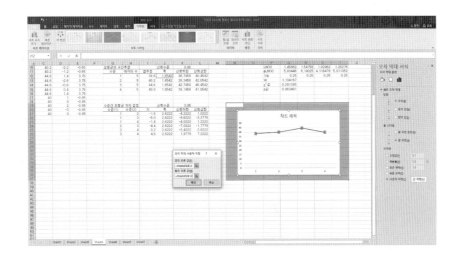

◆ 모평균 차의 추정

두 개의 수준 A_i와 A_j의 모평균에 대한 차의 추정은 다음의 식으로 산출할 수 있다.

점추정 $\hat{\mu}_i - \hat{\mu}_j = \overline{x_{i.}} - \overline{x_{j.}}$

신뢰수준$(1-\alpha)$의 구간추정 : $\overline{x_{i.}} - \overline{x_{j.}} \pm t(\phi_e, \alpha) \sqrt{\left(\dfrac{1}{n_i} + \dfrac{1}{n_j}\right) V_e}$

◆ Excel에 의한 모평균 차의 추정

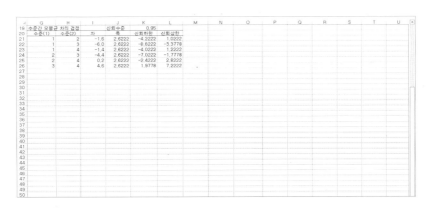

[셀의 입력내용]

K19; 0.95 (신뢰수준)

G21에서 H26까지 수준 번호를 입력한다.

I21;=INDEX(\$I\$12 : \$I\$15, G21)－INDEX(\$I\$12 : \$I\$15, H2l)

(I21을 I22에서 I26까지 복사한다)

J21;=T.INV.2T(1-\$K\$19,\$I\$6)*SQRT(\$J\$6*(1/INDEX(\$H\$12 : \$H\$15,G21)

+1/INDEX(\$H\$12 : \$H\$15,H21)))   (J21을 J22에서 J26까지 복사한다)

K21;=I21－J2   (K21을 K22에서 K26까지 복사한다)

L21;=I21+J21   (L21을 L22에서 L26까지 복사한다)

[결과의 해석방법]

모평균 차의 구간추정(신뢰수준 95%)은 다음과 같다.

$$A_1 - A_2 : -4.22 \leq \mu_1 - \mu_2 \leq \quad 1.02$$

$$A_1 - A_3 : -8.62 \leq \mu_1 - \mu_3 \leq -3.38$$

$$A_1 - A_4 : -4.02 \leq \mu_1 - \mu_4 \leq \quad 1.22$$

$$A_2 - A_3 : -7.02 \leq \mu_2 - \mu_3 \leq -1.78$$

$$A_2 - A_4 : -2.42 \leq \mu_2 - \mu_4 \leq \quad 2.82$$

$$A_3 - A_4 : \quad 1.98 \leq \mu_3 - \mu_4 \leq \quad 7.22$$

2) 양적 인자의 경우

 12-4

어떤 제품의 경도를 높이기 위한 조건으로서 열처리 온도를 인자로서 문제 삼아 실험을 실시하기로 했다. 실험은 열처리 온도를 110℃, 120℃, 130℃, 140℃로 변화시켜서 그 때의 경도를 측정하는 일원배치 실험(4수준)을 실시했다. 각 수준에서의 반복을 5회씩 합계 20회의 실험을 랜덤한 순서로 실시했다. 실험에 의해서 얻어진 데이터(경도)가 다음의 데이터표이다. 데이터를 분석하라.

110℃	120℃	130℃	140℃
32	43	42	36
34	44	41	35
36	43	43	38
35	42	42	38
33	42	40	37

인자가 열처리의 온도라고 하는 양적 인자의 경우에는 먼저 다음과 같은 그래프(산점도)를 작성한다.

이 그래프로부터 다음과 같은 것을 간파할 수 있다.

• 이상치는 없고 각 수준의 산포는 비슷하다.

• 각 수준의 모평균에는 차가 있을 것 같다.

• 열처리 온도와 경도 사이에는 2차곡선이 적합할 것 같다.

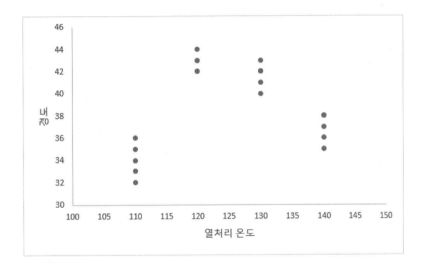

회귀곡선의 적합

양적 인자의 경우는 인자와 특성치(본 예제에서는 경도)의 사이에 직선이나 곡선을 적합시켜 보면 최적조건의 탐색(어느 온도에서 가장 경도가 높은가)이나 다음 실험의 계획을 세우기 쉬워진다. 직선이나 곡선의 적합에는 회귀분석의 수법을 적용하면 된다.

그러나 좀 더 간편한 방법으로서는 앞에서 작성한 산점도에 추세선을 추가함으로써 회귀곡선을 적합시킬 수 있다.

산점도에 추세선을 추가하는 순서는 다음과 같다.

순서 1 ▸ ▸ ▸ 추세선 추가의 선택

메뉴의 [차트 요소 추가] 탭에서 [추세선]－[기타 추세선 옵션(M)]을 선택한다.

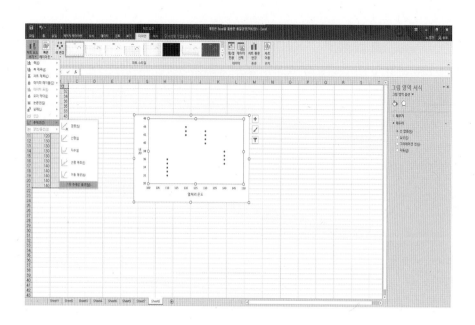

순서 2 ▸ ▸ ▸ 추세/회귀 유형 및 수치 표시의 선택

(1) [추세선 서식] 대화상자가 나타나면 추세선 옵션으로서는 [다항식(P)]을 선택하고, [차수(D)]는 '2'로 한다.

(2) [수식을 차트에 표시], [R-제곱 값을 차트에 표시]에 체크한다.

(3) [닫기]를 클릭한다.

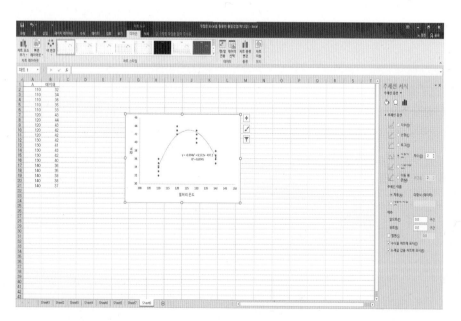

이상의 조작으로 다음과 같은 회귀곡선을 표시한 산점도가 작성된다.

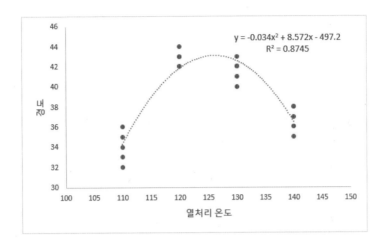

이 그래프로부터 경도를 가장 높게 하는 온도는 $120\,^\circ C \sim 130\,^\circ C$ 사이에 있다는 것을 간파할 수 있다.

결정계수(R^2)는 1에 가까울수록 곡선과 데이터의 적합도가 좋다는 것을 의미한다. 그러나 결정계수의 값은 차수를 늘리면 무의미한 곡선이더라도 반드시 1에 가까워지므로, 결정계수의 값만으로 차수를 정해서는 안 된다.

예를 들면 이 데이터에 3차곡선을 적합시키려면 다음과 같이 설정한다.

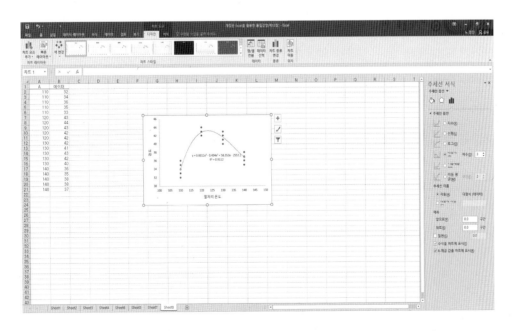

그래프는 다음과 같다.

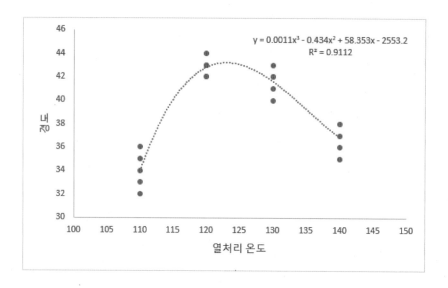

결정계수는 0.8745에서 0.9112로 증가하고 있다. 그러나 이 사실로부터 2차곡선보다 3차곡선을 이용해야 한다고 하는 결론을 내릴 수는 없다.

> ◆ 분산분석

각 온도에 대한 경도의 평균에 차가 있는지 어떤지의 분산분석 순서는, 질적 인자의 경우와 마찬가지로 다음과 같은 결과가 얻어진다.

<분산분석표>

변동의 요인	제곱합	자유도	제곱 평균	F 비	P-값	F 기각치
처리	254.4	3	84.8	54.7097	1.24E-08	3.2389
잔차	24.8	16	1.55			
계	279.2	19				

[결과의 해석방법]

p값 $= 1.24 \times 10^{-8} < 0.05$ 이므로 귀무가설 H_0는 기각된다.

(F값 $= 54.7097 > 3.2389$이므로 귀무가설 H_0는 기각된다.)

즉, 온도에 따라서 경도의 모평균에 차이가 있다고 할 수 있다.

3) 분석 도구에 의한 분산분석

Excel에는 분석 도구라고 하는 통계분석을 위한 소프트웨어가 갖추어져 있다. 이 분석 도구를 이용하면 계산식이나 함수의 입력을 하지 않고 분산분석표를 얻을 수 있다.

예제 12-5

다이어트 식품으로 알려진 A, B, C, D 네 가지 식품의 콜레스테롤 함유량을 비교하려고 한다. 각 식품별로 세 개의 제품을 추출하여 콜레스테롤 함유량을 측정한 결과가 다음과 같았다.

<데이터>　　　　　(단위 : mg)

A	3.6	4.1	4.0
B	3.1	3.2	3.9
C	3.2	3.5	3.5
D	3.5	3.8	3.8

네 가지 다이어트 식품의 콜레스테롤 함유량이 같다고 할 수 있는지 5% 유의수준으로 검정하라.

→ 분석 도구를 이용한 분산분석

순서 1▸ ▸ ▸데이터의 입력

　　B1에서 D4까지 데이터를 입력한다.

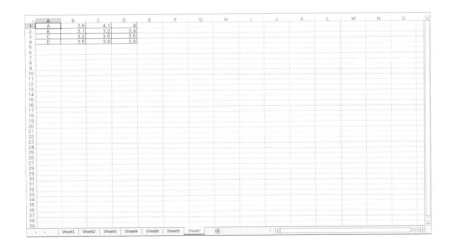

순서 2 ▸ ▸ ▸ 분산분석표의 작성

(1) 메뉴의 [데이터]−[데이터 분석]을 선택한다.

(2) [통계 데이터 분석] 대화상자가 나타난다. [분석 도구(A)] 중 [분산분석 : 일원 배치법] 을 선택하고 확인 버튼을 클릭한다.

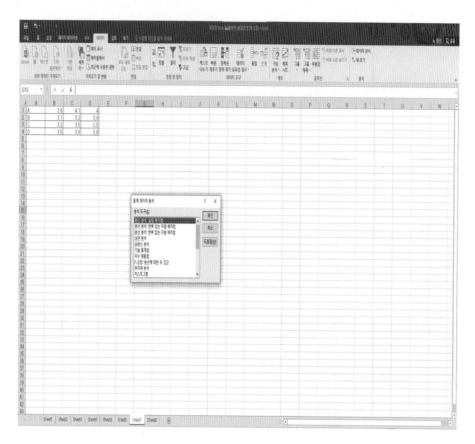

(3) [분산분석 : 일원 배치법] 대화상자가 나타난다.

다음 사항을 지정한다.

입력범위(I) :	A1 : D4
데이터 방향 :	행(R) 체크
첫째 열 이름표 사용(L)	체크
유의수준(A) :	0.05
출력범위(O) :	A7

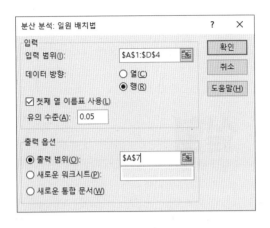

(4) 확인 버튼을 클릭한다.

요약표 및 분산분석표가 출력된다.

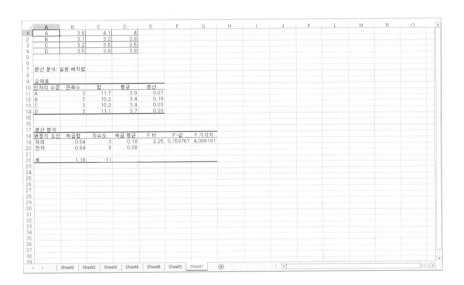

결과의 해석방법

(1) p값 $= 0.1598 >$ 유의수준 $\alpha = 0.05$

이므로 귀무가설 H_0를 기각할 수 없다. 즉 다이어트 식품별 콜레스테롤 함유량이 다르다고
할 수 없다.

(2) F비 $= 2.25 < F(3, 8 ; 0.05) = 4.07$

이므로 귀무가설 H_0를 기각할 수 없다.

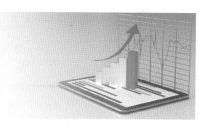

Chapter13

이원배치 실험

1. 반복이 없는 이원배치 실험

1) 실험 데이터의 분석

 13-1

금속의 압연공장에서 압연제품의 인장강도를 높이기 위하여, 인자로서 압연율(A)과 압연속도(B)의 두 가지를 문제 삼아 A를 4수준, B를 3수준으로 선택했다. A, B의 이 수준 범위 내에서 $A\,B$(교호작용)는 존재하지 않는다고 생각해도 좋으므로, 반복이 없는 이원배치 실험으로 하고 합계 12회의 실험은 랜덤한 순서로 실시했다. 얻어진 인장강도의 데이터는 다음의 표와 같다. 이 실험 데이터를 분석하라.

<인장강도>   (단위 : kg/cm²)

A \ B	B_1	B_2	B_3
A_1	77.4	77.6	77.7
A_2	77.7	78.1	78.5
A_3	78.0	78.4	78.7
A_4	78.2	78.1	78.3

인자의 수가 두 개일 때에 실시되는 실험을 이원배치 실험이라고 한다. 이원배치 실험은 다음의 두 가지로 대별된다.

① 반복이 없는 이원배치 실험
② 반복이 있는 이원배치 실험

지금 두 개의 인자 A와 B를 문제 삼아 각 인자 모두 2수준인 경우의 이원배치 실험을 생각하면, 다음과 같이 실험은 A_1B_1, A_1B_2, A_2B_1, A_2B_2의 네 가지 조건에서 실시되게 된다.

A $\quad$ B	B_1	B_2
A_1	(1)	(2)
A_2	(3)	(4)

이때, A와 B의 모든 편성에 대해서 1회씩 실험을 실시하는 방법을 반복이 없는 이원배치 실험이라 하고, 동일 조건에서의 실험을 2회 이상 반복하는 방법을 반복이 있는 이원배치 실험이라고 한다.

실험의 순서는 랜덤하게 실시되지 않으면 안 된다. 위의 예와 같은 경우에는 가령 (2) → (3) → (1) → (4)라고 하는 순번으로 실험을 한다.

▶ 교호작용

반복이 없는 실험을 실시할 것인가, 반복이 있는 실험을 실시할 것인가의 선택은 교호작용이 있다고 생각되느냐 없다고 생각되느냐로 정하면 된다. 교호작용이란 두 개 이상의 인자가 편성되어 일어나는 효과, 즉 편성효과를 말한다. 예를 들면 인자 A에서는 A_1쪽이 A_2보다 특성치가 보통은 높게 되는데, 인자 B의 B_2와 편성해서 이용하면 A_2쪽이 A_1보다 높아진다고 하는 효과이다.

⚡TIPS!

교호작용(interaction)이란 한 요인의 효과가 다른 요인의 수준에 의존하는 경우를 말한다. 교호작용도를 사용하여 가능한 교호작용을 시각화할 수 있다. 교호작용도가 평행선으로 나타나면 교호작용이 없다는 것을 나타낸다.

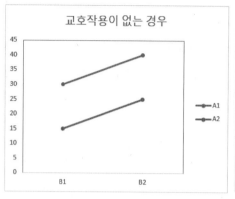

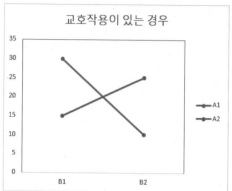

반복이 없는 이원배치 실험에서는 A_iB_j의 동일 조건에서 1회밖에 실험을 실시하고 있지 않으므로, 어떤 조건에서의 특성치가 높았을(혹은 낮았을) 때에 그것이 교호작용에 의한 것인지 오차에 의한 것인지 판단할 수 없다.

따라서 교호작용의 존재가 예상될 때에는 반복이 있는 실험을 실시하고, 교호작용이 없다고 생각될 때에는 반복이 없는 실험을 실시하면 된다.

❯ 실험 데이터의 그래프 표현

반복이 없는 이원배치 실험의 데이터는 다음과 같은 꺾은선 그래프로 표현한다.

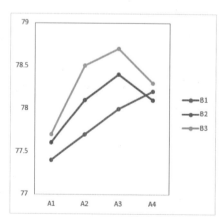

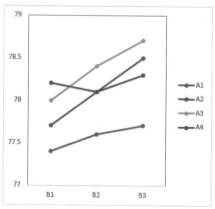

인자 A, B 모두 수준 간의 차가 있다는 것을 간파할 수 있다. 또한 A_3B_3의 특성치가 가장 높게 되는 조건이라는 것을 알 수 있다.

반복이 없는 이원배치 실험에서는 인자 A의 제 i수준 A_i와 B의 제 j수준 B_j에 있어서의 실험데이터를 y_{ij}로 했을 때, 데이터의 구조식을 다음과 같이 생각한다.

$$y_{ij} = \mu + \alpha_i + \beta_j + \varepsilon_{ij}$$

단, μ는 일반평균, α_i는 A_i의 효과, β_i는 B_j의 효과, ε_{ij}는 실험오차를 나타낸다.

분산분석

분산분석의 결과는 다음과 같은 분산분석표로 정리된다.

<분산분석표>

변동의 요인	제곱합	자유도	제곱 평균	F 비	P-값	F 기각치
인자 A(행)	1.075833	3	0.358611	11.844037	0.0062272	4.757063
인자 B(열)	0.451667	2	0.225833	7.4587156	0.0236009	5.143253
잔차	0.181667	6	0.030278			
계	1.709167	11				

[결과의 해석방법]

   (1) 인자 A에 대해서

      p값 $= 0.00623 < 0.05$이므로 인자 A는 유의하다.

      (F값 $= 11.84404 > 4.75706$이므로 인자 A는 유의하다.)

   (2) 인자 B에 대해서

      p값 $= 0.02360 < 0.05$이므로 인자 B는 유의하다.

      (F값 $= 7.45872 > 5.14325$이므로 인자 B는 유의하다.)

따라서 인자 A, 인자 B 모두 인장강도에 영향을 미치고 있다고 할 수 있다.

TIPS!

분산분석(analysis of variance; ANOVA) 또는 변량분석은 종속변수의 분산(variance, 변량)을 설명하는 독립변수의 유의성을 알아보는 방법 중 하나이다. 영국의 통계학자이자 유전학자인 로널드 피셔(R. A. Fisher)에 의해 1920년대에서 1930년대에 걸쳐 농업 생산성 관련 연구를 하려고 만들었다.

(1) A_i의 모평균을 추정하는 식

점추정 $\hat{\mu}(A_i) = \overline{y_{i.}} = A_i$의 평균치

신뢰수준 $(1-\alpha)$의 구간추정 : $\overline{y_{i.}} \pm t(\phi_e, \alpha)\sqrt{\dfrac{V_e}{b}}$

여기에서 b는 인자 B의 수준수

(2) B_j의 모평균을 추정하는 식

점추정 : $\hat{\mu}(B_j) = \overline{y_{.j}} = B_j$의 평균치

신뢰수준 $(1-\alpha)$의 구간추정 : $\overline{y_{.j}} \pm t(\phi_e, \alpha)\sqrt{\dfrac{V_e}{a}}$

여기에서 a는 인자 A의 수준수

(3) A_iB_j의 편성에 대한 모평균을 추정하는 식(A, B 모두 유의한 경우)

점추정 : $\hat{\mu}(A_iB_j) = \overline{y_{i.}} + \overline{y_{.j}} - \overline{\overline{y}} = (A_i$의 평균$) + (B_j$의 평균$) - ($전체의 평균$)$

신뢰수준 $(1-\alpha)$의 구간추정 : $(\overline{y_{i.}} + \overline{y_{.j}} - \overline{\overline{y}}) \pm (t(\phi, \alpha)\sqrt{\dfrac{V_e}{n_e}}$

단 n_e는 유효반복수라고 불리며 다음의 식에 의해 구한다.

$$\frac{1}{n_e} = \frac{1}{b} + \frac{1}{a} - \frac{1}{ab}$$

혹은

$$n_e = \frac{ab}{\phi_A + \phi_B + 1}$$

2) Excel에 의한 데이터의 분석

> 그래프 표현

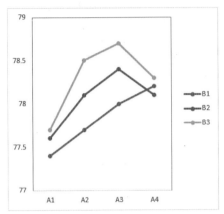 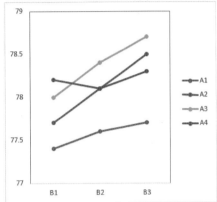

위와 같은 꺾은선 그래프를 작성하려면 데이터를 다음과 같은 형식으로 입력할 필요가 있다.

셀 A1에서 D5까지를 데이터의 범위로 해서 꺾은선 그래프를 작성한다. 작성된 그래프를 수정하면 위와 같은 결과를 얻을 수 있다.

➡ 분산분석

순서 1 ▸ ▸ ▸ 데이터의 입력

순서 2 ▸ ▸ ▸ 각 인자의 주효과 산출

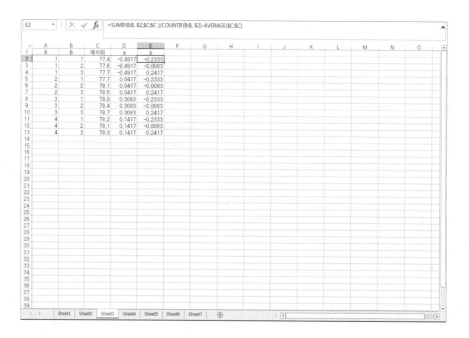

D2;＝SUMIF(A：A, A2, \$C：\$C)/COUNTIF(A：A, A2)－AVERAGE(\$C：\$C)

E2;＝SUMIF(B：B, B2, \$C：\$C)/COUNTIF(B：B, B2)－AVERAGE(\$C：\$C)

  (D2를 D3에서 D13까지 복사한다)

  (E2를 E3에서 E13까지 복사한다)

순서 3 ▸ ▸ ▸ 분산분석표의 작성

L6	=F.DIST.RT(K6, I6, \$I\$8)			

G	H	I	J	K	L	M
	A	B				
수준수	4	3				
분산분석표						
변동의 요인	제곱합	자유도	제곱평균	F 비	P-값	F.기각치
인자 A(행)	1.075833	3	0.358611	11.844037	0.0062272	4.757063
인자 B(열)	0.451667	2	0.225833	7.4587156	0.0236009	5.143253
잔차	0.181667	6	0.030278			
계	1.709167	11				

[셀의 입력내용]

  H2; 4 (인자 A의 수준수)

  I2; 3 (인자 B의 수준수)

  H6;＝DEVSQ(D：D)

  H7;＝DEVSQ(E：E)

  H8;＝H9－H6－H7

  H9;＝DEVSQ(C：C)

  I6;＝H2－1

  I7;＝I2－1

  I8;＝I9－I6－I7

  I9;＝COUNT(C：C)－1

  J6;＝H6/I6

  J7;＝H7/I7

  J8;＝H8/I8

K6; = J6/$J$8

K7; = J7/$J$8

L6; = F.DIST.RT(K6, I6, $I$8)

L7; = F.DIST.RT(K7, I7, $I$8)

M6; = F.INV.RT(0.05, I6, I8)

M7; = F.INV.RT(0.05, I7, I8)

순서 4 ▸ ▸ ▸ 인자 A에 관한 모평균의 추정

| J15 | : X ✓ fx | =T.INV.2T(1-$J$13, $I$8)*SQRT($J$8/H15) |

	G	H	I	J	K	L	M	N	O	P	Q	R	S	I	U
12	모평균의 구간추정														
13	A		신뢰수준	0.95											
14	수준	데이터 수	점추정	폭	신뢰하한	신뢰상한									
15	1	3	77.5667	0.2458	77.3208	77.8125									
16	2	3	78.1000	0.2458	77.8542	78.3458									
17	3	3	78.3667	0.2458	78.1208	78.6125									
18	4	3	78.2000	0.2458	77.9542	78.4458									
19															
20															

[셀의 입력내용]

J13; 0.95 (신뢰수준)

H15; = COUNTIF(A : A, G15)

I15; = SUMIF(A : A, G15, C : C)/H15

J15; = T.INV.2T(1− $J$13, $I$8)*SQRT($J$8/H15)

K15; = I15− J15

L15; = I15+ J15

(H15에서 L15까지를 H16에서 L18까지 복사한다)

순서 5 ▸ ▸ ▸ 인자 B에 관한 모평균의 추정

| J23 | : X ✓ fx | =T.INV.2T(1-$J$21, $I$8)*SQRT($J$8/H23) |

	G	H	I	J	K	L	M	N	O	P	Q	R	S	T	U
21	B		신뢰수준	0.95											
22	수준	데이터 수	점추정	폭	신뢰하한	신뢰상한									
23	1	4	77.8250	0.2129	77.6121	78.0379									
24	2	4	78.0500	0.2129	77.8371	78.2629									
25	3	4	78.3000	0.2129	78.0871	78.5129						⋅				
26															
27															

[셀의 입력내용]

J21; 0.95 (신뢰수준)

H23;＝COUNTIF(B：B, G23)

I23;＝SUMIF(B：B, G23, C：C)/H23

J23;＝T.INV.2T(1－$J$21, $I$8)*SQRT($J$8/H23)

K23;＝I23－J23

L23;＝I23＋J23

(H23에서 L23까지를 H24에서 L25까지 복사한다)

순서 6 ▸ ▸ ▸ AB의 편성에 관한 모평균의 추정

| J31 | ▾ | : | X ✓ fx | =T.INV.2T(1-$J$29,$I$8)*SQRT($J$8/$L$29) | | | | | | | | | | | | ^ |

	G	H	I	J	K	L	M	N	O	P	Q	R	S	T	U
29	편성		신뢰수준	0.95	유효반복수	2									
30	A	B	점추정	폭	신뢰하한	신뢰상한									
31	1	1	77.3333	0.3011	77.0323	77.6344									
32	1	2	77.5583	0.3011	77.2573	77.8594									
33	1	3	77.8083	0.3011	77.5073	78.1094									
34	2	1	77.8667	0.3011	77.5656	78.1677									
35	2	2	78.0917	0.3011	77.7906	78.3927									
36	2	3	78.3417	0.3011	78.0406	78.6427									
37	3	1	78.1333	0.3011	77.8323	78.4344									
38	3	2	78.3583	0.3011	78.0573	78.6594									
39	3	3	78.6083	0.3011	78.3073	78.9094									
40	4	1	77.9667	0.3011	77.6656	78.2677									
41	4	2	78.1917	0.3011	77.8906	78.4927									
42	4	3	78.4417	0.3011	78.1406	78.7427									
43															
44															

[셀의 입력내용]

J29; 0.95 (신뢰수준)

L29;＝1/(1/H15＋1/H23－1/COUNT(C：C))

I31;＝INDEX($I$15：$I$18, G31)＋INDEX($I$23：SI$25, H31)－AVERAGE(C：C)

J31;＝T.INV.2T(1－$J$29, $I$8)*SQRT($J$8/$L$29)

K31;＝I31－J31

L31;＝I31＋J31

(I31에서 L31까지를 I32에서 L42까지 복사한다)

3) 분석 도구에 의한 분산분석

예제 예제 13-2

4개 회사에서 생산되는 소형차를 6명의 운전자에게 운전하게 하여 휘발유 리터당 주행거리를 측정한 결과가 다음과 같다.

<차종별·운전자별 리터당 주행거리> (단위 : km/ℓ)

차종 \ 운전자	1	2	3	4	5	6
가	15	10	13	14	17	9
나	17	12	18	13	15	12
다	17	7	9	13	8	12
라	10	12	8	7	9	11

차종에 따라 리터당 주행거리의 차이가 발생하는가? 그리고 운전자에 따라 리터당 주행거리의 차이가 발생하는가? 5% 유의수준으로 각각 검정하라.

> ❯ **분산분석의 실시**

순서 1 ▸ ▸ ▸ 데이터의 입력

B2에서 G5까지 데이터를 입력한다.

⊿	A	B	C	D	E	F	G	H	I	J	K	L
1		1	2	3	4	5	6					
2	가	15	10	13	14	17	9					
3	나	17	12	18	13	15	12					
4	다	17	7	9	13	8	12					
5	라	10	12	8	7	9	11					
6												
7												
8												
9												
10												
11												
12												
13												
14												
15												
16												
17												
18												
19												
20												

순서 2 ▸ ▸ ▸ 분산분석표의 작성

(1) 메뉴의 [데이터]―[데이터 분석]을 선택한다.

[통계 데이터 분석] 대화상자가 나타나면, [분석 도구(A)] 중 [분산분석 : 반복 없는 이원 배치법]을 선택하고 [확인] 버튼을 클릭한다.

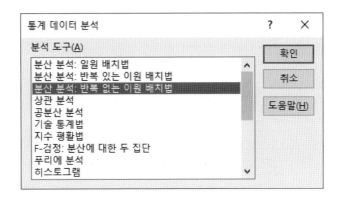

(2) [분산분석 : 반복 없는 이원 배치법] 대화상자가 나타난다.

다음 사항을 지정한다.

　　입력범위(I)　　:　A1 : G5

　　이름표(L)　　　:　체크

　　유의수준(A)　　:　0.05

　　출력범위(O)　　:　A10

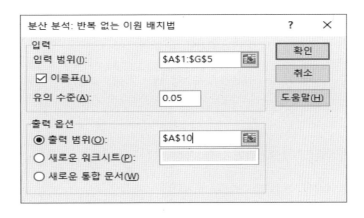

(3) [확인] 버튼을 클릭한다.

요약표 및 분산분석표가 출력된다.

	A	B	C	D	E	F	G
1		1	2	3	4	5	6
2	가	15	10	13	14	17	9
3	나	17	12	18	13	15	12
4	다	17	7	9	13	8	12
5	라	10	12	8	7	9	11

10 분산 분석: 반복 없는 이원 배치법

	요약표	관측수	합	평균	분산
13	가	6	78	13	9.2
14	나	6	87	14.5	6.7
15	다	6	66	11	14
16	라	6	57	9.5	3.5
18	1	4	59	14.75	10.91667
19	2	4	41	10.25	5.583333
20	3	4	48	12	20.66667
21	4	4	47	11.75	10.25
22	5	4	49	12.25	19.58333
23	6	4	44	11	2

26 분산 분석

변동의 요인	제곱합	자유도	제곱 평균	F 비	P-값	F 기각치
인자 A(행)	87	3	29	3.625	0.037889	3.287382
인자 B(열)	47	5	9.4	1.175	0.366563	2.901295
잔차	120	15	8			
계	254	23				

Sheet1 Sheet2 Sheet3 Sheet4 Sheet5 Sheet6 Sheet7

순서 3 ▸ ▸ ▸ 판정

(1) 차종별 리터당 주행거리에 대한 검정

$$p값 = 0.038 < 유의수준\ \alpha = 0.05$$
$$F비 = 3.625 > F(3,\ 15\ ;\ 0.05) = 3.287$$

이므로 귀무가설 H_0를 기각한다. 즉, 차종별 리터당 주행거리가 모두 같다고 할 수 없다.

(2) 운전자별 리터당 주행거리에 대한 검정

$$p값 = 0.367 > 유의수준\ \alpha = 0.05$$
$$F비 = 1.175 < F(5,\ 15\ ;\ 0.05) = 2.901$$

이므로 귀무가설 H_0를 기각할 수 없다. 즉, 운전자별 리터당 주행거리가 적어도 하나는 다르다고 할 수 없다.

2. 반복이 있는 이원배치 실험

1) 실험 데이터의 분석

예제 13-3

어떤 자동차 부품 공장에서 부품의 강도를 높이는 조건을 찾기 위해서 실험을 실시하기로 했다. 실험에서 문제 삼은 인자는 부품 원재료의 종류와 가공공정의 열처리시간이다.

원재료의 종류(인자 A로 한다)는 전부해서 3종류 있으며, 각각 A_1, A_2, A_3로 나타낸다. 열처리 시간(인자 B로 한다)은 30분, 45분, 60분, 75분의 4수준으로 변화시켜 각 수준을 B_1, B_2, B_3, B_4로 나타낸다. AB 전부해서 12가지의 편성으로 반복 2회, 합계 24회의 실험을 랜덤한 순서로 실시했다. 실험의 결과는 다음과 같다. 이 실험 데이터를 분석하라.

	B_1	B_2	B_3	B_4
A_1	36	38	42	38
	37	40	41	39
A_2	38	40	42	39
	37	40	41	39
A_3	40	40	40	40
	39	41	41	40

(주) 표 중의 수치는 사전에 변환되어 있으며, 단위는 무단위이다.

▶ 실험 데이터의 그래프 표현

반복이 있는 이원배치 실험의 데이터는 각 동일 조건에서 평균을 산출하여 다음과 같은 이원표로 정리한 다음, 이 데이터를 기초로 꺾은선 그래프로 표현하면 된다.

	B_1	B_2	B_3	B_4
A_1	36.5	39.0	41.5	38.5
A_2	37.5	40.0	41.5	39.0
A_3	39.5	40.5	40.5	40.0

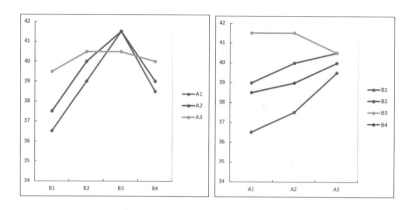

인자 A와 B 모두 수준 간에 차가 있다는 것을 간파할 수 있다. 또한 교호작용이 있다는 것을 알 수 있다.

A_1B_3와 A_2B_3가 가장 특성치를 높게 하는 조건으로 되어 있다.

> ▶ 데이터의 구조식

반복이 있는 이원배치 실험에서는 인자 A의 제 i수준 A_i와 인자 B의 제 j수준 B_j에 대한 실험데이터를 y_{ijk}라고 했을 때, 데이터의 구조식을 다음과 같이 생각한다.

$$y_{ijk} = \mu + \alpha_i + \beta_j + (\alpha\beta)_{ij} + \varepsilon_{ijk}$$

단 μ는 일반 평균, α_i는 A_i의 효과, β_j는 B_j의 효과, $(\alpha\beta)_{ij}$는 A_iB_j의 교호작용효과, ε_{ijk}는 실험오차를 나타낸다.

> ▶ 분산분석

분산분석의 결과는 다음과 같은 분산분석표로 정리된다.

<분산분석표>

변동의 요인	제곱합	자유도	제곱 평균	F 비	P-값	F 기각치
인자 A(행)	6.250	2	3.125	6.250	0.01381	3.885
인자 B(열)	34.667	3	11.556	23.111	0.00003	3.490
교호작용	9.083	6	1.514	3.028	0.04845	2.996
잔차	6.000	12	0.500			
계	56.000	23				

[결과의 해석방법]

    (1) 인자 A에 대해서

        p값 = 0.01381 < 0.05이므로 인자 A는 유의하다.

    (2) 인자 B에 대해서

        p값 = 0.00003 < 0.05이므로 인자 B는 유의하다.

    (3) 교호작용에 대해서

        p값 = 0.04845 < 0.05이므로 교호작용은 유의하다.

> **모평균의 추정**

교호작용의 유무에 따라서 추정의 사고방식이 다르므로 주의할 필요가 있다.

| 교호작용이 유의하지 않을 때 |

교호작용이 유의하지 않을 때에는 반복이 없는 이원배치의 경우와 완전히 똑같이 생각하면 된다.

(1) A_i의 모평균을 추정하는 식

    점추정 : $\hat{\mu}(A_i) = \overline{y_{i.}} = A_i$의 평균치

    신뢰수준 $(1-\alpha)$의 구간추정 : $\overline{y_{i.}} \pm t(\phi_e, \alpha)\sqrt{\dfrac{V_e}{br}}$

                여기에서 b는 인자 B의 수준수, r은 반복수

(2) B_j의 모평균을 추정하는 식

    점추정 : $\hat{\mu}(B_j) = \overline{y_{.j}} = B_j$의 평균치

    신뢰수준 $(1-\alpha)$의 구간추정 : $\overline{y_{.j}} \pm t(\phi_e, \alpha)\sqrt{\dfrac{V_e}{ar}}$

                여기에서 a는 인자 A의 수준수, r은 반복수

(3) A_iB_j의 편성에 대한 모평균을 추정하는 식(A, B 모두 유의한 경우)

    점추정 : $\hat{\mu}(A_iB_j) = \overline{y_{i.}} + \overline{y_{.j}} - \overline{\overline{y}} = (A_i$의 평균$)+(B_j$의 평균$)-($전체의 평균$)$

    신뢰수준 $(1-\alpha)$의 구간추정 : $(\overline{y_{i.}} + \overline{y_{.j}} - \overline{\overline{y}}) \pm t(\phi_e, \alpha)\sqrt{\dfrac{V_e}{n_e}}$

단, n_e는 유효반복수라고 불리며 다음의 식에 의해 구한다.

$$\frac{1}{n_e} = \frac{1}{br} + \frac{1}{ar} - \frac{1}{abr}$$

혹은

$$n_e = \frac{abr}{\phi_A + \phi_B + 1}$$

이원배치나 삼원배치에 있어서 두 개의 인자 A, B가 서로 영향을 미치고 있을 때, A와 B 사이에 교호작용이 있다고 한다. $A \times B$로 나타낸다.

| 교호작용이 유의할 때 |

교호작용이 유의할 때에는, 인자마다의 추정은 무의미하므로 두 인자를 편성했을 때의 추정을 실시한다.

$A_i B_j$의 편성에 대한 모평균을 추정하는 식

$$점추정 : \hat{\mu}(A_i B_j) = \overline{y_{ij.}} = A_i B_j 의 평균치$$

$$신뢰수준 \ (1-\alpha)의 \ 구간추정 : \overline{y_{ij.}} \pm t(\phi_e, \alpha) \sqrt{\frac{V_e}{r}}$$

2) Excel에 의한 데이터의 분석

> **그래프 표현**

순서 1 ▸ ▸ ▸ 데이터의 입력

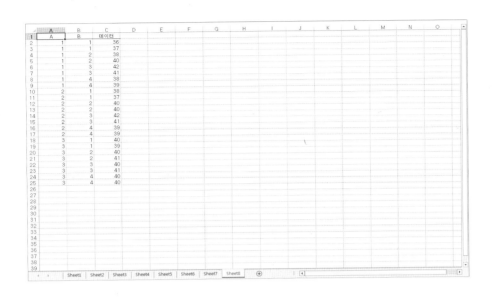

순서 2 ▸ ▸ ▸ 이원표의 작성

셀 A1에서 C25를 데이터의 범위로 해서 [피벗 테이블]의 기능을 실행시키면, AB의 각 편성마다 평균치를 산출한 이원표를 작성할 수 있다. [피벗 테이블]의 기능을 실행시키는 순서는 다음과 같다.

(1) 메뉴에서 [삽입]−[피벗 테이블]을 선택한다. 다음과 같은 대화상자가 나타난다.

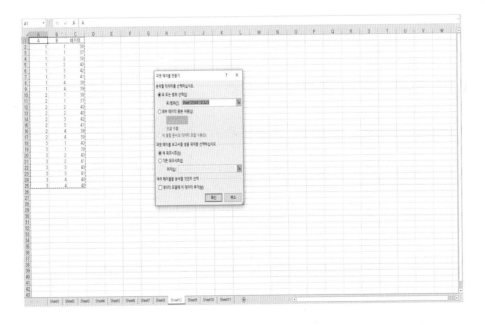

(2) 피벗 테이블 작성 위치로서 [기존 워크시트(E)]의 E1 셀을 지정하고 [확인] 버튼을 클릭한다.

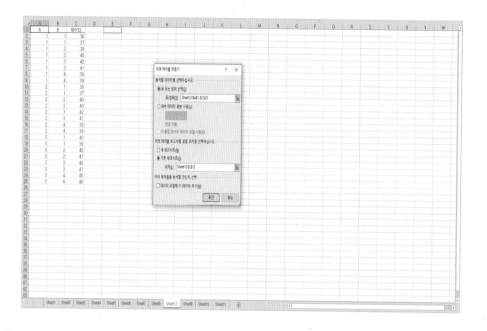

(3) [피벗 테이블 필드] 대화상자에서 'A'를 [행 레이블]에, 'B'를 [열 레이블]에, '데이터'를 [Σ값]에 배치한다. [Σ값]에 있는 [합계 : 데이터]를 클릭한다.

(4) 다음에 [값 필드 설정(N)]을 선택한다.

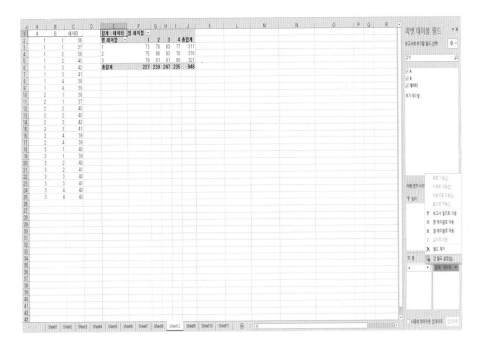

(5) [값 필드 설정] 대화상자에서 '평균'을 선택하고 [확인] 버튼을 클릭한다.

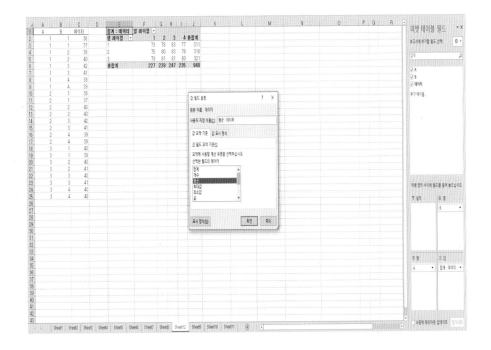

(6) 다음과 같은 이원표가 작성된다.

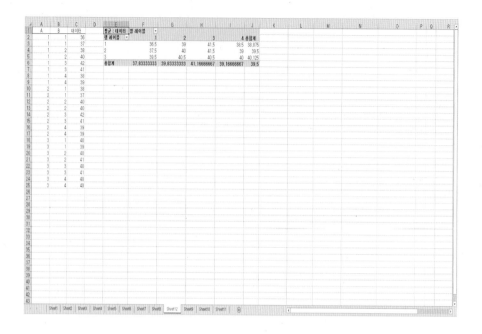

순서 3 ▸ ▸ ▸ 그래프의 작성

(1) 피벗 테이블 보고서의 표로는 그래프 작성이 부적합하므로, 결과의 수치만을 옮겨서 다음과 같은 표(셀 E9에서 I12까지)를 작성한다.

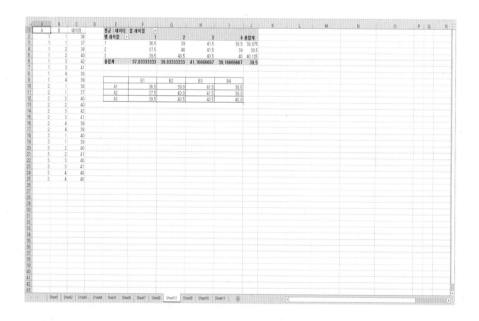

(2) 셀 E9에서 I12까지의 데이터를 범위 지정하여 꺾은선 그래프를 작성한다. 작성된 그 래프를 적당히 수정하면 다음과 같은 결과를 얻을 수 있다.

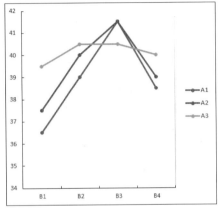 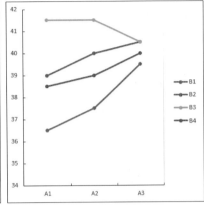

> **분산분석**

순서 1 ▸ ▸ ▸ 데이터의 입력

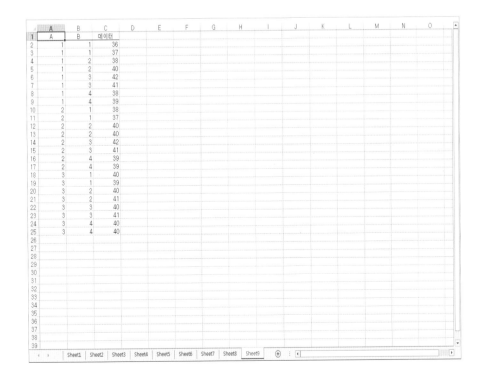

순서 2 ▸ ▸ ▸ 편성의 표시

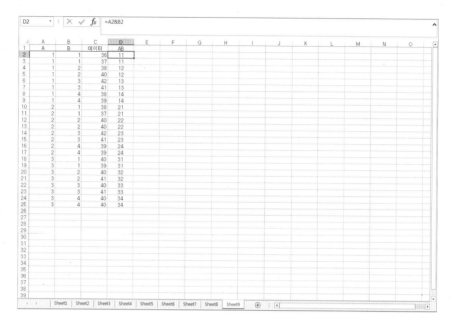

[셀의 내용]

  D2;＝A2&B2   (D2를 D3에서 D25까지 복사한다)

순서 3 ▸ ▸ ▸ 주효과와 교호작용의 산출

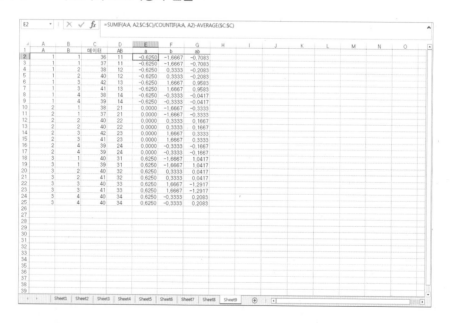

[셀의 입력내용]

$\text{E2;} = \text{SUMIF(A : A, A2,\$C : \$C)/COUNTIF(A : A, A2)} - \text{AVERAGE(\$C : \$C)}$

$\text{F2;} = \text{SUMIF(B : B, B2,\$C : \$C)/COUNTIF(B : B, B2)} - \text{AVERAGE(\$C : \$C)}$

$\text{G2;} = \text{SUMIF(D : D, D2,\$C : \$C)/COUNTIF(D : D, D2)} - \text{AVERAGE(\$C : \$C)} - \text{E2} - \text{F2}$

(E2를 E3에서 E25까지 복사한다)

(F2를 F3에서 F25까지 복사한다)

(G2를 G3에서 G25까지 복사한다)

순서 4 ▸ ▸ ▸ 분산분석표의 작성

O6		✕ ✓ fx	=F.INV.RT(0.05, K6, K9)				

	I	J	K	L	M	N	O
1		A	B				
2	수준수	3	4				
3							
4	분산분석표						
5	요인	제곱합	자유도	분산	F값	P값	F기각치
6	A	6.250	2	3.125	6.250	0.01381	3.885
7	B	34.667	3	11.556	23.111	0.00003	3.490
8	A*B	9.083	6	1.514	3.028	0.04845	2.996
9	잔차	6.000	12	0.5			
10	합계	56.000	23				

[셀의 입력내용]

J2;3 (인자 A의 수준수)

K2;4 (인자 B의 수준수)

$\text{J6;} = \text{DEVSQ(E : E)}$

$\text{J7;} = \text{DEVSQ(F : F)}$

$\text{J8;} = \text{DEVSQ(G : G)}$

$\text{J9;} = \text{J10} - \text{J6} - \text{J7} - \text{J8}$

$\text{J10;} = \text{DEVSQ(C : C)}$

$\text{K6;} = \text{J2} - 1$

$\text{K7;} = \text{K2} - 1$

$\text{K8;} = \text{K6*K7}$

$\text{K9;} = \text{K10} - \text{K6} - \text{K7} - \text{K8}$

$\text{K10;} = \text{COUNT(C : C)} - 1$

L6;=J6/K6

L7;=J7/K7

L8;=J8/K8

L9;=J9/K9

M6;=L6/$L$9

M7;=L7/$L$9

M8;=L8/$L$9

N6;=F.DIST.RT(M6, K6, $K$9)

N7;=F.DIST.RT(M7, K7, $K$9)

N8;=F.DIST.RT(M8, K8, $K$9)

O6;=F.INV.RT(0.05, K6, K9)

O7;=F.INV.RT(0.05, K7, K9)

O8;=F.INV.RT(0.05, K8, K9)

◆ 모평균의 추정

순서 1▸ ▸ ▸인자 A, B에 관한 모평균의 추정

| L23 | | f_x | =T.INV.2T(1-$L$21, $K$9)*SQRT($L$9/J23) | | | | | |

▲	I	J	K	L	M	N	O	P	Q	R	S	T	U	V	W
13	A		신뢰수준	0.95											
14	수준	데이터 수	점추정	폭	신뢰하한	신뢰상한									
15	1	8	38.8750	0.5447	38.3303	39.4197									
16	2	8	39.5000	0.5447	38.9553	40.0447									
17	3	8	40.1250	0.5447	39.5803	40.6697									
18															
19															
20															
21	B		신뢰수준	0.95											
22	수준	데이터 수	점추정	폭	신뢰하한	신뢰상한									
23	1	6	37.8333	0.6290	37.2044	38.4623									
24	2	6	39.8333	0.6290	39.2044	40.4623									
25	3	6	41.1667	0.6290	40.5377	41.7956									
26	4	6	39.1667	0.6290	38.5377	39.7956									
27															
28															
29															
30															
31															
32															
33															
34															
35															

[셀의 입력내용]

<인자 A에 대해서>

L13;＝0.95 (신뢰수준)

J15;＝COUNTIF(A：A, I15)

K15;＝SUMIF(A：A, I15,C：C)/J15

L15;＝T.INV.2T(1－$L$13, $K$9)*SQRT($L$9/J15)

M15;＝K15－L15   Nl5;＝K15＋L15

　　　(J15에서 N15까지를 J16에서 N17까지 복사한다)

<인자 B에 대해서>

L21;＝0.95 (신뢰수준)

J23;＝COUNTIF(B：B, I23)

K23;＝SUMIF(B：B, I23,C：C)/J23

L23;＝T.INV.2T(1－$L$21, $K$9)*SQRT($L$9/J23)

M23;＝K23－L23   N23;＝K23＋L23

　　　(J23에서 N23까지를 J24에서 N26까지 복사한다)

순서 2 ▸ ▸ ▸ AB의 편성에 관한 모평균의 추정(교호작용이 없는 경우)

[셀의 입력내용]

　L29;0.95 (신뢰수준)　　　　　N29;＝1/(1/J15＋1/J23－1/COUNT(E：E))

K31;=INDEX(\$K\$15 : \$K\$17,I31)+INDEX(\$K\$23 : \$K\$26,J31)-AVERAGE(C : C)

L31;=T.INV.2T(1−\$L\$29, \$K\$9)*SQRT(\$L\$9/\$N\$29)

M31;=K31−L31

N31;=K31+L31　　　　　　　(K31에서 N31까지를 K32에서 N42까지 복사한다)

순서 3▸ ▸ ▸ AB의 편성에 관한 모평균의 추정(교호작용이 있는 경우)

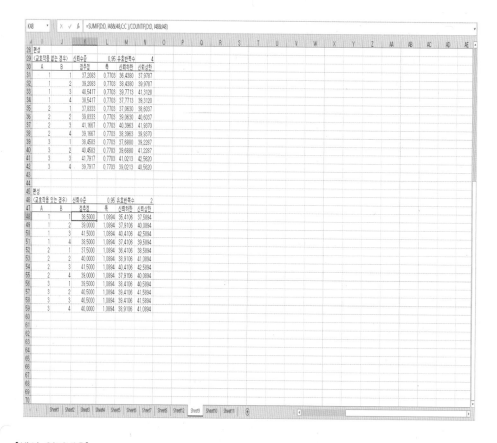

[셀의 입력내용]

L46;0.95 (신뢰수준)　　　　N46; 2(반복수)

K48;=SUMIF(D : D, I48&J48, C : C)/COUNTIF(D : D, I48&J48)

L48;=T.INV.2T(1−\$L\$46, \$K\$9)*SQRT(\$L\$9/\$N\$46)

M48;=K48−L48

N48;=K48+L48

　　　(K48에서 N48까지를 K49에서 N59까지 복사한다)

3) 분석 도구에 의한 분산분석

 13-4

빵의 맛에 영향을 주는 두 인자로 굽는 시간과 온도의 효과를 조사하고자 실험을 실시했다. 전문가가 빵의 맛에 대한 등급을 측정했으며 굽는 시간은 짧다, 중간, 길다 등으로 3개의 수준을 가진다. 굽는 온도 역시 낮다, 중간, 높다 등으로 3개의 수준을 가진다.

3명의 전문가가 각 경우마다 빵을 0에서 6까지의 등급으로 평가한 데이터가 다음과 같다.

<데이터>

온도 굽는시간	낮다	중간	높다
짧다	0 0 3	0 2 4	4 5 6
중간	2 3 4	3 6 6	1 2 3
길다	4 5 6	1 3 5	0 1 2

시간과 온도에 따라서 빵의 맛에 영향을 주는지 5% 유의수준으로 검정하라.

▶ 분산분석의 실시

순서 1 ▸ ▸ ▸ 데이터의 입력

B2에서 D10까지 데이터를 입력한다.

⏴	A	B	C	D	E	F	G	H	I	J	K	L	M	N	O
1		낮다	중간	높다											
2	짧다	0	0	4											
3		0	2	5											
4		3	4	6											
5	중간	2	3	1											
6		3	6	2											
7		4	6	3											
8	길다	4	1	0											
9		5	3	1											
10		6	5	2											
11															
12															
13															
14															
15															
16															
17															
18															
19															
20															
21															
22															

TIPS!

인자가 두 개 있는 경우에는 인자 간에 어떤 관련이 있는지 어떤지를 조사하지 않으면 안 된다. 만일 두 인자가 서로 영향을 미치고 있다고 한다면, 각각의 인자에 대한 수준 간의 차(差)의 검정은 그다지 의미를 갖지 못한다.
따라서 이원배치 분산분석의 절차는 다음과 같다.
① 교호작용 $A \times B$의 검정
② 인자 A에 대한 수준 간 차의 검정
③ 인자 B에 대한 수준 간 차의 검정

순서 2 ▸ ▸ ▸ 분산분석표의 작성

(1) 메뉴의 [데이터] – [데이터 분석]을 선택한다.

[통계 데이터 분석] 대화상자가 나타나면, [분석 도구(A)] 중

[분산분석 : 반복 있는 이원 배치법]을 더블클릭한다.

(2) [분산분석 : 반복 있는 이원 배치법] 대화상자가 나타나면, 다음 사항을 지정한다.

입력범위(I) : A1 : D10

표본당 행수(R) : 3

유의수준(A) : 0.05

출력범위(O) : A12

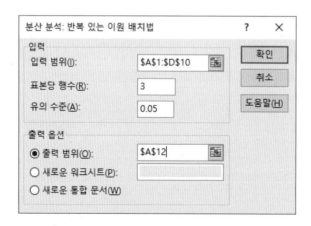

(3) 확인 버튼을 클릭한다.

요약표 및 분산분석표가 출력된다.

분산 분석: 반복 있는 이원 배치법

요약표	낮다	중간	높다	계
짧다				
관측수	3	3	3	9
합	3	6	15	24
평균	1	2	5	2.666667
분산	3	4	1	5.25
중간				
관측수	3	3	3	9
합	9	15	6	30
평균	3	5	2	3.333333
분산	1	3	1	3
길다				
관측수	3	3	3	9
합	15	9	3	27
평균	5	3	1	3
분산	1	4	1	4.5
계				
관측수	9	9	9	
합	27	30	24	
평균	3	3.333333	2.666667	
분산	4.25	4.5	4	

분산 분석

변동의 요인	제곱합	자유도	제곱평균	F 비	P-값	F 기각치
인자 A(행)	2	2	1	0.473684	0.630249	3.554557
인자 B(열)	2	2	1	0.473684	0.630249	3.554557
교호작용	62	4	15.5	7.342105	0.001087	2.927744
잔차	38	18	2.111111			
계	104	26				

순서 3 ▸ ▸ ▸ 판정

(1) 교호작용의 검정

$$p값 = 0.001 < 유의수준\ \alpha = 0.05$$
$$F비 = 7.342 > F(4,18\ ;\ 0.05) = 2.928$$

이므로 귀무가설 H_0를 기각한다. 즉, 굽는 시간과 온도 간에 교호작용은 존재한다.

(2) 인자 A의 효과에 대한 검정

$$p값 = 0.630 > 유의수준\ \alpha = 0.05$$
$$F비 = 0.474 < F(2,18\ ;\ 0.05) = 3.555$$

이므로 귀무가설 H_0를 기각하지 않는다. 즉, 굽는 시간에 따라 빵의 맛에 영향을 미치지 않는다.

(3) 인자 B의 효과에 대한 검정

$$p값 \; = \; 0.630 \; > \; 유의수준 \; \alpha \; = \; 0.05$$
$$F비 \; = \; 0.474 \; < \; F(2,18 \; ; \; 0.05) \; = \; 3.555$$

이므로 귀무가설 H_0를 기각하지 않는다. 즉, 온도에 따라 빵의 맛에 영향을 미치지 않는다.

> ◆ 교호작용도 작성

순서 1 ▸ ▸ ▸ 데이터의 입력

B4에서 D6까지 평균등급 데이터를 입력한다.

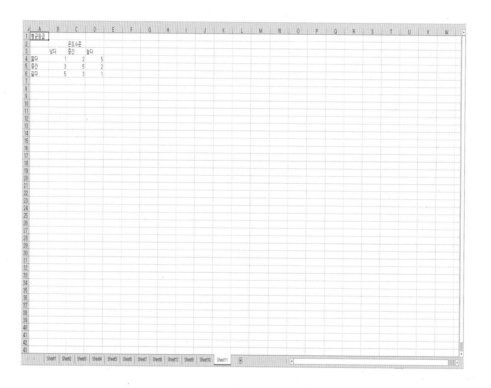

순서 2 ▸ ▸ ▸ 그래프의 작성

(1) A3 : D6를 선택하고 [차트 마법사] 버튼을 클릭한다.

(2) 차트 마법사 1단계에서 차트 종류는 꺾은선형, 세부 종류는 네 번째 그래프를 선택하고, [확인] 버튼을 클릭한다.

(3) 차트 마법사 3단계에서 차트 제목, X(항목) 축, Y(값) 축의 이름을 기입하고, 눈금선의
 Y(값) 축 기본 눈금선도 없앤다.

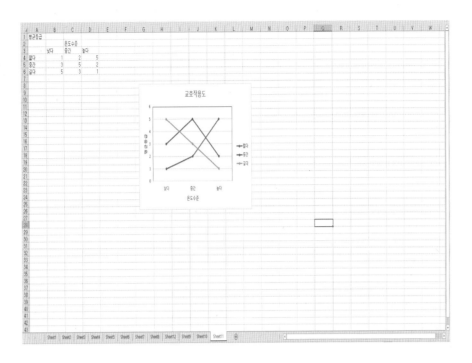

 이 교호작용도에서 각 선이 서로 교차되기 때문에 굽는 시간과 온도의 두 인자 간에
 교호작용이 있음을 알 수 있다.
 가로축을 굽는시간으로 하는 교호작용도 그릴 수 있다.

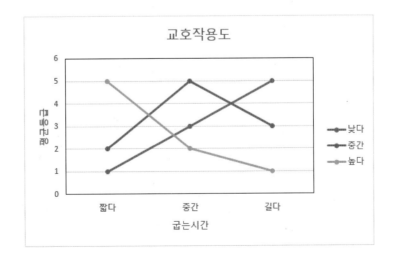

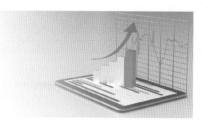

Chapter14

다원배치 실험

1. 3원배치 실험

1) 실험 데이터의 분석

예제 14-1

어떤 화학제품의 중합반응공정(重合反應工程)에 있어서 제품의 순도를 높이기 위하여 반응온도(A, 3수준), 반응시간(B, 2수준), 촉매의 종류(C, 2수준) 등 세 개의 인자를 문제 삼아 반복이 없는 3원배치 실험을 실시했다. 이때 3인자 교호작용 ABC는 무시할 수 있다고 판단하고, 합계 12회의 실험은 랜덤한 순서로 실시하여 다음과 같은 결과를 얻었다. 이 실험 데이터를 분석하라.

<순도(%)>

	B_1		B_2	
	C_1	C_2	C_1	C_2
A_1	57	50	62	61
A_2	70	59	57	62
A_3	51	46	49	48

> ▶ **다원배치 실험**

인자의 수가 세 개 이상일 때에 실시되는 요인 실험을 다원배치 실험이라고 한다. 다원배치 실험은 다음의 두 가지로 대별된다.

(1) 반복이 없는 다원배치 실험
(2) 반복이 있는 다원배치 실험

다원배치 실험이라고 하는 호칭은 총칭이므로 실험결과를 문서로서 남기는 경우에는 구체적으로 3원배치, 4원배치라고 표기해야 한다.

다원배치라고 하더라도 실제로 사용되는 것은 3원배치가 압도적으로 많다. 인자를 4개 이상 문제 삼는 다원배치 실험은 거의 실시되지 않는다. 인자를 4개 이상 문제 삼고자 하는 실험을 계획하는 경우에는, 직교표를 이용한 실험을 실시하는 쪽이 실험의 횟수가 적어지며 효율적이기 때문이다.

3원배치 실험에서는 반복실험을 하는 경우는 드물다. 왜냐하면 반복이 있는 경우와 없는 경우의 차이는 세 개 인자의 편성효과(3인자 교호작용이라고 부르며 $A \times B \times C$로 나타낸다)의 유무를 검증할 수 있느냐 없느냐 하는 것이지만, 3인자 교호작용은 처음부터 오차로서 취급하는 경우가 많기 때문이다.

그리고 3원배치 실험에서는 반복의 유무에 관계없이 두 인자 간의 교호작용($A \times B$, $A \times C$, $B \times C$)에 대해서는 구할 수 있다.

> **실험 데이터의 그래프 표현**

3원배치 실험의 데이터에서는 다음과 같은 꺾은선 그래프로 표현하면 좋다.

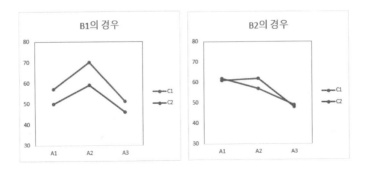

> **데이터의 구조식**

반복이 없는 3원배치 실험에서는 인자 A의 제i수준 A_i, 인자 B의 제j수준 B_j, 인자 C의 제k수준 C_k에 있어서의 실험 데이터를 y_{ijk}라고 했을 때, 데이터의 구조식을 다음과 같이 생각한다.

$$y_{ijk} = \mu + \alpha_i + \beta_j + \gamma_k + (\alpha\beta)_{ij} + (\alpha\gamma)_{ik} + (\beta\gamma)_{jk} + \varepsilon_{ijk}$$

여기에서 μ = 일반평균

α_i = A_i의 효과

β_j = B_j의 효과

γ_k = C_k의 효과

$(\alpha\beta)_{ij}$ = 인자 A와 B 사이의 교호작용효과

$(\alpha\gamma)_{ik}$ = 인자 A와 C 사이의 교호작용효과

$(\beta\gamma)_{jk}$ = 인자 B와 C 사이의 교호작용효과

ε_{ijk} = 실험오차

> **분산분석**

분산분석의 결과는 다음과 같은 분산분석표로 정리된다.

<분산분석표>

요인	제곱합	자유도	분산	분산비 F	P값	F 기각치
A	378.000	2	189.000	18.2903	0.0518	19.0000
B	3.000	1	3.000	0.2903	0.6440	18.5128
C	33.333	1	33.333	3.2258	0.2143	18.5128
A*B	86.000	2	43.000	4.1613	0.1937	19.0000
A*C	0.667	2	0.333	0.0323	0.9688	19.0000
B*C	56.333	1	56.333	5.4516	0.1447	18.5128
잔차	20.667	2	10.333			
합계	578	11				

유의수준을 0.05로 하면 어느 인자도 유의하지 않다는 결론에 이른다. 그러나 이 결과를 가지고 모든 인자가 제품의 순도에 영향을 미치고 있지 않다고 결론을 내리는 것은 위험하다. p값은 오차(잔차)의 자유도에 따라서 변하며, 이 예에서는 자유도가 기껏 2로서 작기 때문에 검정의 검출력(檢出力)이 낮다. 이와 같은 경우에는 F값이 작은(p값이 큰) 교호작용을 오차에 풀링하면 된다.

이 예에서는 교호작용 $A \times C$를 오차에 풀링한다. 구체적으로는 다음과 같은 계산을 실시하

여 새로운 오차분석을 산출한다.

$$(\text{풀링 후의 오차에 대한 제곱합 } S_e^{'}) = (\text{오차의 제곱합}) + (A \times C\text{의 제곱합})$$

$$(\text{풀링 후의 오차에 대한 자유도 } \phi_e^{'}) = (\text{오차의 자유도}) + (A \times C\text{의 자유도})$$

$$(\text{풀링 후의 오차분산} \qquad V_e^{'}) = S_e^{'} \,/\, \phi_e^{'}$$

이와 같이 유의하지 않은 인자의 제곱합을 오차의 제곱합 속에 끌어넣는 조작을 오차항에의 풀링이라고 부른다.

<풀링 후의 분산분석표>

요인	제곱합	자유도	분산	F값	P값	F기각치
A	378.000	2	189.000	35.4375	0.0029	6.9443
B	3.000	1	3.000	0.5625	0.4950	7.7086
C	33.333	1	33.333	6.2500	0.0668	7.7086
A*B	86.000	2	43.000	8.0625	0.0395	6.9443
B*C	56.333	1	56.333	10.5625	0.0314	7.7086
잔차	21.333	4	5.333			
합계	578.000	11				

[결과의 해석방법]

(1) 인자 A에 대해서

p값 = 0.0029 < 0.05이므로 인자 A는 유의하다. 즉, 인자 A는 제품의 순도에 영향을 미친다.

(2) 인자 B에 대해서

p값 = 0.4950 > 0.05이므로 인자 B는 유의하지 않다. 즉, 인자 B는 제품의 순도에 영향을 미치지 않는다.

(3) 인자 C에 대해서

p값 = 0.0668 > 0.05이므로 인자 C는 유의하지 않다.

(4) 교호인자 $A \times B$에 대해서

p값 = 0.0395 < 0.05이므로 교호인자 $A \times B$는 유의하다.

(5) 교호인자 $B \times C$에 대해서

p값 = 0.0314 < 0.05이므로 교호인자 $B \times C$는 유의하다.

본 예제와 같이 두 개의 교호작용($A \times B$, $B \times C$)이 유의할 때에는, $A_i B_j C_k$의 편성에 대한 모평균은 다음과 같이 추정하지 않으면 안 된다.

점추정 : $\hat{\mu}(A_i B_j C_k) = (A_i B_j$의 평균$)+(B_j C_k$의 평균$)-(B_j$의 평균$)$

그리고 $A \times B$, $B \times C$, $A \times C$의 모두가 유의할 때에는 다음과 같이 추정한다.

점추정 : $\hat{\mu}(A_i B_j C_k) = (A_i B_j$의 평균$)+(B_j C_k$의 평균$)+(A_i C_k$의 평균$)$

$- (A_i$의 평균$)-(B_j$의 평균$)-(C_k$의 평균$)+($전체의 평균$)$

이 예제에서는 다음과 같은 추정결과가 얻어진다.

$A_1 B_1 C_1$: 57.333

$A_1 B_1 C_2$: 49.667

$A_1 B_2 C_1$: 61.000

$A_1 B_2 C_2$: 62.000

$A_2 B_1 C_1$: 68.333

$A_2 B_1 C_2$: 60.667

$A_2 B_2 C_1$: 59.000

$A_2 B_2 C_2$: 60.000

$A_3 B_1 C_1$: 52.333

$A_3 B_1 C_2$: 44.667

$A_3 B_2 C_1$: 48.000

$A_3 B_2 C_2$: 49.000

$A_2 B_1 C_1$의 편성이 68.333%로서 가장 순도가 높은 조건이라는 것을 알 수 있다.

> **TIPS!**
>
> 분산분석표에서 F 검정결과 유의하지 않은 교호작용을 오차항에 넣어서 새로운 오차항으로 만드는 과정을 "유의하지 않은 교호작용을 오차항에 풀링한다"라고 말한다. 원칙적으로 교호작용만이 풀링의 대상이 된다. 단, 실험에 될 수 있는 한 많은 인자를 넣는 직교배열법에 의한 실험계획법에서는, 오차의 자유도가 작아서 검출력이 나쁘므로 유의하지 않은 인자도 오차항에 풀링할 수 있다.

2) Excel에 의한 데이터의 분석

> **그래프의 표현**

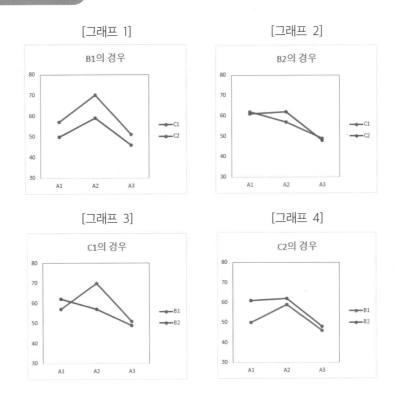

[그래프 1]
B1의 경우

[그래프 2]
B2의 경우

[그래프 3]
C1의 경우

[그래프 4]
C2의 경우

위와 같은 꺾은선 그래프를 작성하는 방법은 다음과 같다.

[그래프 1]의 경우
셀 A2에서 C5까지를 데이터의 범위로 해서 꺾은선 그래프를 작성한다.

	A	B	C	D	E	F	G	H
1			B1		B2			
2		C1	C2	C1	C2			
3	A1	57	50	62	61			
4	A2	70	59	57	62			
5	A3	51	46	49	48			
6								
7								
8								

[그래프 2]의 경우
셀 A2에서 A5, 셀 D2에서 E5까지를 데이터의 범위로 해서 꺾은선 그래프를 작성한다.

	A	B	C	D	E	F	G	H
1			B1		B2			
2		C1	C2	C1	C2			
3	A1	57	50	62	61			
4	A2	70	59	57	62			
5	A3	51	46	49	48			
6								
7								
8								

[그래프 3]의 경우

셀 A2에서 B5, 셀 D2에서 D5까지를 데이터의 범위로 해서 꺾은선 그래프를 작성한다.

	A	B	C	D	E	F	G	H
1			B1		B2			
2		C1	C2	C1	C2			
3	A1	57	50	62	61			
4	A2	70	59	57	62			
5	A3	51	46	49	48			
6								
7								
8								

이때에 범례를 B1과 B2로 바꾸는 작입이 필요하다. 작업 방법은 나음과 같다.

(1) 그래프 위에서 마우스 오른쪽 버튼을 클릭한 다음에 [데이터 선택(E)]을 선택한다.

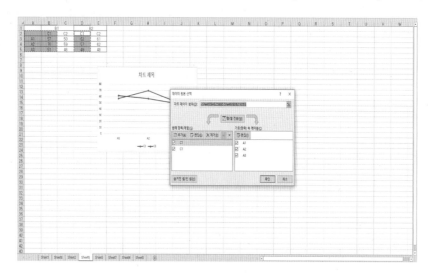

(2) [데이터 원본 선택] 대화상자에서 첫 번째 C1을 지정한 다음에 [편집(E)] 버튼을 클릭한다.
(3) [계열 편집] 대화상자에서 [계열 이름 (N)] 난에 'B1'을 입력하고 [확인]을 클릭한다.

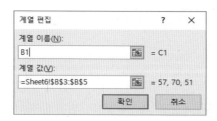

(4) 같은 방법으로 두 번째 C1을 'B2'로 바꾼다.

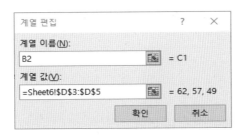

[그래프 4]의 경우

　셀 A2에서 A5, 셀 C2에서 C5, 셀 E2에서 E5까지를 데이터의 범위로 해서 꺾은선 그래프를 작성한다.

	A	B	C	D	E	F	G	H
1			B1		B2			
2			C1	C2	C1	C2		
3	A1	57	50	62	61			
4	A2	70	59	57	62			
5	A3	51	46	49	48			
6								
7								
8								

[그래프 3]의 경우와 마찬가지로 범례를 B1과 B2로 바꾸는 작업이 필요하다.

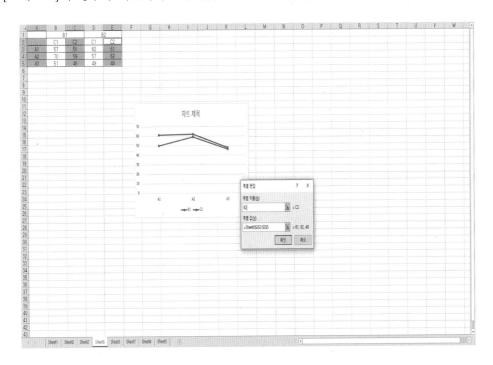

순서 1 ▸ ▸ ▸ 데이터의 입력

	A	B	C	D	E	F	G	H	I	J	K	L	M	N	O
1	A	B	C	데이터											
2	1	1	1	57											
3	1	1	2	50											
4	1	2	1	62											
5	1	2	2	61											
6	2	1	1	70											
7	2	1	2	59											
8	2	2	1	57											
9	2	2	1	62											
10	3	1	1	51											
11	3	1	2	46											
12	3	2	1	49											
13	3	2	2	48											

순서 2 ▸ ▸ ▸ 편성의 표시

E2		×	✓	f_x	=A2&B2										
	A	B	C	D	E	F	G	H	I	J	K	L	M	N	O
1	A	B	C	데이터	AB	AC	BC								
2	1	1	1	57	11	11	11								
3	1	1	2	50	11	12	12								
4	1	2	1	62	12	11	21								
5	1	2	2	61	12	12	22								
6	2	1	1	70	21	21	11								
7	2	1	2	59	21	22	12								
8	2	2	1	57	22	21	21								
9	2	2	2	62	22	22	22								
10	3	1	1	51	31	31	11								
11	3	1	2	46	31	32	12								
12	3	2	1	49	32	31	21								
13	3	2	2	48	32	32	22								

[셀의 입력내용]

E2; = A2&B2

F2; = A2&C2

G2; = B2&C2

(E2를 E3에서 E13까지 복사한다)

(F2를 F3에서 F13까지 복사한다)

(G2를 G3에서 G13까지 복사한다)

순서 3 ▸ ▸ ▸ 요인효과(주효과와 교호작용)의 산출

| | H2 | | × ✓ fx | =SUMIF(A:A, A2,$D:$D)/COUNTIF(A:A, A2) - AVERAGE($D:$D) | | | | | | | | | | |

	A	B	C	D	E	F	G	H	I	J	K	L	M	N	O
1	A	B	C	데이터	AB	AC	BC	a	b	c	ab	ac	bc		
2	1	1	1	57	11	11	11	1.5	-0.5	1.6667	-3.5	0.3333	2.1667		
3	1	1	2	50	11	12	12	1.5	-0.5	-1.6667	-3.5	-0.3333	-2.1667		
4	1	2	1	62	12	11	21	1.5	0.5	1.6667	3.5	0.3333	-2.1667		
5	1	2	2	61	12	12	22	1.5	0.5	-1.6667	3.5	-0.3333	2.1667		
6	2	1	1	70	21	21	11	6	-0.5	1.6667	3	-0.1667	2.1667		
7	2	1	2	59	21	22	12	6	-0.5	-1.6667	3	0.1667	-2.1667		
8	2	2	1	57	22	21	21	6	0.5	1.6667	-3	-0.1667	-2.1667		
9	2	2	2	62	22	22	22	6	0.5	-1.6667	-3	0.1667	2.1667		
10	3	1	1	51	31	31	11	-7.5	-0.5	1.6667	0.5	-0.1667	2.1667		
11	3	1	2	46	31	32	12	-7.5	-0.5	-1.6667	0.5	0.1667	-2.1667		
12	3	2	1	49	32	31	21	-7.5	0.5	1.6667	-0.5	-0.1667	-2.1667		
13	3	2	2	48	32	32	22	-7.5	0.5	-1.6667	-0.5	0.1667	2.1667		
14															
15															
16															
17															
18															
19															
20															

[셀의 입력내용]

H2;=SUMIF(A : A, A2,$D : $D)/COUNTIF(A : A, A2)-AVERAGE($D : $D)

I2;=SUMIF(B : B, B2,$D : $D)/COUNTIF(B : B, B2)-AVERAGE($D : $D)

J2;=SUMIF(C : C, C2,$D : $D)/COUNTIF(C : C, C2)-AVERAGE($D : $D)

K2;=SUMIF(E : E, E2,$D : $D)/COUNTIF(E : E, E2)-AVERAGE($D : $D)-H2-I2

L2;=SUMIF(F : F, F2,$D : $D)/COUNTIF(F : F, F2)-AVERAGE($D : $D)-H2-J2

M2;=SUMIF(G : G, G2,$D : $D)/COUNTIF(G : G, G2)-AVERACE($D : $D)-J2-I2

(H2를 H3에서 H13까지 복사한다)

(I2를 I3에서 I13까지 복사한다)

(J2를 J3에서 J13까지 복사한다)

(K2를 K3에서 K13까지 복사한다)

(L2를 L3에서 L13까지 복사한다)

(M2를 M3에서 M13까지 복사한다)

순서 4 ▸ ▸ ▸ 분산분석표의 작성

| | U6 | | × ✓ fx | =F.INV.RT(0.05, Q6, $Q$12) | | | | | | | | | | | |

	O	P	Q	R	S	T	U	V	W	X	Y	Z	AA	AB	AC
1		A	B	C											
2	수준수	3	2	2											
3															
4	분산분석표														
5	요인	제곱합	자유도	분산	분산비 F	P값	F 기각치								
6	A	378.000	2	189.000	18.2903	0.0518	19.0000								
7	B	3.000	1	3.000	0.2903	0.6440	18.5128								
8	C	33.333	1	33.333	3.2258	0.2143	18.5128								
9	A*B	86.000	2	43.000	4.1613	0.1938	19.0000								
10	A*C	0.667	2	0.333	0.0323	0.9688	19.0000								
11	B*C	56.333	1	56.333	5.4516	0.1447	18.5128								
12	잔차	20.667	2	10.333											
13	합계	578	11												
14															
15															

[셀의 입력내용]

P2;3 (인자 A의 수준수)

Q2;2 (인자 B의 수준수)

R2;2 (인자 C의 수준수)

P6;=DEVSQ(H : H)

P7;=DEVSQ(I : I)

P8;=DEVSQ(J : J)

P9;=DEVSQ(K : K)

P10;=DEVSQ(L : L)

P11;=DEVSQ(M : M)

P12;=P13-SUM(P6 : P11)

P13;=DEVSQ(D : D)

Q6;=P2-1

Q7;=Q2-1

Q8;=R2-1

Q9;=Q6*Q7

Q10;=Q6*Q8

Q11;=Q7*Q8

Q12;=Q13-SUM(Q6 : Q11)

Q13;=COUNT(D : D)-1

R6;=P6/Q6   (R6를 R7에서 R11까지 복사한다)

S6;=R6/$R$12   (S6를 S7에서 S11까지 복사한다)

T6;=F.DIST.RT(S6, Q6, $Q$12)   (T6를 T7에서 T11까지 복사한다)

U6;=F.INV.RT(0.05, Q6, $Q$12)   (U6를 U7에서 U11까지 복사한다)

순서 5 ▸▸▸ 풀링 후의 분산분석표 작성

| | U19 | | ▾ | : | × ✓ fx | =F.INV.RT(0.05, Q19, $Q$25) | | | | | | |

▲	O	P	Q	R	S	T	U	V	W	X	Y	Z	AA	AB	AC
16	〈풀링 후〉														
17	분산분석표														
18	요인	제곱합	자유도	분산	F값	P값	F기각치								
19	A	378.000	2	189.000	35.4375	0.0029	6.9443								
20	B	3.000	1	3.000	0.5625	0.4950	7.7086								
21	C	33.333	1	33.333	6.2500	0.0668	7.7086								
22	A*B	86.000	2	43.000	8.0625	0.0395	6.9443								
23															
24	B*C	56.333	1	56.333	10.5625	0.0314	7.7086								
25	잔차	21.333	4	5.333											
26	합계	578.000	11												
27															

[셀의 입력내용]

P19;= P6	(P19를 P20에서 P24까지 복사한다)
P26;= P13	
P25;= P26−SUM(P19 : P24)	
Q19;= Q6	(Q19을 Q20에서 Q24까지 복사한다)
Q26;= Q13	
Q25;= Q26−SUM(Q19 : Q24)	
R19;= P19/Q19	(R19을 R20에서 R25까지 복사한다)
S19;= R19/$R$25	(S19을 S20에서 S24까지 복사한다)
T19;= F.DIST.RT(S19, Q19, $Q$25)	(T19을 T20에서 T24까지 복사한다)
U19;= F.INV.RT(0.05, Q19, $Q$25)	(U19을 U20에서 U24까지 복사한다)

$<A \times B$를 오차에 풀링하는 경우$>$
셀 O22에서 U22까지 소거한다.
$<A \times C$를 오차에 풀링하는 경우$>$
셀 O23에서 U23까지 소거한다.
$<B \times C$를 오차에 풀링하는 경우$>$
셀 O24에서 U24까지 소거한다.

순서 6 ▸ ▸ ▸ 풀링의 대화화(對話化)

풀링은 교호작용의 p값을 보고 나서 실시하게 되므로, 사전에 어느 교호작용을 풀링할 것인지는 알 수 없다. 따라서 풀링할 교호작용의 선택을 대화형식으로 실시할 수 있도록 해 놓으면 편리하다.

예를 들면 $A \times B$를 오차에 풀링하고 싶을 때에는 그 왼쪽의 셀 N22에 임의의 문자 또는 숫자를 입력하면 $A \times B$가 오차에 풀링되고, $A \times C$를 오차에 풀링하고 싶을 때에는 셀 N23에 어떤 문자를 입력하면 $A \times C$가 오차에 풀링되도록 한다. 그리고 입력된 문자를 소거하면 풀링 전으로 되돌아가도록 해 놓으면 실용적이다.

| $A \times C$를 오차에 풀링하는 예 |

| | U24 | : | ✕ ✓ f_x | =IF(O24="","",F.INV.RT(0.05, Q24, $Q$25)) |

	N	O	P	Q	R	S	T	U	V	W	X	Y	Z	AA	AB
16		〈풀링 후〉													
17		분산분석표													
18		요인	제곱합	자유도	분산	F값	P값	F기각치							
19		A	378.000	2	189.000	35.4375	0.0029	6.9443							
20		B	3.000	1	3.000	0.5625	0.4950	7.7086							
21		C	33.333	1	33.333	6.2500	0.0668	7.7086							
22		A*B	86.000	2	43.000	8.0625	0.0395	6.9443							
23	AC														
24		B*C	56.333	1	56.333	10.5625	0.0314	7.7086							
25		잔차	21.333	4	5.333										
26		합계	578.000	11											
27															

[셀의 입력내용]

[순서 5]에서 입력한 수식의 다음에 셀 O22에서 U24까지를 다음과 같이 대치한다.

O22;=IF(N22=" ",O9," ")   (O22를 O23,O24에 복사한다)
P22;=IF(O22=" "," ",P9)   (P22를 P23,P24에 복사한다)
Q22;=IF(P22=" "," ",Q9)   (Q22를 Q23,Q24에 복사한다)
R22;=IF(Q22=" "," ",P22/Q22)   (R22를 R23,R24에 복사한다)
S22;=IF(R22=" "," ",R22/$R$25)   (S22를 S23,S24에 복사한다)
T22;=IF(O22=" "," ",F.DIST.RT(S22, Q22, $Q$25)) (T22를 T23,T24에 복사한다)
U22;=IF(O22=" "," ",F.INV.RT(0.05, Q22, $Q$25)) (U22를 U23,U24에 복사한다)

이와 같이 식을 수정해 놓으면, 예를 들어 $A \times C$를 오차에 풀링하고 싶을 때에는 셀 N23에 어떤 문자(AC)를 입력하면 $A \times C$가 풀링되게 된다.

2. 난괴법

1) 실험 데이터의 분석

예제 14-2

어떤 전자부품의 세정도(洗淨度)를 높이는 조건을 찾기 위해서, 세정공정에 있어서의 조건을 두 가지 문제 삼아 그것들을 인자로 해서 실험을 실시하기로 했다. 문제 삼은 인자와 수준은 다음과 같다.

인자 A : 세정제(洗淨劑)의 종류 3수준(A_1, A_2, A_3)

인자 B : 세정시간(洗淨時間)　　 2수준(B_1, B_2)

AB 전부해서 여섯 가지의 편성이 있다. 교호작용 $A \times B$의 유무를 확인하고 싶으므로, 반복을 2회 실시하기로 하고 합계 12회의 실험을 실시했다. 단, 12회의 실험은 완전히 랜덤한 순서로는 실시하지 않고, 처음에 AB 여섯 가지의 편성에 대한 실험을 랜덤하게 실시한 다음에 다시 한 번 AB 여섯 가지의 편성에 대한 실험을 랜덤하게 실시했다.

실험의 결과는 다음과 같다. 이 실험 데이터를 분석하라.

	제1회째의 실험			제2회째의 실험	
	B_1	B_2		B_1	B_2
A_1	32.3	30.1	A_1	28.1	26.9
A_2	31.5	27.5	A_2	30.9	26.2
A_3	35.3	28.8	A_3	31.3	30.2

(주)표 중의 수치는 사전에 표준화 변환되어 있어서 단위는 없다.

> **난괴법**

이 예에서는 12회의 실험을 랜덤하게 실시하고 있지 않으므로, 반복이 있는 이원배치 실험으로서 데이터를 분석하는 것은 잘못이다. 제1회째의 실험, 제2회째의 실험이라고 하는 구분도 인자로서 생각할 필요가 있다. 이와 같은 인자는 난괴법에 의한 반복이라고 불린다. 따라서 본 실험 데이터는 외견상 인자의 수가 세 개(A, B, 난괴법에 의한 반복) 있는 3원배치 실험으로서 데이터를 분석하게 된다. 단, 반복과의 교호작용은 오차로서 취급하므로 산출하지 않는다.

이와 같은 실험을 반복이 있는 이원배치 실험과 구별하기 위해서 난괴법에 의한 반복이 있는 이원배치 실험이라고 부르고 있다.

그런데 모든 실험순서를 완전히 무작위화하지 않고 이 예와 같은 실험을 실시하면, 어떠한 장점이 있는지를 생각해 보자.

지금 12회의 실험을 완전히 랜덤한 순서로 실시한다고 하자. 12회를 단시간에 실시할 수 있다면 문제는 없다. 그러나 상당한 시간을 요하여 예를 들면 최초의 실험과 최후의 실험은 실시일이 다르다고 하는 경우, 날짜에 따른 차이나 실험환경의 차이가 모두 오차에 들어가 버린다. 더 나아가서는 무작위화의 방법에 따라서 A_1B_1에서의 2회 실험이 일찍 끝나 버린다고 하는 경우도 있을 수 있다. 이와 같은 것을 극력 피할 수 있는 것이 난괴법의 반복에 의한 요인실험이다.

환경조건이 같은 실험의 장을 여러 개 만들어 그 실험의 장마다 한 벌의 실험을 랜덤하게 실시하는 방법을 난괴법(亂塊法, randomized block design)이라고 한다. 난괴법에서는 같은 실험의 장을 블록(block)이라고 부르고 있다. 이 예에서는 난괴법에 의한 반복이라고 하는 블록을 도입한 셈이 된다.

비교하고 싶은 수준	A_1	A_2	A_3	A_4

블록

블록

블록

블록은 복수의 수준을 갖는 인자로서 볼 수 있으므로, 난괴법에 의한 반복과 같은 인자를 블록 인자라고 부르고 있다.

블록 인자로서는 실험일, 실험지역, 장치, 원료 로트, 피험자(사람) 등을 문제 삼을 수 있다.

> **데이터의 구조식**

난괴법에 의한 반복이 있는 이원배치 실험에서는 난괴법에 의한 반복 k번째, 인자 A의 제i수준 A_i, 인자 B의 제j수준 B_j에 있어서의 실험 데이터를 y_{ijk}라고 했을 때, 데이터의 구조식을 다음과 같이 생각한다.

$$y_{ijk} = \mu + \alpha_i + \beta_j + (\alpha\beta)_{ij} + \gamma_k + \varepsilon_{ijk}$$

여기에서 $\mu = $ 일반평균

$\alpha_i = A_i$의 효과

$\beta_j = B_j$의 효과

$\gamma_k = k$번째의 난괴법에 의한 반복의 효과

$(\alpha\beta)_{ij} = $ 인자 A와 B 사이의 교호작용효과

$\varepsilon_{ijk} = $ 실험오차

> ### 분산분석

분산분석의 결과는 다음과 같은 분산분석표로 정리된다.

<분산분석표>

요인	제곱합	자유도	분산	분산비 F	P값	F 기각치
반복	11.801	1	11.801	4.8586	0.0787	6.6079
A	13.265	2	6.632	2.7307	0.1579	5.7861
B	32.341	1	32.341	13.3154	0.0148	6.6079
A*B	3.912	2	1.956	0.8053	0.4976	5.7861
잔차	12.144	5	2.429			
합계	73.463	11				

난괴법에 의한 반복이라고 하는 인자가 들어간 점이 무작위화법에 의한 반복이 있는 이원배치와 다른 점이다. 그리고 이 예와 같이 블록 인자(난괴법에 의한 반복)가 유의하지 않을 때에는 오차(잔차)에 풀링하면 된다.

 TIPS!

환경조건이 같은 실험의 장을 여러 개 만들어 그 실험의 장마다 한 벌의 실험을 랜덤하게 실시하는 방법을 난괴법(亂塊法, randomized block design)이라고 한다. 난괴법에서는 같은 실험의 장을 블록(block)이라고 부르고 있다.

2) Excel에 의한 데이터의 분석

> **분산분석**

순서 1 ▸ ▸ ▸ 데이터의 입력

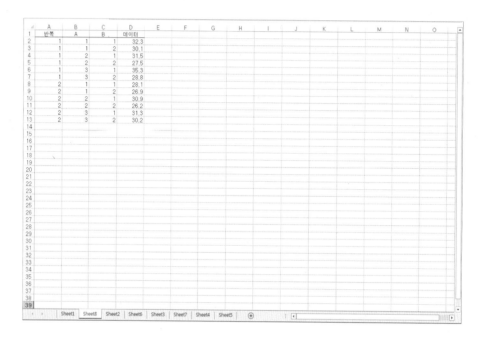

순서 2 ▸ ▸ ▸ 편성의 표시

[셀의 입력내용]

    E2; = B2&C2   (E2를 E3에서 E13까지 복사한다)

순서 3 ▸ ▸ ▸ 요인효과의 산출

| F2 | | ✕ ✓ fx | =SUMIF(A:A, A2,$D:$D)/COUNTIF(A:A, A2) – AVERAGE($D:$D) |

	A	B	C	D	E	F	G	H	I	J	K	L	M	N	O
1	반복	A	B	데이터	AB	r	a	b	ab						
2	1	1	1	32,3	11	0,9917	-0,5750	1,6417	-0,7917						
3	1	1	2	30,1	12	0,9917	-0,5750	-1,6417	0,7917						
4	1	2	1	31,5	21	0,9917	-0,9000	1,6417	0,5333						
5	1	2	2	27,5	22	0,9917	-0,9000	-1,6417	-0,5333						
6	1	3	1	35,3	31	0,9917	1,4750	1,6417	0,2583						
7	1	3	2	28,8	32	0,9917	1,4750	-1,6417	-0,2583						
8	2	1	1	28,1	11	-0,9917	-0,5750	1,6417	-0,7917						
9	2	1	2	26,9	12	-0,9917	-0,5750	-1,6417	0,7917						
10	2	2	1	30,9	21	-0,9917	-0,9000	1,6417	0,5333						
11	2	2	2	26,2	22	-0,9917	-0,9000	-1,6417	-0,5333						
12	2	3	1	31,3	31	-0,9917	1,4750	1,6417	0,2583						
13	2	3	2	30,2	32	-0,9917	1,4750	-1,6417	-0,2583						

[셀의 입력내용]

    F2; = SUMIF(A : A, A2,$D : $D)/COUNTIF(A : A, A2) – AVERAGE($D : $D)

    G2; = SUMIF(B : B, B2,$D : $D)/COUNTIF(B : B, B2) – AVERAGE($D : $D)

    H2; = SUMIF(C : C, C2,$D : $D)/COUNTIF(C : C, C2) – AVERAGE($D : $D)

    I2; = SUMIF(E : E, E2,$D : $D)/COUNTIF(E : E, E2) – AVERAGE($D : $D) – H2 – G2

        (F2를 F3에서 F13까지 복사한다)

        (G2를 G3에서 G13까지 복사한다)

        (H2를 H3에서 H13까지 복사한다)

        (I2를 I3에서 I13까지 복사한다)

순서 4 ▸ ▸ ▸ 분산분석표의 작성

| P6 | | ✕ ✓ fx | =F.DIST.RT(O6, M6, $M$10) |

	K	L	M	N	O	P	Q	R
1		난괴법의 반A		B				
2	수준수	2	3	2				
5	요인	제곱합	자유도	분산	분산비 F	P값	F 기각치	
6	반복	11,801	1	11,801	4,8586	0,0787	6,6079	
7	A	13,265	2	6,632	2,7307	0,1579	5,7861	
8	B	32,341	1	32,341	13,3154	0,0148	6,6079	
9	A*B	3,912	2	1,956	0,8053	0,4976	5,7861	
10	잔차	12,144	5	2,429				
11	합계	73,463	11					

[셀의 입력내용]

L2; 2(난괴법의 반복수)

M2; 3(인자 A의 수준수)

N2; 2(인자 B의 수준수)

L6;=DEVSQ(F : F)

L7;=DEVSQ(G : G)

L8;=DEVSQ(H : H)

L9;=DEVSQ(I : I)

L10;=L11−SUM(L6 : L9)

L11;=DEVSQ(D : D)

M6;=L2−1

M7;=M2−1

M8;=N2−1

M9;=M7*M8

M10;=M11−SUM(M6 : M9)

M11;=COUNT(D : D)−1

N6;=L6/M6　　　　　　　　　　　　　(N6를 N7에서 N10까지 복사한다)

O6;=N6/$N$10　　　　　　　　　　　(O6를 O7에서 O9까지 복사한다)

P6;=F.DIST.RT(O6, M6, $M$10)　　　(P6를 P7에서 P9까지 복사한다)

Q6;=F.INV.RT(0.05, M6, $M$10)　　(Q6를 Q7에서 Q9까지 복사한다)

Chapter15
비모수통계분석

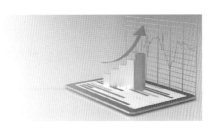

1. 크러스컬-월리스의 순위검정

1) 실험 데이터의 분석

 15-1

PC의 프린터를 제조하여 판매하고 있는 A사에서는 인자(印字, 찍힌 글자)의 품질을 높이기 위해서 새로 네 종류의 프린터 리본(A_1, A_2, A_3, A_4)을 개발했다. 이 네 개의 리본 사이에 찍힌 글자의 품질에 차이가 있는지 어떤지를 조사하기 위하여 실험을 실시하기로 했다.

실험에서 문제 삼은 인자는 리본의 종류(인자 A로 한다)로 수준수는 4이다. 각각의 리본으로 동일한 문자를 5개씩 인쇄해서 찍힌 글자의 볼품을 평가했다.

구체적으로는 다음과 같이 해서 평가했다. 먼저 종래의 프린터 리본을 사용해서 인쇄한다. 그 때의 인쇄 솜씨를 5로 하고, 이것을 표준으로 한다. 이 표준에 대해서,

비교가 되지 않을 정도로 우수하다	10
매우 우수하다	9
우수하다	8
약간 우수하다	7
아주 조금 우수하다	6
표준과 동등	5
아주 조금 열등하다	4
약간 열등하다	3
열등하다	2

매우 열등하다	1
비교가 되지 않을 정도로 열등하다	0

라고 순위를 매기고 세 사람의 평가자가 합의하여 10점 만점의 점수를 매겼다. 실험의 결과는 다음과 같다. 이 실험 데이터를 분석하라.

<데이터표>

A_1	5	4	5	3	6
A_2	8	7	7	9	8
A_3	6	5	4	6	7
A_4	5	4	2	6	3

➤ 비모수적 방법

본 예제의 데이터는 10점 만점(11단계)으로 인간의 감각을 사용해서 평가한 데이터이므로, 통상 계측기를 사용해서 측정한 데이터와 같이 정규성을 가정하는 데에는 문제가 있다.

그런데 지금까지 기술해 온 분산분석은 다음과 같은 사실을 전제로 하고 있다.

① 각 수준의(동일 조건에서의) 데이터 산포는 같다　　　　　(등분산성)
② 각 수준마다 데이터는 정규분포를 하고 있다　　　　　(정규성)

이 두 개의 전제가 성립되지 않는 상황하에서는 비모수적 방법이라고 불리는 분포형을 가정하지 않는 분석기법을 적용하는 편이 무난하다.

비모수적 방법으로서 많은 분석기법이 제안되고 있는데, 본 예제와 같은 일원배치 실험의 데이터를 분석하려면, 크러스컬-월리스(Kruskal-Wallis)의 순위검정이 적합하다. 그리고 이 예제는 수준수가 4이지만, 수준수가 2일 때에는 윌콕슨(Wilcoxon)의 순위합검정이라고 불리는 기법을 적용한다.

➤ 크러스컬-월리스의 순위검정

크러스컬-월리스의 순위검정은 다음과 같은 순서로 실시한다.

순서 1▸ ▸ ▸ 전체 데이터의 수를 N이라 하고, 수준수를 k라고 한다.

순서 2▸ ▸ ▸ 전체 수준의 데이터 수를 합병해서 데이터가 작은 순서로 순위를 매긴다.

순서 3▸ ▸ ▸ 순위를 데이터로 생각한다.

순서 4▸ ▸ ▸ 각 수준의 순위 합계를 구한다.

(제i수준의 데이터 수를 n_i, 합계를 R_i라고 한다)

순서 5▸ ▸ ▸ 다음에 보이는 통계량 H를 계산한다.

$$H = \frac{12}{N(N+1)} \sum_{i=1}^{k} \frac{R_i^2}{n_i} - 3(N+1)$$

순서 6▸ ▸ ▸ 통계량 H가 자유도 $k-1$의 χ^2(카이제곱) 분포에 따른다는 것을 이용해서 p값을 계산한다

그리고 같은 순위가 있는 경우에는 평균순위를 할당한다. 이때에는 수정계수 C를 계산하여 위의 H를 수정할 필요가 있다.

수정계수 C는 다음과 같이 계산한다. 같은 순위 데이터의 그룹 수를 g라고 한다. j번째의 그룹에 포함되는 데이터 수를 t_j라고 하면,

$$C = 1 - \sum_{j=1}^{g} t_j(t_j^2 - 1) / N(N^2 - 1)$$

수정 후의 H(H'라고 표시한다)는

$$H' = H/C$$

> ▸ 검정의 결과

검정의 결과는 다음과 같이 된다.

$$H = 12.0314$$
$$H' = 12.3091$$
$$p값 = 0.0064$$

p값 $= 0.0064 < 0.05$이므로 인자 A는 유의하다.

2) Excel에 의한 데이터의 분석

→ 검정의 순서

순서 1▸ ▸ ▸데이터의 입력

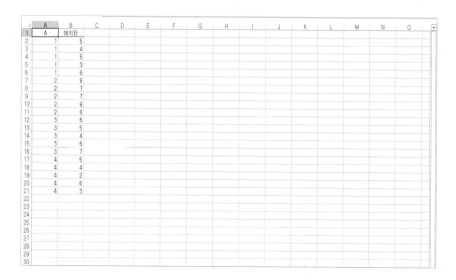

순서 2▸ ▸ ▸순위의 산출

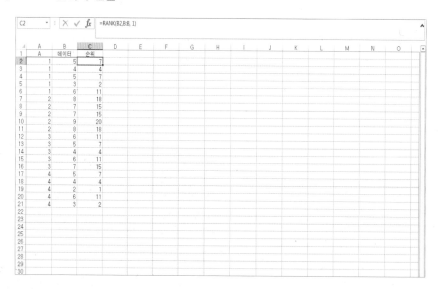

[셀의 입력내용]

C2; ＝RANK(B2, B : B, 1)   (C2를 C3에서 C21까지 복사한다)

순서 3▸ ▸ ▸순위치의 산출

같은 순위를 평균순위로 대치한다.

D2 | =IF(COUNTIF(C:C, C2) = 1, C2, ((2*C2 + COUNTIF(C:C, C2) - 1)/2))

	A	데이터	순위	순위치
1	A	데이터	순위	순위치
2	1	5	7	8.5
3	1	4	4	5
4	1	5	7	8.5
5	1	3	2	2.5
6	1	6	11	12.5
7	2	8	18	18.5
8	2	7	15	16
9	2	7	15	16
10	2	9	20	20
11	2	8	18	18.5
12	3	6	11	12.5
13	3	5	7	8.5
14	3	4	4	5
15	3	6	11	12.5
16	3	7	15	16
17	4	5	7	8.5
18	4	4	4	5
19	4	2	1	1
20	4	6	11	12.5
21	4	3	2	2.5

[셀의 입력내용]

D2;=IF(COUNTIF(C : C, C2)=1, C2, ((2*C2+COUNTIF(C : C, C2)−1)/2))

(D2를 D3에서 D21까지 복사한다)

순서 4▸ ▸ ▸수정계수 산출을 위한 준비

E2 | =SMALL(D:D, ROWS(D$2:D2))

	A	데이터	순위	순위치	오름차수	t	t(t^2 - 1)
1	A	데이터	순위	순위치	오름차수	t	t(t^2 - 1)
2	1	5	7	8.5	1	0	0
3	1	4	4	5	2.5	0	0
4	1	5	7	8.5	2.5	2	6
5	1	3	2	2.5	5	0	0
6	1	6	11	12.5	5	0	0
7	2	8	18	18.5	5	3	24
8	2	7	15	16	8.5	0	0
9	2	7	15	16	8.5	0	0
10	2	9	20	20	8.5	0	0
11	2	8	18	18.5	8.5	4	60
12	3	6	11	12.5	12.5	0	0
13	3	5	7	8.5	12.5	0	0
14	3	4	4	5	12.5	0	0
15	3	6	11	12.5	12.5	4	60
16	3	7	15	16	16	0	0
17	4	5	7	8.5	16	0	0
18	4	4	4	5	16	3	24
19	4	2	1	1	18.5	0	0
20	4	6	11	12.5	18.5	2	6
21	4	3	2	2.5	20	0	0

[셀의 입력내용]

E2;=SMALL(D : D, ROWS($2 : D2))　　　　　　(E2를 E3에서 E21까지 복사한다)

F2;=IF(E2=E1, IF(E2=E3,0, COUNTIF(E : E, E2)),0)

　　　　　　　　　　　　　　　　　　　　(F2를 F3에서 F21까지 복사한다)

G2;=F2*(F2^2−1)　　　　　　　　　　　(G2를 G3에서 G21까지 복사한다)

순서 5▸▸▸ p 값의 산출

R5	▾ : X ✓ f_x	=CHISQ.DIST.RT(Q5, L2 - 1)					

	L	M	N	O	P	Q	R
1	수준수	N	수정계수				
2	4	20	0.9774				
3							
4	A	n	R	R*R/n	H값	검정통계량	p값
5	1	5	37.00	273.80	12.0314	12.3091	0.0064
6	2	5	89.00	1584.20			
7	3	5	54.50	594.05			
8	4	5	29.50	174.05			

[셀의 입력내용]

L2;4(수준수)

M2;=COUNT(B : B)

N2;=1−SUM(G : G)/(M2^3−M2)

M5;=COUNTIF(A : A, L5)

N5;=SUMIF(A : A, L5,D : D)

O5;=N5*N5/M5

　　(M5에서 O5까지를 M6에서 O8까지 복사한다)

P5;=12*SUM(O : O)/(M2*(M2+1))−3*(M2+1)

Q5;=P5/N2

R5;=CHISQ.DIST.RT(Q5, L2−1)

1) 실험 데이터의 분석

 15-2

PC의 프린터를 제조하여 판매하고 있는 A사에서는 인자(印字, 찍힌 글자)의 품질을 높이기 위해서 새로 네 종류의 프린터 리본(A_1, A_2, A_3, A_4)을 개발했다. 이 네 개의 리본 사이에 찍힌 글자의 품질에 차이가 있는지 어떤지를 조사하기 위하여 실험을 실시하기로 했다.

실험에서 문제 삼은 인자는 리본의 종류(인자 A로 한다)로 수준수는 4이다. 각각의 리본으로 동일한 문자를 1개씩 인쇄해서 찍힌 글자의 볼품을 5명이 평가했다.

구체적으로는 다음과 같이 해서 평가했다. 먼저 종래의 프린터 리본을 사용해서 인쇄한다. 그 때의 인쇄 솜씨를 5로 하고, 이것을 표준으로 한다. 이 표준에 대해서,

비교가 되지 않을 정도로 우수하다	10
매우 우수하다	9
우수하다	8
약간 우수하다	7
아주 조금 우수하다	6
표준과 동등	5
아주 조금 열등하다	4
약간 열등하다	3
열등하다	2
매우 열등하다	1
비교가 되지 않을 정도로 열등하다	0

라고 순위를 매기고 5명의 평가자(B_1, B_2, B_3, B_4, B_5)가 각자 10점 만점의 점수를 매겼다.

실험의 결과는 다음과 같다. 이 실험 데이터를 분석하라.

<데이터표>

	B_1	B_2	B_3	B_4	B_5
A_1	6	3	5	7	4
A_2	9	6	8	9	8
A_3	5	3	4	6	5
A_4	4	2	5	6	4

　　[예제 15-1]과 다른 점은 5명의 평가자가 문자 1개를 각각 평가하고 있다는 것이다. 따라서 이것을 단순히 반복이라고 보아서는 안 된다. 평가자의 차이가 큰 경우에는 그것들이 오차가 되어 버리기 때문이다. 이와 같은 때에는 평가자를 블록 인자로 생각하여 이원배치 실험의 데이터로서 분석한다.

　　일원배치 실험의 데이터를 비모수적 방법으로 분석하려면, 크러스컬 -월리스의 순위검정을 이용했는데, 이원배치 실험의 데이터를 비모수적 방법으로 분석하는 경우에는 프리드만 (Friedman)의 순위검정을 이용하면 된다.

　　프리드만의 순위검정은 다음과 같은 순서로 실시한다.

순서 1▸ ▸ ▸인자 A의 수준수를 a, 인자 B(블록 인자)의 수준수를 k라고 한다.

순서 2▸ ▸ ▸인자 B의 수준마다(블록마다) 데이터의 작은 순서로 순위를 매긴다.

순서 3▸ ▸ ▸순위를 데이터로 생각한다.

순서 4▸ ▸ ▸각 수준의 순위 합계를 구한다.

　　　　　　(제 i 수준의 합계를 R_i라고 한다)

순서 5▸ ▸ ▸다음에 보이는 통계량 D를 계산한다.

$$D = \frac{12}{a(a+1)b}\sum_{i=1}^{k} R_i^{\,2} - 3b(a+1)$$

순서 6▸ ▸ ▸통계량 D가 자유도 $a-1$의 χ^2(카이제곱) 분포에 따른다는 것을 이용해서 p값을 계산한다.

검정의 결과는 다음과 같이 된다.

<인자 A에 대해서>

　　　　　$D = 10.5000$

　　　　　p값 $= 0.0148$

p값$=0.0148 < 0.05$이므로 인자 A는 유의하다. 즉, 인자 A는 찍힌 글자의 품질(평가)에

영향을 미친다.

<인자 B에 대해서>

$$D = 12.9000$$

$$p값 = 0.0118$$

$p값 = 0.0118 < 0.05$이므로 인자 B는 유의하다. 즉, 인자 B는 찍힌 글자의 품질(평가)에 영향을 미친다.

2) Excel에 의한 데이터의 분석

> **검정의 순서**

순서 1 ▸ ▸ ▸ 데이터의 입력

▲	A	B	C	D	E	F	G	H	I	J
1		B1	B2	B3	B4	B5		A	B	
2	A1	6	3	5	7	4	수준수	4	5	
3	A2	9	6	8	9	8				
4	A3	5	3	4	6	5				
5	A4	4	2	5	6	4				
6										

순서 2 ▸ ▸ ▸ (인자 A에 대해서) 순위의 산출

▲	A	B	C	D	E	F	G	H	I	J
7	<인자 A>									
8	순위	B1	B2	B3	B4	B5				
9	A1	3	2	2	3	1				
10	A2	4	4	4	4	4				
11	A3	2	2	1	1	3				
12	A4	1	1	2	1	1				
13										

[셀의 입력내용]

B9; = RANK(B2, B$2 : B$5, 1)   (B9을 B9에서 F12까지 복사한다)

순서 3 ▸▸▸ (인자 A에 대해서) 순위치와 총계의 산출

같은 순위를 평균순위로 대치한다.

| B16 | ▾ | : | $\times$ $\checkmark$ f_x | | =IF(COUNTIF(B$9:B$12, B9)=1, B9, ((2*B9+COUNTIF(B$9:B$12, B9) - 1)/2)) |

◢	A	B	C	D	E	F	G	H	I	J
7	〈인자 A〉									
8	순위	B1	B2	B3	B4	B5				
9	A1	3	2	2	3	1				
10	A2	4	4	4	4	4				
11	A3	2	2	1	1	3				
12	A4	1	1	2	1	1				
13										
14										
15	순위치	B1	B2	B3	B4	B5	계	계*계	총계	
16	A1	3	2.5	2.5	3	1.5	12.50	156.25	712.50	
17	A2	4	4	4	4	4	20.00	400.00		
18	A3	2	2.5	1	1.5	3	10.00	100.00		
19	A4	1	1	2.5	1.5	1.5	7.50	56.25		
20										

[셀의 입력내용]

B16;＝IF(COUNTIF(B\$9 : B\$12, B9)＝1, B9, ((2*B9＋COUNTIF(B\$9 : B\$12, B9)－1)/2))

　　　　　　　　　　　　　　　　　　(B16을 B16에서 F19까지 복사한다)

G16;＝SUM(B16 : F16)　　　　　　　(G16을 G17에서 G19까지 복사한다)

H16;＝G16*G16　　　　　　　　　　(H16을 H17에서 H19까지 복사한다)

I16;＝SUM(H16 : H19)

순서 4 ▸▸▸ (인자 A에 대해서) p 값의 산출

| L17 | ▾ | : | $\times$ $\checkmark$ f_x | | =CHISQ.DIST.RT(L15, H2 - 1) |

◢	A	B	C	D	E	F	G	H	I	J	K	L	M
14												인자 A	
15	순위치	B1	B2	B3	B4	B5	계	계*계	총계		검정통계량	10.5000	
16	A1	3	2.5	2.5	3	1.5	12.50	156.25	712.50		$\chi^2(\phi, 0.05)$	7.8147	
17	A2	4	4	4	4	4	20.00	400.00			p값	0.0148	
18	A3	2	2.5	1	1.5	3	10.00	100.00					
19	A4	1	1	2.5	1.5	1.5	7.50	56.25					
20													

[셀의 입력내용]

L15;＝12*I16/(H2*(H2＋1)*I2)－3*I2*(H2＋1)

L16;＝CHISQ.INV.RT(0.05, H2－1)

L17;＝CHISQ.DIST.RT(L15, H2－1)

순서 5 ▸ ▸ ▸ (인자 B에 대해서) 순위의 산출

| B23 | ▾ : | ✕ ✓ | f_x | =RANK(B2, $B2:$F2, 1) | | | | | |

⊿	A	B	C	D	E	F	G	H	I	J
21	〈인자 B〉									
22	순위	B1	B2	B3	B4	B5				
23	A1	4	1	3	5	2				
24	A2	4	1	2	4	2				
25	A3	3	1	2	5	3				
26	A4	2	1	4	5	2				
27										
28										

[셀의 입력내용]

B23；＝RANK(B2, $B2：$F2, 1)　　　　(B23를 B23에서 F26까지 복사한다)

순서 6 ▸ ▸ ▸ (인자 B에 대해서) 순위치와 총계의 산출

같은 순위를 평균순위로 대치한다.

| B30 | ▾ : | ✕ ✓ | f_x | =IF(COUNTIF($B23:$F23, B23)=1, B23, ((2*B23+COUNTIF($B23:$F23, B23) - 1)/2)) | | | | | |

⊿	A	B	C	D	E	F	G	H	I	J
21	〈인자 B〉									
22	순위	B1	B2	B3	B4	B5				
23	A1	4	1	3	5	2				
24	A2	4	1	2	4	2				
25	A3	3	1	2	5	3				
26	A4	2	1	4	5	2				
27										
28										
29	순위치	B1	B2	B3	B4	B5				
30	A1	4	1	3	5	2				
31	A2	4.5	1	2.5	4.5	2.5				
32	A3	3.5	1	2	5	3.5				
33	A4	2.5	1	4	5	2.5				
34	계	14.50	4.00	11.50	19.50	10.50			총계	
35	계*계	210.25	16	132.25	380.25	110.25			849.00	
36										
37										

[셀의 입력내용]

B30；＝IF(COUNTIF($B23：$F23, B23)＝1, B23,((2*B23＋COUNTIF($B23：$F23, B23)－1)/2))

　　　　　　　　　　　　(B30를 B30에서 F33까지 복사한다)

B34；＝SUM(B30：B33)　　　　(B34를 C34에서 F34까지 복사한다)

B35；＝B34*B34　　　　　　　(B35를 C35에서 F35까지 복사한다)

I35；＝SUM(B35：F35)

순서 7 ▸ ▸ ▸ (인자 B에 대해서) p값의 산출

| L36 | ▾ | : | × | ✓ | f_x | =CHISQ.DIST.RT(L34, I2 - 1) |

	A	B	C	D	E	F	G	H	I	J	K	L	M	N	O
21	<인자 B>														
22	순위	B1	B2	B3	B4	B5									
23	A1	4	1	3	5	2									
24	A2	4	1	2	4	2									
25	A3	3	1	2	5	3									
26	A4	2	1	4	5	2									
27															
28															
29	순위치	B1	B2	B3	B4	B5									
30	A1	4	1	3	5	2									
31	A2	4.5	1	2.5	4.5	2.5									
32	A3	3.5	1	2	5	3.5									
33	A4	2.5	1	4	5	2.5									
34	계	14.50	4.00	11.50	19.50	10.50			총계		검정통계량	12.9000			
35	계·계	210.25	16	132.25	380.25	110.25			849.00		$\chi^2(\phi, 0.05)$	9.4877			
36											p값	0.0118			

(K34 셀 위에 "인자 A" 표기)

[셀의 입력내용]

L34;=12*I35/(I2*(I2+1)*H2)−3*H2*(I2+1)

L35;=CHISQ.INV.RT(0.05, I2−1)

L36;=CHISQ.DIST.RT(L34, I2−1)

Chapter16
직교배열

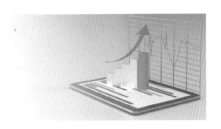

1. 직교배열표에 의한 실험의 계획

1) 직교배열표의 이용

 16-1

인자 다섯 개(인자 A, B, C, D, E라고 한다)를 문제 삼는 실험을 실시하고자 한다. 인자의 수준수는 모두 2수준에 일치시키기로 한다. 그리고 모든 교호작용은 무시할 수 있는 것으로 생각한다.

어떠한 실험을 실시하면 좋겠는가?

> ▶ **직교배열표란**

이 예제에서는 문제 삼고자 하는 인자의 수가 다섯 개이므로, 실험횟수가 많아져도 상관없다면 5원배치 실험을 실시하면 된다. 이 경우에 실험횟수는 $2^5 (=32)$회가 된다.

5원배치 실험을 실시하면 분산분석에 의해서 다음과 같은 요인효과를 구할 수 있다.

(주효과)

A, B, C, D, E

(2인자 교호작용)	(3인자 교호작용)	(4인자 교호작용)
$A \times B$	$A \times B \times C$	$A \times B \times C \times D$
$A \times C$	$A \times B \times D$	$A \times B \times C \times E$

$$A \times D \qquad\qquad A \times B \times E \qquad\qquad A \times B \times D \times E$$
$$A \times E \qquad\qquad A \times C \times D \qquad\qquad A \times C \times D \times E$$
$$B \times C \qquad\qquad A \times C \times E \qquad\qquad B \times C \times D \times E$$
$$B \times D \qquad\qquad A \times D \times E$$
$$B \times E \qquad\qquad B \times C \times D$$
$$C \times D \qquad\qquad B \times C \times E$$
$$C \times E \qquad\qquad B \times D \times E$$
$$D \times E \qquad\qquad C \times D \times E$$

이 예제의 경우 주효과에 관한 정보만이 필요하기 때문에, 5원배치의 실험을 계획하면 교호
작용에 관한 불필요한 정보도 모으게 된다. 그래서 주목하고 있지 않은 교호작용에 관한 정보
는 수집할 수 없더라도 좋으므로, 실험횟수를 적게 하는 방법을 생각하고자 한다. 이와 같은
상황에서 사용되는 도구가 직교배열표(직교표)이다. 직교배열표에는 모든 인자의 수준을 2수준
에 일치시키는 실험을 계획할 때에 사용하는 2수준계의 직교배열표와 3수준에 일치시키는
실험에 사용하는 3수준의 직교배열표가 있다.

(주) 2수준과 3수준이 섞여 있는 직교배열표도 존재한다. 본서에서는 2수준계의 직교배열표에 대해서 문제 삼기로 한다.

2수준계의 직교배열표에서 자주 이용되는 것이 $L_8(2^7)$형과 $L_{16}(2^{15})$형이다. $L_8(2^7)$형(L_8
으로 표기되는 경우가 많다) 직교배열표는 모두 2수준의 인자에 대한 정보를 8회의 실험으로
수집하고자 할 때에 이용할 수 있다. 문제 삼을 수 있는 인자의 수는 7개까지이다. 단, 교호작
용도 하나의 인자로서 간주하게 된다. L_8직교배열표를 나타내 보이면 다음과 같다.

<L_8직교배열표>

No.	열1	열2	열3	열4	열5	열6	열7
1	1	1	1	1	1	1	1
2	1	1	1	2	2	2	2
3	1	2	2	1	1	2	2
4	1	2	2	2	2	1	1
5	2	1	2	1	2	1	2
6	2	1	2	2	1	2	1
7	2	2	1	1	2	2	1
8	2	2	1	2	1	1	2
기본표시	a	b	ab	c	ac	bc	abc

예제의 다섯 개 인자를 L_8직교배열표의 열1에서 열5에 대응시켜 보자.

인자	A	B	C	D	E		
No.	열1	열2	열3	열4	열5	열6	열7
1	1	1	1	1	1	1	1
2	1	1	1	2	2	2	2
3	1	2	2	1	1	2	2
4	1	2	2	2	2	1	1
5	2	1	2	1	2	1	2
6	2	1	2	2	1	2	1
7	2	2	1	1	2	2	1
8	2	2	1	2	1	1	2
기본표시	a	b	ab	c	ac	bc	abc

위의 표는 다음과 같이 볼 수 있다.

$$\text{No. 1의 실험조건} = A_1 B_1 C_1 D_1 E_1$$

$$\text{No. 2의 실험조건} = A_1 B_1 C_1 D_2 E_2$$

$$\text{No. 3의 실험조건} = A_1 B_2 C_2 D_1 E_1$$

$$\text{No. 4의 실험조건} = A_1 B_2 C_2 D_2 E_2$$

$$\text{No. 5의 실험조건} = A_2 B_1 C_2 D_1 E_2$$

$$\text{No. 6의 실험조건} = A_2 B_1 C_2 D_2 E_1$$

$$\text{No. 7의 실험조건} = A_2 B_2 C_1 D_1 E_2$$

$$\text{No. 8의 실험조건} = A_2 B_2 C_1 D_2 E_1$$

실험의 계획은 이것으로 종료된다. 다음은 No. 1에서 No. 8까지의 실험을 랜덤한 순서로 실시하면 된다.

이와 같이 각 열에 인자를 대응시키는 행위를 인자의 할당이라고 한다. 직교표를 사용해서 실험을 계획하려면 인자의 할당방법을 습득할 필요가 있다. 본 예제와 같이 모든 교호작용을 무시할 수 있는 경우에는 위와 같이 단순히 할당하면 되지만, 교호작용을 무시할 수 없을 때에는 이와 같이 단순히는 안 된다. 이것을 [예제 16-2]에서 보이고자 한다.

인자 다섯 개(인자 A, B, C, D, E라고 한다)를 문제 삼는 실험을 실시하고자 한다. 인자의 수준수는 모두 2수준에 일치시키기로 한다.

교호작용은 $A \times C$가 존재한다고 생각되므로 이 효과도 검출하고자 한다. 어떠한 실험을 실시하면 좋겠는가? L_8직교배열표를 이용해서 실험을 계획하라.

> ## ❯ 교호작용의 취급방법

본 예제는 [예제 16-1]과 마찬가지로 다섯 개의 인자를 문제 삼고 있지만, $A \times C$의 정보도 필요로 하고 있는 것이 앞의 예제와는 다른 점이다.

교호작용을 구할 필요가 있는 경우에는 교호삭용이 어느 열에 나타나는지를 생각하지 않으면 안 된다. 그 열에 인자를 할당해 버리면 할당한 인자와 교호작용이 교락해 버리기 때문이다. 교호작용이 어느 열에 나타나는지는 기본표시를 이용해서 다음과 같이 하여 찾아낼 수 있다.

| 예 1 | 1열에 A를, 2열에 B를 할당했다고 한다. $A \times B$는 3열에 나타난다.

$$A \quad \rightarrow \quad 1열 \quad \rightarrow \quad a$$
$$B \quad \rightarrow \quad 2열 \quad \rightarrow \quad b$$
$$A \times B \quad \rightarrow \quad a \times b = ab \quad \rightarrow \quad 3열$$

| 예 2 | 1열에 A를, 4열에 B를 할당했다고 한다. $A \times B$는 5열에 나타난다.

$$A \quad \rightarrow \quad 1열 \quad \rightarrow \quad a$$
$$B \quad \rightarrow \quad 4열 \quad \rightarrow \quad c$$
$$A \times B \quad \rightarrow \quad a \times c = ac \quad \rightarrow \quad 5열$$

| 예 3 | 5열에 A를, 6열에 B를 할당했다고 한다. $A \times B$는 3열에 나타난다.

$$A \quad \rightarrow \quad 5열 \quad \rightarrow \quad ac$$
$$B \quad \rightarrow \quad 6열 \quad \rightarrow \quad bc$$
$$A \times B \quad \rightarrow \quad ac \times bc = abc^2 = (자승은 1로 바꾸어 놓는다) \; ab \rightarrow 3열$$

➤ 할당의 예

본 예제의 할당을 생각해 보자. 교호작용 $A \times C$가 필요하므로, 인자 A와 C를 다른 인자보다도 먼저 할당한다. 우선 A를 1열에, C를 4열에 할당하기로 한다. $A \times C$는 5열에 나타난다. 다음에 B, D, E를 남은 열(2, 3, 6, 7열)에 임의로 할당한다. 결국 다음과 같이 된다.

인자	A	B		C	$A \times C$	D	E
No.	열1	열2	열3	열4	열5	열6	열7
1	1	1	1	1	1	1	1
2	1	1	1	2	2	2	2
3	1	2	2	1	1	2	2
4	1	2	2	2	2	1	1
5	2	1	2	1	2	1	2
6	2	1	2	2	1	2	1
7	2	2	1	1	2	2	1
8	2	2	1	2	1	1	2
기본표시	a	b	ab	c	ac	bc	abc

그리고 위의 할당 예는 일례에 지나지 않는다. 그 밖에도 다음에 보이는 바와 같이 여러 가지를 생각할 수 있다.

No.	열1	열2	열3	열4	열5	열6	열7
(케이스 1)	A	C	$A \times C$	B		D	E
(케이스 2)	B	A		C		$A \times C$	E
(케이스 3)	A	D		C	$A \times C$	B	E

그런데 본 예제와 같이 구하고 싶은 교호작용이 하나뿐이라면 할당은 용이하지만, 두 개 이상일 때에는 기본표시를 사용한 할당은 번거롭게 된다. 실무에서는 선점도(線點圖)라고 불리는 그림을 사용하는 방법으로 할당을 생각하는 편이 효율적이다.

선점도를 이용한 인자의 할당방법을 다음에 소개한다.

> 직교배열표는 교호작용을 교락시켜 실험의 크기를 최소로 해 놓은 방법이다. 직교란 직각으로 교차한다는 의미로 실험조합에 균형이 있다는 것을 의미한다. 주로 권하는 직교배열표는 L8, L9이다(L-Latin 방격 배열 의미, 숫자 –실험조합 크기).

2) 할당의 실제

 16-3

인자 네 개(인자 A, B, C, D라고 한다)를 문제 삼는 실험을 실시하고자 한다. 인자의 수준수는 모두 2수준에 일치시키기로 한다.

교호작용은 $A \times B$와 $B \times C$가 존재한다고 생각된다.

어떠한 실험을 실시하면 좋겠는가? L_8직교배열표를 이용해서 실험을 계획하라.

◆ L_8의 선점도

선점도란 주효과를 점으로, 교호작용을 선으로 나타낸 그림이다. L_8의 경우에는 다음의 두 선점도가 준비되어 있다.

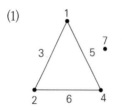 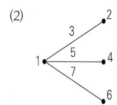

이 중 어느 선점도를 사용해서 인자의 할당을 생각할 수 있는 것이다.

◆ 선점도의 사용방법

먼저 원하는 선점도를 자신이 작성한다. 본 예제에서는 $A \times B$와 $B \times C$가 필요하기 때문에 다음과 같이 그릴 수 있다.

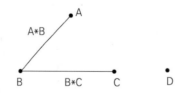

이것을 형태가 비슷한 (1)의 선점도에 적합시킨다.

$$A \quad \rightarrow \quad 1$$
$$B \quad \rightarrow \quad 2$$
$$C \quad \rightarrow \quad 4$$

$$
\begin{array}{ccc}
A \times B & \rightarrow & 3 \\
B \times C & \rightarrow & 6 \\
D & \rightarrow & 7
\end{array}
$$

로 대응시켜서 인자를 할당하면 된다.

◆ L_{16}의 선점도

L_{16}의 경우에는 다음 6개의 선점도가 준비되어 있다.

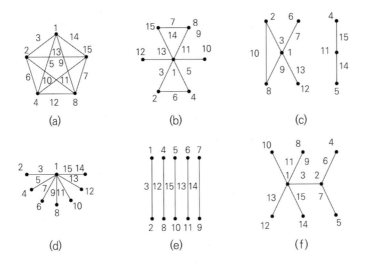

(a)   (b)   (c)

(d)   (e)   (f)

예제 16-4

인자 다섯 개(인자 A, B, C, D, E라고 한다)를 문제 삼는 실험을 실시하고자 한다. 인자의 수준수는 모두 2수준에 일치시키기로 한다.

교호작용은 $A \times B$, $A \times C$, $A \times D$, $D \times E$가 존재한다고 생각된다.

어떠한 실험을 실시하면 좋겠는가? L_{16} 직교배열표를 이용해서 실험을 계획하라.

먼저 원하는 선점도를 작성한다.

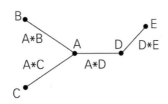

이것을 형태가 비슷한 (f)의 선점도에 적합시킨다.

$$
\begin{array}{ccc}
A & \rightarrow & 1 \\
B & \rightarrow & 10 \\
C & \rightarrow & 12 \\
D & \rightarrow & 2 \\
E & \rightarrow & 4 \\
A \times B & \rightarrow & 11 \\
A \times C & \rightarrow & 13 \\
A \times D & \rightarrow & 3 \\
D \times E & \rightarrow & 6
\end{array}
$$

로 대응시켜서 인자를 할당하면 된다.

2. 직교배열 실험의 데이터 분석

1) 분산분석의 방법

 16-5

인자 네 개(인자 A, B, C, D라고 한다)를 문제 삼아 L_8 직교배열표로 실험을 실시하고자 한다. 교호작용으로서는 $A \times B$가 고려되었으므로, 인자와 열을 다음과 같이 대응시켜서 할당을 실시했다.

$$
\begin{array}{ccc}
A & \rightarrow & 1 \\
B & \rightarrow & 2 \\
C & \rightarrow & 4 \\
D & \rightarrow & 5 \\
A \times B & \rightarrow & 3
\end{array}
$$

실험을 실시한 결과, 다음과 같은 측정치 Y에 관한 데이터가 얻어졌다.

| No. | 열1 | 열2 | 열3 | 열4 | 열5 | 열6 | 열7 | 실험 |
할당한 인자	A	B	$A \times B$	C	D			데이터
1	1	1	1	1	1	1	1	2.1
2	1	1	1	2	2	2	2	3.3
3	1	2	2	1	1	2	2	2.2
4	1	2	2	2	2	1	1	3.6
5	2	1	2	1	2	1	2	3.4
6	2	1	2	2	1	2	1	3.3
7	2	2	1	1	2	2	1	2.9
8	2	2	1	2	1	1	2	3.6
기본표시	a	b	ab	c	ac	bc	abc	

실험 데이터를 분석하라.

> **제곱합의 계산**

2수준계의 직교배열표에 의거한 실험에서 얻어진 데이터의 제곱합은 다음과 같이 해서 구할 수 있다.

제i열의 제곱합을 $S_{(i)}$라고 하면,

<L_8의 경우>

$$S_{(i)} = \{(\text{제1수준의 데이터의 합}) - (\text{제2수준의 데이터의 합})\}^2/8$$

<L_{16}의 경우>

$$S_{(i)} = \{(\text{제1수준의 데이터의 합}) - (\text{제2수준의 데이터의 합})\}^2/16$$

예를 들면, 제3열에 인자 A를 할당한 경우는

$$S_A = S_{(3)}$$

이 된다.

오차의 제곱합 S_e는 전체의 제곱합으로부터 인자를 할당한 열의 제곱합의 합계를 빼서 구하면 된다.

본 예제의 분산분석 결과는 다음과 같다.

<분산분석표>

요인	제곱합	자유도	분산	분산비 F	P값
A	0.500	1	0.500	5.8824	0.1361
B	0.005	1	0.005	0.0588	0.8310
A*B	0.045	1	0.045	0.5294	0.5425
C	1.280	1	1.280	15.0588	0.0604
D	0.500	1	0.500	5.8824	0.1361
잔차	0.170	2	0.085		
합계	2.500	7			

여기에서 분산비가 작은(p값이 큰) 인자를 오차에 풀링한다. 요인배치 실험일 때에는 주효과는 풀링하지 않지만, 직교배열 실험의 경우는 주효과이더라도 풀링의 대상으로 하는 편이 좋다.

이 예제에서는 B와 $A \times B$를 오차에 풀링한다. 그리고 교호작용 $A \times B$를 오차에 풀링하지 않을 때에는 한쪽의 인자인 A와 B도 오차에 풀링하지 않는다.

풀링 후의 분산분석 결과는 다음과 같다.

<풀링 후의 분산분석표>

요인	제곱합	자유도	분산	분산비 F	P값
A	0.500	1	0.500	9.091	0.0394
C	1.280	1	1.280	23.273	0.0085
D	0.500	1	0.500	9.091	0.0394
잔차	0.220	4	0.055		
합계	2.500	7			

인자 A, C, D의 p값은 모두 0.05보다 작으므로 유의하다.

> 유의하지 않은 인자의 제곱합을 오차의 제곱합 속에 끌어넣는 조작을 오차항에의 풀링(pooling)이라고 한다.
> 유의하지 않은 교호작용은 오차항에 풀링하여 다시 분석하면 오차항의 자유도가 높아져서 검출력이 좋아질 수 있다.

2) Excel에 의한 직교표 데이터의 분석

> ⬡ L_8 **직교배열표의 분산분석**

순서 1 ▸ ▸ ▸ 직교표의 입력

	A	B	C	D	E	F	G	H	I	J
1	L_8	직교배열표								
2	열번호	열1	열2	열3	열4	열5	열6	열7		
3	인자의 할당	A	B	A∗B	C	D				
4	데이터									
5		1	1	1	1	1	1	1		
6		1	1	1	2	2	2	2		
7		1	2	2	1	1	2	2		
8		1	2	2	2	2	1	1		
9		2	1	2	1	2	1	2		
10		2	1	2	2	1	2	1		
11		2	2	1	1	2	2	1		
12		2	2	1	2	1	1	2		
13	기본표시	a	b	ab	c	ac	bc	abc		
14										
15										
16										
17										
18										
19										
20										

순서 2 ▸ ▸ ▸ 데이터와 할당한 인자의 입력

B4	▾	:	✕ ✓ fx	=IF(B3="", B2, B3)				

	A	B	C	D	E	F	G	H	I	J
1	L_8	직교배열표								
2	열번호	열1	열2	열3	열4	열5	열6	열7		
3	인자의 할당	A	B	A∗B	C	D				
4	데이터	A	B	A∗B	C	D	열6	열7		
5	2.1	1	1	1	1	1	1	1		
6	3.3	1	1	1	2	2	2	2		
7	2.2	1	2	2	1	1	2	2		
8	3.6	1	2	2	2	2	1	1		
9	3.4	2	1	2	1	2	1	2		
10	3.3	2	1	2	2	1	2	1		
11	2.9	2	2	1	1	2	2	1		
12	3.6	2	2	1	2	1	1	2		
13	기본표시	a	b	ab	c	ac	bc	abc		
14										
15										
16										
17										
18										
19										
20										

[셀의 입력내용]

$\quad$ B4;＝IF(B3=" ", B2, B3) $\qquad$ (B4를 C4에서 H4까지 복사한다)

순서 3 ▶▶▶ 제곱합, 평균, 요인효과의 산출

| B14 | ▼ | : | × | ✓ | f_x | =(SUMIF(B5:B12, 1, $A$5:$A$12) - SUMIF(B5:B12, 2, $A$5:$A$12))^2/8 |

	A	B	C	D	E	F	G	H
1		직교배열표						
2	열번호	열1	열2	열3	열4	열5	열6	열7
3	인자의 할당	A	B	A·B	C	D		
4	데이터	A	B	A·B	C	D	열6	열7
5	2.1	1	1	1	1	1	1	1
6	3.3	1	1	1	2	2	2	2
7	2.2	1	2	2	1	1	2	2
8	3.6	1	2	2	2	2	1	1
9	3.4	2	1	2	1	2	1	2
10	3.3	2	1	2	2	1	2	1
11	2.9	2	2	1	1	2	2	1
12	3.6	2	2	1	2	1	1	2
13	기본표시	a	b	ab	c	ac	bc	abc
14	제곱합	0.500	0.005	0.045	1.280	0.500	0.125	0.045
15								
16	평균	A	B	A·B	C	D	열6	열7
17	수준1	2.8	3.025	2.975	2.65	2.8	3.175	2.975
18	수준2	3.3	3.075	3.125	3.45	3.3	2.925	3.125
19								
20	요인효과	A	B	A·B	C	D	열6	열7
21	수준1	-0.25	-0.025	-0.075	-0.4	-0.25	0.125	-0.075
22	수준2	0.25	0.025	0.075	0.4	0.25	-0.125	0.075

[셀의 입력내용]

B14 ; = (SUMIF(B5 : B12,1,\$A\$5 : \$A\$12) − SUMIF(B5 : B12,2, \$A\$5 : \$A\$12))^2/8

          (B14을 C14에서 H14까지 복사한다)

B16 ; = B4   (B16을 C16에서 H16까지 복사한다)

B17 ; = SUMIF(B5 : B12, 1, \$A\$5 : \$A\$12)/4 (B17을 C17에서 H17까지 복사한다)

B18 ; = SUMIF(B5 : B12, 2, \$A\$5 : \$A\$12)/4 (B18을 C18에서 H18까지 복사한다)

B20 ; = B4   (B20를 C20에서 H20까지 복사한다)

B21 ; = B17 − AVERAGE(\$A\$5 : \$A\$12) (B21을 C21에서 H21까지 복사한다)

B22 ; = B18 − AVERAGE(\$A\$5 : \$A\$12) (B22를 C22에서 H22까지 복사한다)

순서 4 ▶▶▶ 분산분석표의 작성

| G26 | ▼ | : | × | ✓ | f_x | =IF(F26="", "", F.DIST.RT(F26, D26, $D$33)) |

	B	C	D	E	F	G	H
24		《분산분석표》					
25	요인	제곱합	자유도	분산	분산비 F	P값	판정
26	A	0.500	1	0.500	5.8824	0.1361	
27	B	0.005	1	0.005	0.0588	0.8310	
28	A·B	0.045	1	0.045	0.5294	0.5425	
29	C	1.280	1	1.280	15.0588	0.0604	
30	D	0.500	1	0.500	5.8824	0.1361	
31							
32							
33	잔차	0.170	2	0.085			
34	합계	2.500	7				
35	(검산)	2.500					
36	유의수준	0.05					
37							

[셀의 입력내용]

B26;=IF(B3=" "," ", B3)

B27;=IF(C3=" "," ", C3)

B28;=IF(D3="," ", D3)

B29;=IF(E3="," ", E3)

B30;=IF(F3=" "," ", F3)

B31;=IF(G3=" "," ", G3)

B32;=IF(H3=" "," ", H3)

B33;=IF(COUNTA(B3：H3)=7," ","잔차")

B34; 합계

C26;=IF(B3=" "," ", B14)

C27;=IF(C3=" "," ", C14)

C28：=IF(D3=" "," ", D14)

C29;=IF(E3=" "," ", E14)

C30;=IF(F3=" "," ", F14)

C31;=IF(G3=" "," ", G14)

C32;=IF(H3=" "," ", H14)

C33;=IF(B33="," ", C34-SUM(C26：C32))

C34;=DEVSQ(A5：A12)

C35;=SUM(C26：C33)

C36; 0.05(유의수준)

D26;=IF(B26=" "," ", 1)   (D26를 D27에서 D32까지 복사한다)

D33;=IF(B33=" "," ",7-SUM(D26：D32))

D34;=SUM(D26：D33)

E26;=IF(B26=" "," ", C26/D26)   (E26를 E27에서 E33까지 복사한다)

F26;=IF($B$33=" "," ", IF(B26=" "," ", E26/$E$33))

                              (F26를 F27에서 F32까지 복사한다)

G26;=IF(F26=" "," ", FDIST(F26, D26, $D$33))

                              (G26를 G27에서 G32까지 복사한다)

H26;=IF(G26=" "," ", IF(G26< $C$36, "*"," "))

                              (H26를 H27에서 H32까지 복사한다)

순서 5 ▸ ▸ ▸ 풀링 후의 분산분석표 작성

풀링하고 싶은 인자의 왼쪽 셀(A41에서 A47까지)에 임의의 문자를 입력하면, 그 인자가 오차(잔차)에 풀링되도록 설계된다.

	G41	▾	⋮	✕	✓	fx	=IF(F41="", "", F.DIST.RT(F41, D41, $D$48))				

◢	A	B	C	D	E	F	G	H	I	J	K
39	풀링		《《풀링 후의 분산분석표》》								
40		요인	제곱합	자유도	분산	분산비 F	P값	판정			
41		A	0.5	1	0.5	9.0909	0.0394	*			
42	B										
43	AB										
44		C	1.28	1	1.28	23.2727	0.0085	*			
45		D	0.5	1	0.5	9.0909	0.0394	*			
46											
47											
48		잔차	0.22	4	0.055						
49		합계	2.5	7							
50											

[셀의 입력내용]

B40;=B25   (B40를 C40에서 H40까지 복사한다)

B41;=IF(A41=" ", B26, " ")   (B41을 B42에서 B47까지 복사한다)

B48;=IF(COUNT(A41：A47)=0, B33, "잔차")

B49;=B34

C41;=IF(B41=" "," ", C26)   (C41을 C42에서 C47까지 복사한다)

C48;=IF(B48=" "," ", C34−SUM(C41：C47))

C49;=C34

D41;=IF(B41=" "," ", D26)   (D41을 D42에서 D47까지 복사한다)

D48;=IF(B48=" "," ", D34−SUM(D41：D47))

D49;=D34

E41;=IF(B41=" "," ", C41/D41)   (E41을 E42에서 E48까지 복사한다)

F41;=IF($B$48=" "," ", IF(B41=" "," ", E41/$E$48))

              (F41을 F42에서 F47까지 복사한다)

G41;=IF(F41=" "," ", F.DIST.RT(F41, D41, $D$48))

              (G41을 G42에서 G47까지 복사한다)

H41;=IF(G41=" "," ", IF(G41<$C$36, "*"," "))

              (H41을 H42에서 H47까지 복사한다)

인자 여덟 개(인자 A, B, C, D, E, F, G, H라고 한다)를 문제 삼아 L_{16}직교배열표로 실험을 실시하고자 한다. 교호작용으로서는 $A \times B$, $A \times C$, $B \times C$가 고려되었으므로 인자와 열을 다음과 같이 대응시켜서 할당을 실시했다.

$$
\begin{array}{ccc}
A & \to & 1 \\
B & \to & 2 \\
C & \to & 4 \\
D & \to & 8 \\
E & \to & 9 \\
F & \to & 13 \\
G & \to & 14 \\
H & \to & 15 \\
A \times B & \to & 3 \\
A \times C & \to & 5 \\
B \times C & \to & 6 \\
\end{array}
$$

실험을 실시한 결과, 다음과 같은 측정치 Y에 관한 데이터가 얻어졌다.

데이터	열1	열2	열3	열4	열5	열6	열7	열8	열9	열10	열11	열12	열13	열14	열15
인자의 할당	A	B	A*B	C	A*C	B*C		D	E				F	G	H
데이터															
30.6	1	1	1	1	1	1	1	1	1	1	1	1	1	1	1
29.3	1	1	1	1	1	1	1	2	2	2	2	2	2	2	2
30	1	1	1	2	2	2	2	1	1	1	1	2	2	2	2
28	1	1	1	2	2	2	2	2	2	2	2	1	1	1	1
29.2	1	2	2	1	1	2	2	1	1	2	2	1	1	2	2
28.3	1	2	2	1	1	2	2	2	2	1	1	2	2	1	1
30.6	1	2	2	2	2	1	1	1	1	2	2	2	2	1	1
28.7	1	2	2	2	2	1	1	2	2	1	1	1	1	2	2
29.6	2	1	2	1	2	1	2	1	2	1	2	1	2	1	2
31	2	1	2	1	2	1	2	2	1	2	1	2	1	2	1
30.8	2	1	2	2	1	2	1	1	2	1	2	2	1	2	1
28.9	2	1	2	2	1	2	1	2	1	2	1	1	2	1	2
30.5	2	2	1	1	2	2	1	1	2	2	1	1	2	2	1
32.2	2	2	1	1	2	2	1	2	1	1	2	2	1	1	2
31.3	2	2	1	2	1	1	2	1	2	2	1	2	1	1	2
31.2	2	2	1	2	1	1	2	2	1	1	2	1	2	2	1
기본표시	a	b	ab	c	ac	bc	abc	d	ad	bd	abd	cd	acd	bcd	abcd

실험 데이터를 분석하라.

➤ L_{16} 직교배열표의 분산분석

순서 1 ▶ ▶ ▶ 직교표의 입력

B4	▼ : × ✓ fx	=IF(B3="", B2, B3)

	A	B	C	D	E	F	G	H	I	J	K	L	M	N	O	P
1	L_{16}	직교표														
2	데이터	열1	열2	열3	열4	열5	열6	열7	열8	열9	열10	열11	열12	열13	열14	열15
3	인자의 할당															
4	데이터	열1	열2	열3	열4	열5	열6	열7	열8	열9	열10	열11	열12	열13	열14	열15
5		1	1	1	1	1	1	1	1	1	1	1	1	1	1	1
6		1	1	1	1	1	1	1	2	2	2	2	2	2	2	2
7		1	1	1	2	2	2	2	1	1	1	1	2	2	2	2
8		1	1	1	2	2	2	2	2	2	2	2	1	1	1	1
9		1	2	2	1	1	2	2	1	1	2	2	1	1	2	2
10		1	2	2	1	1	2	2	2	2	1	1	2	2	1	1
11		1	2	2	2	2	1	1	1	1	2	2	2	2	1	1
12		1	2	2	2	2	1	1	2	2	1	1	1	1	2	2
13		2	1	2	1	2	1	2	1	2	1	2	1	2	1	2
14		2	1	2	1	2	1	2	2	1	2	1	2	1	2	1
15		2	1	2	2	1	2	1	1	2	1	2	2	1	2	1
16		2	1	2	2	1	2	1	2	1	2	1	1	2	1	2
17		2	2	1	1	2	2	1	1	2	2	1	1	2	2	1
18		2	2	1	1	2	2	1	2	1	1	2	2	1	1	2
19		2	2	1	2	1	1	2	1	2	2	1	2	1	1	2
20		2	2	1	2	1	1	2	2	1	1	2	1	2	2	1
21	기본표시	a	b	ab	c	ac	bc	abc	d	ad	bd	abd	cd	acd	bcd	abcd

[셀의 입력내용]

B4；= IF(B3=" ", B2, B3)   (B4를 C4에서 P4까지 복사한다)

순서 2 ▶ ▶ ▶ 데이터와 할당한 인자의 입력

	A	B	C	D	E	F	G	H	I	J	K	L	M	N	O	P
1	L_{16}	직교표														
2	데이터	열1	열2	열3	열4	열5	열6	열7	열8	열9	열10	열11	열12	열13	열14	열15
3	인자의 할당	A	B	A•B	C	A•C	B•C		D	E					F	G	H
4	데이터	A	B	A•B	C	A•C	B•C	열7	D	E	열10	열11	열12	F	G	H
5	30.6	1	1	1	1	1	1	1	1	1	1	1	1	1	1	1
6	29.3	1	1	1	1	1	1	1	2	2	2	2	2	2	2	2
7	30	1	1	1	2	2	2	2	1	1	1	1	2	2	2	2
8	28	1	1	1	2	2	2	2	2	2	2	2	1	1	1	1
9	29.2	1	2	2	1	1	2	2	1	1	2	2	1	1	2	2
10	28.3	1	2	2	1	1	2	2	2	2	1	1	2	2	1	1
11	30.6	1	2	2	2	2	1	1	1	1	2	2	2	2	1	1
12	28.7	1	2	2	2	2	1	1	2	2	1	1	1	1	2	2
13	29.6	2	1	2	1	2	1	2	1	2	1	2	1	2	1	2
14	31	2	1	2	1	2	1	2	2	1	2	1	2	1	2	1
15	30.8	2	1	2	2	1	2	1	1	2	1	2	2	1	2	1
16	28.9	2	1	2	2	1	2	1	2	1	2	1	1	2	1	2
17	30.5	2	2	1	1	2	2	1	1	2	2	1	1	2	2	1
18	32.2	2	2	1	1	2	2	1	2	1	1	2	2	1	1	2
19	31.3	2	2	1	2	1	1	2	1	2	2	1	2	1	1	2
20	31.2	2	2	1	2	1	1	2	2	1	1	2	1	2	2	1
21	기본표시	a	b	ab	c	ac	bc	abc	d	ad	bd	abd	cd	acd	bcd	abcd

순서 3 ▸▸▸ 제곱합, 평균, 요인효과의 산출

	열1	열2	열3	열4	열5	열6	열7	열8	열9	열10	열11	열12	열13	열14	열15
L_{16} 직교표															
데이터	열1	열2	열3	열4	열5	열6	열7	열8	열9	열10	열11	열12	열13	열14	열15
인자의 할당	A	B	A*B	C	A*C	B*C		D	E					F	G	H
데이터	A	B	A*B	C	A*C	B*C	열7	D	E	열10	열11	열12		F	G	H
30.6	1	1	1	1	1	1	1	1	1	1	1	1	1	1	1
29.3	1	1	1	1	1	1	1	2	2	2	2	2	2	2	2
30	1	1	1	2	2	2	2	1	1	1	1	2	2	2	2
28	1	1	1	2	2	2	2	2	2	2	2	1	1	1	1
29.2	1	2	2	1	1	2	2	1	1	2	2	1	1	2	2
28.3	1	2	2	1	1	2	2	2	2	1	1	2	2	1	1
30.6	1	2	2	2	2	1	1	1	1	2	2	2	2	1	1
28.7	1	2	2	2	2	1	1	2	2	1	1	1	1	2	2
29.6	2	1	2	1	2	1	2	1	2	1	2	1	2	1	2
31	2	1	2	1	2	1	2	2	1	2	1	2	1	2	1
30.8	2	1	2	2	1	2	1	1	2	1	2	2	1	2	1
28.9	2	1	2	2	1	2	1	2	1	2	1	1	2	1	2
30.5	2	2	1	1	2	2	1	1	2	2	1	1	2	2	1
32.2	2	2	1	1	2	2	1	2	1	1	2	2	1	1	2
31.3	2	2	1	2	1	1	2	1	2	2	1	2	1	1	2
31.2	2	2	1	2	1	1	2	2	1	1	2	1	2	2	1
기본표시	a	b	ab	c	ac	bc	abc	d	ad	bd	abd	cd	acd	bcd	abcd
제곱합	7.290	0.902	2.250	0.090	0.063	1.210	0.563	1.563	3.240	0.423	0.160	2.890	0.723	0.090	0.202
평균	A	B	A*B	C	A*C	B*C	열7	D	E	열10	열11	열12	F	G	H
수준1	29.3375	29.775	30.3875	30.0875	29.95	30.2875	30.2	30.325	30.463	30.175	29.9125	29.5875	30.225	29.9375	30.125
수준2	30.6875	30.25	29.6375	29.9375	30.075	29.7375	29.825	29.7	29.563	29.85	30.1125	30.4375	29.8	30.0875	29.9
요인효과	A	B	A*B	C	A*C	B*C	열7	D	E	열10	열11	열12	F	G	H
수준1	-0.675	-0.2375	0.375	0.075	-0.0625	0.275	0.1875	0.3125	0.45	0.1625	-0.1	-0.425	0.2125	-0.075	0.1125
수준2	0.675	0.2375	-0.375	-0.075	0.0625	-0.275	-0.1875	-0.3125	-0.45	-0.1625	0.1	0.425	-0.2125	0.075	-0.1125

[셀의 입력내용]

B22;$=$(SUMIF(B5：B20,1,\$A\$5：\$A\$20)$-$SUMIF(B5：B20,2, \$A\$5：\$A\$12))^2/16
(B22를 C22에서 P22까지 복사한다)

B24;$=$B4 (B24를 C24에서 P24까지 복사한다)

B25;$=$SUMIF(B5：B20, 1, \$A\$5：\$A\$20)/8 (B25를 C25에서 P25까지 복사한다)

B26;$=$SUMIF(B5：B20, 2, \$A\$5：\$A\$20)/8 (B26를 C26에서 P26까지 복사한다)

B27;$=$B4 (B27을 C27에서 P27까지 복사한다)

B28;$=$B25$-$AVERAGE(\$A\$5：\$A\$20) (B28을 C28에서 P28까지 복사한다)

B29;$=$B26$-$AVERAGE(\$A\$5：\$A\$20) (B29을 C29에서 P29까지 복사한다)

순서 4 ▸▸▸ 분산분석표의 작성

G34 `=IF(F34="", "", F.DIST.RT(F34, D34, $D$49))`

요인	제곱합	자유도	분산	분산비 F	P값	판정
	<<분산분석표>>					
요인	제곱합	자유도	분산	분산비 F	P값	판정
A	7.290	1	7.290	7.2268	0.0548	
B	0.902	1	0.902	0.8947	0.3978	
A*B	2.250	1	2.250	2.2305	0.2096	
C	0.090	1	0.090	0.0892	0.7800	
A*C	0.063	1	0.063	0.0620	0.8157	
B*C	1.210	1	1.210	1.1995	0.3349	
D	1.563	1	1.563	1.5489	0.2812	
E	3.240	1	3.240	3.2119	0.1476	
F	0.723	1	0.723	0.7162	0.4450	
G	0.090	1	0.090	0.0892	0.7800	
H	0.202	1	0.202	0.2007	0.6773	
잔차	4.035	4	1.009			
합계	21.658	15				
(검산)	21.658					
유의수준	0.05					

[셀의 입력내용]

B34;=IF(B3=" "," ", B3)

B35;=IF(C3=" "," ", C3)

B36;=IF(D3=" "," ", D3)

B37;=IF(E3=" "," ", E3)

B38;=IF(F3=" "," ", F3)

B39;=IF(G3=" "," ", G3)

B40;=IF(H3=" "," ", H3)

B41;=IF(I3=" "," ", I3)

B42;=IF(J3=" "," ", J3)

B43;=IF(K3=" "," ", K3)

B44;=IF(L3=" "," ", L3)

B45;=IF(M3=" "," ", M3)

B46;=IF(N3=" "," ", N3)

B47;=IF(O3=" "," ", O3)

B48;=IF(P3=" "," ", P3)

B49;=IF(COUNT(B3 : P3)=15," ","잔차")

B50; 합계

C34;=IF(B3=" "," ", B22)

C35;=IF(C3=" "," ", C22)

C36;=IF(D3=" "," ", D22)

C37;=IF(E3=" "," ", E22)

C38;=IF(F3=" "," ", F22)

C39;=IF(G3=" "," ", G22)

C40;=IF(H3=" "," ", H22)

C41;=IF(I3=" "," ", IB2)

C42;=IF(J3=" "," ", J22)

C43;=IF(K3=" "," ", K22)

C44;=IF(L3=" "," ", L22)

C45;=IF(M3=" "," ", M22)

C46;=IF(N3=" "," ", N22)

C47;=IF(O3=" "," ", O22)

C48;=IF(P3=" "," ", P22)

C49;=IF(B49=" "," ", C50−SUM(C34 : C48)

C50;=DEVSQ(A5 : A20)

C51;=SUM(C34 : C49)

C52; 0.05(유의수준)

D34;=IF(B34=" "," ", 1)   (D34를 D35에서 D48까지 복사한다)

D49;=IF(B49=" "," ", 15−SUM(D34 : D48))

D50;=SUM(D34 : D49)

E34;=IF(B34=" "," ", C34/D34)   (E34를 E35에서 E49까지 복사한다)

F34;=IF($B$49=" "," ", IF(B34=" "," ", E34/$E$49))

                              (F34를 F35에서 F48까지 복사한다)

G34;=IF(F34=" "," ", F.DIST.RT(F34, D34, $D$49))

                              (G34를 G35에서 G48까지 복사한다)

H34;=IF(G34=" "," ", IF(G34<$C$52, "*"," "))

                              (H34를 H35에서 H48까지 복사한다)

순서 5 ▸ ▸ ▸ 풀링 후의 분산분석표 작성

풀링하고 싶은 인자의 왼쪽 셀(A57에서 A71까지)에 임의의 문자를 입력하면, 그 인자가 오차에 풀링되도록 설계된다.

셀	수식
G57	=IF(F57="", "", F.DIST.RT(F57, D57, $D$72))

	A	B	C	D	E	F	G	H
55	풀링		《《풀링 후의 분산분석표》》					
56		요인	제곱합	자유도	분산	분산비 F	P값	판정
57		A	7.29	1	7.29	9.1458	0.0106	*
58	B							
59	AB							
60	C							
61	AC							
62	BC							
63								
64		D	1.5625	1	1.5625	1.9603	0.1868	
65		E	3.24	1	3.24	4.0648	0.0667	
66								
67								
68								
69	F							
70	G							
71	H							
72		잔차	9.565	12	0.79708			
73		합계	21.658	15				
74								

[셀의 입력내용]

B56;=B33   (B56를 C56에서 H56까지 복사한다)

B57;=IF(A57=" ", B34, " ")   (B57을 B58에서 B71까지 복사한다)

B72;=IF(COUNT(A57 : A71)=0, B49, "잔차")

B73;=B50

C57;=IF(B57=" "," ", C34)   (C57을 C58에서 C71까지 복사한다)

C72;=IF(B72=" "," ", C50−SUM(C57 : C71))

C73;=C50

D57;=IF(B57=" "," ", D34)   (D57을 D58에서 D71까지 복사한다)

D72;=IF(B72=" "," ", D50−SUM(D57 : D71))

D73;=D50

E57;=IF(B57=" "," ", C57/D57)   (E57을 E58에서 E72까지 복사한다)

F57;=IF($B$72=" "," ", IF(B57=" "," ", E57/$E$72)

                           (F57을 F58에서 F71까지 복사한다)

G57;=IF(F57=" "," ", F.DIST.RT(F57, D57, $D$72))

                           (G57을 G58에서 G71까지 복사한다)

H57;=IF(G57=" "," ", IF(G57<$C$52, "*"," "))

                           (H57을 H58에서 H71까지 복사한다)

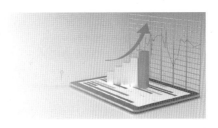

Chapter 17

다중비교

1. 최소유의차법

1) 최소유의차법의 실제

예제 17-1

어떤 제품의 인장강도(引張強度)를 높이기 위한 조건으로서, 경화제(硬化劑)의 종류를 요인으로 하여 실험을 실시하기로 하였다.

실험에 쓰이는 경화제는 전부해서 네 종류 있으며, 각 경화제를 각각 A_1, A_2, A_3, A_4로 하는 4수준의 일원배치 실험을 실시했다. 각 수준에서의 반복을 5회로 하고, 합계 20회의 실험을 무작위 순서로 실시했다. 실험에 의해서 얻어진 데이터(인장강도)가 다음과 같다.

A_1	A_2	A_3	A_4
40	42	46	41
41	43	42	40
36	39	44	42
37	38	45	37
39	39	46	40

이 데이터를 분산분석하면 다음의 분산분석표가 얻어지며, 요인 A는 유의하다고 할 수 있다.

<분산분석표>

변동의 요인	제곱합	자유도	제곱 평균	F 비	P-값	F 기각치
처리	101.35	3	33.783	8.832	0.001	3.239
잔차	61.20	16	3.825			
계	162.55	19				

여기에서 인장강도가 가장 높아지는 수준 A_3와 다음으로 높아지는 수준 A_2 사이에 유의한 차가 있는지 어떤지를 검토하라.

➤ 분산분석과 다중비교

분산분석은 복수의 수준 간에 차(差)가 있는지 어떤지를 통계적으로 판정하는 수법인데, 어느 수준 간에 차가 있는지는 알 수 없다. 그래서 특정의 두 수준에 주목하여 그 수준 간에 차가 있는지 어떤지를 판정하기 위해서는 다중비교(multiple comparison)라고 불리는 방법이 이용된다.

다중비교란 수준(혹은 그룹) 간 차의 검정의 일종으로 일원배치 분산분석의 결과

"가설 H_0 : 수준 간에 차는 없다"

가 기각된 후에 실시되는 수법이지만, 반드시 처음에 분산분석을 해 둘 필요는 없다.

통상 두 수준 간의 모평균에 차가 있는지 어떤지를 보려면 t검정이 이용된다. 그래서 앞의 예제와 같이 수준이 네 개 있는 경우에는 네 개의 수준 중에서 두 수준씩 골라내어 여섯($_4C_2$)가지의 편성에 대하여 이 t검정을 반복해서 적용하면 된다. 그러나 이러한 방법으로는 6회의 검정 전체에 대한 유의수준이 일정한 값(통상은 5%가 자주 이용된다)으로 유지되지 못하므로, 부적절한 방법이 되고 마는 것이다.

검정을 반복했을 때에 검정 전체의 유의수준을 유지하기 위하여, 개개의 검정에 대한 유의수준이나 p값의 조정을 실시하여 검정하는 방법을 다중비교라고 한다.

다중비교를 위하여 실로 여러 가지의 수법이 개발되어 있다. 이들 수법은 크게 등분산이 성립할 때와 등분산이 성립하지 않을 때의 두 가지로 나누어진다.

➤ 다중비교의 종류

다중비교에는 많은 방법이 제안되고 있으며, 적용되는 상황도 다르다. 대표적인 것을 열거하면
다음과 같다.

① 최소유의차법
② Bonferroni법
③ Tukey법

④ Dunnett법

⑤ Scheffe법

위의 방법 이외에도 다수의 방법이 있다.

본 장에서는 이들 중에서 Excel로 간단히 실시할 수 있는 최소유의차법과 Bonferroni법에 대하여 설명하기로 한다.

> **최소유의차법**

최소유의차(least-significant difference, LSD)법은 원래 검정의 다중성(반복 검정을 실시하는 것)에 의한 유의수준(혹은 p값)의 조정을 실시하고 있지 않다. 따라서 비교하고 싶은 특정의 두 수준이 1조뿐일 때에 이용할 만한 방법이다. 예를 들면 종래부터 이용하고 있는 수준과 최선의 수준과의 차 혹은 최선의 수준과 차선의 수준과의 차가 유의한지 어떤지를 보고 싶은 경우이다.

따라서 계산은 모든 두 수준의 편성에 대해서 실시해도 좋지만, 주목해야 할 편성은 하나에 한해야 한다.

> **최소유의차법의 절차**

계산절차는 다음과 같다.

① 분산분석을 실시한다.

② 분산분석표에 있어서의 오차의 자유도 ϕ_e와 분산 V_e에 주목한다.

③ 이 V_e를 이용해서 다음의 통계량 t를 계산한다.

$$t = \frac{|\,\overline{x}_i - \overline{x}_j\,|}{\sqrt{\left(\dfrac{1}{n_i} + \dfrac{1}{n_j}\right)V_e}}$$

여기에서 i, j : 비교하고 싶은 수준

$\overline{x}_i$: 제 i 수준의 평균

$\overline{x}_j$: 제 j 수준의 평균

n_i : 제 i 수준의 데이터 수

n_j : 제 j 수준의 데이터 수

④ 이 t값에 대해서 자유도 ϕ_e에 있어서의 p값을 구한다.

⑤ 유의차의 판정을 한다.

$$p값 \le 유의수준 \rightarrow 유의하다$$
$$p값 > 유의수준 \rightarrow 유의하지 않다$$

> **분석결과**

본 예제의 분석결과는 다음과 같다.

$$p값 = 0.0026 < 0.05$$

이므로 유의하다. 즉, A_3와 A_2의 사이에는 차가 있다고 할 수 있다.

2) Excel에 의한 해법

> **Excel에 의한 최소유의차법**

순서 1 ▶ ▶ ▶ 데이터의 입력

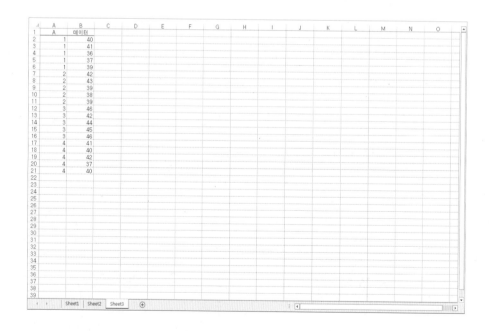

순서 2 ▶ ▶ ▶ 각 수준의 평균, 오차, 주효과 계산

[셀의 입력내용]

C2;＝SUMIF(A：A, A2, B：B)/COUNTIF(A：A A2) (C2를 C3에서 C21까지 복사한다)

D2;＝B2－C2   (D2를 D3에서 D21까지 복사한다)

E2;＝C2－AVERAGE(B：B)   (E2를 E3에서 E21까지 복사한다)

순서 3 ▶ ▶ ▶ 분산분석표의 작성

[셀의 입력내용]

H1;4(수준수)

H5;＝DEVSQ(E：E)

H6;＝H7－H5

H7;＝DEVSQ(B：B)

I5;＝H1－1

I6;＝I7－I5

$I7; = COUNT(B:B) - 1$

$J5; = H5/I5$

$J6; = H6/I6$

$K5; = J5/J6$

$L5; = F.DIST.RT(K5, I5, I6)$

$M5; = F.INV.RT(0.05, I5, I6)$

순서 4 ▸ ▸ ▸ 수준마다의 평균치 계산

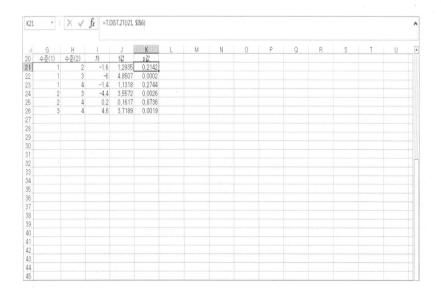

[셀의 입력내용]

G12에서 G15까지 수준을 입력한다.

$H12; = COUNTIF(A:A, G12)$ (H12를 H13에서 H15까지 복사한다)

$I12; = SUMIF(A:A, G12, B:B)/H12$ (I12를 I13에서 I15까지 복사한다)

순서 5 ▸ ▸ ▸ p값의 산출

G21에서 H26까지 수준을 입력한다.

I21; = INDEX($1$12 : $1$15, G21) − INDEX($I$12 : $I$15, H21)

J21; = ABS(I21)/SQRT($J$6*(1/INDEX($H$12 : $H$15,G21)+1/INDEX($H$12 : $H$15, H21)))

K21; = T.DIST.2T < J21, $I$6, 2)

    (I21에서 K21까지를 I22에서 K26까지 복사한다)

2. Bonferroni법

1) Bonferroni법의 실제

 17-2

(예제 17-1과 동일)

  어떤 제품의 인장강도(引張强度)를 높이기 위한 조건으로서, 경화제(硬化劑)의 종류를 요인으로 하여 실험을 실시하기로 하였다.

  실험에 쓰이는 경화제는 전부해서 네 종류 있으며, 각 경화제를 각각 A_1, A_2, A_3, A_4로 하는 4수준의 일원배치 실험을 실시했다. 각 수준에서의 반복을 5회로 하고, 합계 20회의 실험을 무작위 순서로 실시했다. 실험에 의해서 얻어진 데이터(인장강도)가 다음과 같다.

A_1	A_2	A_3	A_4
40	42	46	41
41	43	42	40
36	39	44	42
37	38	45	37
39	39	46	40

  이 데이터를 분산분석하면 다음과 같은 분산분석표가 얻어지며, 요인 A는 유의하다고 할 수 있다.

<분산분석표>

변동의 요인	제곱합	자유도	제곱 평균	F 비	P-값	F 기각치
처리	101.35	3	33.783	8.832	0.001	3.239
잔차	61.20	16	3.825			
계	162.55	19				

여기에서 어느 수준에 유의한 차가 있는지를 검토하라.

✦ Bonferroni법의 적용

비교하고 싶은 특정의 두 수준이 k조 있을 때에 이용하는 방법이다. 본 예제에서는 네 개 수준의 모든 편성에 대해서 수준 간의 비교를 하고 싶기 때문에 6조의 편성을 생각하게 된다. 앞에서의 최소유의차법과 다른 것은 얻어진 p값을 조정하는 점에 있다. 구체적으로 말하자면 p값을 k배 해서 정식의 p값으로 하는 것이다.

✦ Bonferroni법의 절차

계산절차는 다음과 같다.

① 분산분석을 실시한다.

② 분산분석표에 있어서의 오차의 자유도 ϕ_e와 분산 V_e에 주목한다.

③ 이 V_e를 이용해서 다음의 통계량 t를 계산한다.

$$t = \frac{\left|\overline{x_i} - \overline{x_j}\right|}{\sqrt{\left(\dfrac{1}{n_i} + \dfrac{1}{n_j}\right) V_e}}$$

여기에서 i, j : 비교하고 싶은 수준

$\overline{x_i}$: 제i수준의 평균

$\overline{x_j}$: 제j수준의 평균

n_i : 제i수준의 데이터 수

n_j : 제j수준의 데이터 수

④ 이 t값에 대해서 자유도 ϕ_e에 있어서의 p값(p'로 한다)을 구한다.

⑤ 조정한 p값을 구한다.

$$p값 = k \times p'$$

⑥ 유의차의 판정을 한다.

$$p값 \quad \leq \text{유의수준} \rightarrow \text{유의하다}$$
$$p값 \quad > \text{유의수준} \rightarrow \text{유의하지 않다}$$

> ➤ 분석결과

본 예제의 분석결과는 다음과 같다.

$$A_1과 \ A_2의 \ 차 \qquad p값 = 1.0000 > 0.05$$
$$A_1과 \ A_3의 \ 차 \qquad p값 = 0.0011 < 0.05$$
$$A_1과 \ A_4의 \ 차 \qquad p값 = 1.0000 > 0.05$$
$$A_2와 \ A_3의 \ 차 \qquad p값 = 0.0158 < 0.05$$
$$A_2와 \ A_4의 \ 차 \qquad p값 = 1.0000 > 0.05$$
$$A_3와 \ A_4의 \ 차 \qquad p값 = 0.0112 < 0.05$$

이므로 A_3는 다른 수준과의 사이에 유월한 차가 있다고 할 수 있다. 한편, A_1, A_2, A_4의 사이에는 유의한 차가 있다고는 할 수 없다.

2) Excel에 의한 해법

> ➤ Excel에 의한 Bonferroni법

순서 1 ▸ ▸ ▸ 데이터의 입력과 분산분석의 실시

최소유의차법과 같은 방법으로 실시한다.

(1) 각 수준의 평균, 오차, 주효과 계산

| C2 | | fx | =SUMIF(A:A, A2,B:B)/COUNTIF(A:A, A2) |

	A	B	C	D	E
1	A	데이터	평균	오차	주효과
2	1	40	38.6	1.4	-2.25
3	1	41	38.6	2.4	-2.25
4	1	36	38.6	-2.6	-2.25
5	1	37	38.6	-1.6	-2.25
6	1	39	38.6	0.4	-2.25
7	2	42	40.2	1.8	-0.65
8	2	43	40.2	2.8	-0.65
9	2	39	40.2	-1.2	-0.65
10	2	38	40.2	-2.2	-0.65
11	2	39	40.2	-1.2	-0.65
12	3	46	44.6	1.4	3.75
13	3	42	44.6	-2.6	3.75
14	3	44	44.6	-0.6	3.75
15	3	45	44.6	0.4	3.75
16	3	46	44.6	1.4	3.75
17	4	41	40	1	-0.85
18	4	40	40	0	-0.85
19	4	42	40	2	-0.85
20	4	37	40	-3	-0.85
21	4	40	40	0	-0.85

(2) 분산분석표의 작성

| M5 | | fx | =F.INV.RT(0.05, I5, I6) |

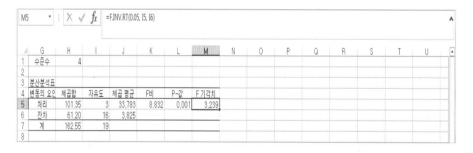

	G	H	I	J	K	L	M
1	수준수	4					
2							
3	분산분석표						
4	변동의 요인	제곱합	자유도	제곱평균	F비	P-값	F 기각치
5	처리	101.35	3	33.783	8.832	0.001	3.239
6	잔차	61.20	16	3.825			
7	계	162.55	19				
8							

순서 2 ▸ ▸ ▸ 수준마다의 평균치 계산

| I12 | | fx | =SUMIF(A:A, G12,B:B)/H12 |

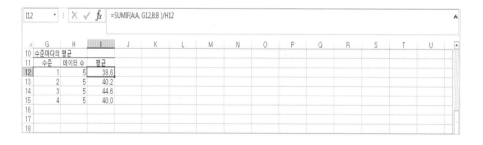

	G	H	I
10	수준마다의 평균		
11	수준	데이터 수	평균
12	1	5	38.6
13	2	5	40.2
14	3	5	44.6
15	4	5	40.0
16			
17			
18			

[셀의 입력내용]

G12에서 G15까지 수준을 입력한다.

H12;＝COUNTIF(A：A, G12)　　　　(H12를 H13에서 H15까지 복사한다)

I12;＝SUMIF(A：A, G12, B：B) / H12　　(I12를 I13에서 I15까지 복사한다)

순서 3▸▸▸ *p*값의 산출

K21		✗ ✓ *fx*	=IF(T.DIST.2T(J21, $I$6)>1/$K$19,1,T.DIST.2T(J21,$I$6)*$K$19)												
	G	H	I	J	K	L	M	N	O	P	Q	R	S	T	U
19	Bonferroni법			편성수	6										
20	수준(1)	수준(2)	차	t값	p값										
21	1	2	-1.6	1.2935	1.0000										
22	1	3	-6	4.8507	0.0011										
23	1	4	-1.4	1.1318	1.0000										
24	2	3	-4.4	3.5572	0.0158										
25	2	4	0.2	0.1617	1.0000										
26	3	4	4.6	3.7189	0.0112										

[셀의 입력내용]

G21에서 H26까지 수준을 입력한다.

K19;＝COMBIN(H1, 2)

I21;＝INDEX($I$12：$I$15, G21)－INDEX($I$12：$I$15, H21)

J21;＝ABS(I21)/SQRT($J$6*(1/INDEX($H$12：$H$15,G21)＋1/INDEX($H$12：$H$15, H21)))

K21;＝IF(T.DIST.2T(J21,$I$6,2)＞1/$K$19,1,T.DIST.2T(J21, $I$6, 2)*$K$19)

　　(I21에서 K21을 I22에서 K26까지 복사한다)

참고문헌

| 국내문헌 |

1. 강금식. 「생산·운영관리」. 박영사, 1993.
2. 곽노균·최태성. 「경영과학」. 다산출판사, 1998.
3. 김연성 등. 「글로벌 품질경영」. 박영사, 2009.
4. 김태웅. 「품질경영의 이해」. 신영사, 2011.
5. 노형진. 「다변량해석 - 질적 데이터의 수량화 -」. 석정, 1990.
6. 노형진·유한주·이상석. 「최신 통계학」. 석정, 1991.
7. 노형진·한상도·장명복. 「Excel에 의한 경영자료분석」. 형설출판사, 2003.
8. 노형진. 「Excel을 활용한 품질경영」. 청암미디어, 1999.
9. 노형진. 「Excel에 의한 조사방법 및 통계분석」. 법문사, 1998.
10. 노형진. 「Excel에 의한 통계적 조사방법」. 형설출판사, 2000.
11. 노형진. 「Excel을 활용한 통계적 품질관리」(초판). 형설출판사, 2000.
12. 노형진. 「엑셀 2007에 의한 통계적 품질관리」. 한올출판사, 2008.
13. 노형진. 「엑셀로 배우는 경영수학」. 한올출판사, 2008.
14. 노형진. 「Excel을 활용한 유형별 데이터 통계분석」. 학현사, 2010.
15. 노형진. 「Excel을 활용한 앙케트 조사 및 분석」. 학현사, 2010.
16. 박성현·박영현. 「통계적 품질관리」. 민영사, 1995.
17. 신동준. 「알기 쉬운 엑셀 매크로」. 기전연구사, 1997.
18. 원석희. 「서비스 품질경영」. 형설출판사, 2010.
19. 윤덕균. 「품질경영 ABC」. 민영사, 2007.
20. 이건창. 「엑셀 매크로와 VBA를 이용한 자료분석 및 의사결정」. 21세기사, 1997.
21. 이무성. 「품질경영시스템」. 연학사, 2009.
22. 이순룡. 「현대품질경영」. 법문사, 2010.
23. 이영옥. 「엑셀 실전 문제집」. ㈜현민시스템, 1997.
24. 임충묵·박해근. 「최신품질경영론」. 형설출판사, 2010.

| 일본문헌 |

1. 內田治.「すぐわかるEXCELによる統計解析」. 東京圖書, 1996.

2. 內田治.「すぐわかるEXCELによる多變量解析」. 東京圖書, 1996.

3. 內田治.「すぐわかるEXCELによるアンケ-トの調査・集計・解析」. 東京圖書, 1996.

4. 富士通,オフィス機器株式會社,『Microsoft Ofifice Excel 2007 基礎』, 2007.

5. 富士通,オフィス機器株式會社,『Microsoft Ofifice Excel 2007 應用』, 2007.

6. 小林龍一.「相關・回歸分析入門」. 日科技連出版, 1982.

7. 小林・內田.「やさしいSQC」. 日本經濟新聞社, 1986.

8. 芳賀・橋本.「回歸分析と主成分分析」. 日科技連出版, 1980.

9. 林知己夫.「デ-タ解析の方法」. 東洋經濟新報社, 1974.

10. 柳井・高木 編著.「多變量解析ハンドブック」. 現代數學社, 1986.

| 서양문헌 |

1. Belsley, D. A., Kuh, E. and Welsch, R. E. *Regression Diagnostics; Identifying Influential Data and Sources of Collinearity.* John Wiley & Sons, 1980.

2. Chatterjee, S. and Price, B. *Regression Analysis by Examples.* John Wiley & Sons, 1977.

3. Cook, R. D. and Weisberg, S. *Residuals and Influence in Regression.* Chapman and Hall, 1982.

4. Draper, N. R. and Smith, H. *Applied Regression Analysis.* John Wiley & Sons, 1981.

5. Everitt, B. S. *The Analysis of Contingency Tables.* London : Chapman & Hall, 1977.

6. Kendall, M. G. *Multivariate Analysis.* Charles Griffin, 1975.

7. Lachenbruch, P. A. *Discriminant Analysis.* Hafner, 1975.

8. Rao, C. R. *Linear Statistical Influence and Its Applications.* John Wiley & Sons, 1973.

9. Seber, G. A. F. *Linear Statistical Analysis.* John Wiley & Sons, 1977.

10. Weisberg, S. *Applied Linear Regression.* John Wiley & Sons, 1980.

Index

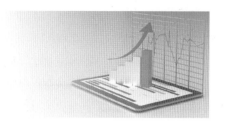

❀ **노형진**(e-mail: hjno@kyonggi.ac.kr)

- 서울대학교 공과대학 졸업(공학사)
- 고려대학교 대학원 수료(경영학박사)
- 일본 쓰쿠바대학 대학원 수료(경영공학 박사과정)
- 일본 문부성 통계수리연구소 객원연구원
- 일본 동경대학 사회과학연구소 객원교수
- 러시아 극동대학교 한국학대학 교환교수
- 중국 중국해양대학 관리학원 객좌교수
- 현재) 경기대학교 경상대학 경영학과 명예교수
  한국제안활동협회 회장

| 주요 저서 |
- 『Amos로 배우는 구조방정식모형』 학현사
- 『SPSS를 활용한 주성분분석과 요인분석』 한올출판사
- 『Excel 및 SPSS를 활용한 다변량분석 원리와 실천』 한올출판사
- 『SPSS를 활용한 연구조사방법』 지필미디어
- 『SPSS를 활용한 고급통계분석』 지필미디어
- 『제4차 산업혁명을 이끌어가는 스마트컴퍼니』 한올출판사
- 『제4차 산업혁명의 핵심동력 - 장수기업의 소프트파워-』 한올출판사
- 『제4차 산업혁명의 기린아 기술자의 왕국 혼다』 한올출판사
- 『제4차 산업혁명의 총아 제너럴 일렉트릭』 한올출판사
- 『망령의 포로 문재인과 아베신조』 한올출판사
- 『프로파간다의 달인』 한올출판사
- 『3년의 폭정으로 100년이 무너지다』 한올출판사

❀ **유지양**(e-mail: victor@kgu.ac.kr)

- 석가장육군사관학교 공상관리학과 졸업(관리학 학사)
- 경기대학교 대학원 석사과정 졸업(경영학 석사)
- 경기대학교 대학원 박사과정 졸업(경영학 박사)
- 현재) 경기대학교 대학원 글로벌비즈니스학과 교수

| 주요 저서 |
- 『SPSS및 EXCEL을 활용한 다변량분석 이론과 실제』 지필미디어
- 『Excel을 활용한 컴퓨터 경영통계』 학현사.

❀ **동초희**(chrisdong0715@hotmail.com)

- 충칭사범대학교 영어영문학과(문학 학사)
- 경기대학교 대학원 무역학과 졸업(경영학 석사)
- 경기대학교 대학원 글로벌비즈니스학과 박사과정수료
- 현재) 명지대학교 국제학부 공상관리전공 객원교수

| 주요 저서 |
- 한국 전자산업의 대중국 직접투자 결정요인에 관한연구,
  경기대학교 대학원

엑셀을 활용한 품질경영

초판 1쇄 발행 2010년 7월 15일
2판 1쇄 발행 2022년 1월 10일

저 자 노 형 진·유 자 양·동 초 희
펴낸이 임 순 재
펴낸곳 (주)한올출판사
등 록 제11-403호
주 소 서울시 마포구 모래내로 83(성산동 한올빌딩 3층)
전 화 (02) 376-4298(대표)
팩 스 (02) 302-8073
홈페이지 www.hanol.co.kr
e-메일 hanol@hanol.co.kr
ISBN 979-11-6647-160-5

엑셀을 활용한
품질경영